Katrin Döveling, Lothar Mikos, Jörg-Uwe Nieland (Hg.)
Im Namen des Fernsehvolkes

Alltag, Medien und Kultur

Herausgegeben von Joachim von Gottberg, Lothar Mikos, Elizabeth Prommer, Claudia Wegener

Band 2

In dieser Reihe werden in erster Linie empirische, aber auch theoretische Arbeiten veröffentlicht, die den Zusammenhang von Alltag, Medien und Kultur aus der Perspektive der gesellschaftlichen Akteure, der Mediennutzer thematisieren. Mit ihrer mediensoziologischen Orientierung und interdisziplinären Ausrichtung trägt die Reihe zum Dialog zwischen Medienpraxis, Medien- und Kommunikationswissenschaft, Medienpädagogik und Jugendschutz sowie zur Diskussion um die gesellschaftliche Bedeutung der Medien im 21. Jahrhundert bei.

Katrin Döveling, Lothar Mikos,
Jörg-Uwe Nieland (Hg.)

Im Namen des Fernsehvolkes

Neue Formate für Orientierung und Bewertung

UVK Verlagsgesellschaft mbH

Bibliografische Information der Deutschen Nationalbibliothek
Die Deutsche Nationalbibliothek verzeichnet diese Publikation in der Deutschen
Nationalbibliografie; detaillierte bibliografische Daten sind im Internet über
http://dnb.d-nb.de abrufbar.

Das Werk einschließlich aller seiner Teile ist urheberrechtlich geschützt. Jede Verwertung
außerhalb der engen Grenzen des Urheberrechtsgesetzes ist ohne Zustimmung
des Verlages unzulässig und strafbar. Das gilt insbesondere für Vervielfältigungen,
Übersetzungen, Mikroverfilmungen und die Einspeicherung und Verarbeitung in
elektronischen Systemen.

ISSN 1864-4058
ISBN 978-3-86764-023-7

© UVK Verlagsgesellschaft mbH, Konstanz 2007
Einband: Susanne Fuellhaas, Konstanz
Coverfoto: © Getty Images
Satz und Layout: Karin Dirks, Berlin
Druck: Memminger MedienCentrum, Memmingen

UVK Verlagsgesellschaft mbH
Schützenstr. 24 · D-78462 Konstanz
Tel. 07531-9053-0 · Fax 07531-9053-98
www.uvk.de

Inhalt

Katrin Döveling/Lothar Mikos/Jörg-Uwe Nieland
Einleitung: Orientierungsangebote im Spannungsfeld
von Normen und Leistungen 7

Lothar Mikos
Unterhaltung am Nachmittag:
Vom Daily Talk zur Gerichtsshow 19

Sabrina Brauer
Gerichtsshow als Hybridgenre
Dramaturgie, Inszenierung und Rezeptionsmuster 33

Stefan Machura
Ansehensverlust der Justiz?
Licht und Schatten des Gerichtsshowkonsums 83

Katrin Döveling/Mara Kurotschka/Jörg-Uwe Nieland
»Deutschland sucht den Superstar«
Hintergründe einer Erfolgsgeschichte 103

Mara Kurotschka
Verschwimmende Grenzen von Realität und Fiktion
Eine Analyse von »Deutschland sucht den Superstar« 117

Claudia Schwarz
»Der ist der Fescheste« – Identitäts- und Geschlechtskonstruktion
in der Aneignung der österreichischen Casting-Show »Starmania« .. 155

Inhalt

Katrin Döveling
Superstar – Supershow?
»Deutschland sucht den Superstar« im Urteil der Zuschauer........... 179

Lothar Mikos
»Ich bin ein Star – Holt mich hier raus!«
Eine Formatbeschreibung und Bewertung......................... 211

Kerstin Fröhlich
Mediale Selbstthematisierung und Medien-Framing
in der Zeitungsberichterstattung über
»Ich bin ein Star – Holt mich hier raus!«........................... 241

Anna Tasja Flügel
Medien und die Konstruktion von Schönheitsidealen
bei Jugendlichen – Das Beispiel »The Swan – Endlich schön!«......... 279

Autorinnen und Autoren 315

Einleitung: Orientierungsangebote im Spannungsfeld von Normen und Leistungen

Katrin Döveling/Lothar Mikos/Jörg-Uwe Nieland

Die Konsolidierung und Positionierung auf dem bundesdeutschen Fernsehmarkt schreitet weiter voran, sowohl im Kontext der Sender, die sich seit Jahren auf einem ähnlichen Niveau der Marktanteile bewegen, als auch im Kontext der großen Produktionsfirmen, die ihre Position bei der Zulieferung von Programmen für die privaten und öffentlich-rechtlichen Sender gefunden haben. Insbesondere die großen Firmen haben die Rationalisierung auf die Spitze getrieben und beschränken sich auf wenige Genres, vor allem auf Unterhaltungsangebote aller Art für die privaten Sender. ARD und ZDF setzen in erster Linie auf ihre Kompetenz bei den Informationsangeboten und zeigen dies u. a. bei Großereignissen (z. B. der Berichterstattung über die Anschläge vom 11. September 2001, den Bundestagswahlkämpfen 2002 und 2005 sowie großen Sportveranstaltungen wie den Olympischen Sommer- und Winterspielen, Fußballwelt- und -europameisterschaften, der Tour de France). Daneben konzentrieren sie sich auf die »Klassiker« der öffentlich-rechtlichen Unterhaltung (»Musikantenstadl«, »Tatort«, »Verstehen Sie Spaß?«, »Wetten, dass…?«), die stabile Quoten bringen – Impulse für die Fernsehunterhaltung und damit auch die Fernsehproduktion indes gingen von ARD und ZDF kaum mehr aus.

Zu Beginn des 21. Jahrhunderts hat sich in der Fernsehunterhaltung ein Trend fortgesetzt, der bereits Ende der 1980er Jahre eingesetzt hatte und für den die Soziologin Angela Keppler den Begriff des »performativen Realitätsfernsehens« geprägt hat. Darunter versteht sie »Unterhaltungssendungen, die sich zur Bühne herausgehobener Aktionen machen, mit denen gleichwohl direkt oder konkret in die Alltagswirklichkeit der Menschen eingegriffen wird« (Keppler 1994, S. 8). In dieser Art von Fernsehen vermischt sich die Wirklichkeit des Fernsehens – und das ist die Wirklichkeit der televisuellen Inszenierungsregeln – mit der Wirklichkeit seiner Zuschauer, die die Möglichkeit haben, sich auf der Bühne des Fernsehens zu präsentieren. Dabei bleibt »die Differenz zwischen

Fernsehrealität und primärer Lebensrealität« (ebd.) bestehen. Gerade aus dieser Differenz heraus entstehen beim Publikum Diskurse über das Verhältnis von Authentizität und Inszenierung, die bereits bei »Big Brother« die Faszination des Formats ausmachten (vgl. Mikos u. a. 2000, S. 105 ff.). Das Unterhaltungsfernsehen des frühen 21. Jahrhunderts kann durchaus als ein Fernsehen der verschränkten Wirklichkeiten gesehen werden.

Mit dem Start von »Big Brother« begann in Deutschland eine höchst kontrovers diskutierte Fenrsehshow, die vor allem Emotionen in der öffentlichen Diskussion hervorrief, sowohl bei den wissenschaftlichen Beobachtern als auch bei Politikern und Journalisten sowie beim Fernsehpublikum. Trotz aller öffentlichen Entrüstung konnte sich das Format durchsetzen und fand zahlreiche Nachahmer. Zu beobachten war in der ersten und ist in der mittlerweile siebten Staffel von »Big Brother« ein dialektisches Szenario, in dem weder die Medien noch die Zuschauer nur im Hintergrund fungieren, sondern beide Teil der Handlung sind. Die Einführung des Formats vor sieben Jahren führte zu weitreichenden Konsequenzen in der Medienlandschaft und eröffnete eine neuartige Dimension der Macht und Bedeutung des Massenmediums Fernsehens. Seit dem Einzug der »Big Brother«-Bewohner in den TV-Container in Köln-Hürth und in die deutsche Fernsehlandschaft hat sich in dieser viel getan. Mittlerweile sucht Deutschland seinen Superstar, und vermeintliche Superstars ziehen in den Dschungel oder auf die Alm, um dort ihren totalen »Selbsterfahrungstrip« – ebenso vor laufenden Kameras – zu »ertragen«, ihre Belastungsgrenze in Grenzsituationen zu strapazieren und vor Millionen von Zuschauern zu beweisen: »Ich bin ein Star«.

Mit dem Boom an Reality-Shows setzte zugleich eine Diversifikation dieser Art von Fernsehsendungen ein, das Genre differenzierte sich aus (vgl. Koch-Gombert 2005, S. 211 ff.; Lücke 2002). Neben klassischen Reality-Shows und Docu-Soaps entstanden Casting-Shows, Celebrity-Shows, Makeover-Shows und Beratungshows wie »Die Super Nanny« (vgl. zur Sendung und ihrer Rezeption Grimm 2006). Damit hat sich in Deutschland ein Trend durchgesetzt, der im britischen Fernsehen bereits etwas früher einsetzte. Für diese Entwicklung wurde dort die Bezeichnung *Factual Entertainment* geprägt, die nach Angaben von Udo Göttlich (2006, S. 140) zuerst von der Forschungsgruppe um Charlotte Brunsdon (Brunsdon u. a. 2001) zur Bestimmung der Veränderung des Programmangebots des britischen Fernsehens verwendet wurde. Beschrieben werden mit dem Begriff Sendungen, in denen Privatpersonen in unterschiedlichen Rollen und Funktionen vorkommen. Mit dieser weiten Begriffsbestimmung lassen sich als

Einleitung

Factual Entertainment nicht nur Sendungen der jüngeren Fernsehgeschichte, sondern auch solche aus den Anfängen des »Reality-TV« (vgl. Klaus/Lücke 2003; Göttlich 2006) fassen. In der weiteren Definition sind Formate des »Factual Entertaiment« solche, die »mit unterschiedlichen inszenatorischen Mitteln eine Dramatisierung alltäglicher Ereignisse oder Themen sowohl mit wirklichen als auch mit Schauspielern verfolgen« (Göttlich 2006, S. 140 f.) – dabei verschwimmen nicht nur die Grenzen zwischen Fiktion und Faktizität, sondern auch zwischen Privatheit und Öffentlichkeit. Im aktuellen Unterhaltungsfernsehen kann eine »Stufenfolge von fiktionalen Serien bis hin zu den Factual-Entertainment-Formaten« (ebd., S. 141) ausgemacht werden. Im Mittelpunkt steht das performative Element in der Ereignisdarstellung aufgrund der »Verschränkung von fiktionaler und realitätsorientierter Darstellungsweise mit unterschiedlicher Funktion – u.a. der Authentizitätssteigerung« (ebd.). Diese Ausdifferenzierung der Fernsehunterhaltung bis hin zum *Factual Entertainment* hat zweierlei Konsequenzen: 1) eine Diversifikation der Unterhaltungsproduktion und 2) eine Veränderung der Funktion von Unterhaltungsangeboten im Fernsehen.

Die Diversifikation der Fernsehproduktion (vgl. die Beiträge in Friedrichsen/ Göttlich 2004) wurde mit »Deutschland sucht den Superstar« vorangetrieben. Die Etablierung neuer Erlösmodelle bedeutet in diesem Fall, dass vom weltweiten Formathandel (Hallenberger 2002) und der (kostenpflichtigen) Beteiligung der Zuschauer nicht nur die Produktionsfirma und der Fernsehsender RTL profitieren, sondern die intensive Verknüpfung zwischen Fernsehproduktion und Popmusikbranche zur Steigerung der medialen Präsenz sowie Vermarktung neuer Stars führte (vgl. bspw. Nieland 2004). Es kommt regelrecht zu einer »Kommerzialisierung der Produktion von Medienpersönlichkeiten« (Jacke 2005, S. 114).

Präsentiert und letztlich verkauft werden bei »Deutschland sucht den Superstar« weniger die CDs und auch nicht die Werbeminuten, sondern in erster Linie das Recht an der Produktion eines *Stars*. Bezahlt wird diese Ware mit Telefonanrufen, dem sogenannten Telefon-Voting.

> »Einfluss auf Produkte hat der Kunde im System der Wirtschaft immer nur durch sein Kaufverhalten, nur dass hier, in genauer Umkehrung der Verhältnisse des alltäglichen Konsumgeschehens, dieser Einfluss spürbar wird und der Kauf unbewusst geschieht« (Helms 2005, S. 36).

Also treten die Kandidaten der Sendung nicht als Persönlichkeiten auf, sondern sie werden zu einem »zu formenden Rohstoff«. Ziel des Trainings während des Wettbewerbs, das zeigen auch die Kommentare der Jury, ist

> »nicht die Ausbildung der Musikerpersönlichkeit, sondern die Versicherung, dass der Prozess der Formung der Ware weiter aufrechterhalten wird. In Castingshows treten nur zum Schein Musiker gegeneinander an. In Wirklichkeit wetteifern verschiedene fiktive Allianzen von Produzenten, denen sich der einzelne Televoter zugehörig fühlt, um die Definitionsmacht bei der Formung von Produkten« (ebd.).

Insgesamt ist festzuhalten, dass mit der Simulation von Wettbewerb, den neuen Stars sowie der Partizipation der Rezipienten, die »erfolgreiche Banalisierung der Fernsehinhalte und vor allem die Eigenschaft des Mediensystems, sich zunehmend auf sich selbst zu beziehen« (Jacke 2005, S. 114), voranschreiten. Allerdings ist diese Entwicklung im strukturellen Zusammenhang mit allgemeinen gesellschaftlichen Tendenzen zu sehen. Leistung ist eine der zentralen Kategorien in Zeiten des Neoliberalismus. Allerdings gibt es eine »Destandardisierung und Dynamisierung von Leistungskriterien« (Thomas 2007, S. 59). Genau das wird in den Casting-Shows vorgeführt:

> »›Leistung‹ wird – und dies wird in den Castingshows zum Normalprinzip zunehmend retrospektiv – d.h. vom Marktergebnis her gesehen – bestimmt und wird somit immer weniger vorhersehbar« (ebd., S. 58 f.).

Deutlich wird, dass die Fernsehunterhaltung sich vor allem auf sich selbst bezieht, sie zugleich aber nicht unabhängig von den gesellschaftlichen Entwicklungen und Strukturen gesehen werden kann.

Vor diesem Hintergrund muss die Funktion von Unterhaltung neu bestimmt werden. Der Begriff Unterhaltung scheint einfach und zugleich schwer zu definieren, weiß doch einerseits jeder, ob und wann er sich unterhalten fühlt. Bei näherem Betrachten ist andererseits das, was wir unter Unterhaltung verstehen, nicht so leicht zu fassen. Die Begriffe »Unterhaltung« und »Information« stellten in der Kommunikationswissenschaft lange Zeit zweckmäßige, da gegensätzliche Konstrukte dar (vgl Schmid/Wünsch). Diese Kategorien führten nicht zuletzt auch zu einer »Typologisierung von Rezipienten« (ebd.; vgl. außerdem Kiefer 1996; Peiser 1996; Schulz 1997) als Unterhaltungs- oder Informationsnutzer. Doch in den letzten Jahren sind die Grenzen verschwommen (vgl. Friedrichsen/Göttlich 2004). Eine zunehmende Vermischung von unterhaltenden und informierenden Merkmalen der Medieninhalte scheint nun die Medienlandschaft zu dominieren (vgl. Früh/Kuhlmann/Wirth 1996; Schultheiss/Jenzowsky

2000). Das zeigt sich vor allem in den Formaten, die dem *Factual Entertainment* zuzurechnen sind. Hierzu hält Keppler fest:

> »Seit Beginn der neunziger Jahre zeigt die Fernsehunterhaltung in Deutschland ein verändertes Gesicht. Die Zuschauer werden auf neue Weise zu Akteuren. Vor allem bei den privaten Anbietern treten sie nicht länger nur als Spielpartner mit Chancen auf materielle Gewinne auf, sondern als Akteure ihres eigenen Lebens – in der Hoffnung auf ideelle und soziale Gewinne« (Keppler1994, S. 7).

Wie Zillmann und Bryant betonen, stellt Unterhaltung in diesem Kontext eine Erfahrung dar, die in erster Linie angenehm ist:

> »As any activity designed to delight and, to a smaller degree, enlighten through the exhibition of fortunes and misfortunes of others, but also through the display of special skills by others and/or self« (Zillmann/ Bryant 1994, S. 438).

Unterhaltung dient hierbei nicht nur der Stimmungsregulierung, sondern bindet die Fernsehzuschauer auch an die eigene Kultur und Gesellschaft. Zudem wird Unterhaltung auch von Früh in seinem Modell einer triadisch-dynamischen Unterhaltungstheorie als ein Erlebnis von Fernsehinhalten erfasst:

> »Unterhaltung durch Fernsehen entsteht als angenehm erlebte Makroemotion im Zuge eines transaktionalen Informationsverarbeitungsprozesses unter der Bedingung, dass bestimmte personale, mediale und situative bzw. gesellschaftliche Faktoren kompatibel sind und der Rezipient außerdem die Gewissheit hat, die Situation souverän zu kontrollieren« (Früh 2003, S. 50).

In der Publizistik- und Kommunikationswissenschaft wird unter der Kategorie »Unterhaltung« einerseits eine »Bezeichnung für eine Gruppe von Medienprodukten«, andererseits ein »Rezeptionserleben« verstanden (vgl. Mikos 2006, S. 127). In Anlehnung an die Alltagssprache stellt sie einen »Sammelbegriff für alle Aktivitäten, die – in negativer Abgrenzung – nicht der Arbeit, Information, Bildung, Religion oder Politik dienen« dar (ebd.). Verbindet man die verschiedenen Perspektiven der Unterhaltungsforschung, so lässt sich hiernach festhalten, dass Unterhaltung ein »kommunikativ hergestelltes Konstrukt« darstellt, es sich »um ein positives Rezeptionserlebnis [handelt], das Vergnügen bereitet hat, im diskursiven Feld der Gesellschaft Sinn zu verleihen« (ebd., S. 139.) Dieses positive Rezeptionserlebnis hat jedoch für das Publikum neben der Unterhaltung auch informierende und orientierende Funktion.

Vor dem Hintergrund der beschriebenen Entwicklungen des performativen Realitätsfernsehens und des *Factual Entertainment* geraten Information und Orientierung als Elemente der Unterhaltungsrezeption in den Blick. Ursula Dehm und Dieter Storll fordern daher den »Abschied von der Informations-Unterhaltungsdichotomie« (Dehm/Storll 2005, S. 42), denn im Unterhaltungserleben spielt Orientierung nach Emotionalität die wichtigste Rolle (vgl. ebd., S. 43). In der britischen Diskussion wird daher auch vom Lerneffekt von *Factual Entertainment*-Formaten ausgegangen (vgl. Hill 2004). Von diesen Sendungen lernen die Zuschauer fürs Leben; es ist ein praktisches Lernen.

> »When audiences consider information in reality programmes they are likely to talk about information as learning, and learning as practical tips and advice for themselves and their loved ones. The term ›learning‹ suggests an informal, personal relationship with facts in popular factual television, compared to the more formal terms ›knowledge‹, ›information‹ or ›education‹ that we associate with more traditional types of factual television. A popular factual programme is judged as more informative than other programmes if it offers practical advice, and viewers can personally learn from it« (Hill 2005, S. 89).

Das gilt für alle populären Formate, heißen sie nun »Deutschland sucht den Superstar«, »Ich bin ein Star – Holt mich hier raus!«, »Richterin Barbara Salesch«, »Popstars« oder »The Swan – Endlich schön«. In der deutschen Diskussion hat der Wissenssoziologe Jo Reichertz bereits im Jahr 2000 davon gesprochen, dass das Fernsehen mit seinen performativen Shows zu einem »funktionalen Äquivalent von Pädagogik« geworden sei (Reichertz 2000, S. 73 ff.). Dies ist vor allem vor dem Hintergrund von Bedeutung, dass Fernsehsendungen zu den Ressourcen für das Publikum zählen, aus denen es sich für die Konstruktion von Identität bedient (vgl. dazu die Beiträge in Mikos/Hoffmann/Winter 2007; Winter/Thomas/Hepp 2003 sowie Gauntlett 2002).

In diesem Kontext sind folgende Fragen zentral: Wie kann Unterhaltungserleben, das bei verschiedenen Fernsehangeboten möglich ist, konzeptualisiert und erforscht werden (vgl. Stiehler 2003)? Wie hat sich Fernsehunterhaltung in den letzten Jahren entwickelt? Wie lassen sich die Subgenres der Fernsehunterhaltung klassifizieren? Welche Motiv- und Beweggründe liegen der Rezeption zugrunde? Und wie lassen diese sich erfassen, um dem komplexen Phänomen der medialen Unterhaltung gerecht zu werden? Wie werden Unterhaltungsangebote des performativen Realitätsfernsehens und des *Factual Entertainment* zur

Orientierung in einer für die Individuen immer unübersichtlicher werdenden Welt genutzt?

Die Beiträge dieses Bandes bewegen sich entlang dieser zentralen Fragen. Im ersten Teil wird Unterhaltung am Nachmittag vom Talk zur Gerichtsshow ergründet. Die Besonderheiten der Entwicklung und die spezifischen Genre-Konstruktionen der Talk- wie der Gerichtsshow werden festgehalten. Ergebnisse aus Format- und Rezeptionsanalysen werden hierbei zusammengeführt, um auf dieser Grundlage eine Antwort auf die Frage der Rezeptionsmotive vor dem Hintergrund einer zunehmenden Entwicklung von hybriden Unterhaltungsformaten zu geben. Hierbei wird zudem die aktuelle Diskussion zur Wirkung auf das Publikum aufgegriffen. Insbesondere Juristen befürchten einen Ansehensverlust durch die holzschnittartigen Darstellungen in den Gerichtsshows. Für die Rechtssoziologie bilden die Gerichtsshows einen Teil der populären Rechtskultur. Eine Telefonbefragung zum Bild der Bürger vom Recht, von den Gerichten und von Anwälten sowie zum Konsum von Gerichtsshows ergibt ein zwiespältiges Resultat. Einerseits steigt die Neigung, das Recht für sich zu mobilisieren, und das Vertrauen in die Anwaltschaft nimmt zu, andererseits wecken die Shows Befürchtungen, die mit einem Ansehensverlust der Justiz einhergehen.

Die zunehmende Hybridisierung, die diese Formate kennzeichnet, wird meist nur vermerkt, jedoch selten analysiert. Findet eine genauere Untersuchung zur Hybridisierung der Genres statt, so ist deren Auslegung meist recht einseitig. Festgehalten wird eine Bedrohung, die von den hybriden Formen ausgehe, da der Rezipient in entsprechenden Formaten Probleme habe, die Grenze zwischen Realität und Fiktion zu ziehen bzw. journalistische Qualitätsansprüche hinter einer Unterhaltungsorientierung zurückstecken müssten. Es gilt insofern, das Potenzial der hybriden Formen zu ergründen und kritisch zu reflektieren.

Vor diesem Hintergrund wendet sich der zweite Teil des Bandes der Inszenierung und Bewertung von Leistung zu. Das Phänomen Casting-Show wird diskutiert, wobei das Konzept, die Entwicklung und die inhärenten Wirkungsfähigkeiten erfasst werden. Die Fiktionalisierung von Lebensläufen wird kritisch durch eine Produktionsanalyse von »Deutschland sucht den Superstar« ergründet, um im Anschluss auf der Basis medienpsychologischer Konzepte der Frage nachzugehen, inwiefern die Suche nach dem Superstar Identifikationspotenzial im Kontext von Bewertung und affektiver Beteiligung bietet. Zudem wird die Aneignung einer österreichischen Casting-Show in Familien mit dem Fokus auf der Konstruktion von Geschlechtsidentitäten analysiert.

Der dritte Teil wendet sich der Konstruktion und Dekonstruktion von Ruhm zu und liefert eine Formatbeschreibung und Bewertung vom sogenannten »Dschungelcamp«, um im Anschluss die mediale Selbstthematisierung und das Medien-Framing in der Zeitungsberichterstattung über »Ich bin ein Star – Holt mich hier raus!« kritisch zu reflektieren. Abschließend wird die Rolle einer Show wie »The Swan – Endlich schön!« für Schönheitsideale und die Konstruktion von Schönheitsbildern bei Jugendlichen diskutiert.

Grundsätzlich zeigt sich dabei, dass die neuen Fernsehformen eng mit der gesellschaftlichen Wirklichkeit verwoben sind. Das gilt sowohl für die Kontexte der Produktion als auch für die Kontexte der Rezeption. Christoph Jacke (2005, S. 130) spricht daher von der »Unkritisierbarkeit neuer Medien-Formate«, da sich bei diesen Formaten die Inhalte nicht mehr von ihren Kontextualisierungen trennen lassen. »Die Rezipienten hören im Fall von DSDS (›Deutschland sucht den Superstar‹, d. A.) nicht mehr den Song an sich, sondern das Phänomen im Ganzen; das Format hat sich durch permanente Reflexivität und Medienverbünde unangreifbar gemacht« (ebd.). Es stellt letztlich einen Wettbewerb der Musik- und Medienindustrie um die Ware, aber keinen qualitativen Musikwettbewerb dar. Die Sendung lebt von der Wettbewerbssimulation, um nach den Regeln des »künstlerischen Wettbewerbs die Ökonomieeffektivität zu steigern – und die Kritik wirbt fleißig mit« (ebd., S. 132). Letztlich reagieren die Wettbewerbe wie »Deutschland sucht den Superstar« oder »Popstars« auf die Krise der Musikindustrie und machen »die Kommunikation zwischen der Musikindustrie und ihren Konsumenten durch die Einschränkung von Verbreitung wieder wahrscheinlich« (Helms 2005, S. 35). Die Tatsache, dass die *Superstars* – zumindest in Deutschland – nach Ende der jeweiligen Sendestaffel kaum kommerziellen Erfolg hatten, war ab- und vorhersehbar. Der Erfolg von »Deutschland sucht den Superstar« lag im Vergnügen begründet, welches das Publikum beim Wettbewerb der Entscheidungsträger gegeneinander empfand: »Mit dem Ende der Show ende auch diese Funktion. Das verkaufte Produkt der Show war ja die Produktion, nicht die fertige Ware. Auf dem Musikmarkt müssen Alexander, Daniel, Elli und Co. wieder ganz von vorn als Ware aufgebaut werden. Bei diesem Übergang kann den *Superstars* nur ihre Bekanntheit helfen, nicht jedoch eine besondere Qualität als Musiker, die mit dem Wettbewerb nicht attestiert wird« (ebd., S. 36). Hier zeigt sich, dass auch wenn sich die Wirklichkeiten des Fernsehens und des Publikums vermischen, immer noch eine Differenz zwischen der Wirklichkeit der Fernsehshows und der gesellschaftlichen Wirklichkeit, in der wir alle leben, besteht. Die Vermischungen und die Differenzen auszuloten ist das Anliegen der Beiträge in diesem Band.

Literatur

Brundson, Charlotte/Johnson, Catherine u.a. (2001): Factual entertainment on British television: The Midlands TV Research Group's »8-9 Project«. In:. European Journal of Cultural Studies, 4, 1, S. 29–62

Dehm, Ursula/Storll, Dieter (2005): Die Zuschauer verstehen: Abschied von der Informations-Unterhaltungsdichotomie. In: TV Diskurs, 9, 2, S. 42–45

Friedrichsen, Mike/Göttlich, Udo (Hrsg.) (2004): Diversifikation der Unterhaltungsproduktion. Köln: Herbert von Halem

Früh, Werner (2002): Unterhaltung durch das Fernsehen. Eine molare Theorie. Konstanz: UVK

Früh, Werner (2003): Triadisch-dynamische Unterhaltungstheorie. In: Werner Früh/ Hans-Jörg Stiehler(Hrsg.): Theorie der Unterhaltung. Ein interdisziplinärer Diskurs. Köln: Herbert von Halem, S. 27–56

Früh, Werner/Kuhlmann, Christoph/Wirth, Werner (1996): Unterhaltsame Information oder informative Unterhaltung? Zur Rezeption von Reality-TV. In: Publizistik, 41, 4, S. 428–451

Gauntlett, David (2002): Media, Gender and Identity. London/New York: Routledge

Göttlich, Udo (2006): Die Kreativität des Handelns in der Medienaneignung. Konstanz: UVK

Grimm, Jürgen (2006): Super Nannys. Ein TV-Format und sein Publikum. Konstanz: UVK

Hallenberger, Gerd (2002): Fernsehformate und internationaler Formathandel. In: Hans-Bredow-Institut (Hrsg.): Internationales Handbuch Medien 2002/2003. Hamburg/ Baden-Baden: Nomos, S. A130–A137

Helms, Dietrich (2005): Von Marsyas bis Küblböck. Eine kleine Geschichte und Theorie musikalischer Wettkämpfe. In: Dietrich Helms/Thomas Phleps (Hrsg.): Keiner wird gewinnen. Populäre Musik im Wettbewerb. Bielefeld: Transcript, S. 11–39

Hill, Annette (2004): Fernsehzuschauer und Factual-TV in Großbritannien. In: TV Diskurs, 7, 4, S. 4–9

Hill, Annette (2005): Reality TV. Audiences and popular factual television. London/New York: Routledge

Jacke, Christoph (2005): Keiner darf gewinnen – Potenziale einer effektiven Medienkritik neuer TV-Castingshows. In: Dietrich Helms/Thomas Phleps (Hrsg.): Keiner wird gewinnen. Populäre Musik im Wettbewerb. Bielefeld: Transcript, S. 113–135

Keppler, Angela (1994): Wirklicher als die Wirklichkeit? Das neue Realitätsprinzip der Fernsehunterhaltung. Frankfurt a. M.: Fischer

Kiefer, Marie-Luise (1996): Schwindende Chancen für anspruchsvolle Medien?. In: Media Perspektiven, 11, S. 589–597

Klaus, Elisbeth/Lücke, Stepanie (2003): Reality TV – Definition und Merkmale einer erfolgreichen Genrefamilie am Beispiel von Reality Soap und Docu-Soap. In: Medien- & Kommunikationswissenschaft, 51, 2, S. 195–212

Koch-Gombert, Dominik (2005): Fernsehformate und Formatfernsehen. TV-Angebotsentwicklung in Deutschland zwischen Programmgeschichte und Marketingstrategie. München: Martin Meidenbauer

Lücke, Stephanie (2002): Real Life Soaps. Ein neues Genre des Reality-TV. Münster u.a.: LIT

Mikos, Lothar (2006): Unterhält Unterhaltung? Überlegungen zu Unterhaltung als Rezeptionskategorie, In: Werner Wirth/Holger Schramm/Volker Gehrau (Hrsg.): Unterhaltung durch Medien. Theorie und Messung, Köln: Herbert von Halem, S. 127–141

Mikos, Lothar/Feise, Patricia/Herzog, Katja/Prommer, Elizabeth/Veihl, Verena (2000): Im Auge der Kamera. Das Fernsehereignis »Big Brother«. Berlin: Vistas

Mikos, Lothar/Hoffmann, Dagmar/Winter, Rainer (Hrsg.) (2007): Mediennutzung, Identität und Identifikationen. Die Sozialisationsrelevanz der Medien im Selbstfindungsprozess von Jugendlichen. Weinheim/München: Juventa

Nieland, Jörg-Uwe (2004): Deutschland findet einen Superstar – Neue Perspektiven für die Fernsehproduktion und das Kultmarketing? In: Mike Friedrichsen/Udo Göttlich (Hrsg.): Diversifikation in der Unterhaltungsproduktion. Köln: Herbert von Halem, S. 204–222

Peiser, Wolfram (1996): Die Fernsehgeneration: Eine empirische Untersuchung ihrer Mediennutzung und Medienbewertung. Opladen: Westdeutscher Verlag

Reichertz, Jo (2000): Die Frohe Botschaft des Fernsehens. Kulturwissenschaftliche Untersuchung medialer Diesseitsreligion. Konstanz: UVK

Schmid, Ingrid A./Carsten Wünsch (unter Mitarbeit von Kathleen Arendt, Heike Masurek und Ole Siebert): DEFINITION ODER INTUITION? Die Konstrukte INFORMATION & UNTERHALTUNG in der empirischen Kommunikationsforschung. Konsequenzen für ihre inhaltsanalytische Erfassung, in: http://www.dgpuk.de/fg_meth/fg_tag00_abs01.htm (Abruf: 1.11.2006)

Schultheiss, Britta M./Jenzowsky, Stefan A. (2000): Infotainment: Der Einfluss emotionalisierend-affekt-orientierter Darstellung auf die Glaubwürdigkeit. In: Medien & Kommunikationswissenschaft, 48, 1, S. 63-84

Schulz, Winfried (1997): Vielseher im dualen Rundfunksystem. In: Media Perspektiven, 1, S. 92–102

Stiehler, Hans-Jörg (2003): Vorwort in: Werner Früh/Hans-Jörg Stiehler (Hrsg.): Theorie der Unterhaltung. Ein interdisziplinärer Diskurs. Köln: Herbert von Halem, S. 7–8

Thomas, Tanja (2007): Showtime für das »unternehmerische Selbst« – Reflexionen über Reality-TV als Vergesellschaftungsmodus. In: Lothar Mikos/Dagmar Hoffmann/ Rainer Winter (Hrsg.): Mediennutzung, Identität und Identifikationen. Die Sozialisationsrelevanz der Medien im Selbstfindungsprozess von Jugendlichen. Weinheim/ München: Juventa, S. 51–65

Winter, Carsten/Thomas, Tanja/Hepp, Andreas (Hrsg.) (2003): Medienidentitäten. Identität im Kontext von Globalisierung und Medienkultur. Köln: Herbert von Halem

Zillmann, Dolf (1994): Über behagende Unterhaltung in unbehagender Medienkultur. In: Louis Bosshart/Wolfgang Hoffmann-Riem (Hrsg.): Medienlust und Mediennutz: Unterhaltung als öffentliche Kommunikation. München: UVK, S. 41–57

Zillmann, Dolf/Bryant, Jennings (1994): Entertainment as media effect. In: Jennings Bryant/Dolf Zillmann (Hrsg.): Media Effects: Advances in Theory and Research. Hillsdale, NJ: Lawrence Erlbaum, S. 437–461

Unterhaltung am Nachmittag:
Vom Daily Talk zur Gerichtsshow

Lothar Mikos

Nachmittagsprogramme in ihrer heutigen Form sind ein Ausdruck der Konvergenz zwischen öffentlich-rechtlichen und privat-kommerziellen Fernsehprogrammen nach Einführung des dualen Rundfunksystems in Deutschland in den 1980er Jahren. Doch bereits zuvor, als das Fernsehprogramm in Deutschland noch rein öffentlich-rechtlicher Natur war, hatte es Fernsehen am Nachmittag gegeben. Als in der Bundesrepublik der Nordwestdeutsche Rundfunk (NWDR) Weihnachten 1952 mit dem regelmäßigen Programm begann, wurden zunächst lediglich am Abend zwischen 20.00 und 22.00 Uhr Sendungen ausgestrahlt. Doch bereits am zweiten Sendetag gab es eine Ausnahme: Freitag, den 26. Dezember 1952, wurde am Nachmittag ein Fußballspiel übertragen, ein DFB-Pokalspiel zwischen dem FC St. Pauli und Hamborn 07 (vgl. Hickethier 1998, S. 77). Doch schon bald wurde auch am Nachmittag ein regelmäßiges Programm ausgestrahlt, wenn auch zunächst nur für eine Stunde zwischen 16.30 und 17.30 Uhr. Ab 1956 wurde dann schließlich auch die Programmlücke zwischen Nachmittag und Abend mit dem Vorabendprogramm gefüllt (vgl. ebd, S. 135). Mit dem Nachmittagsprogramm wurde versucht, auf den Tagesablauf von Zuschauern Rücksicht zu nehmen:

> »Erstmals richteten sich in den frühen fünfziger Jahren die Programmverantwortlichen in der Planung von Zielgruppenprogrammen nach der vermuteten Tageszeitnutzung der Zuschauer. So war u. a. das Frauenprogramm am Nachmittag auf hausfrauliche Tätigkeiten, aber auch auf ihre Freizeittätigkeiten – etwa die Fernsehteestunde mit Eva Baier-Post – ausgerichtet. Ein weiterer Teil des Nachmittagsprogramms war für die Zielgruppe Kinder produziert, beispielsweise die Fernsehkinderstunden mit Ilse Obrig« (Bleicher 1993, S. 12).

Diese spezielle Zielgruppenorientierung wurde bis in die 1980er Jahre beibehalten, auch wenn sich die Sendungen für Frauen und Kinder bis dahin sehr wandelten. Erst im September 1961 wurde ein Vormittagsprogramm eingeführt. Anlass war u. a. der Mauerbau. Man wollte mit dem Programm den Einfluss des DDR-Fernsehens auf die Bundesbürger, die im sogenannten Zonenrandgebiet wohnten, mindern, denn jenseits der Mauer wurde bereits am Vormittag gesendet. Die Absicht war aus einer Pressemeldung von 1961 deutlich herauszulesen:

> »Es (das Vormittagsprogramm, L. M.) wird ab 10 Uhr täglich für die Dauer von 2 bis 3 Stunden über alle Sender verbreitet, die längs der Zonengrenze stehen. [...] Das zwei- bis dreistündige Vormittagsprogramm wird 50 Minuten politische und aktuelle Informationen enthalten, die sich aus der Tagesschau, Nachrichten und Regionalprogrammen [...] zusammensetzen« (Bleicher 1996, S. 88).

Außerdem wurde das Programm am Vormittag mit Wiederholungen aus dem Abendprogramm bestückt. Damit wollte man u. a. eine Dienstleistung für die Schichtarbeiter erbringen, die abends nicht fernsehen konnten. Das Beispiel macht jedoch deutlich, dass fernsehexterne Rahmenbedingungen auch eine Auswirkung auf die Gestaltung von Fernsehprogrammen haben.

Die Einführung des dualen Rundfunksystems mit der Etablierung von kommerziellen Fernsehsendern führte dann ab 1984 zu weitreichenden Veränderungen in den Programmstrukturen, die vor allem in der Ausweitung der Sendezeiten bestand. Noch vorhandene Programmlücken wurden geschlossen, die Programme sukzessive auf 24 Stunden ausgedehnt. Der Konkurrenzkampf zwischen den öffentlich-rechtlichen und den privat-kommerziellen Sendern war entbrannt. Nachdem 1987 die beiden kommerziellen Sender RTL und SAT.1 mit der Ausstrahlung eines sogenannten Frühstücksfernsehens begonnen hatten, versuchten sie bis 1989 die Programmlücken zu schließen und weiteten ihr Programm am Nachmittag aus. Dabei konkurrierten die Sender um die Zielgruppen, die tagsüber fernsehen konnten:

> »Das Vor- und Nachmittagsprogramm wurde vor allem für den nichtberufstätigen Teil der Bevölkerung konzipiert. Die Wiederholungen der Serien und des Spielfilms vom Vortag dienten einerseits als Werberahmenumfeld; die Spots sollten der Hausfrau beim späteren Einkauf ›behilflich‹ sein und gleichzeitig dienten die Wiederholungen der Schließung von Programmlücken, um mit einer durchgehenden Abfolge von Sendungen Präsenz und Stärke zu demonstrieren« (Buß u. a. 1997, S. 95).

Die Ausstrahlung von US-amerikanischen Fernsehserien auf den kommerziellen Sendern nötigte auch die öffentlich-rechtlichen Programme ihr Nachmittagsprogramm zu ändern. Kindersendungen und die in den 1980er Jahren am

Nachmittag programmierten Sendereihen, die sich an Frauen richteten, verschwanden nach und nach aus dem Programm. Die ARD setzte ab 1986 am Nachmittag ebenfalls auf Serienware. Allerdings versuchte man es mit brasilianischen Telenovelas wie »Die Sklavin Isaura« und »Sinha Moca – Die Tochter des Sklavenhalters«. Diese Serien richteten sich auch an ein vorwiegend weibliches Publikum. Zugleich übte die ARD mit den Telenovelas »das Publikum in die tägliche Ausstrahlungspraxis von Serien ein«, wie Hickethier (1998, S. 465) anmerkt.

In den Vormittagssendungen, vor allem den Frühmagazinen, etablierten sich neue Themen und Präsentationsweisen. Hier wurde der Trend zum Infotainment geboren (vgl. Juppe 1997, S. 50), Klatsch und Tratsch erhielten ebenso ihre televisuelle Weihe wie Lebenshilfe und Partnervermittlung. Es war nur eine Frage der Zeit, bis sich diese Themen auch am Nachmittag durchsetzten. Das hatte allerdings vorwiegend programmpolitische Gründe. Zu Beginn der 1990er Jahren begannen die kommerziellen Sender eigene Fernsehserien zu produzieren, um den damaligen Serienhits der ARD (»Lindenstraße«) und des ZDF (»Schwarzwaldklinik«) Konkurrenz zu machen. Die Produktion eigener Serien war jedoch teurer als der Kauf von Sendelizenzen für amerikanische Serien. Zugleich waren die Programmkosten durch die Ausweitung der Sendezeiten in die Höhe geschossen. Folglich suchte man nach billigen Alternativen für das Tagesprogramm – und fand sie in den täglichen Talkshows, den sogenannten Daily Talks.

Seit den 1970er Jahren gibt es Talkshows im deutschen Fernsehen. Diese Sendeform orientierte sich wie viele andere Genres auch an amerikanischen Vorbildern (vgl. Semeria 1999, S. 35 ff.). Erster Talkmoderator war Dietmar Schönherr, der 1973 mit seiner Sendung »Je später der Abend« auf den Bildschirmen zu sehen war (ebd., S. 70 ff.). Zahlreiche weitere Sendungen kamen in den nächsten Jahren hinzu. Talkformate wurden vor allem im Abendprogramm ausgestrahlt. Gäste waren mehr oder weniger prominente Menschen aus den Bereichen Politik, Kultur, Sport und Showgeschäft, die ihren Auftritt in der Regel nutzten, um Werbung für ihr neues Buch, ihren neuen Film, ihre neue Schallplatte oder ihr politisches Programm zu machen. Zu Beginn der 1990er Jahre wurden im Kampf um die Gunst des Publikums auch erste Versuche unternommen, dieses Format am Nachmittag zu platzieren, Sendungen wie »Talk täglich« (ARD), »Herrmann« (SAT.1) und »Nachmittalk« (VOX) kündigen davon. Durchsetzen konnten sich Daily Talks dann erst nach dem Erfolg von »Hans Meiser«, dessen Sendung seit September 1992 auf RTL zu sehen war. In der Folge konnte sich eine Reihe von Formaten, die nun in der Regel nach ihren Moderatorinnen und Moderatoren benannt waren, in den Programmen der großen Sender am Nachmittag platzieren: »Bärbel Schäfer« (RTL), »Ilona Christen« (RTL), »Kerner« (SAT.1), »Jörg Pilawa« (SAT.1), »Vera am Mittag« (SAT.1), »Sonja« (SAT.1), »Arabella« (PROSIEBEN), »Andreas Türck« (PROSIEBEN), »Fliege« (ARD), »Juliane & Andrea« (ARD) und »Mensch, Ohrner!« (ZDF). Die meisten dieser Formate blieben bis zu Beginn des 21. Jahrhunderts im Programm, zugleich kamen einige neue hinzu (vgl. Krützen 2002; Semeria 1999, S. 70 ff.). Neu an diesen täglichen Sendungen war nicht nur die Frequenz ihres Erscheinens auf dem Bildschirm, sondern vor allem die Tatsache, dass hier »normale« Leute, Menschen wie du und ich, auf einem televisuellen Forum auftreten durften, um dort von ihrem Leben zu berichten und Fragen des sozialen Zusammenlebens oder des individuellen Glücks zu diskutieren. Betroffenheit, Selbstdarstellung und Privatheit waren die wesentlichen Merkmale der Daily Talks (Mikos 1999, S. 230 ff.). Da die Sendungen mit ihren teils provokanten Themen sehr stark in der Öffentlichkeit diskutiert wurden, gerieten sie auch in den Blick von Wissenschaftlern. Aufgrund ihrer Merkmale wurden die Daily Talks auch als »intime Formate« bezeichnet (Fromm 1999, S. 19 ff.), da hier Bürger der Bundesrepublik ihre privaten Ansichten vor einem Millionenpublikum ausbreiteten. Während in den öffentlichen Debatten um vermeintlich negative Auswirkungen von Themen und Redeweisen der Daily Talks gestritten wurde, zeigte sich in ihnen eine Funktion, die dem öffentlichen Diskurs nicht unähnlich war: Daily Talks übten und üben die Teilnehmer und die Zuschauer in den moralischen Konsens der Gesellschaft ein (vgl. Mikos 2000; Mikos 2002; Spetsmann-Kunkel 2004). Über den Diskurs der Betroffenheit wird abweichendes bzw. »unnormales« Verhalten ebenso in den moralischen Konsens eingebunden wie Schicksalsschläge und körperliche Besonderheiten.

Zwar werden in ihnen keine sozialen Debatten geführt, aber sie sind ein Indiz für die sozialen (und psychischen) Probleme in der Gesellschaft:

»Die intimen Formate sind symbolische Repräsentanten der (psycho-)sozialen Konflikte, Probleme und Prozesse der heutigen Gesellschaft. In ihnen geben Menschen Auskunft über ihre selbstreflexive Lebensgestaltung vor dem Hintergrund zunehmender enttraditioneller Entsicherungserscheinungen und befürchteter bzw. wahrgenommener Desintegrationsschübe« (Spetsmann-Kunkel 2004, S. 188).

Die Daily Talks handeln von der Handlungsmächtigkeit der Individuen in einem Alltag, der für die Einzelnen immer undurchschaubarer wird, sie bieten

Unterhaltung am Nachmittag: Vom Daily Talk zur Gerichtsshow

Orientierung am Nachmittag, und zwar auf unterhaltende Art und Weise (vgl. Paus-Haase u.a. 1999, S. 302 ff.). Die täglichen Talkshows in Deutschland geben Einblicke in individuelle Lebensformen und in Lebensbereiche, die nicht der bürgerlichen »Normalbiographie« entsprechen und sie verschaffen denen eine Stimme, die zuvor in der bürgerlichen Öffentlichkeit kaum zu Wort kamen. So können sie Anlass sein, über Machtstrukturen in der bürgerlichen Öffentlichkeit neu zu diskutieren, und dabei geht es auch um patriarchalische Strukturen und Generationsfragen. Denn die Inszenierung von Privatheit sowie die Personalisierung und Emotionalisierung, die die täglichen Talkshows ausmachen (vgl. Fromm 1999; Mikos 1999), sind eine andere Art des Diskurses, in dem zur Sprache kommt, was sonst nicht zur Sprache kommen darf. In den Themen zeigt sich dann die persönliche Betroffenheit der Menschen von den Bedingungen, unter denen Leben in dieser Gesellschaft möglich ist. Hier zeigt sich das Große im Kleinen, die gesellschaftliche Diskurs als ein quasi persönliches Gespräch, das Gelegenheit zur Selbstdarstellung und zur Inszenierung von Privatheit gibt. Über die Momente der Personalisierung und Emotionalisierung lässt sich dann zwischen den Menschen wie du und ich, die sowohl in den Gästen der täglichen Talkshows als auch im Studiopublikum und den Fernsehzuschauern repräsentiert sind, der moralische Konsens der Gesellschaft heraufbeschwören. In den täglichen Talkshows des deutschen Fernsehens zeigt sich so die Lebenswirklichkeit der Bundesrepublik am ausgehenden 20. Jahrhundert durch die subjektive Brille der Selbstinszenierung. Die Sendungen sind eine der Möglichkeiten, die eigene Person auf dem »Identitätsmarkt« zur Schau zu stellen.

Darüber hinaus sind sie eine permanente Auseinandersetzung über das »gute Leben«, das zugleich das weitgehend normale Leben ist, erhöht um den Faktor televisuelle Aufmerksamkeit. Die gemeinschaftliche Übereinstimmung darüber wird in den Talkshows immer wieder reproduziert. Sie dienen damit der symbolischen Verständigung der Gesellschaft über sich selbst und versuchen, eine sich immer weiter ausdifferenzierende Gesellschaft wenigstens im moralischen Konsens als Verpflichtung zum gemeinschaftlich Guten zu integrieren. Die täglichen Talkshows sind denn auch als »eine moderne Gestalt der Volksbildung bzw. Volkserziehung« bezeichnet worden (Kade 1999, S. 173). Dabei sind sie aber »weniger Unterricht als ein szenisches Arrangement« (ebd., S. 174). Als pädagogisches Vermittlungsinstrument, dessen zentrale Instanz der Moderator beziehungsweise die Moderatorin ist, bringen die täglichen Talkshows Irritationen hervor, indem sie die Störungen des »normalen Alltags« in den Mittelpunkt rücken und im Sinne des moralischen Konsenses verhandelbar machen. In diesem Sinne können sie durchaus prosoziale Effekte zeitigen. Die in der ausdifferenzierten, pluralistischen Gesellschaft vorhandenen Irritationen werden aufgegriffen und personalisiert. Talkshows könnten dann als »eine Form der permanenten Selbstirritation der Gesellschaft und der breitenwirksamen Einübung in die Kommunikation von Irritationen und die Strategien ihrer Bewältigung« (ebd., S. 175) gesehen werden.

Moralischer Konsens und Orientierung

In den Sendungen werden täglich die moralischen Normen und Werte der bundesrepublikanischen Gesellschaft verhandelt, nicht immer aus der »Zentralperspektive« der Normalität, sondern eben manchmal auch von den Rändern des gerade noch Erlaubten her. Vermeintlich von der Norm abweichendes Verhalten wird im Rahmen der Talkshows immer wieder relativiert und in den Kontext des allgemeinen Konsenses geltender Normen und Werte gestellt (vgl. Mikos 2000; Mikos 2002; Spetsmann-Kunkel 2004). Die Gäste, die abweichendes Verhalten oder abweichende Normen und Werte darstellen, gelten als Betroffene, die viktimisiert werden, sie werden zu Opfern, denen der Weg in die Normalität verbaut war. Darin sind sich am Ende der Sendung meist alle Beteiligten einig. Auf dieser Ebene des moralischen Konsenses, in den die allgemein gültigen Normen und Werte eingebunden sind, wird die Gemeinschaft der täglichen Talkshows inszeniert, die aus den Gästen, dem Studiopublikum und den Zuschauen zu Hause besteht. Verbunden ist diese Gemeinschaft über den Diskurs der Betroffenheit, in dem Bekenntnisse und Emotionalität, Personalität und Moral eine große Rolle spielen. Allerdings dominiert in den Daily Talks die Inszenierung, denn es handelt sich ja nicht um Gespräche an sich, sondern um aufgeführte Gespräche, nicht um Betroffenheit an sich, sondern um dargestellte Betroffenheit.

Der Auftritt von Talkshowgästen muss als performativer Akt gesehen werden, bei dem Authentizitätsangebote gemacht werden. In einer Studie zur Rezeption der Sendungen durch Jugendliche wird denn auch zu Recht darauf hingewiesen, dass die täglichen Talkshows ein offenes Angebot zwischen Authentizität und Inszenierung bieten:

>»Dieses Wechselspiel entsteht einerseits aus einem gestalteten Handlungsraum und festgelegten Abläufen in den Sendungen und andererseits aus

dem Auftreten von Personen, die nicht durch eine für das Medium übliche Prominenz gekennzeichnet sind« (vgl. Paus-Haase u. a. 1999, S. 122). Denn allein die nicht-prominenten Gäste garantieren einen starken Bezug zur Alltagsrealität. Diese Lebensnähe ergibt sich auch daraus, dass in den Daily Talks wie im Alltag moralisiert wird. Es finden kommunikative Konstruktionen von Moral statt, und es wird nicht eine vorgegebene, institutionalisierte Moral gepredigt. Das ist insbesondere den Kritikern solcher Genres und Formate suspekt, da sie doch gerne »ihre« Moral dort (re)präsentiert sehen würden. In der Nähe zum Alltag und zur Lebenswelt liegt die Faszination dieser Sendeform begründet, denn sie rekurriert auf Erfahrungen, die den Zuschauern aus dem eigenen Alltag bekannt sind.

Für die Lebensnähe der Talkshows sind jedoch nicht nur die Gäste und ihre Inszenierungen von Authentizität wichtig, sondern auch die Einbindung von Themen, Betroffenheit und Selbstdarstellung in den moralischen Konsens der bundesrepublikanischen Gesellschaft (vgl. Mikos 2000). Dieser moralische Konsens setzt ethische Imperative, die für alle zu gelten scheinen, weil sie als von allen akzeptierte ausgegeben werden. Dazu zählt die Auffassung von den Gästen als psychologischen und sozialen Wesen ebenso wie die Ideologie der pluralistischen Gesellschaft, nach der in dieser Gesellschaft jeder auf seine Art glücklich werden kann, solange er oder sie nicht die Gemeinschaft stört oder gar in ihren Grundfesten erschüttert.

Moral ist nicht abstrakt, sondern konkret – sie wird im Alltag gelebt. Die Soziologen Jörg Bergmann und Thomas Luckmann bezeichnen eine Handlung dann als moralische Kommunikation,

> »wenn in der Kommunikation einzelne Momente der Achtung oder Missachtung, also der sozialen Wertschätzung einer Person, mittransportiert werden und dazu ein situativer Bezug auf übersituative Vorstellungen von ›gut‹ und ›böse‹ bzw. vom ›guten Leben‹ stattfindet« (Bergmann/Luckmann 1999, S. 22).

Ein entscheidendes Kriterium für moralische Kommunikation ist,

> »dass es zu einer Moralisierungshandlung kommt, also zu sozial wertenden Stellungnahmen, die sich auf Handlungen oder Personen beziehen und geeignet sind, das Ansehen, das Image, die Ehre oder den Ruf der benannten oder identifizierbaren Personen zu beeinträchtigen oder zu steigern« (ebd., S. 23).

Allerdings führt das Moralisieren in den weitaus meisten Fällen zu einer negativen Wertschätzung von Personen oder Handlungen. Ein wesentliches Moment des Moralisierens ist, dass für die bewertete Person Handlungsalternativen bestehen.

Moralische Kommunikation ist von sechs Merkmalen gekennzeichnet (vgl. ebd., S. 29 ff.):

- *Tendenz zur Personalisierung*: Moralische Äußerungen beziehen sich auf die personale Identität eines Handelnden.
- *Tendenz zur Abstraktion*: Einzelne Handlungen oder Leistungen werden nicht mehr bewertet, sondern in der moralischen Kommunikation geht es direkt um Urteile über eine Person: »In der personalisierten Abstraktion wird die Interpretation einer Handlung auf ein Charaktermerkmal oder die Persönlichkeit des Handelnden zugespitzt, wobei der Handelnde oft sogar als Repräsentant eines bestimmten sozialen Typus dargestellt wird« (ebd., S. 30).
- *Tendenz zu affektivem Involvement*: Moralische Kommunikation findet oft nicht in einem distanzierten Rahmen statt, sondern die Beteiligten sind affektiv bzw. emotional stark involviert. Das hängt auch damit zusammen, dass die Beteiligten »in der Gesamtheit ihrer Person betroffen« sind (ebd.). Entrüstung und Vorwürfe haben daher in der moralischen Kommunikation einen festen Platz.
- *Tendenz zum Risiko*: In der moralischen Kommunikation besteht immer das Risiko, dass die Person, die moralisiert, selbst wieder moralisch beurteilt und gegebenenfalls sanktioniert wird. Zugleich kann die moralische Einteilung in »gut« und »böse« zur Polarisierung der Beteiligten beitragen und zu »moralischer Erpressung« führen, wenn sich jemand wider besseren Wissens auf eine moralische Position festlegen lässt, denn: »Moralisierung setzt die Beteiligten unter Bekenntnisdruck, sie offeriert dafür zum Ausgleich Gemeinschaftserfahrung und Solidarität« (ebd., S. 31).
- *Tendenz zur Dynamisierung*: In der moralischen Kommunikation bestärken sich die Beteiligten immer wieder in ihren Positionen, so dass es zu einem moralisch aufgeladenen Aufschaukeln der Situation kommt, die schließlich in moralischer Panik und Hysterie eskalieren kann.
- *Tendenz zur Generalisierung*: Moralische Bewertungen stellen die zu verurteilenden einzelnen Handlungen oder Leistungen in eine Reihe ähnlicher oder gleicher Vorkommnisse.

Ein Beispiel für das Moralisieren sind Vorwürfe:

> »Bei Vorwurfshandlungen wird auf der Grundlage von moralischen Normen und Regeln ein Erwartungsbruch hinsichtlich situativ angemessenen Verhaltens thematisiert und bestimmte Verhaltensweisen oder Handlungen als unangemessen, inädaquat oder verwerflich evaluiert« (Günthner 1999, S. 206).

Wenn es im Alltag in der moralischen Kommunikation zu Vorwürfen kommt, sind bestimmte strukturelle Bedingungen gegeben. Es gibt einen Vorwurfsproduzenten, der eine bestimmte Handlung als Regelverletzung anzeigt, und einen moralischen Adressaten, von dem angenommen wird, dass er oder sie für die vermeintliche Regelverletzung verantwortlich ist. Wichtig für die moralische Kommunikation ist, dass in einer entsprechenden Situation andere Personen vorhanden sind, die den Vorwurf mithören können. In den täglichen Talkshows sind dies nicht nur das Publikum im Studio, sondern auch die vielen Fernsehzuschauer vor den heimischen Bildschirmen. Vorwürfe weisen nach Günthner (ebd., S. 211 f.) drei wesentliche Charakteristika auf:

- Sie artikulieren eine Regelverletzung einer oder mehrerer anwesenden Person(en), indem sie eine negative Bewertung einer Handlung, Verhaltensweise, Charaktereigenschaft oder Gesinnung zum Ausdruck bringen.
- Das Verhalten wird als abweichend von der Norm dargestellt, weil es Handlungsalternativen gab.
- Vorwürfe zeigen eine Orientierung an sozialen Normen, deren Gültigkeit für alle Beteiligten angenommen wird.

Der moralische Standpunkt der Vorwurfsproduzenten wird als gegeben angenommen und nicht weiter vor dem Hintergrund gesellschaftlicher, sozialer und situativer Bedingungen und Strukturen reflektiert. Zugleich wird davon ausgegangen, dass die anderen anwesenden Personen – das Studio- und das Fernsehpublikum – diese Position teilen.

Das ist aber in einer ausdifferenzierten, pluralisierten Gesellschaft, in der es keine allgemein gültigen Normen und Werte und keine allgemein gültige Moral mehr gibt, immer schwieriger. Dennoch gibt es Übereinkünfte über die Vorstellungen vom »guten Leben« sowie vom Gegensatz von »gut« und »böse«, »legal« und »illegal«. Bergmann und Luckmann (1999, S. 24 ff.) nennen solche Vorstellungen »Protomoral«. Über sie werden in den jeweiligen historischen Kontexten die Grenzen der Gesellschaft festgelegt (ebd., S. 27). Auch wenn man in der pluralisierten Gesellschaft von den Moralen sprechen müsste, gibt es offenbar doch einen breiten »Konsens über die unverbrüchliche Gültigkeit moralischer Basisregeln« (Nunner-Winkler 1999, S. 298). Dazu zählen Anerkennung des staatlichen Monopols auf legitime physische Gewaltanwendung, Wahrhaftigkeit, Ehrlichkeit, Vertrauen, sich aufeinander verlassen können, keinen Versicherungsbetrug begehen, nicht schwarzfahren, keine Kinder schlagen etc.; viele dieser Basisregeln sind aber gesetzlich bzw. über Verordnungen geregelt, die damit eine Grundlage für moralisches Handeln liefern. Es sind jedoch diese Basisregeln, die in ihrer Summe die Vorstellung vom »guten Leben« abgeben und damit Bestandteil des moralischen Konsenses der Gesellschaft sind. Und dieser moralische Konsens wird in den Daily Talks immer wieder beschworen.

Die tägliche Konsensgemeinschaft der Talkshows und ihrer Rezipienten wird immer wieder hergestellt.

> »Die neue Moral verlangt von den einzelnen keine Unterordnung unter einen festgelegten Verhaltenskodex mehr. Sie läßt prinzipiell jeden Lebensstil zu, besteht jedoch strikt darauf, daß er sich den herrschenden Grundwerten des öffentlichen Guten verpflichtet« (Herzinger 1998, S. 674).

Die Grenze zwischen dem öffentlichen Guten und dem Bösen ist immer wieder Thema in den täglichen Talkshows, denn nur indem das Böse ausgegrenzt oder integriert wird, kann das moralische Konsensritual vollzogen werden. Herzinger charakterisiert das Verhältnis von Talkshow und moralischem Konsens folgendermaßen:

> »Die Gäste, die sich in den Talkshows offenbaren, erleichtern ihre Seele, indem sie ihre intimen Geheimnisse und Probleme öffentlich aussprechen und damit zu einer Sache der ganzen Gemeinschaft machen. Das Publikum, das sich mit ihnen auseinandersetzt und sich darüber erregt, überprüft dabei seine Kriterien für die moralische und soziale Verträglichkeit individuellen Verhaltens und legt im Fluss des kommunikativen Prozesses immer neu die verbindlichen Grenzen dessen fest, was die Öffentlichkeit als mit ihren moralischen Standards konformgehend akzeptieren kann. Die Talkshows bieten somit eine populäre Form der Einpassung individueller Verhaltensweisen in den moralischen Konsens einer pluralistischen Massengesellschaft, die keine definitiven Verhaltensmuster mehr vorschreibt, die den Tabubruch zum emanzipatorischen Prinzip und das Selbstverwirklichungsstreben zum schlechthin arglosen Guten erhoben hat und die normative Gleichschaltung daher als freiwillige Einordnung selbstbestimmten Verhaltens in die Konventionen der Gemeinschaft ausgeben und zelebrieren muss« (ebd., S. 675).

Der alles beherrschende moralische Konsens führt auf der anderen Seite dazu, dass die sozialen Räume, in denen Gegenwelten erprobt und antisoziale Potenziale ausgelebt werden können, immer enger werden. Wenn alles Konsens und damit zum Guten verpflichtet ist, bleibt kein Platz für das Böse mehr – und der Konsens lässt sich nicht mehr überprüfen. Er besteht tatsächlich nur mehr in der impliziten Verpflichtung zum Guten, die abgefragt und auf die eingeschworen werden kann. Insofern wird in den Talkshows auch nicht in Toleranz eingeübt, sondern die Vielfältigkeit der Lebensweisen in der pluralistischen Gesellschaft wird dem moralischen Minimalkonsens des guten Lebens einverleibt. Damit schafft der moralische Konsens nur vordergründig Toleranz, tatsächlich jedoch Ausgrenzung. Denn das Moralisieren personalisiert und verschleiert die sozialen, ökonomischen und politischen Ursachen für das Verhalten der Talkshow-Gäste. Da alle Beteiligten, inklusive der Fernsehzuschauer auf die Verpflichtung zum Guten eingeschworen werden, dienen die Daily Talks der Konsenssicherung. Sie beschwören einen Konsens, den es in der pluralisierten Gesellschaft längst nicht mehr gibt. So bleibt lediglich der Rückzug auf die »moralischen Basisregeln«, um zu zeigen, dass es das »Gute« noch gibt. Auf diese Weise versuchen die täglichen Talkshows sich dem gesellschaftlichen und sozialen Wandel zu widersetzen, in dem sie eine Orientierung an konservativen Werten und einen Rückzug auf vermeintlich allgemein anerkannte moralische Positionen in den Mittelpunkt stellen. Zugleich sind sie selbst in ihrer Thematisierung widerstreitender Positionen ein Ausdruck des gesellschaftlichen Wandels in der ausdifferenzierten, pluralisierten Gesellschaft. In diesem Sinne sind sie auf doppelte Weise an einem Prozess der Normalisierung beteiligt:

> »Zum einen werden im Rahmen der medialen Inszenierung Einstellungen und Verhaltensweisen moralisch verhandelt, das heißt be- bzw. verurteilt, und der Versuch unternommen, eine für bestimmte biographische Situationen und konkrete Lebensumstände gültige normative Orientierung anzubieten. Zum anderen werden gesellschaftliche Prozesse – wie beispielsweise der Prozess der Pluralisierung der Lebensstile oder der Prozess vermehrter Intimisierung des öffentlichen Raums durch persönliche Geständnisse, [...] – durch die symbolische Repräsentation als zeitgemäß und insofern als ›normal‹ dargestellt. Dies bedeutet auch, dass die derzeitige Konstitution der modernen Gesellschaft durch die Medien aufrechterhalten, damit aber auch symbolisch verdoppelt wird« (Spetsmann-Kunkel 2004, S. 188).

Der Talkshowboom im deutschen Nachmittagsfernsehen flachte im ersten Jahrzehnt des 21. Jahrhunderts ab. Mit den Gerichtsshows erblickte eine neue Form von Sendung das Licht der Bildschirme (vgl. den Beitrag von Brauer in diesem Band). Auch dort geht es um die Aushandlung von Normen und Werten, von legalen und illegalen Handlungen. Die gesellschaftliche Ordnung wird durch den Richterspruch wieder hergestellt, das abweichende Verhalten während der Verhandlung thematisiert. Allerdings handelt es sich in den Gerichtsshows nicht um authentische Fälle, sondern es werden fiktive Fälle verhandelt – und gelöst.

Die Lebensformen in Deutschland sind nach wie vor Themen in den Sendungen am Nachmittag. Das Spektrum der Formate hat sich jedoch verbreitert. Neben Daily Talks wie »Vera« (SAT.1), »Britt« (SAT.1) und der »Oliver Geissen Show« (RTL) gibt es Gerichtsshows wie »Richterin Barbara Salesch« (SAT.1), »Richter Alexander Hold« (SAT.1), »Das Strafgericht« (RTL), »Das Familiengericht« (RTL) und »Staatsanwalt Posch ermittelt« (RTL), psychologische Beratungsshows wie »Zwei bei Kallwass« (SAT.1), Formate die Beratung für die Lebensgestaltung anbieten wie »AVENZIO« (PROSIEBEN) und Mischformen wie »Das Geständnis – Heute sage ich alles« (PROSIEBEN). Außerdem gibt es Formate, die Lebensformen in dokumentarischer Manier vorführen, wie »We Are Familiy! So lebt Deutschland« (PROSIEBEN) und »Lebe deinen Traum! Jetzt wird alles anders« (PROSIEBEN). Es soll nicht verschwiegen werden, dass die öffentlich-rechtlichen Sender am Nachmittag auf Unterhaltung setzen, mit Telenovelas, Natur- und Zoosendungen. In den Formaten der kommerziellen Sender zeigt sich jedoch vor allem, wie sehr die Unübersichtlichkeit in einer Gesellschaft, die durch eine Vielzahl von tolerierten Lebensstilen gekennzeichnet ist und in der aufgrund einer ebenso großen Zahl von konkurrierenden Normen und Werten der soziale Konsens brüchig geworden ist, der moralische Konsens heraufbeschworen, die soziale Ordnung wieder hergestellt und gleichzeitig verschiedene Lebensformen vorgeführt werden. Die Nachmittagssendungen

> »leuchten nicht nur jede Pore und Hautfalte der Alltagspraxis aus und zeigen dabei, dass Gewöhnliches und Ungewöhnliches durchaus ›sinnvoll‹ sein können und niemand sich für seine Art des Lebens zu schämen hat, sondern sie formulieren eher mehr als weniger neue und alte Normen und Werte, wie man allein und mit anderen zu leben hat« (Reichertz 2007, S. 158).

In diesem Sinne kommen die Formate am Nachmittag dem Bedürfnis nach Orientierung der Zuschauer entgegen. Sie üben in die Normalität einer pluralen

Gesellschaft ein. Zugleich verfestigen sie den Status quo, indem sie soziale Unterschiede als moralisch konsensfähig in eine gegebene soziale Ordnung einbinden.

Literatur

Bergmann, Jörg/Luckmann, Thomas (1999): Moral und Kommunikation. In: Jörg Bergmann/Thomas Luckmann (Hrsg.): Kommunikative Konstruktion von Moral. Band 1: Struktur und Dynamik der Formen moralischer Kommunikation. Opladen: Westdeutscher Verlag, S. 13–36

Bleicher, Joan Kristin (1993): Chronik zur Programmgeschichte des deutschen Fernsehens. Berlin: Edition Sigma

Bleicher, Joan Kristin (Hrsg.) (1996): Fernseh-Programme in Deutschland. Konzeptionen – Diskussionen – Kritik (1935–1993). Ein Reader. Opladen: Westdeutscher Verlag

Buß, Christian/Fuhlbrügge, Larina/Schäfer, John/in't Veld, Holger (1997): Entstehung und Entwicklung des Senders SAT.1 von 1984 bis 1994. In: Joan Kristin Bleicher (Hrsg.): Programmprofile kommerzieller Sender. Analysen zur Entwicklung von Fernsehsendern seit 1984. Opladen: Westdeutscher Verlag, S. 79–111

Fromm, Bettina (1999): Privatgespräche vor Millionen. Fernsehauftritte aus psychologischer und soziologischer Perspektive. Konstanz: UVK Medien

Günthner, Susanne (1999): Vorwürfe in der Alltagskommunikation. In: Jörg Bergmann/Thomas Luckmann (Hrsg.): Kommunikative Konstruktion von Moral. Band 1: Struktur und Dynamik der Formen moralischer Kommunikation. Opladen: Westdeutscher Verlag, S. 206–241

Herzinger, Richard (1998): Konsensrituale. Zur medialen Vergemeinschaftung des Privaten und Moralisierung des Öffentlichen. In: Merkur, 52, 8, S. 673–684

Hickethier, Knut (1998): Geschichte des deutschen Fernsehens. Stuttgart, Weimar: J. B. Metzler

Juppe, Uwe (1997): Die RTLplus Deutschland Fernsehen GmbH & Co.-Betriebs KG 1984–94. In: Joan Kristin Bleicher (Hrsg.): Programmprofile kommerzieller Sender. Analysen zur Entwicklung von Fernsehsendern seit 1984. Opladen: Westdeutscher Verlag, S. 41–78

Kade, Jochen (1999): Irritationen – zur Pädagogik der Talkshow. In: Ingrid Gogolin/Dieter Lenzen (Hrsg.): Medien-Generation. Beiträge zum 16. Kongreß der Deutschen Gesellschaft für Erziehungswissenschaft. Opladen: Leske + Budrich, S. 151–181

Krützen, Michaela (2002): »Ja, nun sind wir also zum ersten Mal da«. Neun Jahre Daily Talk im deutschen Fernsehprogramm – ein dreiteiliger Rückblick. In: Claudia Gerhards/Renate Möhrmann (Hrsg.): Daily Talkshows. Untersuchungen zu einem umstrittenen TV-Format. Frankfurt a.M. u.a.: Peter Lang, S. 43–62

Mikos, Lothar (1999): »Schmutzige Geheimnisse«. Eine andere Art der Öffentlichkeit – Betroffenheit und inszenierte Privatheit in den täglichen Talkshows. In: Joachim von Gottberg/Lothar Mikos/Dieter Wiedemann (Hrsg.): Mattscheibe oder Bildschirm. Ästhetik des Fernsehens. Berlin: Vistas, S. 223–250

Mikos, Lothar (2000): Die Verpflichtung zum Guten. Moralische Konsensversicherung im Fernsehen am Beispiel von Daily Talks und anderen Formaten. In: Medien Praktisch Texte, 3, S. 3–13

Mikos, Lothar (2002): Wertekonservatismus und moralische Diskussionen in Daily Talks. In: Claudia Gerhards/Renate Möhrmann (Hrsg.): Daily Talkshows. Untersuchungen zu einem umstrittenen TV-Format. Frankfurt a.M. u.a.: Peter Lang, S. 63–83

Nunner-Winkler, Gertrud (1999): Moralische Integration. In: Jürgen Friedrichs/Wolfgang Jagodzinski (Hrsg.): Soziale Integration. Opladen: Westdeutscher Verlag (Sonderheft 39/1999 der Kölner Zeitschrift für Soziologie und Sozialpsychologie), S. 293–319

Paus-Haase, Ingrid/Hasebrink, Uwe/Mattusch, Uwe/Keuneke, Susanne/Krotz, Friedrich (1999): Talkshows im Alltag von Jugendlichen. Der tägliche Balanceakt zwischen Orientierung, Amüsement und Ablehnung. (Schriftenreihe Medienforschung der LfR 32). Opladen: Leske + Budrich

Reichertz, Jo (2007): Nach den Kirchen jetzt das Fernsehen? Kann das Fernsehen Werte vermitteln? In: Dagmar Hoffmann/Lothar Mikos (Hrsg.): Mediensozialisationstheorien. Neue Modelle und Ansätze in der Diskussion. Wiesbaden: VS Verlag, S. 147–166

Semeria, Stefano (1999): Talk als Show – Show als Talk. Deutsche und US-amerikanische Daytime Talkshows im Vergleich. Opladen/Wiesbaden: Westdeutscher Verlag

Spetsmann-Kunkel, Martin (2004): Die Moral der Daytime Talkshow. Eine soziologische Analyse eines umstrittenen Fernsehformates. Münster: LIT

Gerichtsshow als Hybridgenre – Dramaturgie, Inszenierung und Rezeptionsmuster

Sabrina Brauer

Fünf Fernsehrichter sorgen aktuell im deutschen Nachmittagsprogramm für Gerechtigkeit (Stand: Mai 2007). Leidtragende dieses Booms sind die Daily Talkshows. Von ehemals 13 Formaten sind nur noch zwei auf Sendung. Doch nicht allein die Sendeplätze sollen die Gerichtsshows von ihren Talk-Vorgängern übernommen haben. Auch ein ähnliches Konzept vermutet die Presse hier: Von »Talkmaster in Roben« spricht die FRANKFURTER RUNDSCHAU (Lüke 2002, S. 23), und sogar in der Fachpresse sieht man im neuen Genre eine »Talkshow mit anderen Mitteln« (Hanemann 2002, S. 32). Für den Erfolg der Gerichtsshows machen die Medienkritiker häufig den Voyeurismus der Zuschauer resp. den Exhibitionismus der Darsteller verantwortlich (vgl. u. a. Lindner 2002; Jacobs 2002; Lüke 2002). Andere erklären den anhaltenden Zuschauerzuspruch mit den klaren Werten und Normen, die in den Gerichtsshows vermittelt werden:

> »Die Konjunktur der Shows indiziert so möglicherweise eine neue Sehnsucht nach Normen. Mit der starken Gewichtung objektiver sozialer Ordnung, die sich in klaren, argumentativ diskursivierten Urteilen ausspricht, lässt sich das Format auch als Ordnungsfernsehen apostrophieren« (Hausmanninger 2002, S. 41).

Die Debatte um den Erfolg des neuen Genres basiert dabei meist nur auf dem subjektiven Eindruck der Medienkritiker. Eine wissenschaftliche Auseinandersetzung, der Format- und Rezeptionsanalysen zugrunde liegen, ist dagegen weitgehend ausgeblieben. So bemängeln Machura und Ulbrich: »Trotz der hohen Relevanz gibt es allerdings noch kaum Forschungsliteratur zur Rezeption von Justizfilmen und Justizfernsehsendungen« (Machura/Ulbrich 2002, S. 7) Auch dem angloamerikanischen Fachdiskurs bescheinigt Kuzina (2000, S. 13) ein fehlendes Genrebewusstsein hinsichtlich des *Courtroom Drama* oder *Trial Movie*.

Dieser Text soll mit einer wissenschaftlichen Analyse der Gerichtsshow dazu beitragen, den Erfolg des Genres differenzierter beurteilen zu können. Der Fokus ist dabei auf die Genre-Konstruktion der Gerichtsshow gerichtet. Diese wird hier nicht als neue Form der Talkshow, sondern als eigenständiges Genre verstanden. Die Gerichtsshow behandelt zwar teilweise ähnliche Themen wie die Talkshow, bereitet diese aber formal ganz anders auf. Die zentrale These, die hier überprüft werden soll, lautet, dass die Gerichtsshow schon durch ihren formalen Aufbau einen ganz eigenen Reiz für die Rezeption liefern kann. Indem sie die Einflüsse verschiedener bestehender Genres integriert, wird sie zu einem Hybridgenre. Den integrierten Genres entsprechend bietet sie vielfältige Rezeptionsangebote, die über die Möglichkeiten eines ›reinen‹ Genres wie der Talkshow hinausgehen und damit zum Erfolg der Gerichtsshow beitragen.

An dieser Stelle muss jedoch betont werden, dass die formale Gestaltung der Gerichtsshow hier nicht als einzige Ursache für den Erfolg des Genres gewertet wird. Auch die These der mediensoziologisch ausgerichteten Arbeiten, die den Gerichtsshows eine Orientierungsfunktion in einer zunehmend pluralisierten Gesellschaft zuschreibt, mag für den Erfolg eine zentrale Bedeutung haben (vgl. Hausmanninger 2002; Ulbrich 2003; Schorb 2003). Das ist jedoch nicht Gegenstand dieses Beitrags.

Der vorliegende Beitrag basiert auf den Ergebnissen einer Diplomarbeit im Studiengang AV-Medienwissenschaft an der Hochschule für Film und Fernsehen »Konrad Wolf« Potsdam über das »Hybridgenre Gerichtsshow und seine Rezeption«. Gegenstand der Studie, die im Jahr 2003 durchgeführt wurde, war eine Analyse der drei Formate »Streit um drei« (ZDF), »Richterin Barbara Salesch« (SAT.1) und »Das Familiengericht« (RTL). Die Analyse der Sendungen wurde durch eine exemplarische Rezeptionsstudie ergänzt, in der zwei Gruppendiskussionen mit Sehern von Gerichtsshows durchgeführt wurden, um mögliche Rezeptionsmuster erfassen zu können.

Das Fernsehgenre Gerichtsshow

Über die Bezeichnung des neuen Formats ist man sich in Programmpresse und Feuilletons einig: Als *Gerichtsshow* wurde das neue Genre[1] schon seit dem Start von »Streit um drei«, der ältesten hier analysierten Sendung, betitelt. Die Mei-

---

[1] Die Verwendung des Begriffs »Genre« ist im Folgenden an die Begriffsbestimmung von Mikos (2003, S. 251) orientiert, der darunter ästhetische und inhaltliche Standardisierungen in Film und Fernsehen versteht, die sowohl die Produktion und die Sendeabläufe, als auch die Sehgewohnheiten und Erwartungshaltungen der Zuschauer bestimmen.

nungen darüber, was unter dieser Bezeichnung zu verstehen ist, gehen allerdings weit auseinander. Die Macher von »Streit um drei« sprechen von »Menschliche[n] Minidramen auf den Punkt gebracht [...], der Rest ist Information mit einer Prise Talk« (ZDF-Jahrbuch 1999, S. 158). Als eine »informative Unterhaltungssendung mit Fernsehspielcharakter« bezeichnet dagegen Gisela Marx, Produzentin von »Richterin Barbara Salesch« und den Gerichtsshows auf RTL, das neue Genre (Broder 2002).

Auch vor der Einführung der Gerichtsshow gehörte der Beruf der Juristen, wie die Arbeitswelt von Medizinern und Polizisten, zu den Themen, die im Fernsehen besonders gern aufgegriffen werden. Zahlreiche fiktionale und nonfiktionale Sendungen setzen sich mit dem Gegenstand auseinander. Ulbrich und Machura unterscheiden in einer Analyse des deutschen Fernsehprogramms vom Februar 2000 folgende Formen der Auseinandersetzung mit dieser Thematik (vgl. Ulbrich/Machura 2001, S. 119):

- *Gerichtsfilme*: Filme, bei denen wichtige Szenen des Geschehens im Gerichtssaal stattfinden, z. B. »Zeugin der Anklage« von Billy Wilder (1957)
- *Filme mit Justizthematik*: Filme, die zwar Recht und Justiz zum Thema haben, bei denen es aber keine Gerichtsszenen gibt, z. B. »Physical Evidence« von Michael Crichton (1988)
- *Fernsehserien mit Justizthematik:* fiktionale Serien über Recht, Anwälte und Justiz, z. B. »Perry Mason«
- *Ratgeber-Sendungen zum Thema Recht*: Sendungen, in denen echte Juristen Ratschläge und Informationen zu verschiedenen rechtlichen Problemen geben, z. B. »Ratgeber Recht«
- *Dokumentarfilme/Dokudramen*: Dokumentarische Filme, in denen authentische oder auch nachgestellte Aufnahmen von historischen Gerichtsszenen genutzt werden, z. B. »Sechs Schüsse auf einen Minister« von Claus Strobel (1998)
- *Reality-Gerichtsshows*: Sendungen, in denen (zur Zeit der Untersuchung) authentische Rechtskonflikte unterhaltsam präsentiert werden,[2] wie damals »Richterin Barbara Salesch«

---

2 Allerdings sind die Autoren hier nicht ganz korrekt. Zu dieser Zeit ist auch schon »Streit um drei« als Sendung mit fiktionalen Fällen im Programm, sie wird allerdings der gleichen Rubrik wie die damals noch authentische Show »Richterin Barbara Salesch« zugeordnet.

Schon diese Aufstellung macht deutlich, auf welch unterschiedliche Weise an die Rechtsthematik herangegangen wird. Fiktionale Formen sind mit Spielfilmen und Serien ebenso vertreten wie dokumentarische Formen, die Ulbrich und Machura unter der Rubrik Dokumentarfilme/Dokudramen/Ratgebersendungen zusammenfassen. Sogar die Aufbereitung des Themas in einer Reality-Show wird hier genannt. Ein Fernsehgenre wie die aktuelle Gerichtsshow, in der erfundene Fälle von Laiendarstellern vor einem echten Richter gespielt werden, ist in dieser Aufstellung allerdings noch nicht vorhanden.

Strukturelle und inhaltliche Ähnlichkeiten der Gerichtsshow gibt es vor allem zu zwei Genres, die in der obigen Aufstellung nicht vertreten sind. Zum einen knüpft die Gerichtsshow an die Traditionen ihrer Vorgängerin, der Gerichtssendung an. Auch in der Gerichtssendung wurden teilweise erfundene, teilweise nachgespielte Fälle in einer Gerichtsverhandlung dargestellt. Die Grenzen zu diesem Genre sind fließend und wohl am deutlichsten an der unterschiedlichen Absicht der Programmmacher – Informationsanspruch der Gerichtssendung vs. Unterhaltungsabsicht der Gerichtsshow – zu erkennen. Zudem unterscheidet sich die Programmierung von Gerichtsshow und Gerichtssendung erheblich. Während die aktuellen Formate wochentags täglich ausgestrahlt werden, gab es von den früheren Sendungen höchstens einige im Jahr.

Eine Abgrenzung der Gerichtsshow zum anderen verwandten Genre ist klarer zu treffen. Die meisten der aktuell in den USA ausgestrahlten Shows entsprechen dem Konzept der *Reality-based Courtroom Show*. Zwar ähnelt sich die Programmierung beider Genres, und sowohl bei der Gerichtsshow als auch bei ihrem US-amerikanischen Pendant überwiegt die Unterhaltungsfunktion der Sendungen. Allerdings werden in den USA statt fiktiver Straftaten, wie es bei den hier untersuchten Sendungen der Fall ist, reale Bagatellfälle verhandelt.

Zum Zeitpunkt der Untersuchung im Jahr 2003 waren im deutschen Fernsehprogramm allerdings weder Gerichtssendungen noch *Reality-based Courtroom Shows* vertreten. Alle Sendungen, bei denen es vorrangig um die Darstellung einer Gerichtsverhandlung geht, zeigen fiktive Fälle und sind zudem unterhaltungsorientiert.

Auch wenn jede der sechs Gerichtsshows, die im Zeitraum der Analyse im Programm waren, eine eigene Ausprägung hat, stimmt das Konzept dennoch in weiten Teilen überein. Gemeinsam sind ihnen folgende Merkmale:

- die regelmäßige Ausstrahlung montags bis freitags im Nachmittagsprogramm;
- pro Sendung werden mehrere abgeschlossene Fälle verhandelt;

- die Fälle sind fiktiv;
- das juristisches Fachpersonal ist ›echt‹, d. h. Richter und Anwälte sind in diesem Beruf ausgebildet und vor ihrer Fernsehkarriere als Juristen tätig gewesen;
- die Kläger, Beklagten und Zeugen werden von (Laien-)Schauspielern dargestellt;
- das Setting ist ausschließlich in bzw. vor dem Gerichtssaal; auf eingespielte Filmbeiträge wird – abgesehen vom Trailer – verzichtet;
- thematisch werden stets Gerichtsverhandlungen dargestellt, meist Fälle, die aus zwischenmenschlichen Konflikten resultieren, die Rechtsgebiete differieren jedoch.

Auch die Dramaturgie ist weitgehend identisch, was natürlich in erster Linie dadurch begründet ist, dass sie sich am realen Ablauf eines Gerichtsprozesses orientiert. Der Sendeablauf entspricht daher im Allgemeinen[3] folgendem Schema:

- *Vorspann*: Ein Trailer leitet die Sendung ein, meist werden die Richter und Anwälte in einem kurzen Filmbeitrag vorgestellt.
- *Eröffnung der Verhandlung*: Der Richter begrüßt die Anwesenden und gibt an, welcher Fall verhandelt wird.
- *Verlesen der Anklageschrift*: Der Staatsanwalt verliest die Anklageschrift und der Angeklagte bezieht Stellung zu den Vorwürfen. So werden der aktuelle Erkenntnisstand und der daraus resultierende Hauptkonflikt eingeführt.
- *Beweisaufnahme*: Die Beweisaufnahme nimmt den Hauptteil der Sendung ein, Zeugen werden angehört, Beweismittel und Gutachten vorgelegt etc. So wird einerseits das Geschehen in der Vergangenheit geklärt, zudem wird der Konflikt, der zur Anklage geführt hat, in die Gegenwart der Gerichtsverhandlung übertragen und meist durch verbale Attacken auf beiden Seiten weitergeführt. Häufig bringen Auslöser in der Gegenwartsebene, wie unerwartete Zeugenaussagen, Geständnisse, Beweismittel o. Ä., den Wendepunkt in der Aufklärung der Vergangenheitsebene.
- *Urteilsverkündung*: Der Fall findet nach einer kurzen formalen Pause in der Urteilsverkündung seinen Abschluss.

---

3   Der dargestellte Ablauf orientiert sich an Strafprozessen; bei Zivilprozessen läuft er geringfügig anders ab. Für diese Arbeit sind die Unterschiede jedoch ohne große Bedeutung.

Neben diesem ›Grundgerüst‹ gibt es je nach Sendung weitere formale Elemente, die allerdings nur in einzelnen Formaten auftreten:

- *Berichterstattung vor der Verhandlung:* Durch ein Gespräch zwischen dem Anwalt einer Partei und seinem Mandanten, das vor der Verhandlung außerhalb des Gerichtssaals geführt wird, werden erste Informationen zum Konflikt vermittelt (nur bei »Das Familiengericht«).
- *Befragung außerhalb des Gerichtssaals:* In einzelnen Fällen werden Kinder oder Jugendliche im Richterzimmer befragt (nur bei »Das Familiengericht«).
- *Berichterstattung nach der Verhandlung:* Ein Moderator befragt die Prozessbeteiligten nach ihrer Stellungnahme zum Urteil. Anschließend erläutert ein Rechtsexperte kurz das Urteil und nennt Vergleichsurteile der realen deutschen Justiz (nur bei »Streit um drei«).

Auch wenn das Konzept der Gerichtsshows neu scheint, ist das Interesse am Thema Gerichtsverhandlung vermutlich so alt, wie die Rechtssprechung an sich, und auch das Fernsehen hat sich von Anfang an dieser Thematik zugewendet. Epstein bezeichnet die Gerichtssendungen demnach als »a format that has been around since the dawn of television« (Epstein 2001, S. 129).

Unterschiedlichste fiktionale und dokumentarische Formen wurden im Laufe der Fernsehgeschichte entwickelt, um die Gerichtsverhandlung mediengerecht aufzubereiten. Ein ausführlicher historischer Abriss würde den Rahmen dieses Beitrags sprengen. Es soll jedoch nicht unerwähnt bleiben, dass bereits in den 1950er Jahren Gerichtssendungen im US-amerikanischen Fernsehen gezeigt wurden und bereits 1961 mit »Das Fernsehgericht tagt« die erste regelmäßige Gerichtssendung im bundesdeutschen Fernsehen zu sehen war. Im Folgenden werde ich mich auf das aktuelle Genre Gerichtshow beziehen und seine Konventionen beschreiben.

Das Hybridgenre Gerichtsshow

Über die Genrebezeichnung »Gerichtsshow« herrscht weitgehend Einigkeit. Darüber, was das neue Genre jedoch ausmacht, welche Genreeinflüsse dem Konzept zugrunde liegen, ist dagegen strittig. Die Macher von »Streit um drei« sprechen von einer Kombination der Elemente Soap, Talk und Information (vgl. ZDF-Jahrbuch 1999, S. 157 f.), wogegen die Produzentin von »Richterin Barbara Salesch« dem Format einen Fernsehspielcharakter zuschreibt (vgl. Broder 2002). Auch in der medienwissenschaftlichen Betrachtung ist man sich nicht einig über das neue Genre. Während Klaus und Lücke (2003, S. 200) der Gerichtsshow nur den Stellenwert eines Subgenres des Reality-TV zuerkennen, wird auf einer Medientagung gar der neue Gattungsbegriff »Servotainment« für die Gerichtssendungen formuliert.[4]

Nicht viel anders ist die Situation in den USA. Auch dort gibt es weder vonseiten der Produzenten noch vonseiten der Wissenschaftler eine eindeutige Definition des Genres. Epstein (2001, S. 129) spricht von »a program type that combines the best of the game and talk genres«, Billet von einer »combination of soap opera and game show« (zit. nach Porsdam 1994, S. 4). Porsdam fasst die Uneinigkeit, die sich zunächst an den Zuschreibungen zu »The People's Court« festmachte, zusammen:

> »The People's Court did not fit into any already existing category of media event, but was an assemblage of bits and pieces of other forms into a new structure« (Porsdam 1994, S. 10).[5]

Dieses ›Zusammengesetzte‹ findet sich allerdings nicht nur bei der Gerichtsshow. Laut Bleicher ist dieser Trend ein Charakteristikum des Fernsehens der 1990er Jahre:

> »Im Fernsehen der neunziger Jahre besteht ein Trend zur Hybridisierung der Genres [...]. Im Fernsehen erfasst der Begriff der Hybridisierung die Vermischung der Genres durch die Verknüpfung verschiedener Genrecharakteristiken zu neuen Formaten [...]. Diese Genrevermischungen ermöglichen die Darstellung unterschiedlicher Lebenswelten, aber auch die Integration von Handlungsstereotypen unterschiedlicher Fernsehgenres« (Bleicher 1999, S. 132; vgl. zu diesem Aspekt auch: Hickethier 1998, S. 526 ff.; Spangenberg 1997, S. 143).

Der Trend zur Hybridisierung wird von Wissenschaft und Medienkritik meist dann angesprochen, wenn es sich um Vermischungen fiktionaler und dokumentarischer Elemente (wie beispielsweise bei den Doku-Soaps und Reality-Shows) oder informativer und unterhaltender Elemente (wie vor allem beim Infotainment) handelt. Die Hybridisierung wird dabei meist nur konstatiert, selten analysiert. Findet eine genauere Untersuchung zur Hybridisierung der Genres

---

4 Vgl. Tagungsprogramm der Akademie für Politische Bildung Tutzing 2002 (http://www.apb-tutzing.de/veranstaltung/2-2002/38-2-02/text.htm).
5 Auch wenn sich diese Äußerungen auf die amerikanischen Formate beziehen, die durchweg *reality-based* sind, lassen sie sich in ihrem dramaturgischen Aufbau etc. in weiten Teilen auf die deutschen Gerichtsshows übertragen.

statt, so ist deren Auslegung meist recht einseitig: Thematisiert wird eine Bedrohung, die von den hybriden Formen ausginge, da der Rezipient in entsprechenden Formaten Probleme habe, die Grenze zwischen Realität und Fiktion zu ziehen bzw. journalistische Qualitätsansprüche hinter einer Unterhaltungsorientierung zurückstecken müssten (vgl. Schütte 1997, S. 168; Seeßlen 1996, S. 141). Selten wird dagegen auf das Potenzial, das hybride Formen dem Rezipienten bieten, eingegangen (z. B. bei Müller 1999; Mikos u. a. 2000). Dabei beinhaltete der Begriff der Hybridisierung ursprünglich vor allem eine Erweiterung der Möglichkeiten einer Mischform gegenüber reinen Formen. Ein kurzer Abriss zur Entstehung des Hybridbegriffs in der Medienwissenschaft soll diesen Aspekt aufzeigen.

Irmela Schneider (1997) setzt sich in ihrem Aufsatz »Von der Vielsprachigkeit zur Kunst der Hybridation« mit dem Fachterminus des Hybriden auseinander. Ursprünglich stammt dieser aus der Naturwissenschaft. Verwendet wird er in der Tier- und Pflanzenzüchtung für Nachkommen, die aus einer Kreuzung verschiedener Arten hervorgegangen sind. Andere Naturwissenschaften und die Technikwissenschaft haben den Begriff für ähnliche Mischverfahren übernommen. Über die einzelnen Fachdiskurse hinweg lassen sich so mehrere Eigenschaften der Hybride festhalten: Sie werden charakterisiert durch

> »die Kombination von Materialien oder Energien, die in Bezug auf einige Merkmale different sind, andere aber gemeinsam haben. [...] Es ist für den Prozess der Hybridisierung zweitens kennzeichnend, dass eine Effizienzsteigerung damit verbunden ist. [...] Ein drittes Kennzeichen betrifft die größere Komplexität, die vorausgesetzt wird, wenn von hybriden Prozessen gesprochen wird« (Schneider/Thomsen 1997, S. 19).

Von der Naturwissenschaft ausgehend hat Bachtin (1979) den Begriff der Hybridisierung in den literaturwissenschaftlichen Diskurs übertragen. Für ihn ist Hybridisierung

> »die Vermischung zweier sozialer Sprachen innerhalb einer einzigen Äußerung, das Aufeinandertreffen zweier verschiedener, durch die Epoche oder die soziale Differenzierung geschiedener Bewusstseine in der Arena dieser Äußerung« (Bachtin 1979, S. 244).

Bezogen auf die Sprache unterscheidet er zwischen historischer, unbeabsichtigter Hybridisierung, wie sie z. B. bei einer Vermengung von Völkern oder auch im Zuge der Globalisierung durch Anglizismen entsteht, und einer künstlerischen, beabsichtigten Hybridisierung, bei der beispielsweise Worte verwendet werden, die nicht wirklich in den Zusammenhang passen und daher parodistisch wirken (vgl. Bachtin 1979, S. 244 ff.).

Zwar beziehen sich Bachtins Überlegungen konkret auf die Entwicklung des europäischen Romans, doch über diesen literaturwissenschaftlichen Diskurs hinaus wurden seine Ideen von soziologischer, philosophischer, ästhetischer und medienwissenschaftlicher Seite aufgenommen. So wendet der Filmwissenschaftler Jörg Schweinitz Bachtins Theorien auf die Entstehung von Hybridgenres im Film an. Allerdings schränkt Schweinitz seine Theorie auf die künstlerischen Hybride ein (vgl. Schweinitz 2002, S. 79 f.). Eine so eng gefasste Definition, die nur äußerst wenige, meist parodistische Filme umfasst, erscheint als Grundlage für eine Untersuchung der Hybridgenres im Fernsehen ungeeignet.

Die Genreelemente im Hybridgenre Gerichtsshow

Um die Gerichtsshow überhaupt als Hybridgenre zu begreifen, muss zunächst klargestellt werden, auf welche narrative Vorlage sie rekurriert. Prinzipiell kann die Gerichtsshow über ihre Produktionsbedingungen als fiktionale Form definiert werden – die Fälle, die hier verhandelt werden, sind frei erfunden, ihr Ablauf ist dabei durch ein Drehbuch fixiert.[6] Als Angeklagte und Zeugen treten (Laien-)Schauspieler auf, auch die Juristen fungieren in diesem Kontext als Schauspieler, die ›sich selbst‹ darstellen.[7] Somit erfüllt die Gerichtsshow die Kriterien, die von Borstnar, Pabst und Wulff als Definition von Fiktion festgehalten werden:

»Als Fiktion bezeichnet man Sachverhalte, Handlungen, Geschehnisse, Personen und Dinge, die sich so nicht tatsächlich zugetragen haben, son-

---

6   Die Definition der Gerichtsshow als fiktionale Sendung ist allerdings nicht unstrittig. So wird die Gerichtsshow beispielsweise von Klaus/Lücke (2003) dem narrativen Reality-TV und damit einer non-fiktionalen Gattung zugeordnet. Das narrative Reality-TV wird von ihnen als Genre definiert, bei dem die Zuschauer »mit der authentischen oder nachgestellten Wiedergabe realer oder realitätsnaher Ereignisse« unterhalten werden. In diesem Beitrag ist dagegen die Tatsache, dass die dargestellten Fälle fiktiv sind (und m.E. nicht unbedingt ›realitätsnah‹), ausschlaggebend. Aus diesem Grund wird die Gerichtsshow als fiktionales Genre definiert.
7   Im Unterschied zu herkömmlichen fiktionalen Sendungen sind die Richter keine reinen Darsteller, sondern haben Einfluss auf das Drehbuch, indem sie die Urteile selbst schreiben. Allerdings ändert dies nichts an der Fiktionalität der dargestellten Fälle und damit auch nichts an der grundsätzlichen Fiktionalität der Sendung.

dern die nur in der Vorstellung oder der (dichterischen, filmischen, künstlerischen usw.) Darstellung existieren« (Borstnar/Pabst/Wulff 2002, S. 30).
Da die oben genannten Fiktionalitätssignale[8] im Text lediglich impliziert sind, wird auf sie im Abspann explizit verwiesen (vgl. Bauer 1992, S. 21). Die reale Gerichtsverhandlung, auf die sich die Gerichtsshow bezieht, ist also nicht mehr als eine narrative Vorlage, so wie der reale Arbeitsablauf in einer Polizeistation eine Vorlage für eine Kriminalserie bieten kann.

Zwischen der narrativen Vorlage, die eine Gerichtsverhandlung bietet, und der, die der Arbeitsablauf in einer Polizeistation darstellt, besteht dennoch ein gravierender Unterschied. Während Letzterer zwar auch in gewissen Aspekten festgelegt ist, folgt er aber keinem streng formalisierten Ablauf. In der Art und Weise, in der sich ein Ereignis abspielen kann, besteht weitgehende Freiheit. Die Vorlage »Arbeitsablauf auf einer Polizeistation« ist zudem ursprünglich nicht für eine Öffentlichkeit gedacht. Anders die Gerichtsverhandlung, die per Definition einen streng vorgegebenen Ablauf hat und in der Regel auf eine Öffentlichkeit hin ausgerichtet und inszeniert ist. Ihre Aufgabe ist es, nach einem festgelegten Schema eine Geschichte aufzurollen, die einen klaren Anfang und ein klares Ende hat. In diesem Sinne stellt sie einen herausgehobenen Teil der Realität dar, in dem reale Geschichten in abgeschlossener Weise erzählt werden, wobei der Ablauf, in dem diese Geschichten aufgerollt werden, ein streng inszenierter ist.

Für die Gerichtsverhandlung, die die narrative Vorlage der Gerichtsshow darstellt, lassen sich im übertragenen Sinne auch die Charakteristika, die Bleicher den hybriden Fernsehformen zuschreibt, feststellen (vgl. Bleicher 1999, S. 132). Zum einen mischen sich hier in einem festgelegten Rahmen verschiedene Lebenswelten (die der Juristen und die der Prozessbeteiligten). Zudem lassen sich im weitesten Sinne Parallelen zu verschiedenen medialen Inszenierungsformen ziehen.

Besonders häufig wird eine Verwandtschaft von Gerichtsverhandlung und Theaterstück, vor allem dem klassischen Drama, erwähnt. Der Rechtsanwalt John E.

---

8   Da die Begriffe Fiktions- bzw. Authentizitätssignal und Fiktionalisierungs- bzw. Authentisierungsstrategie in der Fachliteratur sehr unterschiedlich verwendet werden, soll kurz definiert werden, was hier unter den Begriffen verstanden wird: Fiktionssignale sind Zeichen für den fiktionalen Status eines Textes innerhalb dieses fiktionalen Textes; für Authentizitätssignale verhält es sich – bezogen auf non-fiktionale Texte – analog. Fiktionalisierungs- bzw. Authentisierungsstrategien stellen dagegen ein Mittel dar, in einem Text, der non-fiktional ist, den Eindruck zu wecken, er sei fiktional bzw., noch häufiger verwendet, in einem fiktionalen Text den Eindruck zu erwecken, dieser sei non-fiktional.

Simonett spricht vom Prozess als »one of the performing arts« und beschreibt dessen Struktur:

> »The trial has a protagonist, an antagonist, a proscenium and an audience, a story to be told and a problem to be resolved, all usually in three acts: plaintiff's case, defendant's case, and the third act, consisting of the summations, charge and rendering of the verdict« (Simonett zit. nach Kuzina 2000, S. 5).

Die Affinität der Gerichtsverhandlung zum Schauspiel rührt zum einen aus dem Bühnencharakter des Verhandlungsraums, in dem die Personen auf- und von dem sie abtreten. Wichtig ist aber auch die dramaturgische Struktur, die die Verhandlung regelt, und die als Dreiakter beschrieben werden kann. Wie im klassischen Drama stellen die Einheit von Handlung, Ort und Zeit[9] den formalen Rahmen dar, in dem die Geschichte erzählt wird.

Darüber hinaus werden sogar zwischen Film und Gerichtsverhandlung Parallelen gesehen. So behauptet Clover:

> »Real-life trials become movies (by which I mean both film and television dramas) as easily as they do, because trials are already movielike to begin with and movies are already trial-like to begin with« (Clover zit. in Chase 2002, S. 166).

Auch wenn eine Verallgemeinerung in diesem Fall wohl schwierig ist, lässt sich als Gemeinsamkeit dennoch festhalten, dass sowohl Gerichtsverhandlung als auch Film das Anliegen haben, eine Geschichte zu erzählen bzw. zu rekonstruieren. Der Film ist in seiner Erzählweise jedoch deutlich freier, er kann zwischen Zeit, Ort und Handlung springen und ist nicht an das strenge formale Konzept der Gerichtsverhandlung gebunden.

Zudem ist eine Parallele zwischen Show und Gerichtsverhandlung zu ziehen, wenn man Shows als »inszenierte Interaktionsereignisse […], die von einem Moderator geleitet und mit Gästen […] durchgeführt werden« (Berghaus/Staab 1995, S. 21), definiert. Kuzina erwähnt sogar eine Gerichtsverhandlung von 1916, die wegen des großen Publikumsinteresses in ein Theater verlegt wurde und bei der der Gerichtsdiener am Ende des Verhandlungstages von der Bühne gerufen hat: »The regular show will be tomorrow; matinee in the afternoon and another performance at 8:30« (Kuzina 2000, S. 18).

---

9   Allerdings gibt es in der Gerichtsverhandlung die Urteilsfindung, bei der sich der Richter aus dem Verhandlungssaal zurückzieht – die Einheit von Handlung, Ort und Zeit wird an dieser Stelle gebrochen.

Aus diesen Gründen lässt sich bereits die Gerichtsverhandlung als hybride Form beschreiben. Dient sie als narrative Vorlage für das Fernsehgenre Gerichtsshow, so übertragen sich auch die oben genannten Eigenschaften auf das Fernsehgenre. Damit weist auch das fiktionale Genre Gerichtsshow eine Ähnlichkeit mit entsprechenden medialen Inszenierungsformen auf. Die Vermischung der Genreelemente in der Gerichtsshow wird jedoch nicht mehr bewusst wahrgenommen, da sie bereits in der Vorlage ›Gerichtsverhandlung‹ existiert. Allerdings wird in der Gerichtsshow nicht nur eine Gerichtsverhandlung abgebildet. Hier werden darüber hinaus Elemente anderer Fernsehgenres, wie Einblendungen, Trailer etc., genutzt. Somit stellt die Gerichtsshow in Bachtins Sinne eine Mischform zwischen einem historischen und einem künstlerischen Hybrid dar.[10] Die Annahme, dass es sich bei der Gerichtsshow um ein hybrides Genre handelt, soll im Folgenden genauer überprüft werden.

Die Gerichtsshow ist schon aufgrund ihrer Produktionsbedingungen eindeutig als fiktionales Genre zu definieren. Nur dadurch, dass die Fälle erfunden sind und von Schauspielern dargestellt werden (und auf diese Eigenschaft im Abspann hingewiesen wird) ist es nach deutschem Recht überhaupt möglich, Strafrechts-, Familienrechts-, Jugendrechts- und Zivilrechtsfälle im Fernsehen zu zeigen. Die Fiktionalität des Genres ermöglicht es also zum einen, die genannten Rechtsthematiken zu behandeln. Zum anderen lässt sich durch sie das dargestellte Geschehen, also was für eine Geschichte und wie die Geschichte erzählt wird, frei bestimmen.

Allerdings unterscheidet sich die Gerichtsshow von anderen fiktionalen Genres durch ihre spezifische Dramaturgie, die durch die ausschließliche Konzentration auf die Gerichtsverhandlung bestimmt wird. Obwohl eine fiktionale Form die Möglichkeit hat, in Ort, Zeit und Handlung zu springen, wird bei der Gerichtsshow meist nur der Gerichtsprozess ausgewählt und in zeitlich-linearer Erzählweise mit einer Einheit von Ort, Zeit und Handlung dargestellt. Diese dramaturgische Konstruktion wirkt sich auch auf die Narration der Gerichtsshow aus. Um die Narrationsform der einzelnen Formate erklären zu können, soll an dieser Stelle nun etwas detaillierter auf die dramaturgischen Vorbedin-

---

10 Rein künstlerisch wäre an dieser Stelle ein Format wie »Big Brother« – hier werden bewusst verschiedene Genres miteinander vermischt, es bezieht sich nicht auf eine Vorlage, die diese Mischung impliziert.

gungen, die sich aus der Bezugsfolie »Gerichtsverhandlung« ergeben, eingegangen werden.[11]

Dramaturgie und Narration im fiktionalen Genre Gerichtsshow

In einer Gerichtsverhandlung geht es zum einen darum, den Tatbestand[12] zu klären, der zum Prozess geführt hat, und zum anderen, diesen Tatbestand zu bewerten. Dazu werden innerhalb eines festgelegten Zeitrahmens – dem Gerichtstermin – an einem festgelegten Ort – dem Gerichtssaal – die verschiedenen Prozessbeteiligten zu dem Tatbestand befragt und schließlich ein Urteil gesprochen. Die Einheit von Handlung, Ort und Zeit, die sich aus diesem Aufbau des Prozesses ergibt, bedeutet für ihre filmische Umsetzung, dass die Gerichtsshow formal nur aus einer einzelnen Szene besteht. Die erzählte Zeit, also die »diegesis-intern markierte Zeitspanne, die dargestellt wird« und die Erzählzeit, also »die Zeit, die die Narration braucht, um uns diese Geschichte zu erzählen« (Borstnar/Pabst/Wulff 2002, S. 152), fallen nahezu ineinander. Auslassungen oder Leerstellen gibt es in der Darstellung der Gerichtsverhandlung so gut wie nicht. Dies legt die Annahme nahe, dass auch Plot und Story weitgehend identisch sind.[13] Das Publikum muss demnach nur in einem sehr geringen Maß selber aktiv Zusammenhänge herstellen.

Allerdings wird an dieser Stelle bedeutend, dass die Gerichtsverhandlung sich mit einem Tatbestand befasst, der in erster Linie in der Vergangenheit situiert ist. Dies hat zur Folge, dass in der Gerichtsverhandlung zwei Zeitebenen unter-

---

11 Die Narration wird in dieser Arbeit nicht nur als fiktionale Narration verstanden, sondern, in Anlehnung an Bleicher, als narrative Grundkonstruktion, die sowohl fiktionale als auch nonfiktionale Formen umfasst. Wichtiges Unterscheidungskriterium ist für Bleicher die Zeitgestaltung in den verschiedenen Formaten. Sie unterscheidet zwischen »Formen des Zeigens«, »Formen des Berichtens«, »Formen des Erzählens« und »Formen des Spiels«. Anhand ihrer Kategorien wird im Folgenden die Narration in der Gerichtsshow beschrieben (vgl. Bleicher 1999).

12 Der besseren Lesbarkeit halber benutze ich den Begriff ›Tatbestand‹ sowohl für Strafrechts- als auch für Zivilrechtsfälle. Juristisch ist dies nicht ganz korrekt: Im Zivilprozess lautet die Bezeichnung eigentlich ›Sachverhalt‹.

13 Zur Verwendung der Begriffe ›Plot‹ und ›Story‹: »In der formalistischen Theorie (ist die Story) die erschlossene, nicht die präsentierte Geschichte des Films, in der die Ereignisse kausal und zeitlich verbunden aufeinander folgen. Die Story enthält gegenüber dem Plot (der nur aus den gezeigten Ereignissen besteht) all jene Ergänzungen, die der Zuschauer durch Folgerungen selbst erschließt. Die Story ist daher vollständig, demgegenüber ist der Plot die Ordnung, in der die Ereignisse in der Narration präsentiert werden, und bezogen auf die Story weist er Auslassungen auf« (Rother 1997, S. 279).

schieden werden können: Die Gegenwart des Prozesses und die Vergangenheit des Tatbestandes, um den sich der Prozess dreht. Für die Gerichtsshow lassen sich, diesen Zeitebenen entsprechend, zwei Narrationsebenen unterscheiden: In der direkten filmischen Darstellung wird die Gegenwartshandlung, also der unmittelbare Prozess, abgebildet. Sie soll hier als Geschehensebene bezeichnet werden. Die Vergangenheit als Thema des dargestellten Prozesses existiert für den Zuschauer dagegen nur in den Aussagen der Zeugen und Angeklagten, sie bildet die zweite Narrationsebene, die hier Erzählebene benannt werden soll. Auch wenn für die Darstellung der Verhandlung festgestellt wurde, dass Story und Plot weitgehend identisch sind, trifft dies nur für die erste Narrationsebene, die Geschehensebene zu. Auf der Erzählebene werden dagegen zwar keine herkömmlichen filmischen Mittel (wie eine zeitlich nicht lineare Erzählweise oder eine elliptische Erzählweise u.Ä., die sich in der Form der Montage manifestieren) genutzt, um dem Plot seine spezifische Form zu geben. Allerdings besteht hier eine plotähnliche Strukturierung auf der rein verbalen Ebene. Je nachdem, in welcher Reihenfolge und mit welchem Inhalt die einzelnen Prozessbeteiligten ihre Aussagen machen, entsteht ein Plot, aus dem sich der Zuschauer eine Story konstruieren kann. Diese dramaturgische Eigenschaft, die sich aus der Gerichtsverhandlung für die Gerichtsshow ergibt, ist für deren fiktionale Gestaltung besonders wichtig. Hier ergibt sich gestalterischer Freiraum, die Geschichte, die hinter dem Prozess steht, spannend aufzubereiten.

Da sich die beiden beschriebenen Narrationsebenen gegenseitig bedingen und in ihrem Aufbau eng verwoben sind, lassen sie sich nicht völlig getrennt betrachten. Eine Unterscheidung kann jedoch im Hinblick darauf getroffen werden, welche Narrationsebene innerhalb der Sendung dominant ist. Steht die Frage, wie der Tatbestand zu bewerten ist, im Mittelpunkt, so bestimmt die Geschehensebene, d.h. die Argumentation der Prozessbeteiligten, die Erzählung. Ist dagegen die Frage zentral, wie es überhaupt zu dem Tatbestand gekommen ist, so dominieren die Schilderungen des Vergangenen, die die einzelnen Prozessbeteiligten machen, und damit die Erzählebene.

Für die Gerichtsshow als fiktionale Erzählung ist vor allem diese zweite Art des Dominanzverhältnisses von Bedeutung.[14] Steht die Frage nach dem Täter im

---

14 Hier findet sich auch die komplexere Zeitgestaltung, die Bleicher als ein Charakteristikum fiktionaler »Formen des Erzählens« bezeichnet (vgl. Bleicher 1999, S. 148 f.).

Mittelpunkt, so ähnelt die Erzählweise dem klassischen Kriminalfilmgenre *Whodunit*.¹⁵ Dieses wird durch folgenden Ablauf charakterisiert:

>»The presentation of unexplained crimes is followed by the development of a cast of suspects. Characteristically, a small number of persons who had some relationship or business with, or are related to, the victimized party is introduced in a way, that gives all persons motive, opportunity, and means for the comission of the unexplained crime [...] The rule is, that some suspects will be vindicated. [...] Typically, just one person is found to be the perpetrator« (Zillmann 1991, S. 296).

Dieses Erzählschema eignet sich vor allem für die Darstellung von Strafrechtsfällen, bei denen es tatsächlich um eine Tat und damit auch um die Suche nach einem Täter geht. Von den untersuchten Formaten kommt es dementsprechend vor allem bei der ›Straf-Gerichtsshow‹ »Richterin Barbara Salesch« zum Tragen. In acht der zehn untersuchten »Richterin Barbara Salesch«-Fällen werden zu Beginn der Verhandlung zwei völlig unterschiedliche Versionen über den Tathergang präsentiert. Eine Partei muss dementsprechend lügen, während die andere die Wahrheit sagt. Diese Tatsache bewirkt eine noch stärkere Konzentration auf die Erzählebene, über die geklärt werden soll, was tatsächlich vorgefallen ist. Darüber hinaus konzentriert sich die Fragestellung so auf die Suche nach dem Täter, die wiederum das oben illustrierte Erzählprinzip des *Whodunit* nahe legt.

Als zentrales Merkmal des *Whodunit* wurde im obigen Zitat genannt, dass sich nahezu alle auftretenden Personen als Täter entpuppen können. Dies ist nur möglich, wenn die Wahrscheinlichkeit, dass der Angeklagte der Täter ist, nicht deutlich größer ist als die Wahrscheinlichkeit, dass die Tat von einem anderen Prozessbeteiligten begangen wurde. Auch hier entsprechen die untersuchten Fälle von »Richterin Barbara Salesch« dem *Whodunit*-Erzählprinzip: der Angeklagte wird in fünf Fällen verurteilt, in den fünf anderen Fällen stellt sich heraus, dass die Tat von einem anderen Prozessbeteiligten begangen wurde. Das Erzählschema von »Richterin Barbara Salesch« entspricht damit fast durchgängig dem *Whodunit*.

Anders verhält es sich mit »Streit um drei«, wo ein Zivilgericht dargestellt wird. Hier werden keine Straftaten verhandelt – die Verhandlung dreht sich um einen strittigen Sachverhalt. Zwar liegt dieser, wie auch die Straftat, in der Ver-

---

15 *Whodunit* – »Who has done it?« ein Subgenre des Genres Mystery, bei dem die Suche nach dem Täter eines Verbrechens im Mittelpunkt steht.

gangenheit, so dass auch bei der Darstellung von Zivilprozessen zwischen einer Geschehens- und einer Erzählebene zu unterscheiden ist. Ein Unterschied zum Strafprozess ist aber, dass hier »die Schuld des Täters gering ist und kein öffentliches Interesse an der Strafverfolgung besteht« (Duden, Band 5. 2001, S. 114). Ist die Schuld gering, so ist es schwierig, mit der Frage nach der Person des Täters Spannung zu erzeugen – was auch ein Aufrollen des Geschehenen und die damit einhergehende Betonung der Erzählebene eher uninteressant macht.

Steht nicht die Frage nach dem Täter im Mittelpunkt, so scheint auch das Erzählprinzip des *Whodunit* keine Anwendung zu finden. Bei den untersuchten Fällen von »Streit um drei« gibt es in 13 Fällen keine komplett gegensätzlichen Aussagen, hier wird das Vorgefallene nur verschieden interpretiert. Das Interesse verschiebt sich von der Frage nach dem Täter auf die Frage nach der Bewertung der Schuld. Nur in zwei Fällen stehen sich grundlegend unterschiedliche Aussagen gegenüber, so dass das Erzählprinzip des *Whodunit* überhaupt in Frage käme. Doch auch in diesen Fällen wird eine entsprechende Erzählweise nicht genutzt. Beide Male kann sich der Vorwurf nicht erhärten, so dass der Antrag vom Richter abgewiesen wird. Das *Whodunit* wird bei »Streit um drei«, den untersuchten Fällen zufolge, nicht eingesetzt. Das Erzählschema, das bei »Streit um drei« genutzt wird, wird später noch näher charakterisiert.

»Das Familiengericht« ist, wie das Gericht bei »Streit um drei«, ein Zivilgericht. Verglichen mit dem allgemeinen Zivilrecht weist das Familienrecht jedoch einige juristische Besonderheiten auf, die sich auch auf die narrative Gestaltung der Gerichtsshow auswirken. Die Fälle, die hier verhandelt werden, sind Scheidungs-, Sorgerechts- und Unterhaltsstreitigkeiten. Um über die entsprechenden Anträge zu entscheiden, muss in der Regel ein Zustand beurteilt werden, der sich nicht an einer einzelnen Tat festmacht. Schon allein dieser Umstand legt nahe, dass es vorrangig um einen Austausch von Argumenten und damit um eine Auseinandersetzung auf der Geschehensebene geht. Zudem kann, da es nicht um eine Tat geht, auch nicht direkt nach einem Schuldigen oder Unschuldigen gefragt[16] werden. Wird nicht nach einem Schuldigen gesucht, kann es auch keine Erzählung im Rahmen des *Whodunit* geben, so scheint es. Allerdings wird bei den untersuchten Fällen von »Das Familiengericht« in vier Fällen eine juristische Besonderheit genutzt, um das *Whodunit* als Erzählstrategie dennoch anwenden zu können. Hier geht es um Härtefall-Scheidungen, d.h. Fälle,

---

16 Eine Ausrichtung des Geschehens wird durch spezielle Rechtsgrundsätze, wie das »Zerrüttungsprinzip« verhindert, nach dem nur festgestellt werden soll, ob die Ehe zerrüttet ist, und nicht, wer der Ehepartner die Schuld daran trägt.

bei denen die Ehe aufgrund von Gewaltanwendung oder arglistiger Täuschung durch den Partner eine unzumutbare Härte darstellen soll. Allein diese Bezichtigungen machen bereits deutlich, dass das Familienrecht hier thematisch in die Nähe des Strafrechts gerückt ist. Auch in der narrativen Umsetzung ähneln diese Fälle den Strafrechtsfällen, wie sie bei »Richterin Barbara Salesch« erzählt werden. Der Antrag einer Partei enthält Vorwürfe, die sich auf eine konkrete Tat in der Vergangenheit beziehen. Diese Vorwürfe werden von der anderen Partei zurückgewiesen, so dass Aussage gegen Aussage steht. Während der Gerichtsverhandlung wird ermittelt, inwieweit die Vorwürfe zutreffen, was im übertragenen Sinne bedeutet, ob ›der Angeklagte schuldig ist‹. Dafür muss zunächst geklärt werden, was in der Vergangenheit geschehen ist, so dass auch in diesen Scheidungsfällen die Erzählebene dominiert. Die Scheidungsfälle bei »Das Familiengericht« haben damit ein Narrationsprinzip, das dem von »Richterin Barbara Salesch« ähnelt und ebenfalls dem *Whodunit* entspricht.

Mit der Beschreibung der Narration als *Whodunit*, wurde eine Parallele zwischen Gerichtsshow und Kriminalfilm gezogen. Zwischen diesen Genres besteht jedoch ein grundlegender Unterschied: Während der Detektiv im *Whodunit* selber aktiv werden kann und durch seine Handlungen die Wahrheit schließlich ans Licht bringt, kann der Richter nicht ermittelnd tätig werden. Der Impuls zur Auflösung der Tat muss in der Gerichtsshow also immer von den Prozessbeteiligten selber ausgehen. Daher gibt es während der Beweisaufnahme in der Gerichtsshow immer wieder unerwartete Zeugenaussagen und Geständnisse oder nachträglich vorgelegte Beweisgegenstände, die auch den Richter (innerhalb der Diegese) überraschen und zu einer Wendung in der Handlung führen. Hier füllen die Prozessbeteiligten also nicht mehr nur den durch die Gerichtsverhandlung vorgegebenen dramaturgischen Rahmen, sondern bringen die Handlung selbstständig weiter. Auch vom Publikum kann der entscheidende Impuls ausgehen, so dass anscheinend unbeteiligte Personen zu handelnden Figuren innerhalb der Erzählung werden können. Diese Überraschungsmomente, die als *Surprise* bezeichnet werden (vgl. Borstnar/Pabst/Wulff 2002, S. 168), kann man als fiktionale Erzählstrategie auf der Geschehensebene verstehen. Der zu Anfang eröffnete Konflikt wird in der Regel erst durch eine Zusammenführung der Narrationsebenen, also der *Whodunit*-Struktur der Erzählebene mit dem *Surprise*-Element der Geschehensebene, aufgelöst.

Bei »Richterin Barbara Salesch« wird von der Erzählstrategie *Surprise* intensiv Gebrauch gemacht. In neun der zehn Fälle führt erst eine überraschende Information zu einer eindeutigen Aufklärung. Auch bei »Das Familiengericht« werden *Surprise*-Elemente eingesetzt, die dazu führen, dass der Fall aufgelöst werden kann. In allen vier Scheidungsfällen sind es erst die unerwarteten Zeugenaussagen, die helfen, eine eindeutige Lösung zu finden. Aber auch in den sechs anderen Fällen, in denen die Narrationsstruktur nicht dem *Whodunit* entlehnt ist, werden *Surprise*-Elemente eingesetzt, um die Geschichte zu einem befriedigenden Ende zu führen. Die Narration lässt sich also auch bei »Das Familiengericht« als eindeutig fiktional charakterisieren. Damit unterscheidet sie sich grundlegend von der Narration der anderen ›Zivil-Gerichtsshow‹ »Streit um drei«, bei der weder das *Whodunit*-Schema noch *Surprise*-Elemente eingesetzt werden. Bei »Streit um drei« gibt es in keinem Fall ein neues Beweisstück, eine überraschende Zeugenaussage oder ein unerwartetes Geständnis, das zu einer neuen Bewertung des Falles führt. Anhand der Narration lässt sich die Fiktionalität des Formats kaum feststellen.

Neben der Erzählstruktur der Geschichte ist auch die Art und Weise ihrer Inszenierung für die Rezeption der Gerichtsshow als fiktionale Erzählung entscheidend. Die Ausstattung und der Gebrauch der audiovisuellen Darstellungsmittel werden, so lässt sich für die untersuchten Formate feststellen, vorrangig zur Verschleierung der Fiktionalität eingesetzt. Zwar rekurriert die Ausstattung, also die verwendeten Requisiten und die Kostüme der Darsteller, in allen untersuchten Formaten auf Genrekonventionen des Gerichtsfilms und damit auf ein fiktionales Genre.[17] Doch da die meisten Zuschauer ihr Wissen über die Justiz nicht aus eigener Alltagserfahrung, sondern aus fiktionalen US-amerikanischen Gerichtsfilmen beziehen (vgl. Machura/Ulbrich 2001, S. 118), ist zu vermuten, dass die Ausstattung der Gerichtsshows nicht als fiktionalisierendes Element rezipiert wird.

Kamera, Licht, Ton und Schnitt sind die wichtigsten Mittel, mit denen eine Fernsehsendung audiovisuell gestaltet werden kann. Durch ihren Einsatz wird ganz wesentlich die Anmutung der Sendung bestimmt. Dabei ist jedoch für alle Gerichtsshows festzustellen, dass diese Gestaltungsmittel fast ausschließlich zur

---

17 So ist der Gerichtssaal in der Regel mit den genrespezifischen Elementen ausgestattet, die ihn direkt als Gerichtssaal charakterisieren: durch Holzvertäfelung, die erhobene Bank des Richters und die einander gegenüber stehenden Bänke von Verteidiger und Staatsanwalt (vgl. Silbey 2001, S. 101), zudem tragen die Juristen klassische Roben und werden auf diese Weise in ihrer Funktion eindeutig definiert. Allerdings muss an dieser Stelle angemerkt werden, dass Genre-Elemente US-amerikanischer Gerichtsfilme nur da übernommen werden, wo sie mit der Repräsentation deutscher Justiz vereinbar sind. So haben die deutschen Fernsehrichter beispielsweise kein ›Hämmerchen‹, mit dem sie die Prozessbeteiligten zur Ordnung mahnen, obwohl dies ein zentrales Requisit amerikanischer Gerichtsfilme ist.

nüchternen Abbildung des Geschehens, nicht aber zu seiner Illustration genutzt werden. Die Kamera agiert in der Regel nicht eigenständig, sondern ist streng an den Dialog gebunden. Der Schnitt folgt dem Prinzip des *Continuity-Editing* und wird somit zum ›unsichtbaren Schnitt‹. Auch die Ausleuchtung und die Musik als Mittel, die das Potenzial bieten, unabhängig vom gesprochenen Text eine Stimmung zu erzeugen, werden in den Gerichtsshows kaum eingesetzt. Die audiovisuelle Gestaltung, so lässt sich festhalten, wirkt nur in geringem Maße fiktionalisierend. Das einzige Format, das Abweichungen von diesem Konzept aufweist, ist »Das Familiengericht«. Auch hier gilt zwar grundsätzlich, dass die Verhandlung sehr nüchtern präsentiert wird, doch an einigen Stellen wird dieses Gestaltungsprinzip aufgebrochen. So avanciert die Kamera in einigen Szenen unabhängig vom Dialog zum fiktiven Erzähler. Dies geschieht dann, wenn durch Sprünge in der Handlung ein unterschiedlicher Wissensstand zwischen dem Zuschauer und einem Teil der handelnden Personen entsteht und beispielsweise Gesichter in Großaufnahme gezeigt werden, um Emotionen genau verfolgen zu können. Allerdings agiert die Kamera nur äußerst selten auf diese Weise, und andere audiovisuelle Mittel, die vom eingangs skizzierten Schema abweichen, werden nicht eingesetzt.

Der Trailer ist ein weiteres gestalterisches Element, das potenziell die Möglichkeit besitzt, fiktionalisierend zu wirken. Er ist nicht in die Prozesshandlung integriert und somit auch nicht an die Beschränkungen durch das dramaturgische Prinzip – Einheit von Handlung, Ort und Zeit – gebunden. Sowohl bei »Richterin Barbara Salesch« als auch bei »Das Familiengericht« werden die Möglichkeiten genutzt, die sich aus diesem Umstand ergeben. Bei beiden Formaten erinnert der Trailer an den Vorspann einer fiktionalen Serie und hebt sich im Hinblick auf die gestalterischen Mittel deutlich vom Rest der Sendung ab. So werden im Trailer von »Richterin Barbara Salesch« in einer Spielhandlung Verbrechen nachgestellt, die mit einer beweglichen Kamera, schnellem Schnitt und dynamischer Musik visualisiert werden. Zwischen diese Handlung sind Bilder aus dem Gerichtssaal, vor allem von der Protagonistin Barbara Salesch geschnitten. Durch seinen Inhalt, aber auch durch die formale Präsentation, wirkt er wie der Trailer einer fiktionalen Detektiv- oder Actionserie. Auch der Trailer von »Das Familiengericht« erinnert an eine fiktionale Serie. Hier werden die Juristen in den Gängen vor dem Gerichtssaal gezeigt. In einer Spielhandlung tröstet die Anwältin weinende Kinder, und der Anwalt versucht, den Streit zwischen einem Ehepaar zu schlichten. Dabei dominieren helle, freundliche Farbtöne das Bild, der Schnitt ist ruhig und der Trailer mit sanfter Musik unterlegt. So wirkt er wie der Trailer einer Familienserie oder einer Daily Soap.

Anders verhält es sich beim Trailer von »Streit um drei«. Nach der Einblendung eines Logos – ein rotes Paragraphensymbol auf gelbem Grund – werden zwar auch hier Szenen mit Spielhandlung eingespielt. Doch diese Szenen stellen Inhalte der konkreten, in der jeweiligen Folge verhandelten Fälle dar. Zusätzlich erläutert ein Off-Kommentar das Gezeigte. Der Trailer fungiert so nicht mehr als reiner Vorspann, sondern führt in das Geschehen der jeweiligen Folge ein. Mit seiner ›nachgestellten‹ Spielhandlung erinnert er nicht an eine fiktionale Serie (bei der stets der gleiche Trailer genutzt wird), sondern eher an eine Reality-TV-Sendung.

Zusammenfassend lässt sich festhalten, dass die Gerichtsshow zwar aufgrund ihrer Produktionsbedingungen ein fiktionales Genre darstellt. Auch die Narrationsformen *Whodunit* und *Surprise*, die in der Gerichtsshow zum Einsatz kommen, sind als typisch fiktional zu bezeichnen und die Ausstattung ist in vieler Hinsicht an fiktionale Gerichts-Genres angelehnt. Die Dramaturgie der Gerichtsshow ist jedoch untypisch für fiktionale Genres – in diesem Aspekt erinnert sie an eine Show.

Die Inszenierung der Gerichtsshow als Show

Nachdem erläutert wurde, dass die Gerichtsshow ein fiktionales Genre ist, verwundert ihre Genrebezeichnung als Gerichtsshow. Zwar wird der Gattungsname »Show« für eine Vielzahl unterschiedlicher Genres genutzt, so dass von Spiel bis Musik, von Talk bis Reality verschiedenste Inhalte unter dieser Bezeichnung zusammengefasst werden. Shows lassen sich dementsprechend nicht über ihre präsentierten Themen oder Inhalte, sondern über ihren formalen Handlungsrahmen als »vom Sender selbst inszenierte Interaktionsereignisse [...], die von einem Moderator geleitet und mit Gästen [...] durchgeführt werden« (Berghaus/Staab 1995, S. 21) definieren. Gemeinsam ist allen verschiedenen Formen von Show jedoch, dass sie der Non-Fiktion zugerechnet werden (vgl. Gehrau 2001, S. 44). Shows sind zwar inszeniert und zeigen damit kein Alltagsverhalten der auftretenden Personen, doch die abgebildeten Gespräche sind keine zuvor fixierten Dialoge, und der Ausgang des Geschehens ist offen. Aus dieser Offenheit des Fortgangs erwächst primär die Spannung der Show,[18] wohingegen der Ausgang der Gerichtsshow bereits in einem Drehbuch fixiert ist. Dieser Unterschied ist grundlegend und verhindert, die fiktionale Gerichtsshow als Show zu klassifizieren.

Dennoch bestehen gerade im dramaturgischen Aufbau, in der Personenkonstellation und im Handlungsablauf einige Parallelen zwischen dem Genre »Gerichtsshow« und der Gattung »Show« Hier soll aufgezeigt werden, warum es daher möglich ist, die Gerichtsshow, auch wenn sie in Hinblick auf ihre Produktionsbedingungen keine Show darstellen kann, dennoch als eine solche zu rezipieren.

Sowohl für die Show als auch für die in der Gerichtsshow dargestellte Gerichtsverhandlung ist in der Regel eine Einheit von Handlung, Ort und Zeit grundlegend. An einem festgelegten Ort, der Showbühne bzw. dem Gerichtssaal, trifft sich eine fest definierte Gruppe von Personen, um innerhalb eines konkreten Zeitrahmens, der Show- bzw. Prozessdauer, bestimmte Handlungen durchzuführen. Diese Handlungen folgen einem streng definierten Ablauf: Sie beginnen mit einer formalen Eröffnung des Geschehens durch den zentralen Akteur, anschließend folgen in festgelegter Reihenfolge einzelne Elemente der Show oder der Verhandlung, und schließlich wird das Geschehen durch einen formalen Abschluss vom zentralen Akteur beendet. Für die Handlung ist somit ein additives Prinzip konstitutiv (vgl. Bleicher 1999, S. 145), bei dem die einzelnen »Bausteine« (Berghaus/Staab 1995, S. 25) – in der Show Elemente wie Gesprächsteile, Gesangsvorführungen, Spiele; in der Gerichtsverhandlung Teile wie Anklageverlesung, Zeugenvernehmung, Plädoyers – nach einem festen Schema eingesetzt werden.

Die Handlungsorte, also die Showbühne bzw. der Verhandlungsraum, weisen ebenfalls Ähnlichkeiten auf. In beiden Fällen sind sie klar definierte Bereiche des gesamten Raums und vom Publikum abgetrennt. Hier findet der Großteil des Geschehens statt und nur die zuvor bestimmten Personen haben Zutritt zu diesem Ort.

Während in der Textanalyse bei allen drei Formaten die oben dargelegte additive Handlungsstruktur festgestellt werden konnte, und auch die Handlungsräume stets eine Ähnlichkeit zur Showbühne aufweisen, gibt es bei »Das Familiengericht« signifikante Abweichungen vom dramaturgischen Grundkonzept.

---

18 Dementsprechend stellt der Live-Charakter der Show einen entscheidenden Anreiz zur Rezeption dar, so dass er, falls die Ausstrahlung der Show nicht live erfolgt, zumindest suggeriert wird (vgl. Berghaus/Staab 1995, S. 21).

Hier wird die Einheit von Handlung, Ort und Zeit auf verschiedenste Weise gebrochen. Zum einen werden neben dem Gerichtssaal zwei weitere Handlungsräume eingeführt: Die Sendungen beginnen stets mit einem Gespräch zwischen einer Konfliktpartei und ihrem Anwalt, das im Flur vor dem Gerichtssaal stattfindet. Daneben ist auch das Richterzimmer in einigen Fällen Ort der Handlung. Hier werden Befragungen von Kindern und Jugendlichen durchgeführt. Die Tatsache, dass die Handlung an verschiedenen Orten stattfindet, wirkt sich auch auf das Konzept der ›Einheit der Zeit‹ aus. Es kommt zu kleinen Auslassungen, wie dem Betreten des Gerichtssaals oder dem Gang zum Richterzimmer, durch die erzählte Zeit und Erzählzeit – wenn auch minimal – voneinander abweichen. Eine deutlichere Abweichung ergibt sich dann, wenn innerhalb einer Sendung die dargestellte Geschichte nicht ganz abgeschlossen werden kann und sich aus der gezeigten Verhandlung eine weitere Verhandlung ergibt. Bei »Das Familiengericht« wird, anders als bei »Richterin Barbara Salesch« und »Streit um drei«, in diesem Fall das Ergebnis der Folgeverhandlung per Schrifteinblendung am Ende der Sendung bekannt gegeben. Der Eindruck eines Live-Charakters wird somit zugunsten eines formalen Abschlusses der Geschichte, eines ›Happy Ends‹ sozusagen, gebrochen. Die Dramaturgie von »Das Familiengericht« kann also nur mit deutlichen Einschränkungen als Show-Dramaturgie bezeichnet werden.

Die Dramaturgie von »Richterin Barbara Salesch« und von »Streit um drei« ist dagegen ganz eindeutig nach dem oben beschriebenen Grundkonzept gestaltet. Während es bei »Richterin Barbara Salesch« keine Abweichungen von diesem Konzept gibt und im Sendungsverlauf sogar eine formale Pause für die Urteilsverkündung existiert (die als Werbepause genutzt wird), gibt es bei »Streit um drei« kleine Sprünge in Handlung, Ort und Zeit. Diese sind dadurch bedingt, dass neben dem Gerichtssaal ein weiterer Handlungsort etabliert wird. Die Interviews mit den Prozessbeteiligten und der daran anschließende Informationsteil finden im Flur vor dem Saal statt. Die beiden Räume sind jedoch durch eine offene Tür miteinander verbunden, und auch der Zeitsprung zwischen Verhandlung und Interviews ist minimal, so dass man kaum von einem Bruch in der Einheit von Handlung, Ort und Zeit sprechen kann. Die Dramaturgie der Formate »Streit um drei« und »Richterin Barbara Salesch« lässt sich daher als Show-Dramaturgie bezeichnen.

Auch die Personengruppen, die in Shows und Gerichtsshows auftreten, sind in weiten Teilen miteinander zu vergleichen. Zwar wirkt sich auch an dieser Stelle aus, dass die Gerichtsshow fiktional ist und die auftretenden Personen

Darsteller fiktiver Charaktere sind. Von »Akteuren«[19] kann man also bei der Gerichtsshow, im Gegensatz zur Show nicht sprechen. In ihrer Funktion sind Richter, Anwälte, Prozessbeteiligte und Publikum jedoch mit Personengruppen vergleichbar, die auch in Shows anzutreffen sind. Diese Personengruppen sollen, in Anlehnung an Garaventas »Interaktionsgruppen« (vgl. Garaventa 1993), in ihren Funktionen und Beziehungen zueinander vorgestellt werden. In der Analyse der einzelnen Formate wird zudem darauf eingegangen, wie die Rolle der wichtigsten Figuren durch ihre Präsentation und ihre Positionierung innerhalb der Sendungen geprägt wird.

Dem Showmaster kommen laut Garaventa vor allem folgende Aufgaben zu: Er tritt als konstante Figur in den einzelnen Folgen einer Reihe auf und stellt so ein Gefühl der Vertrautheit her; er fungiert als verbindende Instanz zwischen den einzelnen Showelementen und zwischen den verschiedenen Interaktionsgruppen, und letztlich erfüllt er selber eine unterhaltende Funktion. Nach dieser Definition ist – mit Einschränkungen – die Rolle des Richters in einer Gerichtsshow mit der eines Showmasters zu vergleichen. Auch der Richter tritt als zentraler Akteur in allen Folgen auf und wirkt, zumindest in einem gewissen Maße, unterhaltend. Zudem ist es seine Aufgabe, die einzelnen Elemente (d.h. in diesem Zusammenhang Aussagen, Beweise etc.) und Interaktionsgruppen (Anwälte, Kläger, Beklagte, Zeugen etc.) in einen geordneten und sinnvollen Zusammenhang zu bringen. Allerdings spricht er, anders als ein Showmaster, das Publikum vor dem Fernseher nie an, um keinen Bruch in der fiktionalen Diegese zu erzeugen. Dennoch, so ist zu vermuten, stellt der Richter, durch seinen regelmäßigen Auftritt und seine zentrale Position, wie ein Showmaster, eine Figur dar, zu der die Zuschauer eine ›vertraute Beziehung‹ aufbauen können.

Die Präsentation der Richterfiguren in den untersuchten Formaten unterscheidet sich erheblich. Bei »Richterin Barbara Salesch« ist die Richterin besonders zentral positioniert. Sie tritt als einzige Figur konstant in allen Folgen auf und wird auch im Sendungstitel und im Trailer als Protagonistin präsentiert. Der Trailer zeigt sie in verschiedenen Posen, die unterschiedliche Seiten des fiktiven Charakters illustrieren: als aufmerksam Zuhörende, als dynamisch Eingreifende und schließlich als für das Opfer Mitfühlende. So wird aus der Person Barbara Salesch eine fiktionale Figur gemacht.

---

19 Akteure als Personen, »die vor allem im Fernsehen spezifische mediale Funktionsrollen wie Moderator oder Showmaster übernehmen oder in dokumentarischen Film- und Fernsehformen vorkommen« (Mikos 2003, S. 47), im Vergleich zu Figuren und Charakteren, die in fiktionalen Film- und Fernsehsendungen auftreten.

Auch innerhalb der Sendung, also der dargestellten Gerichtsverhandlung, ist die Richterin die zentrale Figur. Ihre aktive Teilnahme manifestiert sich durch ihren Gesprächsanteil, der deutlich höher als der Gesprächsanteil des Richters in »Das Familiengericht« ist.[20] Zudem strukturiert sie die Aussagen der anderen auftretenden Personen. Längere Passagen, in denen die Prozessbeteiligten auf Fragen der Anwälte antworten oder direkt auf Aussagen eines Zeugen reagieren, gibt es so gut wie nicht. Barbara Salesch dominiert das Geschehen jedoch nicht nur in narrativer Hinsicht. Auch visuell ist sie äußerst präsent. Auffällig ist, gerade im Vergleich zu den anderen Formaten, dass für die Darstellung der Richterin ganz unterschiedliche Einstellungsgrößen genutzt werden. Während diese bei »Richterin Barbara Salesch« von halbnahen Einstellungen bis zu Großaufnahmen variieren, bleiben die Einstellungsgrößen, mit denen die Richter in den anderen untersuchten Formaten gezeigt werden, während der ganzen Sendung gleich. Dies hat zwei Effekte: Zum einen vermitteln die Großaufnahmen mehr Nähe, die Distanz zwischen Richterin und Zuschauer scheint sich zu verringern. Zum anderen verstärkt der Wechsel der Einstellungsgrößen den Charakter der Richterin als ›Ermittlerin‹, da die Wahl der Einstellungsgröße davon abhängt, wie wichtig für den Fortgang der Handlung der entsprechende Teil der Vernehmung gerade ist. Geht es um kritische Stellen, in denen die Richterin überprüft, ob der Befragte lügt, oder um Schilderungen, bei denen der Betroffene erzählt, was ihm widerfahren ist, so wird Barbara Salesch in Großaufnahme gezeigt. An ihrem Gesicht lässt sich ablesen, wie sie über das Gesagte denkt. So erhält der Zuschauer einen Hinweis, der für sein ›Miträtseln‹ wichtig ist. Aufgrund dieser zentralen Positionierung der Richterin ist zu erwarten, dass gerade die Sympathie oder Antipathie, die die Rezipienten ihr gegenüber empfinden, ein wichtiger Faktor für die Wahl dieses Formats ist.

Bei »Streit um drei« tritt eine größere Zahl von Personen konstant in allen Folgen auf. Neben dem Moderator Ekkehard Brandhoff und dem Rechtsexperten Wolfgang Büser gibt es den Richter Guido Neumann, der montags bis donnerstags die Zivilrechtsfälle verhandelt. Freitags wird die Rolle des Richters von Ulrich Volk ausgefüllt, da hier mit dem Arbeitsrecht ein anderes Rechtsgebiet verhandelt wird. Schon allein der Auftritt dieser Vielzahl von Personen legt nahe, dass keiner Einzelperson eine so zentrale Rolle zukommt, wie sie für die Richterin Barbara Salesch festgestellt wurde. Zudem tritt der Richter nur im

---

20 Während Barbara Salesch zu 38% der Verhandlungszeit spricht und 24% der Zeit im Bild ist, beträgt die Redezeit von Frank Engeland beim »Familiengericht« nur 23%, er ist zudem nur in 15% der Zeit im Bild zu sehen.

ersten Teil der Sendung, also in der dargestellten Gerichtsverhandlung auf. Seine Rolle ist hier weniger die eines Ermittlers, wie sie für Barbara Salesch beschrieben werden konnte, sondern eher die eines Moderators zwischen den streitenden Parteien. Der Richter regelt den Ablauf des Geschehens, eine direkte Interaktion zwischen den Kontrahenten gibt es dabei kaum. Dabei wird er allerdings nicht als involvierte Figur dargestellt. Die neutrale Position, die ihm in der Moderatorenrolle zukommt, wird auch visuell über eine gleichbleibend nahe Einstellung vermittelt, während die Einstellungsgrößen, mit denen die Betroffenen abgebildet werden, je nach deren emotionaler Involviertheit variieren. Auch der Trailer wird nicht zu einer emotionalen Charakterisierung des Richters genutzt. Die Rolle des Richters in »Streit um drei« ist damit zusammenfassend eher als Funktionsrolle zu beschreiben.

Auch bei »Das Familiengericht« ist der Richter nicht der klare Protagonist des Formats. Neben ihm treten die Anwälte in allen Folgen konstant auf und sind auch im Trailer zentral positioniert. Zwar hat der Richter im Verlauf der Verhandlung eine strukturierende Funktion, doch sein Redeanteil ist deutlich geringer als der von Barbara Salesch. Zudem folgt der Rechtsstreit häufig dem Verlauf eines außergerichtlichen Streits, teilweise mit anschließender Versöhnung, die durch ein *Surprise*-Element herbeigeführt wird. Findet eine Versöhnung statt, so ist ein Urteil (und damit die zentrale Aufgabe des Richters) nicht mehr nötig. In sechs der zehn untersuchten Fälle wird der Antrag vom Antragsteller zurückgezogen, so dass kein Urteil gefällt wird. Der Richter ist damit teilweise von seiner zentralen Aufgabe befreit, so dass er auch in dieser Hinsicht weniger Gewicht hat. Dem Richter kommt also eher die Rolle einer neutralen Instanz zu, der weniger emotional in das Geschehen involviert ist, als es die Anwälte sind.

Die in Shows auftretenden Gäste beschreibt Garaventa als authentische und nicht medienerfahrene Personen (Garaventa 1993, S. 45). Auch wenn aufgrund der Fiktionalität der Gerichtsshow die auftretenden Gäste nicht als authentische Personen, sondern als Darsteller fiktiver Figuren bezeichnet werden können, sind sie in der Regel keine professionellen Schauspieler und damit ›Fernseh-Laien‹. Der Einsatz medienunerfahrener Personen[21] mag damit zusammenhängen, dass hier der Anschein authentischer Personen geweckt werden soll. Laut Garaventa können sich die Zuschauer mit »Menschen des Alltags« (Garaventa

---

21 Mit Ausnahme von »Streit um drei«. Hier agieren professionelle, wenn auch selten prominente Schauspieler.

1993, S. 45) besonders gut identifizieren, so dass diese als Vertreter des Fernsehpublikums verstanden werden können.

Auch wenn hier Laiendarsteller fiktive Charaktere darstellen, fungieren die Prozessbeteiligten in der Gerichtsshow dennoch als Gäste im Sinne Garaventas. Durch sie entfaltet sich das Geschehen, mit ihren Aussagen und Tätigkeiten füllen sie den dramaturgischen Rahmen. Allerdings unterscheiden sich die einzelnen Formate darin, inwieweit die Prozessbeteiligten eigenständig agieren und wie sie von den Juristen in ihren Aktionen gelenkt werden. Zwar gibt es in allen Formaten auch Gesprächsabschnitte, in denen die Kläger, Zeugen und Angeklagten direkt auf die Aussagen der anderen Prozessbeteiligten reagieren. Bei »Streit um drei« und »Richterin Barbara Salesch« werden sie jedoch meist rasch von den Richtern unterbrochen, wogegen bei »Das Familiengericht« auch längere Interaktionen direkt zwischen den Betroffenen ablaufen. Der Gesprächsstil erinnert bei »Das Familiengericht« damit zumindest teilweise an eine Talkshow.

Die Staatsanwälte und Verteidiger sind einer Gruppe zuzurechnen, die in Garaventas Interaktionskonzept nicht angesprochen wird. Wie der Showmaster treten auch sie regelmäßig in der Show auf und werden so zu vertrauten Personen für den Zuschauer. Zudem haben sie bereits eine gewisse Medienerfahrung erworben, so dass sie nicht mehr unter den Begriff »Fernseh-Laie« zu fassen sind. Ihre Aufgabe ist es, die Prozessbeteiligten in ihrem Anliegen zu unterstützen – damit geht ihre Rolle über die eines bloßen ›Assistenten des Showmasters‹ hinaus. Zum einen füllen sie gemeinsam mit den Gästen das dramaturgische Gerüst der Sendung, zum anderen haben sie aber auch eine teilweise strukturierende Funktion, da sie mit Fragen an die Parteien den Ablauf mitbestimmen können. Und schließlich ist ihre Funktion, wie es auch für den Richter – parallel zum Showmaster – festgehalten wurde, eine unterhaltende. Die Rolle der Anwälte lässt sich damit zwischen der der Gäste und des Showmasters verorten.

Eine besonders große Bedeutung haben die Anwälte im Format »Das Familiengericht«. Anders als bei »Richterin Barbara Salesch«, wo eine größere Zahl an Anwälten abwechselnd auftritt, oder bei »Streit um drei«, wo es grundsätzlich keine Anwälte gibt, treten hier in allen Folgen die gleichen Anwälte auf. Die wichtige Rolle, die sie dabei innehaben, wird auch im Trailer der Sendung deutlich. Während der Richter dort eher passiv erscheint und nur mit einem neutralen Gesichtsausdruck gezeigt wird, treten die Anwälte im Trailer in Aktion – die Anwältin tröstet zwei Kinder, der Anwalt versucht, den Streit zwischen einem Ehepaar zu schlichten. Der Trailer bezeichnet damit die Rollenverteilung zwischen den Anwälten und dem Richter recht genau: Die Anwälte sind der aktive und persönlich engagierte Part, wogegen der Richter die neutrale Instanz verkörpert.

Das persönliche Engagement der Anwälte wird auch in der Anfangsszene deutlich, in der die Anwälte mit ihren Parteien ein vertrauliches Gespräch führen. Nicht an das starre Korsett der Gerichtsverhandlung gebunden, können die Anwälte hier besser als fiktionale Figuren charakterisiert werden. Aber auch im Rahmen der Verhandlung wird häufig gezeigt, wie die Anwälte ihre Mandanten trösten, beraten oder zu einer Versöhnung überreden. Sie nehmen emotional am Geschehen teil. Indem das Engagement der Anwälte für ihre Mandanten als persönlicher Einsatz präsentiert wird, erhalten sie im narrativen Sinn eine wichtigere Rolle als in den anderen untersuchten Formaten. Die große Bedeutung, die den Anwälten in »Das Familiengericht« zukommt, zeigt sich auch in ihrer visuellen Präsentation. Sie werden fast doppelt so lange wie die Anwälte in »Richterin Barbara Salesch« im Bild gezeigt.[22]

»Streit um drei« hat, wie bereits erwähnt, keine Anwälte in festen Rollen. Durch den Ratgeberteil, der sich an die dargestellte Gerichtsverhandlung anschließt, gibt es mit dem Rechtsexperten und dem Moderator allerdings zwei Rollen, die in den anderen Formaten nicht auftreten. Sie nehmen in Hinblick auf ihren regelmäßigen Auftritt und ihre Medienerfahrung eine den Anwälten vergleichbare Position ein. Anders als die Anwälte stellen sie jedoch keine fiktionalen Rollen dar. Der Moderator nimmt in Hinblick auf die Figurenkonstellation eine Sonderstellung ein. Er tritt sowohl mit den fiktionalen Figuren aus der Gerichtsverhandlung als auch mit dem Rechtsexperten im Ratgeberteil auf und spricht zudem, wie ein klassischer Moderator, die Fernsehzuschauer direkt an. So fungiert er als eine Art Brücke zwischen der fiktionalen Gerichtsverhandlung und dem Informationsteil.

Der Rechtsexperte ist nicht in die fiktionale Narration integriert. Seine Ratschläge sind zwar thematisch an dem fiktiven Fall orientiert, er liefert jedoch reale Informationen über das deutsche Justizsystem. Der Ratgeberteil ist also als non-fiktionales Sendungselement zu klassifizieren. Damit der Rechtsexperte die Informationen glaubwürdig vermitteln kann, ist es wichtig, dass sein Status als authentische Person nicht gefährdet wird. Dies wird wiederum dadurch erreicht, dass er ausschließlich mit dem Moderator, also mit einer anderen ›echten‹ Person interagiert. Dieser Umstand erklärt, wie bedeutsam die Figurenkonstellation

---

22 Während die Anwälte bei »Richterin Barbara Salesch« nur 19% der Zeit im Bild sind, sind sie es bei »Das Familiengericht« in 31% der Zeit.

in »Streit um drei« ist. Zwar ist hier für keine Figur eine ähnlich starke Bindungswirkung zu erwarten, wie sie für Barbara Salesch vermutet wird. Durch die Personenkonstellation kann jedoch eine Verbindung von einem fiktionalen zu einem non-fiktionalen Teil geschaffen werden, bei der die Glaubwürdigkeit der einzelnen Personen gewahrt bleibt.

Als weitere Interaktionsgruppe ist das Publikum zu nennen. Garaventa teilt dieses in das Präsenzpublikum im Studio und das Fernsehpublikum vor dem heimischen Fernseher.

Das Präsenzpublikum ist ein unverzichtbares Element der Show. Laut Garaventa zählt zu seinen wichtigsten Funktionen, Feedback wie Applaus, Lachen oder Ähnliches zu liefern. Durch diese Reaktionen auf das Geschehen im Raum unterstreicht es den Live-Charakter der Show und die Echtheit der Unterhaltung. Teilweise kann es sogar aktiv in die Show eingreifen. Auch in allen Gerichtsshow-Formaten ist, wie in der narrativen Vorlage »Gerichtsverhandlung«, stets ein Saalpublikum zugegen[23]. In der Gerichtsshow sind die Möglichkeiten der aktiven Teilnahme und des Feedbacks zwar nur sehr begrenzt, allerdings liefert das Publikum in den Formaten »Richterin Barbara Salesch« und »Das Familiengericht« häufig überraschende Informationen und trägt mit diesen *Surprise*-Elementen zum Fortgang der Handlung bei. Diese Funktion kennzeichnet das Publikum jedoch nicht als Bestandteil einer Show, als Element der fiktionalen Narration.

Die letzte wichtige Interaktionsgruppe, das Fernsehpublikum, das in der Show gewöhnlich direkt adressiert und ins Geschehen eingebunden wird, kann in der Gerichtsshow nicht unmittelbar angesprochen werden. Wie bereits oben in Bezug auf den Showmaster erläutert, würde dies innerhalb der fiktionalen Form einen Bruch in der Diegese zur Folge haben, so dass auf dieses Mittel hier verzichtet werden muss. Eine Ausnahme stellt dabei »Streit um drei« dar. Durch die Trennung in eine fiktionale Gerichtsverhandlung und einen non-fiktionalen Informationsteil kann der Moderator das Fernsehpublikum im zweiten Teil der Sendung direkt ansprechen.

Neben der dramaturgischen Gestaltung der Gerichtsshow, die sich stark von herkömmlichen fiktionalen Genres unterscheidet, sind es vor allem zahlreiche ästhetische Mittel, die suggerieren, die Gerichtsshow sei tatsächlich eine Show.

---

23 Die Bedeutung eines Saalpublikums für die Gerichtsshow ist so groß, dass in allen dargestellten Gerichtsformen ein Publikum zugegen ist. Damit weicht die Show von der realen Vorlage ab, bei der die Verhandlungen teilweise, z.B. beim Jugendgericht, nicht öffentlich sind, also ohne Saalpublikum durchgeführt werden.

Gerichtsshows als Hybridgenre

Gerade Texteinblendungen werden zu diesem Zweck genutzt. So werden bei »Richterin Barbara Salesch« und bei »Streit um drei« die Namen[24] der Juristen auf Schrifttafeln eingeblendet. Bei »Streit um drei« werden zudem auch die Namen der Prozessbeteiligten auf einer klassischen ›Bauchbinde‹[25] angegeben und zusätzlich mit knappen Statements versehen. Diese Methode findet in zahlreichen non-fiktionalen Genres wie Talkshows, Boulevard-Magazinen und Reality-TV Anwendung. Ihr Einsatz in einer Gerichtsshow vermittelt den Eindruck, auch dieses Genre gehöre zur Non-Fiktion. Schließlich gibt es sowohl bei »Streit um drei« als auch bei »Richterin Barbara Salesch« Einblendungen, in denen auf das Internet- bzw. Videotextangebot oder auf den Faxabruf hingewiesen wird. Diese Hinweise bestärken den Informationscharakter der Sendungen und wirken damit wiederum dem Eindruck entgegen, dass die Formate fiktional seien. Von besonderem Interesse für die Analyse ist die Einblendung des Schriftzugs »Sei online Schöffe auf Sat1.de« bei »Richterin Barbara Salesch«. Hier wird nicht nur auf das Internetangebot der Sendung hingewiesen, sondern zudem der Eindruck vermittelt, man könne in das Geschehen auf dem Bildschirm eingreifen. So wird einerseits die Illusion des Live-Charakters verstärkt und andererseits der Spielcharakter der Show betont. Auch wenn sich hinter dem Internetangebot tatsächlich nur das Onlinespiel »Verhandlungssache« verbirgt, das mit dem aktuell präsentierten Fall nichts zu tun hat und den suggerierten Mitspielcharakter nicht einlösen kann, wird dem Zuschauer auf diese Weise der Eindruck einer Live-Einflussnahme-Möglichkeit vermittelt.

Ganz anders geht »Das Familiengericht« mit gestalterischen Mitteln um. Hier wird innerhalb des Sendungsablaufs auf Einblendungen gänzlich verzichtet. Auch die Namen der Juristen werden nur im Trailer genannt, und selbst die einzelnen Sendungselemente werden nicht formal voneinander getrennt. So schließt sich das Urteil direkt an die Verhandlung an, ohne dass der Richter sich zur Urteilsfindung zurückzieht. Auf diese Weise wird erreicht, dass keine formalen Mittel die fiktionale Diegese stören.

Eine Ähnlichkeit der Gerichtsshow mit der Talkshow, speziell dem Daily Talk, wird in Fach- und Boulevardpresse immer wieder angeführt. Tatsächlich ist beiden Genres gemeinsam, dass sich das Geschehen vor allem in Rede und Gegenrede ausbreitet. Das Gespräch in der Talkshow bzw. der Dialog in der Gerichtsshow stellen den überwiegenden Bestandteil der Sendungen dar.

---

24 Bei »Richterin Barbara Salesch wird zudem auch die berufliche Funktion angegeben.
25 Als ›Bauchbinde‹ wird eine bandförmige Einblendung am unteren Bildrand bezeichnet, auf der der Name der gerade sprechenden Person eingeblendet wird.

Ein Unterschied zeigt sich jedoch im Ziel, das mit dem Gespräch verfolgt wird. Während Fley die »primäre Zweckfreiheit« des Gesprächs als ein Charakteristikum der Talkshow angibt (Fley 1997, S. 20), ist bei der Gerichtsshow nicht von einem zweckfreien Gesprächsverlauf zu sprechen. Hier ist mit der Aufklärung des Geschehens und der gerechten Verurteilung des Schuldigen ein klares Ziel gesetzt, das die Dramaturgie des Gespräches bestimmt. Semeria sieht das als den herausragenden Vorteil von *Courtroom Talkshows*:

> »Bedeutsam ist, dass hier stets etwas gelingt, worauf die Hosts und Produzenten der ›normalen‹ Talkshows nur hoffen können, dass nämlich ein dramatisch inszeniertes Geschehen zu einer befriedigenden Lösung kommt. [...] Bei den Courtroom Talkshows hingegen liefert das urteilsorientierte prozedurale Setting den Rahmen des narrativen Geschehens« (Semeria 1999, S. 65).

Auch beim Daily Talk als spezieller Ausprägung der Talkshow bleibt dieser Unterschied bestehen. Eine besondere Gemeinsamkeit haben Gerichtsshow und Daily Talk dagegen in ihrer ähnlichen Form der Programmierung. In beiden Fällen herrschen einstündige Sendungen vor, die unter der Woche täglich im Nachmittagsprogramm ausgestrahlt werden. Während dieser Sendezeit werden mehrere Fälle abgehandelt. Im Zentrum des Gesprächs stehen die Probleme nicht prominenter Gäste. Dabei ähneln sich die Themen, die hier erörtert werden. Ohne Bezug auf eine empirische Untersuchung kann angenommen werden,[26] dass auch bei den Gerichtsshows in erster Linie zwischenmenschliche Konflikte, die rechtswidrig ausgetragen wurden, diskutiert werden (vgl. Hanemann 2002, S. 32). Die Art und Weise, mit der die Themen in beiden Genres verhandelt werden, differiert zwar, da sie in der Gerichtsshow in den festen Ablauf einer Gerichtsverhandlung eingebunden ist, doch in beiden Fällen erfolgt der Umgang mit dem Streitthema betont emotional. Dies zeigt sich auch in der visuellen Gestaltung, unter anderem in den zahlreichen Naheinstellungen, die die Emotionen der Gäste betonen.

Nicht zuletzt ist es die Namensgebung, die zumindest bei »Richterin Barbara Salesch« und »Richter Alexander Hold« an die Daily Talks erinnert. Die Person des ›Moderators‹ steht auch hier, wie bei den Daily Talkshows, im Mittelpunkt.

---

26 Bezüglich der Daily Talks erfolgt die Orientierung an den Ergebnissen einer Themenanalyse von Semeria, nach denen Beziehungsprobleme dort die am häufigsten behandelten Themen sind (vgl. Semeria 1999, S. 254).

Zusammenfassend lässt sich feststellen, dass die Ähnlichkeit von Daily Talk und Gerichtsshow vorrangig in ihrer Thematik und Platzierung im Programm besteht. Die Unterschiede, die zwischen Gerichtsshow und Show im Allgemeinen und zwischen Gerichtsshow und Talksshow im Besonderen festgestellt wurden, kommen jedoch auch hier zum Tragen.

Der zentrale Unterschied zwischen Talk- und Gerichtsshow, die Tatsache, dass das Gespräch in der Gerichtsshow auf ein abschließendes Urteil hin ausgerichtet ist, scheint die Gerichtsshow eher in die Nähe eines anderen Genres, der Spielshow, zu rücken. Während der Verhandlung versuchen die Kontrahenten, ihre Position möglichst überzeugend zu vertreten. Durch das Urteil, das den Rechtsstreit zwischen beiden Parteien schließlich beendet, gibt es klare Gewinner und Verlierer. Diese Konstellation bewertet Porsdam, bezogen auf die *Reality-based Courtroom Show* »The People's Court«, folgendermaßen: »Indeed it is this adversial quality of the show which more than anything else makes it look like a kind of game show« (Porsdam 1994, S. 14).[27]

Auch wenn die Frage, inwieweit die Gerichtsshow tatsächlich als Spielshow bezeichnet werden kann, erst noch erörtert werden muss, soll für die oben beschriebene Konstellation, in Anlehnung an Porsdam, der Begriff »adversatives Prinzip« verwendet werden.

Betrachtet man die Gerichtsshow als Spielshow, so muss die dargestellte Gerichtsverhandlung mit einem Spiel zu vergleichen sein. Bereits hier zeigen sich jedoch einige Probleme. Zwar findet die Gerichtsverhandlung, wie auch das Spiel, in einem festen, zeitlich (durch die Prozesseröffnung und das Prozessende bestimmten) und räumlich (den Gerichtssaal) markierten Rahmen statt. Die Handlungen, die hier durchgeführt werden, sind fest fixierten Regeln (der Ablauf des Prozesses wird vom formellen Recht, in den jeweiligen Prozessordnungen – wie StPO, ZPO etc. – festgehalten) unterworfen. Und am Ende wird, der Einhaltung der Regeln entsprechend (hier kommt das materielle Recht, in den entsprechenden Gesetzbüchern – wie StGB, BGB etc. – zum Tragen), ein Urteil über Sieger und Verlierer gefällt. Der Richter fungiert dabei sozusagen als Spielleiter, während die Prozessbeteiligten mit ihren Anwälten die Spielteilnehmer darstellen.

Allerdings ist, entgegen gängiger Definitionen von »Spiel« (vgl. Huizinga 1971, S. 20; Caillois 1958, S. 16), die Teilnahme an der Gerichtsverhandlung

---

27 Vgl. zu diesem Aspekt auch Epstein (2001, S. 129). Allerdings beziehen sich die Zuschreibungen in beiden Fällen auf Reality-Formate, bei denen der Ausgang – wie in einer Spielshow – tatsächlich offen ist.

nicht freiwillig, die Beteiligten sind dazu verpflichtet. Das am Ende gefällte Urteil hat Konsequenzen für das Leben der Beteiligten. Eine klare Trennung zwischen der realen und der »Spiel«-Welt ist bei der Gerichtsverhandlung also nicht zu treffen. Und schließlich ist es nicht nur das momentane Wissen, Können, Handeln, das über den Ausgang der Gerichtsverhandlung entscheidet. In der Gerichtsverhandlung geht es, zumindest wenn ein Strafprozess dargestellt wird, in erster Linie um ein Geschehen in der Vergangenheit, das ausschlaggebend für das Urteil bzw. Sieg oder Niederlage ist.

Ist es also schwierig, eine Gerichtsverhandlung als Spiel zu betrachten, so ist es noch problematischer, eine Gerichtsshow als Spielshow zu bezeichnen. Zwar lassen sich auch bei der Gerichtsshow die oben genannten Gemeinsamkeiten in Figurenkonstellation, Regelwerk und Rahmenbedingungen feststellen, die Unterschiede kommen jedoch ebenfalls zum Tragen. Vor allem der Umstand, dass ein Geschehen, das in der Vergangenheit stattgefunden hat, verhandelt wird und die aktuelle Performanz der Prozessbeteiligten als ›Kandidaten‹ daher nur von eingeschränkter Bedeutung ist, wirkt dem Spielcharakter entgegen. Die Existenz der zwei Narrationsebenen verhindert es, die Gerichtsshow als Spielshow zu sehen.

Auch auf den eingangs erwähnten, grundlegenden Unterschied zwischen Show und Gerichtsshow muss an dieser Stelle noch einmal hingewiesen werden. Die Gerichtsshow ist fiktional, eine Tatsache, die in Opposition zu dem von Gogl festgehaltenen, zentralen Merkmal der Spielshow steht:

> »Die Spielinszenierung darf nicht fiktional sein. Die Spiele sind also nach keinem Drehbuch gestaltet, ihr Ausgang ist offen und Gewinne werden tatsächlich vergeben« (Gogl 1994, S. 7).

Anders als die amerikanischen *Reality-based Courtroom Shows*, bei denen der Ausgang des Verfahrens tatsächlich offen ist, können die aktuellen Gerichtsshows im deutschen Fernsehen also nur in äußerst eingeschränkter Form als Spielshows bezeichnet werden. Allerdings kann auch in deutschen Gerichtsshows die als adversatives Prinzip bezeichnete Personenkonstellation eingesetzt werden, bei der zwei gegnerische Parteien auftreten und Argumente vorbringen, mit denen sie ihre Sicht des strittigen Sachverhalts unterstützen. Von den untersuchten Formaten ist dieses Erzählprinzip am deutlichsten bei »Streit um drei« ausgeprägt, wo das *Whodunit* als Narrationsstrategie gar nicht eingesetzt wird. Es gibt in 13 der 15 untersuchten Fälle keine grundlegend unterschiedlichen Schilderungen des Geschehenen, nur die Bewertung des Streitfalls ist unterschiedlich. Die Argumentation beider Parteien ist das zentrale Element der Gerichtsshow, so dass das adversative Prinzip hier als konstitutive Narrationsstrategie bezeichnet werden kann. Dem Zuschauer bietet sich diese Narration nicht zum ›Miträtseln‹ an, wie es beim *Whodunit* möglich ist. Allerdings werden die streitenden Parteien in der Regel nicht von Anwälten unterstützt, so dass die Argumentation nicht juristisch erfolgt. Dies hat zur Folge, dass die Argumente das Alltagswissen der Zuschauer nicht überschreiten und die Zuschauer dementsprechend ›mitraten‹ können, wer den Prozess gewinnen wird. Problematisch ist in diesem Zusammenhang allerdings, dass das Urteil vom Richter anhand von komplexen juristischen Maßstäben gefällt wird. Das Wissen von Richter und Zuschauer geht so weit auseinander, dass der Zuschauer hier nicht ›gleichberechtigt‹ am Geschehen teilnehmen kann.

Bei »Das Familiengericht« wird in einzelnen Fällen eine juristische Ausnahmeregel genutzt, um das *Whodunit* als Erzählstrategie einsetzen zu können. In der Mehrzahl der Fälle findet jedoch das adversative Prinzip Anwendung. Bei den Sorgerechts- und Unterhaltsstreitigkeiten bewerten die beiden Parteien die betreffende Situation unterschiedlich und bringen vor Gericht ihre Argumente vor. Allerdings wird diese Schilderung bei »Das Familiengericht« durch den Einsatz von *Surprise*-Elementen ergänzt, was eine deutliche Veränderung des adversativen Prinzips zur Folge hat.

Normalerweise ist die Lösung beim adversativen Prinzip für die Streitenden nicht eindeutig, beide Parteien bringen ihre Argumente vor und erst der Richter entscheidet, wer laut Gesetz im Recht ist. Durch den Einsatz von *Surprise*-Elementen bei »Das Familiengericht« kommt jedoch während der Verhandlung eine neue Information hinzu, die die Situation nicht nur für den Richter, sondern auch für die Streitparteien in ein völlig neues Licht rückt. Am Ende jedes untersuchten Falles stehen nicht mehr nur Argumente gegeneinander – auf einer Seite scheint ›die Wahrheit‹ zu liegen. Der Fall kann nicht nur juristisch abgeschlossen werden, sondern auch als fiktionale Geschichte zu einem befriedigenden Ende geführt werden. Von einer reinen Form des adversativen Prinzips bei »Das Familiengericht« kann man durch den Einsatz der fiktionalen Erzählstrategie *Surprise* also nicht mehr sprechen.

Das Format »Richterin Barbara Salesch« wird zwar von der Narrationsstruktur des *Whodunit* geprägt, doch in einem Fall wird hier auch das adversative Prinzip eingesetzt. Bei diesem Fall wird sogar auf *Surprise*-Elemente verzichtet, so dass die Narration dort kaum als fiktional zu erkennen ist. Stattdessen ist die

Narration hier, wie auch bei den anderen Fällen mit adversativem Prinzip, nach Bleicher an einer »Form des Spiels« (Bleicher 1999, S. 211) orientiert.[28]

Zusammenfassend lässt sich festhalten, dass die Gerichtsshow, auch wenn sie formal den Charakter einer Show hat, dennoch keine Show ist. In erster Linie ist es ihre Fiktionalität, die verhindert, die Gerichtsshow als Show zu klassifizieren. Darüber hinaus lässt sich das Konzept der Subgenres Spielshow und Talkshow nur begrenzt auf die Gerichtsshow übertragen. Die spezifischen Qualitäten der Vorlage »Gerichtsverhandlung« bewirken eine ganz eigene, weder mit Talk noch mit Spiel gleichzusetzende Dramaturgie. So stellt die Existenz der verschiedenen Narrationsebenen in der Gerichtsshow einen zentralen Unterschied zwischen Spielshow und Gerichtsshow dar – ist die Vergangenheit für den Ausgang der Gerichtsverhandlung entscheidend, so lässt sich das aktuelle Geschehen kaum mehr als Spiel begreifen. Dem Talkshow-Charakter widerspricht dagegen in erster Linie das zweckorientierte Gespräch mit seiner Ausrichtung auf ein Urteil hin.

Spielt das aktuelle Geschehen in der Gerichtsshow die dominante Rolle, wie es beim adversativen Prinzip der Fall ist, so erinnert sie dennoch an eine Show. Hier dominiert eine ›Narrationsform des Spiels‹, so dass der Rezipient, ist er sich der Produktionsbedingungen nicht bewusst, das Gezeigte als Show rezipieren kann.

Die Gerichtsshow und ihre Authentisierungsstrategien

Nachdem bereits erläutert wurde, dass es sich bei der Gerichtsshow um ein fiktionales Genre handelt, dessen vorrangiges Anliegen es ist, spannende Geschichten zu erzählen, mag es verwundern, wie viel Wert auf die Verschleierung dieser Fiktionalität gelegt wird. Als wesentliches Prinzip ist hier der Einsatz von ›echten‹ Juristen in den Rollen der Richter zu nennen. Aufwendige Castings werden durchgeführt, um geeignete Juristen zu finden,[29] anstatt, wie in herkömmlichen fiktionalen Produktionen üblich, für diese Rollen Schauspieler

---

28 Konstitutiv für diese Kategorie ist nach Bleicher die grundlegende Personenkonstellation aus Sieger und Verlierer, wobei die Aufgaben, die zu erfüllen sind, variieren. Weitere Charakteristika sind das offene Ende als zentrales Spannungselement der Show und die Möglichkeit des Zuschauers, selbst eine Bewertung des Ablaufs vorzunehmen (vgl. Bleicher 1999, S. 211 ff.)

29 So bewarben sich beispielsweise 191 Richter um die Stelle von Richterin Barbara Salesch (vgl. SPIEGEL ONLINE, 3.4.2002).

einzusetzen. Ebenso verhält es sich mit zahlreichen Elementen im Handlungsablauf (wie beispielsweise der Zeugenbelehrung), die in jeder Sendung identisch wiederholt werden. Da sie im narrativen Sinne nicht unbedingt notwendig sind, könnten sie auch gekürzt oder eliminiert werden – aber sie werden dennoch in jeder Sendung mehrfach wiederholt. Diese Beispiele stehen für zahlreiche Elemente, deren vorrangige Aufgabe es ist, Authentizität, also Echtheit und Glaubwürdigkeit des Gezeigten, zu vermitteln.

»In den fiktionalen Text integrierte Authentizitätssignale [...] suggerieren seine – allerdings nur scheinbare – Zugehörigkeit zu einem nichtfiktionalen Texttypus. Indem sie die Fiktionalität eines Textes verhüllen sollen, fungieren sie ebenfalls als Elemente einer fiktionalen Strategie, dienen sie als ›fiktionale Illusionierungstechniken‹ einer ›Authentizitätsfiktion‹ mit dem kommunikativen Ziel, den Objektivitätsanspruch des Textes zu legitimieren« (Bauer 1992, S. 36 f.).

Non-fiktionale Texte erheben seines Erachtens einen Wahrheitsanspruch, den fiktionale nicht erheben können. Wird nun versucht, über Authentisierungsstrategien einen fiktionalen Text als non-fiktionalen zu präsentieren, so überträgt sich scheinbar auch der Wahrheitsanspruch auf diesen (vgl. ebd., S. 36). Der fiktionale Text scheint damit eine Informationsfunktion zu erfüllen, die für gewöhnlich dem dokumentarischen Text zugeschrieben wird. Zudem erweckt er die Illusion, einen Einblick in das Leben anderer, ›echter‹ Menschen zu geben und damit auch echte Emotionen zu zeigen. Bauer spricht hier vom »Affektpotential der authentischen Bezugsfolie« (ebd., S. 11). Und schließlich wirkt das als real Präsentierte, das im Rahmen einer Show dargestellt wird, nicht vorhersehbar. So fungiert die angebliche Offenheit des Ausgangs als zusätzlicher Spannungsgenerator.

Die Authentizitätsstrategien, die eingesetzt werden, um eine entsprechende Wirkung zu erzielen, lassen sich sowohl innerhalb als auch außerhalb des konkreten Textes finden. Textintern sind dabei die Strategien, die sich auf die ästhetische, inhaltliche oder dramaturgische Gestaltung der konkreten Sendung beziehen, textextern dagegen die Elemente, die mit Informationen wie einer Genrebezeichnung o.Ä. die Zugehörigkeit zu einem non-fiktionalen Texttypus suggerieren. Zwar bedienen sich fiktionale Texte nahezu immer auch authentisierender Strategien, dennoch kann der Rezipient gewöhnlich problemlos erkennen, welchem Texttypus der jeweils rezipierte Text zuzuordnen ist, da zwischen den eingesetzten Fiktions- und Authentisierungsstrategien eine klare Hierarchie besteht (vgl. ebd., S. 37). Obwohl bei der Gerichtsshow die Dominanz der fiktionalen Form ebenfalls gegeben ist, wird sie für den Rezipienten weniger deutlich. Dies ist zum einen durch einen besonders umfangreichen Einsatz von Authentisierungsstrategien begründet. Darüber hinaus werden in der Gerichtsshow jedoch auch Authentisierungsstrategien genutzt, die für gewöhnlich nicht in fiktionalen Texten eingesetzt werden. Wie diese unterschiedlichen Mittel in den verschiedenen Formaten eingesetzt werden, soll im Folgenden aufgezeigt werden.

Am deutlichsten wird die enge Anbindung der Gerichtsshow an die reale Gerichtsverhandlung, wenn es um Ablauf und Sprache des Prozesses geht. Als Bezugssystem der Gerichtsshow fungiert das rechtspolitisch gültige System der Justiz in Deutschland. »Das jeweilige juristische Normensystem der Außenrealität wird so zum Auslöser und Träger eines fiktionalen Gestaltungsprozesses« (ebd., S. 74), befindet Bauer in seiner Untersuchung zu »Das Fernsehgericht tagt«. Seine Ergebnisse lassen sich weitgehend auch auf die aktuellen Gerichtsshows übertragen.

Gemeinsam ist allen drei untersuchten Formaten (und offensichtlich auch den anderen Gerichtsshows), dass sie sowohl auf das aktuell gültige formelle als auch materielle Recht Bezug nehmen. Das formelle Recht ist in der entsprechenden Prozessordnung und dem Gerichtsverfassungsgesetz festgehalten. Es bestimmt die Zuständigkeiten der einzelnen Gerichte, das erforderliche Personal und regelt den Ablauf des Geschehens. In diesen Ablauf sind zahlreiche explizite und implizite Formulierungen prozessualer Normen integriert, mit denen auf die Existenz der narrativen Vorlage, die Gerichtsverhandlung, hingewiesen wird. Gerade das ›Juristendeutsch‹ in Zeugenbelehrung, Rechtsmittelbelehrung etc. fungiert als Authentisierungsstrategie, die die auftretenden Juristen zudem als Fachleute ausweisen soll.

Neben diesen, im weitesten Sinne zum formellen Recht zählenden Aspekten stehen die Elemente, die sich auf das materielle Recht beziehen. Sie betreffen das Delikt, das zur Verhandlung geführt hat, und regeln, nach welchen Normen es beurteilt wird. Dementsprechend finden sich Verweise auf das materielle Recht vor allem in der Verlesung der Anklageschrift, in den Plädoyers von Staatsanwalt und Verteidiger und in der abschließenden Urteilsbegründung. Die entsprechenden, aktuell gültigen deutschen Gesetzbücher – die Prozessordnungen und Gerichtsverfassungsgesetze bezogen auf das formelle Recht; das Strafgesetzbuch und das Bürgerliche Gesetzbuch, bezogen auf das materielle Recht – stellen in allen drei untersuchten Formaten den formalen wie narrativen Rahmen dar, der

Gerichtsshows als Hybridgenre

Besetzung, Ablauf und Ausgang der Gerichtsshow regelt. Dem fiktiven Drehbuch kommt nur noch die Aufgabe zu, diesen festgelegten Rahmen zu füllen.

Auch wenn alle untersuchten Formate sich der oben genannten Authentisierungsstrategien bedienen, so unterscheiden sie sich dennoch in der Häufigkeit, mit der sie auf die juristische Bezugsfolie verweisen. Vor allem die Strafprozesse, die bei »Richterin Barbara Salesch« dargestellt werden, sind stets mit einer großen Anzahl der oben aufgeführten Authentisierungsstrategien angereichert. Elemente wie die Zeugenbelehrung werden bei jedem neuen Zeugen wortwörtlich genannt, selbst wenn sie sich in einer Sendung mehrfach wiederholen. Ähnlich verhält es sich bei »Das Familiengericht«. Auch in der Ausstattung gibt es zahlreiche Verweise auf das deutsche Justizsystem. Die Juristen tragen ihrem Beruf entsprechende Roben, und auf den Tischen stehen die neuesten Ausgaben der deutschen Gesetzbücher. Durch den Einsatz dieser Authentisierungsstrategien scheinen beide Formate eine engere Anbindung an die Realität und so eine höhere Glaubwürdigkeit zu erzielen.

Auch wenn in »Streit um drei« ebenfalls eine Gerichtsverhandlung dargestellt wird, die sich am realen materiellen und formellen Recht orientiert, wird deutlich seltener explizit darauf verwiesen. Schon die Ausstattung des Gerichtssaals ist schlichter als in den anderen untersuchten Formaten: Hier stehen die Prozessbeteiligten an einfachen Stehpulten, und es werden keine Gesetzbücher als Requisiten verwendet. Dadurch, dass in der Regel keine Anwälte zugegen sind, fällt die Sprache deutlich weniger juristisch aus. Allerdings nutzen nicht nur die Prozessbeteiligten als Rechtslaien eher umgangssprachliche Formulierungen. Auch der Richter kürzt sich wiederholende Elemente wie die Zeugenbelehrung ab, indem er hier nicht die expliziten Paragraphen nennt, sondern sie frei formuliert. Die Verweise auf das juristische System haben damit bei »Streit um drei« ein deutlich geringeres Gewicht als in den anderen untersuchten Formaten.

Neben diesen zahlreichen Bezügen auf das deutsche Justizwesen wird die Gerichtsshow auch im Deutschland der Jetztzeit verortet. Dies geschieht vor allem über die Befragungen zur Person, aber auch über die Schilderung des verhandelten Falls. Konkrete Orts- und Zeitangaben situieren das Geschehen im Hier und Jetzt, typische Berufe und entsprechende Gehälter dienen darüber hinaus als Authentieelemente. Häufig liegen dem Richter Gutachten vor, die für den Zuschauer lesbar gefilmt werden. Diese sind stets mit Stempeln der Institution versehen, die sie ausgestellt haben soll – hier werden reale Orte, Berufsbezeichnungen etc. gewählt. Eine enge Bindung erfolgt damit nicht nur an die Außenrealität des juristischen Systems, sondern auch an die Alltagsrealität der Zuschauer.

Wie die oben dargestellten Verweise auf das juristische Bezugssystem werden auch die Bezüge auf die Alltagswelt von den Formaten »Richterin Barbara Salesch« und »Das Familiengericht« sehr häufig genutzt. Bei »Streit um drei« werden sie dagegen eher selten eingesetzt. So verzichtet der Richter hier meist auf eine Aufnahme der Personalien mit dem Hinweis, diese seien aktenkundig. Die Prozessbeteiligten werden meist nur über ihren Namen bezeichnet, andere Angaben wie Alter, Beruf, Wohnort etc. werden nicht genannt. Eine konkrete Verortung im Hier und Jetzt ist daher nicht möglich. Insgesamt scheint damit sowohl der Bezug auf die juristischen Normen als auch auf die Alltagsrealität bei »Streit um drei« eher schwach ausgeprägt.

Die Art der Inszenierung, vor allem der Auftritt der Prozessbeteiligten, ist bei den Gerichtsshows in Hinblick auf ihren Authentizitätseffekt zu werten. So werden in allen untersuchten Gerichtsshow-Formaten die Dialoge nach einem nicht exakt ausformulierten Drehbuch improvisiert, um so einen lebendigeren und alltagsnahen Charakter der Sprache zu erzeugen. »Richterin Barbara Salesch« und »Das Familiengericht« setzen zudem Laiendarsteller in den Rollen der Kläger und Angeklagten ein, um durch ›milieu-spezifisches‹ Casting einen besonders realistischen Effekt zu erzeugen. Durch den Einsatz von Laiendarstellern stehen den Produzenten zudem stets frische, unverbrauchte Gesichter zur Verfügung, denn der Auftritt einer aus einem anderen medialen Kontext bekannten Person würde das Authentiegefühl empfindlich stören. Der Einsatz von Laiendarstellern kann hier also einen besonders realistischen Effekt haben.

Neben der Darstellung der Kläger, Angeklagten und Zeugen kann auch die Präsentation der Juristen als Mittel genutzt werden, um dem Format Authentizität zu verleihen. So wird der Beruf der Protagonistin bei »Richterin Barbara Salesch« schon anhand des Sendungstitels betont. Die Funktionen und Namen von Staatsanwälten und Verteidigern werden wiederholt in Einblendungen genannt. In Zusammenspiel mit dem Wissen der Zuschauer, dass die Juristen unter ihrem eigenen Namen agieren und tatsächlich ausgebildete Juristen sind, fungieren diese Elemente ebenfalls als Authentisierungsstrategien. Bei »Das Familiengericht« wird auf entsprechende Einblendungen allerdings verzichtet. Hier werden die Namen und Titel nur im Trailer angeführt. Eine Authentisierung innerhalb der Sendung findet nicht statt, um die fiktionale Diegese nicht zu stören. Schließlich werden die Juristen auch bei »Streit um drei« nur im Abspann als echte Juristen präsentiert. So wird erneut auf eine Authentisierung des

Formats verzichtet. Während der Sendung wird ihr Name zwar eingeblendet, aber nicht mit einer Funktionsbezeichnung versehen. Diese Beschränkung im Einsatz von Authentisierungsstrategien ist wohl vor allem dadurch begründet, dass sich an die Gerichtsverhandlung ein spezieller Informationsteil anschließt. Hier tritt der Rechtsexperte Wolfgang Büser auf, der auch aus dem non-fiktionalen Mittagsmagazin des ZDF bekannt ist. Die Authentizität der vermittelten Informationen wird durch eine konkrete Nennung der entsprechenden Gerichte und Instanzen, von denen die Urteile verfasst wurden, gekennzeichnet. Eine Einblendung, laut der weitere Informationen über einen Faxabruf angefordert werden können, bestärkt diesen Charakter.

»Streit um drei« hat mit diesem Informationsteil einen tatsächlichen Realitätsbezug, so dass dem Format eine höhere Authentizität zugeschrieben werden kann und es sich weniger auf die Authentisierungsstrategien stützen muss. In diesem Zusammenhang ist auch die Rolle des Moderators zu betonen, der einen Übergang zwischen der fiktionalen Gerichtsverhandlung und dem nonfiktionalen Ratgeberteil schafft. Mit der direkten Ansprache der Fernsehzuschauer nutzt er ein Element, das eigentlich die Zugehörigkeit zu einem nonfiktionalen Texttypus markiert. Hier trifft zu, was Bleicher (1999, S. 155) als Charakteristikum für eine »Form des Zeigens« festhält: »Der Authentizität implizierende Zeigegestus [...] wird durch die Anwesenheit des Reporters im Bild unterstützt, der sich direkt an den Zuschauer wendet.« Der Auftritt des Moderators dient somit als besonders starkes Authentisierungselement, das auch der fiktiven Gerichtsverhandlung zusätzliche Authentizität verleiht.

Neben den hier genannten textinternen Merkmalen ist vor allem der Einsatz von ›echten‹ Juristen als textexternes Merkmal für eine Authentizitäts-Illusion verantwortlich. Prinzipiell lassen sich die Rollen auch von Schauspielern darstellen, da der Ablauf und das Urteil durch ein Drehbuch bereits festgelegt sind.[30] Dennoch verzichtet keine Gerichtsshow auf den Einsatz von Darstellern, die als Juristen tatsächlich vorher in diesem Beruf tätig waren. Dabei stellen die Juristen sich in der Gerichtsshow zwar selber dar, füllen aber eine fiktive Rolle aus. So sagt die Richterin von »Das Jugendgericht«, Ruth Herz, über sich, sie sei »eine Schauspielerin geworden, ich bin nicht ich, ich spiele eine Rolle, und die Rolle ist Ruth Herz« (Broder 2002). Gerade in der Präsentation der Fernsehrichter

---

30 Anders war das noch bei »Das Fernsehgericht tagt«, da hier der Ausgang des Geschehens, das Urteil, nicht durch ein Drehbuch fixiert war, sondern erst im Laufe der Aufzeichnung gefällt wurde. Eine Fachkompetenz der auftretenden Juristen war dementsprechend zwingend notwendig.

durch andere Medien wird dennoch stets auf die Tatsache, dass es sich um ›echte‹ Juristen handelt, hingewiesen. Auf den Internetseiten der einzelnen Sendungen, in Talkshows und Quizshows, in Zeitungsinterviews, immer wieder wird Bezug auf den ›echten‹ Beruf als Richter oder Anwalt genommen, in den die beurlaubten Juristen irgendwann wieder zurückkehren werden. So dienen sie vermutlich als wichtigstes Element, um die Authentizität der realen Gerichtsverhandlung in die fiktive Gerichtsshow zu transportieren. Auch die Genre-Bezeichnung »Gerichtsshow«, die sowohl in den Feuilletons als auch in der Programmpresse gebräuchlich ist, erweckt die Illusion eines non-fiktionalen Texttypus. Sie kann ebenfalls im weitesten Sinne als textexterne Authentisierungsstrategie bezeichnet werden.

Mit diesen textexternen Mitteln geht die Gerichtsshow über die üblicherweise genutzten Authentieelemente hinaus und verschleiert ihren fiktionalen Charakter. Es scheint daher sogar möglich, dass, wenn den Rezipienten nicht bewusst ist, dass hier erfundene Fälle von fiktiven Charakteren dargestellt werden, die Gerichtsshow als dokumentarische Form gelesen wird. In jedem Fall gilt jedoch, dass der fiktionale Status der Gerichtsshows, trotz dieser zahlreichen Authentiemerkmale, die den Bezug der Fernsehsendung zur realen Gerichtsverhandlung herstellen, nicht berührt wird.

Die Gerichtsshow ist ein hybrides Genre, d.h., sie vereint Elemente unterschiedlicher Genres in sich. Dominiert wird sie von ihrem fiktionalen Status, der anhand der Produktionsbedingungen definiert werden kann. Aber nicht nur über die Produktionsbedingungen, auch über die Narration wird die Fiktionalität des Genres deutlich. Die zentralen Erzählstrategien der Gerichtsshow können als *Whodunit* und *Surprise* benannt werden. Die Ausstattung ist ebenfalls an den Genre-Konventionen fiktionaler Genres orientiert, wogegen die audiovisuelle Gestaltung durch ihre nüchterne Abbildung des Geschehens nicht bewusst fiktionalisierend wirkt.

Die Dramaturgie der Gerichtsshow, die durch eine Einheit von Handlung, Ort und Zeit geprägt ist, ist für fiktionale Genres generell untypisch. Sie erinnert an die Dramaturgie einer Show. Auch in Hinblick auf den schematischen Ablauf, den bühnenartigen Handlungsort und die Funktionen der auftretenden Personengruppen konnten zahlreiche Parallelen zwischen Gerichtsshow und Show festgestellt werden. Allerdings besteht zwischen dem Genre »Gerichtsshow« und der Gattung »Show« der grundlegende Unterschied, dass die Gerichtsshow fiktional ist, wogegen die Show der Non-Fiktion zugeordnet wird. Diese Differenz spielte auch in den Überlegungen zu Talkshow und Spielshow eine entscheidende Rolle. Zudem verhindern verschiedene Eigenschaften der narrativen Vorlage »Gerichtsverhandlung« eine direkte Analogie von Gerichtsshow und Talk- bzw. Spielshow: Aufgrund seiner Zweckorientierung lässt sich das Gespräch in der Gerichtsshow nicht als ›Talk‹ bezeichnen; dem Charakter einer Spielshow widerspricht vor allem die Bedeutung, die dem Geschehen in der Vergangenheit im Rahmen einer Gerichtsverhandlung eingeräumt wird. Allerdings kann in der Gerichtsshow das adversative Prinzip eingesetzt werden, bei dem der Fokus darauf gelegt ist, einen Streit zwischen zwei gegnerischen Parteien zu zeigen. Wenn diese Konstellation die Narration bestimmt, so kann die Gerichtsshow – ist man sich ihrer Fiktionalität nicht bewusst – dennoch als Show rezipiert werden.

Die Gerichtsshow setzt in einem besonders hohen Maße Authentisierungsstrategien ein. Während textintern vor allem Bezüge zum dargestellten juristischen System sowie zur realen Alltagswelt festgestellt werden können, ist es textextern die Genrebezeichnung »Gerichtsshow« sowie die Betonung des Status der auftretenden Juristen als ›echte‹ Juristen, mit denen die Gerichtsshow sich als scheinbar non-fiktionale Sendung präsentiert. Gerade in Hinblick auf die textexternen Authentisierungsstrategien übertrifft die Gerichtsshow damit herkömmliche fiktionale Genres. Trotz des umfangreichen Einsatzes von Authentisierungsstrategien bleibt die Gerichtsshow jedoch eindeutig fiktional.

Für die Genre-Konstruktion der Gerichtsshow lässt sich aufgrund dieser Ergebnisse festhalten, dass die Gerichtsshow, obwohl sie über ihre Produktionsbedingungen eindeutig als fiktionales Genre zu definieren ist, ein Hybridgenre darstellt. Die fiktionale Erzählung wird im Rahmen einer Show präsentiert, während durch einen weitreichenden Einsatz von Authentisierungsstrategien ein besonders enger Bezug zur narrativen Vorlage »Gerichtsverhandlung« hergestellt wird. Der fiktionale Status wird durch diese Eigenschaften zwar nicht angegriffen, allerdings erscheint er weniger dominant, als dies in herkömmlichen fiktionalen Genres der Fall ist.

In den untersuchten drei Formaten »Richterin Barbara Salesch«, »Streit um drei« und »Das Familiengericht« zeigt sich, dass sie zwar alle als Hybridgenre konstruiert sind, doch sind die einzelnen Genre-Elemente unterschiedlich stark gewichtet. Zusammenfassend lassen sie sich folgendermaßen charakterisieren:

»Richterin Barbara Salesch« wird von einer Narration geprägt, die sowohl *Whodunit* als auch *Surprise* nutzt und damit offensichtlich fiktional ist. Durch die strenge Bindung an das dramaturgische Prinzip der Einheit von Handlung, Ort und Zeit, ist gleichzeitig jedoch auch der Show-Charakter besonders stark ausgeprägt. Die Tatsache, dass Barbara Salesch hier wie ein Showmaster ausgesprochen zentral positioniert wird, kann diesen Show-Charakter noch bestärken. Der gerade im Vergleich mit den anderen Formaten besonders umfangreiche Einsatz von Authentisierungsstrategien verleiht »Richterin Barbara Salesch« mehr Glaubwürdigkeit und den Anschein, eine non-fiktionale Sendung zu sein. »Richterin Barbara Salesch« ist damit eine Sendung, die eindeutig fiktionale Geschichten in einem anscheinend non-fiktionalen Rahmen erzählt. Die Hybridität ist daher besonders stark ausgeprägt.

»Streit um drei« unterscheidet sich vor allem in seiner Narration von den anderen untersuchten Formaten. In der Darstellung der Gerichtsverhandlung wird auf *Whodunit*- und *Surprise*-Strukturen verzichtet und stattdessen das adversative Prinzip eingesetzt. Dabei steht nicht die Aufklärung des Sachverhalts, sondern seine Bewertung im Vordergrund. Die Gerichtsverhandlung wird in einer ausgeprägten Show-Dramaturgie präsentiert. Durch den Einsatz zahlreicher formaler Zusatzelemente und eines Moderators, also Elementen, die aus non-fiktionalen Genres stammen, wird der Eindruck, eine Show zu sehen, bestärkt. Die Rolle des Richters ist hier allerdings weniger dominant. Er ist nicht so zentral positioniert wie Barbara Salesch und dient auch nicht als entscheidendes Mittel zur Authentisierung der gesamten Sendung. Dadurch, dass es sowohl einen Moderator als auch einen separaten Informationsteil mit einem Rechtsexperten gibt, ist der Einsatz anderer Authentisierungsstrategien eher gering. »Streit um drei« hat also sowohl einen stark ausgeprägten Show-Charakter, als auch eine, im Vergleich zu den anderen Formaten besonders hervorzuhebende, Informationsorientierung. Die Tatsache, dass es sich auch bei »Streit um drei« um eine fiktionale Sendung handelt, wird hier am wenigsten deutlich. Der hybride Charakter ist, verglichen mit »Richterin Barbara Salesch«, weniger deutlich ausgeprägt.

»Das Familiengericht« nutzt unterschiedliche Narrationsstrategien. Zwar wird die Erzählstrategie des *Whodunit* hier, abhängig vom Thema, nur teilweise genutzt, während die Narration in den anderen Fällen an das adversative Prinzip erinnert – in jedem Fall werden jedoch *Surprise*-Elemente eingesetzt, mit denen die Geschichte zu einem befriedigenden Abschluss geführt werden kann. So ist die Narration eindeutig als fiktional zu erkennen. Auch die Dramaturgie ist hier, gerade im Vergleich zu den anderen untersuchten Formaten, weniger deutlich auf einen Show-Charakter ausgerichtet. Das Prinzip der Einheit von Handlung, Ort und Zeit wird durch die Existenz mehrerer Handlungsräume gebrochen. Zudem treten hier neben dem Richter auch die Anwälte in allen Folgen auf. Die

Anwälte werden sogar außerhalb des Gerichtssaals in ihrem ›persönlichen‹ Engagement gezeigt. So lässt sich hier von drei Protagonisten sprechen. Die Authentisierungsstrategien werden nur dort eingesetzt, wo sie die fiktionale Diegese nicht stören. Zusammenfassend lässt sich »Das Familiengericht« als die Sendung charakterisieren, die innerhalb des formalen Rahmens »Gerichtsshow« den fiktionalen Charakter am deutlichsten zeigt, hingegen auf den Show-Aspekt weniger Wert legt. Die Hybridität ist hier nur noch bedingt festzustellen. Bei »Das Familiengericht« ließe sich daher auch von einer Gerichtsserie sprechen.

Anhand der Textanalyse lässt sich also erkennen, dass die drei untersuchten Formate, trotz des engen Rahmens, den ihnen das Genre »Gerichtsshow« vorgibt, relativ weit differenziert sind. Ein besonders wichtiges Unterscheidungskriterium stellt die Narration dar. Doch auch in Hinblick auf die Dramaturgie und den Einsatz von Authentisierungsstrategien unterscheiden sich die Formate signifikant.

Rezeptionsmuster der Gerichtsshow

Bisher wurde festgestellt, dass es sich bei den Gerichtsshows um ein Hybridgenre handelt, bei dem Elemente verschiedener Genres integriert werden, auch wenn diese Elemente in den untersuchten Formaten in unterschiedlicher Ausprägung vorhanden sind. Grundlegend ist davon auszugehen, dass dadurch auch verschiedene Lesarten bei den Zuschauern hervorgerufen werden. Hybride Texte sind strukturell mehrdeutig, d. h. polysem angelegt.[31]

Die meisten Diskussionsteilnehmer der durchgeführten Studie rezipierten die Gerichtsshows vorrangig als fiktionale Erzählung. Dabei gehörten eine *Whodunit*-Narration und der Einsatz von *Surprise*-Elementen zu den Genre-Erwartungen, die sie an die Gerichtsshow stellten. Sie wollten spannende, verwickelte und überraschende Fälle sehen, bei denen sie miträtseln können. Allerdings unterscheidet sich hier die eher naive von der eher reflektierten Lesart: Während bei Ersterer involviert ›mitgerätselt‹ wurde, führte Letztere dazu, dass sich die Teilnehmer distanzierten und versuchten, die hinter der Geschichte stehenden Inszenierungsmuster zu erkennen.

---

31 Mit Polysemie ist hier eine strukturelle Mehrdeutigkeit, eine »Mehrstimmigkeit« (Bachtin 1979, S. 194 ff.) des Textes gemeint (vgl. auch Fiske 1987, S. 85 ff.), die u.a. durch Hybridität hervorgerufen werden kann. Die Polysemie bildet als formale Struktur ein besonderes Potenzial für unterschiedliche Lesarten.

Da allen Diskussionsteilnehmern klar war, dass die Gerichtsshow fiktional ist, wurde sie von keinem als tatsächliche Show rezipiert. Allerdings zeigte sich, dass die Teilnehmer zu einer Art Show-Rezeption wechseln können – vor allem dann, wenn sie die erzählte Geschichte nicht besonders interessiert. Ihr Interesse wurde in diesem Fall auf die Darsteller und ihre Interaktionen gelenkt. Gerade bezogen auf die auftretenden Personen ist festzustellen, dass die Grenze zwischen Realität und Fiktion in der Rezeption der Diskussionsteilnehmer verwischte. Die Laiendarsteller, die ihrem Typ entsprechend gecastet wurden, schien es so auch ›in echt‹ zu geben. Noch deutlicher wird die fehlende Trennung zwischen Realität und Fiktion dadurch, dass nahezu alle Teilnehmer behaupteten, die Richterrolle müsse von einem ›echten‹ Richter ausgefüllt werden. Den Juristen wurde so ein besonders hohes Maß an Authentizität, sowohl was ihre Richterrolle als auch ihren dargestellten Charakter betrifft, zugebilligt. Damit wurden die Richter nicht mehr als fiktionale Figuren, sondern, ähnlich wie Showmaster, als ›Fernsehpersönlichkeiten‹ betrachtet, was sie wiederum in die Nähe einer Show-Rezeption rückt.

Da den Diskussionsteilnehmern bewusst war, dass in der Gerichtsshow keine realen Gerichtsverhandlungen abgebildet werden, rezipierten sie die Gerichtsshow nicht als Dokumentation. Allerdings schrieben sie der Gerichtsshow durch den umfangreichen Einsatz von Authentisierungsstrategien teilweise einen recht hohen Informationswert zu, der Einfluss auf die Rezeptionsmotivation haben kann. Dies führte jedoch nicht zu einer eigenen Lesart.

Die Vermutung, dass die Polysemie, also die Möglichkeit, einen Text auf unterschiedliche Weise zu lesen, durch den hybriden Charakter des Textes gefördert wird, lässt sich anhand dieser Ergebnisse bestätigen. Es ist sowohl möglich, dass verschiedene Personen den Text unterschiedlich lesen als auch, dass innerhalb der Rezeption, je nachdem, welche Rezeptionsform gerade attraktiver scheint, die Genre-Lesart wechselt. Ein derartiger Wechsel scheint gerade durch die spezifische Genre-Konstruktion möglich zu sein.

Der Reiz der Gerichtsshow-Rezeption, so lässt sich abschließend für die Diskussionsteilnehmer feststellen, liegt vor allem in der Kombination aus fiktionalen Geschichten, die eine entsprechende Spannungsdramaturgie aufweisen können, und dem Auftritt scheinbar ›realer Persönlichkeiten‹, die als authentisch rezipiert werden. Zwei so unterschiedliche Aspekte zu vereinen ist gerade durch die Konstruktion des Hybridgenres möglich.

Schlussbemerkungen

Die Gerichtsshow stellt ein Hybridgenre dar, bei dem allerdings die Gewichtung der integrierten Genres recht unterschiedlich ausfallen kann. Sie ist ein fiktionales Genre, das in der Regel von fiktionalen Erzählprinzipien bestimmt wird. Auch den Diskutanten war diese Fiktionalität bewusst, so dass hier die vorherrschende Lesart der Gerichtsshow ebenfalls die einer fiktionalen Erzählung war. Dabei waren die Erwartungen an das Genre von den Erzählprinzipien des *Whodunit* und des *Surprise* bestimmt. Schon dieses Ergebnis ist interessant, auch wenn der hybride Charakter des Genres an dieser Stelle noch nicht zum Tragen kommt. Hier zeigt sich, dass die Gerichtsshow keine Talkshow ›im neuen Gewand‹ darstellt, wie es in der Presse vermutet wurde, sondern in Konzeption und Rezeption eher einer Krimisendung ähnelt.

Die Genre-Bezeichnung »Gerichtsshow« wurde bereits problematisiert. Obwohl der dramaturgische Aufbau und die Personenkonstellation an eine Show erinnern, ist diese Bezeichnung aufgrund der Fiktionalität des Genres falsch. In den Gruppendiskussionen lässt sich daher auch keine ungebrochene Lesart der Gerichtsshow als Show feststellen. Allerdings wenden einige Teilnehmer, gerade wenn sie die erzählten Geschichten nicht so spannend finden, ihre Aufmerksamkeit dem aktuellen Geschehen zu. Die direkten Interaktionen zwischen den Prozessbeteiligten werden dann zum zentralen Element, so dass die Sendung wie eine Talkshow rezipiert werden kann. Zudem bewirkt gerade die Authentisierungsstrategie, an Stelle der Prozessbeteiligten Laiendarsteller zu nehmen und die Rollen der Juristen mit echten Juristen zu besetzen, eine Rezeption, die zwischen einer realen und einer fiktionalen Rahmung changiert. So lässt sich von einer Lesart sprechen, die, individuell abgestuft, zumindest zeitweise einzelne Elemente als Show rezipiert.

Die unterschiedliche Ausprägung des Hybridgenres in den einzelnen Formaten, die in der Textanalyse herausgestellt wurde, spielt in den Aussagen der Diskutanten keine große Rolle. Die formalen Unterschiede werden zwar bemerkt, und auch ohne direkte Fragestellung gehen die Teilnehmer auf Elemente wie den Rechtsexperten in »Streit um drei« oder die Ortswechsel in »Das Familiengericht« ein. Allerdings scheinen diese Unterschiede in der formalen Gestaltung, zumindest in der bewussten Entscheidung für oder gegen ein bestimmtes Format, für die Diskussionsteilnehmer kaum eine Rolle zu spielen. Wichtig für diese Entscheidung sind dagegen die Juristen, denen der Status einer Fernsehpersönlichkeit zugewiesen wird. Sie binden die Zuschauer, stärker als formale Unterschiede und sogar stärker als die verhandelten Rechtsthemen, an ein Format.

Die hybride Konstruktion der Gerichtsshow, die es ermöglicht, Fernsehpersönlichkeiten als scheinbar authentische Personen in fiktive Geschichten einzubinden, scheint damit eine der zentralen Ursachen für den Erfolg des neuen Genres zu sein.

Das hybride Konzept, so ist zu vermuten, trägt dazu bei, die Gerichtsshow dauerhaft attraktiv für das Publikum zu machen. So bedient sich das neue Genre »Crime-Doku«[32] ebenfalls der hybriden Konstruktion und ist damit äußerst erfolgreich. Auch hier werden Kriminalthemen im Rahmen einer *Whodunit*-Narration aufbereitet. Die Handlung ist allerdings nicht an den Ablauf einer Gerichtsverhandlung gebunden, so dass auch keine Einheit von Handlung, Ort und Zeit angestrebt wird. Diesen Formaten ist damit auch kein Show-Charakter zueigen, sie erinnern eher an eine fiktionale Serie. Entscheidend ist jedoch, dass auch sie ›echte Menschen‹ in den Hauptrollen einsetzen – die Kommissare also von tatsächlichen Polizisten, die Anwälte von echten Anwälten dargestellt werden. Die Crime-Dokus profitieren damit von genau den Eigenschaften des Hybridgenres, die in dieser Arbeit für die Gerichtsshows herausgearbeitet wurden:

- Protagonisten, die keine fiktiven Figuren, sondern Fernsehpersönlichkeiten zu sein scheinen;
- ein starke Authentizitätsanmutung, die durch die audiovisuelle Gestaltung, vor allem aber durch die Laiendarsteller erzeugt wird;
- die Möglichkeit, innerhalb des authentisch anmutenden Rahmens Geschichten mit klaren fiktionalen Narrationsstrategien zu erzählen.

Es ist zu vermuten, dass diese Eigenschaften, die durch die Konzeption als Hybridgenre ermöglicht werden, auch in zukünftigen Formatentwicklungen eine entscheidende Rolle spielen werden. Für die Medienwissenschaft werden die hybriden Formen damit auch weiterhin von besonderem Interesse sein.

---

32 Diese Genre-Bezeichnung wird in den Programmzeitschriften für die Formate »Lenßen und Partner«, »Niedrig und Kuhnt« und »K11 – Kommissare im Einsatz« (alle SAT.1) verwendet.

Literatur

Bachtin, Michail (1979): Die Ästhetik des Wortes. Frankfurt a.M.: Suhrkamp

Bauer, Ludwig (1992): Authentizität, Mimesis, Fiktion. Fernsehunterhaltung und Integration von Realität am Beispiel des Kriminalsujets. München: Schaudig/Bauer/Ledig

Berghaus, Margot/Staab, Joachim (1995): Fernsehshows auf deutschen Bildschirmen: Eine Inhaltsanalyse aus Zuschauersicht. München: Reinhard Fischer

Bleicher, Joan Kristin (1999): Fernsehen als Mythos. Poetik eines narrativen Erkenntnissystems. Opladen: Westdeutscher Verlag

Borstnar, Nils/Pabst, Eckard/Wulff, Hans Jürgen (2002): Einführung in die Film- und Fernsehwissenschaft. Konstanz: UVK

Britz, Guido (1999): Fernsehaufnahmen im Gerichtssaal. Ein rechtsvergleichender Beitrag zum Öffentlichkeitsgrundsatz im Strafverfahren. Baden-Baden: Nomos

Brunst, Klaudia (2003): Faction-TV. In: taz-Magazin vom 30.8.2003, S. 4

Caillois, Roger (1958): Die Spiele und die Menschen. Maske und Rausch. München: Langen-Müller

Chase, Anthony (2002): Movies on Trial. New York: The New Press

Dershowitz, Alan (1987): Courtroom drama on television. In American Film, Dez. 1987, S. 15–18

Epstein, Michael M. (2001): Judging Judy, Mablean and Mills: How Courtroom Programs use Law to Parade Private Lives to Mass Audiences. In: UCLA Entertainment Review Nr. 8/2001, S. 129–138

Fiske, John (1987): Reading Television. London: Routledge

Fley, Matthias (1997): Talkshows im deutschen Fernsehen: Konzeptionen und Funktionen einer Sendeform. Bochum: Brockmeyer

Garaventa, Andreas (1993): Über das Dialogische in Unterhaltungsshows. Bern: Peter-Lang

Gehrau, Volker (2001): Fernsehgenres und Fernsehgattungen. Ansätze und Daten zur Rezeption, Klassifikation und Bezeichnung von Fernsehprogrammen. München: Reinhard Fischer

Gehringer, Thomas (2002): Bis dass RTL euch scheidet. Interview mit Gisela Marx. In: Der Tagesspiegel, 2.9.2002

Goffmann, Erving (1980): Rahmenanalyse. Ein Versuch über die Organisation von Alltagserfahrungen. Frankfurt a.M.: Suhrkamp

Gogl, Katrin (1995): Entwicklungstendenzen der Fernsehunterhaltung: Veränderungen des Genres Spielshow in der Konkurrenz von öffentlich-rechtlichen und privaten Systemen. Coppengrave: Coppi-Verlag

Hall, Stuart (1999): Kodieren/Dekodieren. In: Bromley u.a. (Hrsg.): Cultural Studies. Grundlagen zur Einführung. Lüneburg: zu Klampen, S. 92–113

Hall, Stuart (2002) Cultural Studies. Ein politisches Theorieprojekt. Ausgewählte Schriften 3. Hamburg: Argument

Hanemann, Peter (2002): Talkshow mit anderen Mitteln. In: Grimme, Heft 1/2002 S. 32–33

Hausmanninger, Thomas (2002): Sehnsucht nach Normen – Das neue Ordnungsfernsehen der Gerichtsshow. In: tv diskurs, Nr. 20, S. 40–45

Hepp, Andreas (1999): Cultural Studies und Medienanalyse. Opladen: Westdeutscher Verlag

Hickethier, Knut (1998): Geschichte des deutschen Fernsehens. Stuttgart: Metzler

Hübner-Raddatz, Stefanie (2001): Fernsehöffentlichkeit im Gerichtssaal. Münster: Schüling

Huizinga, Johan (1971): Homo ludens. Vom Ursprung der Kultur im Spiel. Hamburg: Rowohlt

Jakobs, Hans-Jürgen (2002): Der wahre Talk. In: Süddeutsche Zeitung vom 21. Juni 2002, S. 21

Klaus, Elisabeth/Lücke, Stefanie (2003): Reality TV – Definition und Merkmale einer erfolgreichen Genrefamilie am Beispiel von Reality Soap und Docu Soap. In: Medien und Kommunikation, Nr. 2/2003, S. 195–213

Kuzina, Matthias (2000): Der amerikanische Gerichtsfilm. Justiz, Ideologie, Dramatik. Göttingen: Vandenhoeck & Ruprecht

Lindner, Jan Eric (2002): TV-Gerichtsshows nur Kaspertheater. In: Hamburger Abendblatt vom 29. August 2002

Lüke, Reinhard (2002).: Ein lächerliches bis absurdes Schmierentheater. In: Frankfurter Rundschau, 2.9.2002, S. 23

Machura, Stefan/Ulbrich, Stefan (2001): Law in Film: Globalizing the Hollywood Courtroom Drama. In: Journal of Law and Society, 28, 1, 2001, S. 117–132

Machura, Stefan/Ulbrich, Stefan (Hrsg.) (2002): Recht im Film. Baden-Baden: Nomos

Mikos, Lothar (2003): Film- und Fernsehanalyse. Konstanz: UVK

Mikos, Lothar/Feise, Patrizia/Herzog, Katja/Prommer, Elizabeth/Veihl, Verena (2000): Im Auge der Kamera. Das Fernsehereignis Big Brother. Berlin: Vistas

Müller, Eggo (1999): Paarungsspiele. Beziehungsshows in der Wirklichkeit des neuen Fernsehens. Berlin: Edition Sigma

Porsdam, Helle (1994): Law as Soap Opera and Game Show: The Case of The People's Court. In: Journal of Popular Culture, Nr. 28/1, Sommer 1994, S. 1–15

Rose, Brian G. (1985): TV-Genres. A handbook and reference guide. Westport, Conneticut: Greenwood Pr.

Rother, Rainer (Hrsg.) 1997: Sachlexikon Film. Hamburg: Rowohlt

Schneider, Irmela/Thomsen, Christian W. (1997): Hybridkultur. Medien, Netze, Künste. Köln: Wienand

Schorb, Bernd (2003): Was guckst du, was denkst du? Der Einfluss des Fernsehens auf das Ausländerbild von Kindern und Jugendlichen. Studie der ULR Kiel

Schütte, Georg (1997): Infotainment – Unterhaltungslust statt Informationsmühe? In: Irmela Schneider/Christian W. Thomsen: Hybridkultur. Medien, Netze, Künste. Köln: Wienand, S. 158–176

Schweinitz, Jörg (2002): Von Filmgenres, Hybridformen und goldenen Nägeln. In: Hans J. Wulff/Jan Sellmer (Hrsg.): Film und Psychologie – nach der kognitiven Phase?. Marburg: Schüren, S. 79–92

Seeßlen, Georg (1996): Unterhaltung über alles. Oder: Infotainment im elektronischen Biedermeier. In: Medien + Erziehung 40 (1996) 3, S. 135–144

Semeria, Stefano (1999): Talk als Show – Show als Talk. Opladen: Westdeutscher Verlag

Silbey, Jessica (2001): Patterns of Courtroom Justice. In: Journal of Law and Society, 28, 1, 2001, S. 97–116

Spangenberg, Peter M. (1997): »... and my eyes are only Holograms«. Formen operierender Kontingenz in hybriden Medien. In: Irmela Schneider/Christian W. Thomsen: Hybridkultur. Medien, Netze, Künste. Köln: Wienand, S. 141–157

Stein, Joel (1998): Here come the Judges. In: Time Magazin vom 24. August 1998

Waldmann, Werner (1977): Das deutsche Fernsehspiel – ein systematischer Überblick. Wiesbaden: Akademische Verlagsgesellschaft Athenaion

Winter, Rainer/Mikos, Lothar (Hrsg.) (1997): Die Fabrikation des Populären. Der John-Fiske-Reader. Bielefeld: Transcript

ZDF (Hrsg.): ZDF-Jahrbuch. Mainz 1964 ff.

Zillmann, Dolf (1991): The Logic of Mystery and Suspense. In: Jennings Bryant/Dolf Zillmann (Hrsg.): Responding to the Screen. Reception and Reaction Processes. Hillsdale, NY: Lawrence Erlbaum Associates, S. 281–303

Sabrina Brauer

Internetquellen

abclocal.go.com: Oprah Winfrey upsets Judge Judy in New York in October '02 Nielsen Ratings. Agenturmeldung, 25.10.2002. http://abclocal.go.com/wabc/news/wabc_102802_octsweeps.html (Abruf: Oktober 2003)

Broder, Henryk M.: *Die vierte Instanz*. In: Spiegel Online, 3.4.2002. http://www.spiegel.de/Kultur/Gesellschaft/0,1518,190033,00.html (Abruf: Oktober 2003)

Meier, Oliver: Im Namen des Publikums. Gerichtssendungen zwischen Fiktionalität und Authentizität. http://www.medienheft.ch/kritik/bibliothek/k19_MeierOliver.html (Abruf: Oktober 2003)

RP-Online: Kritik an der neuen Welle. Agenturmeldung, 2.9.2002: http://www.rp-online.de/news/multimedia/tv/2002-0902/gerichtsshows.html (Abruf: Oktober 2003)

RTL: Das Familiengericht: http://www.rtl.de/tv/tv_757157.html (Abruf: Oktober 2003)

Sat.1: Richterin Barbara Salesch: http://www.sat1.de/richterin (Abruf: Oktober 2003)

tv-quoten.de: Warum die Gerichtsshows derart erfolgreich sind. (2001) http://www.tvquoten.de/Hintergrunde/Gerichtssendungen (Abruf: Oktober 2003)

Ulbrich, St.: Recht und Emotion. Der Erfolg der Gerichtsshows im deutschen Fernsehen. Ankündigung der Sektionsveranstaltung »Court-Room-Dramen« an der Ruhr-Universität Essen. http://www.dgs2002.de/Abstracts/RZ/Ulbrich.htm (Abruf: Oktober 2003)

ZDF: »Streit um drei«: http://www.zdf.de/ZDFde/inhalt/0,1872,2000840,00.html (Abruf: Juni 2003)

Ansehensverlust der Justiz? Licht und Schatten des Gerichtsshowkonsums

Stefan Machura

Die schiere Menge rechtsbezogener Fernsehangebote ist erstaunlich. Eine Auswertung des Angebots von ca. 50 Sendern ergab, dass man, wollte man alle im Zeitraum von 14 Tagen ausgestrahlten Programme mit Rechtsbezug hintereinander sehen, sechs Tage brauchen würde (Machura/Ulbrich 2001, S. 120). Darunter sind verschiedene Typen von Sendungen. Einen Hauptanteil machen Gerichtsshows aus. Fünf davon laufen werktags zwischen 14 und 17 Uhr von Montag bis Freitag auf den Sendern RTL und SAT.1. Samstags und sonntags werden sie ebenfalls ausgestrahlt. Wiederholungen finden sich im Nachtprogramm.

Für die Rechtssoziologie sind sie ein Phänomen der populären Rechtskultur. Hier geht es um die Vorstellungen vom Recht, die in der Bevölkerung kursieren, um typische rechtsbezogene Verhaltensmuster und um Objekte der Rechtskultur. Wie auch anderswo, etwa in der Popmusik, spielen in der populären Rechtskultur professionelle Akteure eine wichtige Rolle (Röhl 2002). So entstehen Gerichtsshows unter maßgeblicher Mitwirkung von Juristen. Jedoch sind die Sendungen immer auch das Produkt eines Teams, in dem auch andere Fachleute mittun. Populäre Rechtskultur ist heute ein Amalgam aus Elementen unterschiedlichster Herkunft.

Seit Gerichtsshows in den 1980er Jahren in den USA erfunden wurden, fragen sich insbesondere Juristen besorgt, welche Wirkungen von ihnen auf das Denken der Gesellschaft über Anwälte, Richter, die Justiz und das Recht ausgehen (z.B. Hellemann 2003; Schnitzler 2005b; S. 80 und 2005a, S. 4 ff.; Schnorr 2005). Die juristischen Professionen und die Justizinstitutionen sind bestrebt, sich ein hohes Ansehen zu sichern. Zugleich sollen die Laien zutreffend darüber informiert sein, wie sich eine Interaktion in rechtlichen Foren vollzieht.

Begonnen hat die Entwicklung der Gerichtsshows ursprünglich in den USA mit »The People's Court«. Verhandelt wurden reale Fälle kleinerer zivilrechtlicher Streitigkeiten. Die Urteile waren für die Parteien bindend. »Judge Judy« ist der nächste Entwicklungsschritt gewesen, hier tritt die Richterin aggressiver auf und wertet die Parteien moralisch. Nach diesem Vorbild richtete die Produzentin Gisela Marx die deutsche Serie »Richterin Barbara Salesch« zunächst aus, wobei aber die deutsche Richterin deutlich weniger verletzend agiert. Noch eher auf dem Markt war die mittlerweile eingestellte ZDF-Serie »Streit um drei« gewesen. Sie hielt sich mehr an die ruhigere Gangart von »The People's Court«. Bis dahin bot man dem Publikum in Deutschland noch Varianten eines Schiedsgerichts, sei es mit simulierten, sei es mit realen Alltagsstreitigkeiten. Als dann aber die Crew um Barbara Salesch die Erwartungen des Senders an die Einschaltquoten nicht erfüllte und das Aus drohte, entdeckte sie das höhere Zuschauerpotenzial simulierter und dramatisierter Strafverfahren. Die heute ausgestrahlten Gerichtsshows unterscheiden sich daher von denen in den USA durch eine spektakulärere Gestaltung.

In den USA ist das Ansehen der Anwälte, weniger der Gerichte, vergleichsweise schlecht.[1] Umso empfindlicher sind die Reaktionen der Juristen auf Erzeugnisse der populären Rechtskultur. »Judge Judy« ist dort heute die wichtigste Gerichtsshow, sie hat zahlreiche Nachahmer gefunden, in den USA, aber auch in Deutschland. Die Gerichtsshow »Judge Judy« entfremde die Bürger dem amerikanischen Rechtssystem, Geschworene fänden sich nicht mehr im Gericht zurecht, befürchtet etwa Kimberlianne Podlas (2001). Die Befragten in ihrer Studie erwarteten, dass es im Geschworenengericht darauf ankomme, die Gedanken der vorsitzenden Richter zu erraten. Eine dem Konsum von Gerichtsshows entspringende Zuschauerperspektive, die den Grundgedanken des Juryverfahrens extrem widerspräche.

Anders dagegen interpretiert Helle Porsdam (1999) die Serie »The People's Court«. Im Mittelpunkt dieses TV-Schiedsgerichts um reale Fälle kleinerer zivilrechtlicher Streitigkeiten stand der pensionierte Richter Wapner. Dieser habe Recht aufgrund seines besonderen Gefühls für das Common Law, als das gelebte Recht des Volkes, gesprochen, nicht etwa als Rechtsgelehrter. Er habe einem nach Rassen und Klassen gespaltenen Publikum Vertrauen in das Recht

---

1 Asimow 2000; Asimow u.a. 2004 für Anwälte in den USA. Zum Ansehen der US-Gerichte Tyler/Huo 2002, S. 110 f., S. 186 f. Das Ansehen der deutschen Anwälte dagegen ist vergleichsweise höher, Noelle-Neumann/Köcher (Hrsg.) 2002, S. 206 f.; Institut für Demoskopie Allensbach 2003, S. 2 und 2005; Machura 2005, evtl. auch das der deutschen Gerichte, Derlien und Löwenhaupt 1997, S. 458-460, S. 470; Niedermayer 2001, S. 66; Machura 2003.

zurückgegeben, die Grenzsteine des rechtlich erlaubten wieder zurechtgerückt, wo sie umgestoßen worden waren.

Beide Autorinnen, Podlas und Porsdam, konstatieren Gegenüberliegendes: einen dem System entfremdenden Aspekt der Gerichtsshows einerseits und einen Vertrauen schaffenden andererseits. Damit ist für die Sozialwissenschaft zu all den Faktoren, die sie als die ›Legitimität‹ der Justiz fördernd identifiziert hat – Urteilsgerechtigkeit, prozedurale Fairness, Sozialisation, bis hin zu Herrschaftssymbolen wie der Gerichtsarchitektur – ein weiterer Forschungsgegenstand getreten. Im Folgenden wird eine systematische Antwort auf die Frage zu geben versucht, ob Gerichtsshows das Vertrauen in das Rechtspersonal und die Justizinstitutionen steigen lassen.

Welche Merkmale definieren Gerichtsshows? Auch der Gerichtsalltag, besonders des Strafeinzelrichters, kennt schräge Fälle, in denen Mitbürger mit deutlich erkennbaren Defiziten auftreten. In Gerichtsshows bilden sie einen Großteil der Personen: überaus reizbare Zeitgenossen, schon äußerlich auffällige Erscheinungen, oft von beschränkter sozialer Kompetenz. Darüber hinaus sind es auffällig viele Gewalttaten, nicht selten verbunden mit von der – auch liberalen – Norm abweichendem sexuellem Verhalten. Teilweise handelt es sich um familiäre Konflikte, besonders bei der Show »Das Familiengericht«. Eine entscheidende Innovation gegenüber den nachmittäglichen Talkshows sind die Berufsrichter, die als Fernsehrichter nicht nur Parteien sich streiten lassen, sondern am Ende ›Recht‹ und ›Unrecht‹ zuschreiben.[2] Ihre Glaubwürdigkeit wird dadurch erhöht, dass dem Publikum bekannt ist, wo Barbara Salesch und Kollegen herkommen: ursprünglich aus dem richterlichen Dienst. Die so hergestellte Authentizitätsanmutung wird nur gesteigert durch die Auswahl der Fernsehstaatsanwälte und -verteidiger. Sie werden allesamt durch Anwälte gespielt. Auch dies wird dem Publikum bekannt gemacht. Die Anwälte sind keine zu vernachlässigenden Figuren, auch wenn sie wechseln. So hat einer von ihnen mit »Lenßen & Partner« bei SAT.1 seine eigene »Doku-Soap« erhalten. Hauptsächlicher Schauplatz der Gerichtsshows ist ein nachempfundener Gerichtssaal, der kein bisschen an die kahle Betonarchitektur der neueren Gerichte erinnert. Auch von der justizreformerischen Vorstellung niveaugleicher Bestuhlung hat man Abschied genommen: Fernsehrichter thronen erhöht. Der Zuschauerraum ist nicht fast völlig leer, sondern gut gefüllt durch Besuchergruppen der Studios. Der Ablauf des

---

2 Ulbrich 2003 stellt demgegenüber das ›Ordnen‹ der vorgeführten Gefühle durch die Fernsehrichter in den Mittelpunkt.

Verfahrens selbst folgt einer Mischung aus dem kontinentaleuropäischen sogenannten inquisitorischen Verfahren (oder Untersuchungsverfahren) und dem adversarischen Verfahren (oder Parteienverfahren), das allgemein aus den Hollywood-Gerichtsdramen bekannt ist. Vor deutschen Gerichten untersucht der Richter den Fall, er befragt Zeugen zuerst und nur eventuell folgen Staatsanwalt und Verteidiger. Anders im Fernsehgericht: Hier tragen die Anwälte die Befragung in starkem Maße. Ihre Fragetechnik folgt dem ihrer Parteirolle entsprechenden Erkenntnis- und Darstellungsinteresse. Ähnlich den wirklichen Prozessen, wo die Beschuldigten und die Zeugen Rechts- und Gerichtslaien sind, die ihre Sicht der Dinge meist recht ungeschlacht äußern, stellen zuvor als Typen gecastete Laien die Parteien und Zeugen nach einem grob vorgegebenen Skript dar. In einem Interview (Schuldt/Schneider 2005) beschreibt Barbara Salesch es so: »Wir lassen unseren Darstellern – in der Regel Laien – bei der Gestaltung ihrer Rolle sehr viel Freiraum, den sie auch nutzen.« Die nach Einstellung der ZDF-Serie verbliebenen Gerichtsshows dienen alle dem Einnahmeinteresse von zwei Privatsendern. Drei von fünf Shows werden von ein- und derselben Produzentin gesteuert. Die Fälle werden von einem Team ausgesucht und dramatisiert. Hier lesen auch Juristen die Skriptentwürfe und sortieren aus, was zu weit von dem deutschen Recht entfernt erscheint. Die Sender erreichen am Nachmittag mit den Gerichtsshows einen Großteil der zum Fernsehen geneigten Personen, wobei Barbara Salesch sich den Ehrentitel »Quoten-Queen von SAT.1« (HÖRZU, Heft 34, 17.8.2001, S. 47: »26 % Marktanteil«) erarbeitet hat.

Gerichtsshows folgen dem Grundmuster der Fernsehserien (Asimow 2000). Sender entscheiden sich für Serien, um höhere Werbeeinnahmen zu erzielen. Zweck der Serien ist zunächst einmal die Zuschauerbindung. In der Folge werden Serien um sympathische Protagonisten herum konstruiert. Sie müssen dem Zuschauer ans Herz wachsen können, so dass er seine Zeit nicht anders verwendet. In dem amerikanischen Film »Rain Man« erregt sich der von Dustin Hoffman gespielte Autist im Auto plötzlich sehr stark: »Oh, oh, time for Judge Wapner«, und wird erst wieder ruhig, nachdem ihn sein Bruder glücklich auf das Fernsehsofa einer verdutzten Farmerfamilie bugsieren konnte. Kein besseres Bild könnte für die Hoffnungen der Produzenten von Gerichtsshows gefunden werden. Typisch für Serien ist weiterhin, dass die Übeltäter am Ende jeder Folge erledigt sind: sie stürzen von Klippen, verunglücken im Fluchtauto – oder werden von Alexander Hold hinter schwedische Gardinen gesteckt.

Diese typischen Muster – auch von Rechtsserien: die Guten bleiben, die Bösen kriegen ihren Teil – führen nach Michael Asimow (2000) dazu, dass die

Seher ein positives Bild von den Juristen erhalten. Demnach sollten Gerichtsshows Vertrauen in das Rechtspersonal aufbauen.

Die sozialwissenschaftliche Medienwissenschaft kennt zwei hier unbedingt relevante Theorien, die den Anspruch erheben, das Verhalten von Fernsehzuschauern beschreiben zu können. Der Kultivierungsansatz von George Gerbner (2000) betont die lebenslange Sozialisation mit Medieninhalten, die nach Interessen der Medien selbst selektiert worden sind. Verbrechen verkaufen sich gut, also bedienen Medien diese Sensationslust, indem sie häufig über Straftaten berichten, ihre Geschichten um Straftaten konstruieren. In der Folge glauben Vielseher häufiger als Wenigseher, dass Kinder häufig missbraucht und misshandelt werden, die Straßen voll Prostituierter sind, eine Frau nachts nicht alleine ausgehen darf usf. Dem Kultivierungsansatz wird vorgeworfen, ein passives Zuschauerbild zugrunde zu legen. Demgegenüber vertritt der Nutzenansatz (*Uses and Gratification*) den aktiven Gebrauch von Medien. Menschen selektieren demnach bewusst die Medieninhalte und -formate. So geben Befragte nicht selten an, dass sie Gerichtsshows sähen, um etwas über das Recht zu lernen. Mit gutem Grund betont Elisabeth Noelle-Neumann (1999), dass weder ein aktives, noch ein passives Zuschauermodell überbetont werden sollte.

Anziehung, Nutzen, Wiederzuwendung sind vielfältig verschränkt (Machura/Asimow 2004). Teilweise schafft das Fernsehangebot sich seine Nachfrage, teilweise wählen Zuschauer bewusst aus. Wer beim nachmittäglichen Bügeln gut unterhalten werden will, wer mit Fieber auf dem Sofa liegt und jetzt vorzeitig von seiner sonstigen Lektüre erschöpft ist, der weiß, dass »Das Jugendgericht« niederschwellige Kurzweil bietet. Gerichtsshows dienen oft als Hintergrundkulisse bei anderen Aktivitäten.

Aufgrund von Gesprächen mit Fernsehzuschauern, anhand der Literatur und aufgrund von Diskussionen mit Teilnehmern einer Serie von Seminaren »Recht im Film« an der Ruhr-Universität Bochum wurden Gründe für die Popularität von Fernsehgerichtsshows entwickelt. Die Liste ist vermutlich nicht einmal vollständig, weil Seher sich in ihrer Motivation unterscheiden können und weil sich die Fernsehmacher ständig auf der Suche nach Produktinnovationen befinden. Folgendes macht Gerichtsshows attraktiv für ein Massenpublikum:

- Es besteht die Chance, ›echte‹ Richter arbeiten zu sehen. Wie Porsdam (1999) für Judge Wapner beschreibt, kommt hier auch das ›Charisma‹ der Person zum Tragen, die als Richter Recht und Normen kennt und mit Common Sense die Fälle zu beurteilen weiß.

- Es besteht der Eindruck, etwas über Recht lernen zu können. Dem entsprechen die Fernsehrichter durch erläuternde Kommentare zu prozessualen Schritten und zur Urteilsgestaltung.
- Farbige, stereotypisierte Charaktere sind verstrickt in Gewalt, Rücksichtslosigkeit, sexuelle Abweichungen von dem Üblichen, menschliche Dramen jeder Art.
- Ähnlich dem uralten Muster des griechischen Dramas wird ein Kampf zwischen zwei Parteien und ihren Anwälten konstruiert.
- Fernsehgerichte verhandeln Werte- und Interessenkonflikte stellvertretend, wobei
  – im Prinzip alle Gesellschaftsmitglieder ein Interesse haben an der Anwendung von Recht, vor allem von Strafrecht. Die Schlüsselstellung von Strafrecht und Retribution für den Zusammenhalt einer Gesellschaft bildet seit Emile Durkheim (1976, S. 181, orig. 1895) und George Herbert Mead (1980, S. 262 f.) einen Merkposten der Soziologie.
  Und
  – TV-Richter bestätigen und definieren die Regeln der Gesellschaft. Sie setzen dem Handeln Grenzen und bekräftigen damit die Erwartungen vieler, und sie setzen wiederum andere in Kenntnis von der Norm. Zahlreiche soziologische Theorien beschreiben den Menschen als auf die Leitfunktion der normativen Gesellschaftsordnung existentiell angewiesen.
- Faire Verfahren bilden ein zentrales Anliegen der Gesellschaftsmitglieder (Tyler/Lind 2001, Machura 2001). Wie es Tom Tyler (1990) auffasst: Ein ungerechtes Urteil ist schlimm, unfaire Verfahren und unfaire Amtsträger aber bedeuten wiederholtes Unrecht.
- Gerichtsshows bieten scheinbar die Chance, in bislang verschlossene gesellschaftliche Milieus zu blicken. Gerne lassen die Produzenten eine Drückerkolonne, eine Rockerbande und andere Randgruppen auftreten. Wo etwa Gerichtsfilme leicht die erste halbe Stunde für die Exposition nutzen können, arbeiten die unter Zeitnot stehenden Gerichtsshows mit Stereotypen, die durch kurze Präsentationen, etwa durch Kleidung codierter Körper, aktiviert werden können.
- Das emotionale Auftreten der Parteien beglaubigt die Schwere des Konflikts. Das Pöbeln und Anschreien im Fernsehgerichtssaal steht teilweise im Dienste dieser Logik, auch weil in den wenigen dafür zur Verfügung

stehenden Minuten keine differenzierten Spannungsbögen aufgebaut werden können.
- Überraschende Entwicklungen (z. B. Zeuge als Täter entlarvt, Beweis in letzter Minute) erhöhen die Spannung. Der geübte Zuschauer erwartet Wendungen und erträgt die Werbeeinblendung.
- Zuschauer sind zum Miträtseln eingeladen: Wer war's und wie wird die Richterin reagieren? Wie antwortet das Recht?

Erste empirische Wirkungsforschungen in Deutschland

Bislang existieren erst wenige empirische Studien zu den Wirkungen von Gerichtsshows. Das breite Publikum wurde noch nicht befragt. Wie häufig in der Sozialwissenschaft wurden Theorien und Methoden zunächst bei Studierenden erprobt. Damit ist der Aussagewert noch beschränkt. Die Befragungsergebnisse bedürfen noch weiterer Absicherung.

In einer explorativen Untersuchung mit Bochumer Studierenden der Fächer Jura, Politik und Geografie wurden Meinungen über die Justiz erfragt (Machura 2006). Ein Index für den Konsum von Gerichtsshows privater Sender wurde gebildet aus dem selbstberichteten Sehen von »Das Familiengericht«, »Richter Alexander Hold«, »Das Jugendgericht« und »Richterin Barbara Salesch«.

Tabelle 1: Korrelationen zwischen dem Konsum privater Gerichtsshows und Bewertungen der Justiz, Bochumer Studierende

	Jura	Politik	Geographie	**Gesamt**
1. Ansehen der Gerichte	.182	.023	.192	**.135***
2. Richter vertrauenswürdig und ethisch	-.038	.022	-.006	**.002**
3. Urteile der Gerichte gerecht	-.027	.047	.085	**.080**
4. Bürger vor Gericht fair behandelt	.091	.118	.147	**.130***
5. Korrigierbarkeit von Urteilen	.128	-.039	.058	**.036**
n	37–38	97–99	92–97	**227–234**

Spearman-Rho, * $p < .05$. Quelle: Machura 2006, S. 185

Tabelle 1 zeigt die Korrelationen zwischen dem Konsum privater Gerichtsshows und fünf Ratings für die deutschen Gerichte. Es ergaben sich keine signifikanten negativen Medieneffekte, so dass insbesondere die weit verbreitete Befürchtung nicht bestätigt werden konnte, Justizserien und Gerichtsfilme unterminierten das Vertrauen in die Dritte Gewalt. Auch eine Differenzierung der Daten nach

Studienfächern zeigt kein anderes Ergebnis. Es finden sich sogar sehr geringe positive Korrelationen mit der Einschätzung, Gerichte hätten ein hohes Ansehen, und der Meinung, Gerichte behandelten Bürger fair. Das ist vereinbar mit der Annahme, dass Gerichtsshows den Bürgern eher Vertrauen in die staatlichen Gerichte einflößen.

Zuvor hatte eine internationale Forschungsgruppe unter Beteiligung des Verfassers Studienanfänger der Rechtswissenschaft an sechs Universitäten in den USA, Argentinien, Großbritannien, Australien und Deutschland befragt, wie sie Anwälte sehen. Dabei lag das Hauptaugenmerk auf möglichen Wirkungen des Medienkonsums. Für die 410 Bochumer Befragten ergab sich, dass TV-Anwaltsserien (darunter Gerichtsshows) und Anwaltsfilme für die Bewertungen mit ausschlaggebend gewesen sein können. Mediale Anwaltsdarstellungen wirkten tendenziell legitimierend für die Anwaltschaft.[3]

Zeitgleich befragte Barbara Thym (2003) Münchener Studenten. Demnach vermitteln Gerichtsshows stereotype Vorstellungen, wie es in Gerichtsverfahren zugeht.

»Vielseher von Gerichtsshows glauben eher daran, dass es während Gerichtsverhandlungen häufiger zu Beleidigungen und Beschimpfungen zwischen Zeugen und Angeklagten kommt. Auch die Begebenheit, dass im Gerichtssaal einer der Zeugen als der wahre Schuldige entlarvt wird, erwarten sie häufiger. Zudem sind sie der Meinung, ein Richter sollte auch moralisch urteilen und nicht nur objektiv Recht sprechen. Gerichtsverhandlungen sind in den Vorstellungen der Vielseher von Gerichtsshows tendenziell eher überraschend, spannend, laut und emotional« (Thym 2003, S. 121).

Hypothesen

Aus der Diskussion der Effekte von Gerichtsshows schälen sich Hypothesen für einen breiter angelegten empirischen Test heraus. Angenommen werden direkte und indirekte Wirkungen von Fernsehgerichtsshows.

---

3 Machura/Asimow 2004; Asimow u.a. 2004. Keine Hinweise auf Medieneffekte ergaben sich für Studenten aus England und Australien. Immerhin konnten überwiegend signifikante Effekte beschrieben werden.

Direkte Effekte:
1. Gerichtsshows haben keine negativen direkten Effekte auf das Vertrauen in die Gerichte, in Richter und Anwälte.
2. Sie können sogar einen positiven Einfluss ausüben: Kompetente Personen kämpfen um Gerechtigkeit.
3. Sie kultivieren Stereotype über Gerichtsverfahren: Aggression, Kontingenz, Emotion.

Indirekte Effekte, vermittelt über die Kultivierung von Stereotypen über Gerichtsverfahren:
4. Zuschauer bevorzugen in einem Konflikt rechtliche Lösungen (zum Anwalt, vor Gericht gehen) – weil ihre Konfliktgegner so uneinsichtig und unberechenbar sind.
5. Zuschauer setzen ihre Hoffnung in Anwälte, auf die sie gute Eigenschaften projizieren (»Retter in der Gefahr«).
6. Auf der anderen Seite erwarten sie aggressive Angriffe, falls sie selbst einmal als Partei in Gerichtsverfahren auftreten sollten.
7. Dies wiederum kann das Vertrauen in die Gerichte vermindern.

Methode und Sample

Diesen Thesen soll nachgegangen werden anhand einer Telefonumfrage, die von April bis Juni 2005 im Bereich Bochum und Herne durchgeführt wurde. Zielgruppe waren zufällig ausgewählte Personen über 14 Jahren. Die Interviews wurden zwischen 14 und 17 Uhr, also zu der Zeit, wenn die Gerichtsshows ausgestrahlt werden, geführt. Insgesamt wurden 1.015 Interviews gesammelt.

Das Durchschnittsalter der Befragten betrug 44 Jahre; 4% waren noch nicht volljährig, während 23% älter als 60 Jahre waren. Einen deutschen Familienhintergrund gaben 91% der Befragten an, 6% einen anderen und 3% beantworteten diese Frage nicht. Zwei Maße für formale Bildung sind verfügbar. Nur sehr wenige der Befragten hatten keinen oder noch keinen Schulabschluss; 49% hatten die Fachhochschulreife oder ein Abitur. Es gab auch eine Frage zur Berufsausbildung: 9% hatten keine, 10% wiesen den Abschluss einer Berufsschule auf, weitere 39% hatten einen Lehrabschluss, 9% einen Fachhochschulabschluss oder den Abschluss einer höheren Fach- oder Ingenieurschule; 22% hatten einen Hochschulabschluss. 11% wählten keine dieser Kategorien, in den meisten Fällen wohl, weil sie keine Berufsausbildung besaßen. Der Frauenanteil betrug knapp über 60%, was mit dem Design der Studie begründet werden kann. Versucht wurde, mit der Wahl der Nachmittagsstunden, während die Gerichtsshows ausgestrahlt werden, auch Vielsehern dieser Shows die Chance zu geben, in genügender Zahl in das Sample zu gelangen. Tatsächlich war der Vielseheranteil gering, so dass sich das Design rechtfertigte.

»Das Familiengericht« wurde von 10% der Befragten »häufig« gesehen, mit »häufig« sind dabei die Antworten »täglich« und »mindestens einmal die Woche« zusammengefasst. »Häufig« gesehen wurden auch von jeweils 9% »Das Jugendgericht«, »Richterin Barbara Salesch« und »Richter Alexander Hold«. 7% sagten, sie sähen »häufig« »Das Strafgericht«. Mindestens »seltener« gesehen haben, nach eigener Angabe, »Das Strafgericht« 32%, »Das Jugendgericht« 37%, »Richter Alexander Hold« 37%, »Das Familiengericht« 40% und »Richterin Barbara Salesch« 44%.

Tabelle 2: Stereotype in Prozent, Telefonumfrage

	Tränen während Gerichtsverhandlung	Während Gerichtsverhandlung kommt es zu heftigen Wortgefechten	Wahrheit kommt erst in Gerichtsverhandlung heraus	Beleidigungen während Gerichtsverhandlung	Überraschende Wendungen während Gerichtsverhandlung	Ein Zeuge als Schuldiger entlarvt
Sehr häufig	12,8	14,6	10,8	8,1	5,9	2,6
Häufig	53,2	46,8	37,5	38,1	32,9	13,7
Weniger häufig	30,3	35,3	42,2	48,7	53,5	70,8
Gar nicht	0,8	1,0	6,7	2,8	4,8	9,9
Keine Angabe	2,9	2,4	2,8	2,4	2,9	3,1

n = 1015

Ergebnisse

Viele Befragte glauben, in Gerichten ginge es so zu wie in den Gerichtsshows (Tabelle 2). Die sechs Variablen können zu einer Indexvariablen für Gerichtsshow-Stereotype zusammengefasst werden.[4] Eine Mehrheit hält Tränen für etwas in Gerichtssälen Häufiges und nimmt an, dass heftige Wortgefechte zugelassen sind. Beinahe die Hälfte der Befragten stellt sich vor, dass die ›Wahrheit‹ erst in der Gerichtsverhandlung selbst herauskomme und verkennt damit, dass das Gericht meist festschreibt, was sich bereits aus der Anklageschrift ablesen ließe. Eine starke Minderheit glaubt dann auch daran, dass überraschende Wendungen in Gerichtsverhandlungen »häufig« oder »sehr häufig« seien. Beinahe jeder Zweite denkt, dass Beleidigungen häufig sind. Immerhin noch ein kleinerer Teil nimmt an, dass sich ein Zeuge häufig überraschend als wahrer Schuldiger herausstellt. Damit wird ein dramaturgisch sehr wirkungsvolles Instrument der Rechtsfilme und Gerichtsshows für real genommen.

Einen Schritt weiter gehen Fragen danach, womit die Befragten rechnen, falls sie selbst einmal als Partei vor Gericht erscheinen sollten. Mehrheiten erwarten, dass sie unter ›unangenehmen‹ Angriffen ihrer Prozessgegner leiden müssen (46% »häufig« und 28% »etwas«), ja sogar, dass sie von diesen lächerlich gemacht (26% »häufig« und 32% »etwas«) werden. Die beiden Variablen können zu einem Maß für Befürchtungen, vor Gericht angegriffen zu werden, zusammengefasst werden.[5] Bei diesen Befürchtungen muss ihnen ein deutscher Ge-

---

4 Cronbachs alpha = .714, n = 962. Die Skala ist von Thym (2003) übernommen worden. Den Befragten wurde folgender Text zur Beurteilung vorgelesen:
Im Folgenden hören Sie einige Aussagen zum Thema Gericht. Bitte sagen Sie, wie oft diese Dinge nach ihrer Meinung bei Gericht vorkommen: Sehr häufig, häufig, weniger häufig, gar nicht.
Während einer Gerichtsverhandlung kommt es zu heftigen Wortgefechten.
(1) sehr häufig (2) häufig (3) weniger häufig (4) gar nicht
Während einer Gerichtsverhandlung kommt es zu Beleidigungen zwischen Zeugen und Angeklagten.
(1) sehr häufig (2) häufig (3) weniger häufig (4) gar nicht
Erst während der Gerichtsverhandlung kommt die ganze Wahrheit ans Licht.
(1) sehr häufig (2) häufig (3) weniger häufig (4) gar nicht
Während einer Gerichtsverhandlung kommt es zu überraschenden Wendungen.
(1) sehr häufig (2) häufig (3) weniger häufig (4) gar nicht
Während einer Gerichtsverhandlung wird einer der Zeugen als der wahre Schuldige entlarvt.
(1) sehr häufig (2) häufig (3) weniger häufig (4) gar nicht
Während einer Gerichtsverhandlung kommt es dazu, dass Tränen fließen.
(1) sehr häufig (2) häufig (3) weniger häufig (4) gar nicht
5 Spearman Rho = .580, p < .01, n = 980. Die Fragen lauteten:
Bitte stellen Sie sich einmal vor, Sie müssten als Partei in einem Gerichtsprozess auftreten,

richtssaal als ein feindseliger Ort erscheinen. Überflüssig zu notieren, dass die Atmosphäre in realen Gerichten üblicherweise aktenmäßig-trocken ist und die Befürchtungen kaum je zutreffen würden.

Tabelle 3: Mobilisierungsbereitschaft in Prozent, Telefonumfrage

	Anwalt bei 500-Euro-Schaden durch Fremden	Klage bei 500-Euro-Schaden durch Fremden	Klage bei 500-Euro-Schaden durch Bekannten
Sehr	56,5	29,9	9,3
Etwas	23,1	28,2	14,0
Weniger	13,5	26,1	37.6
Gar nicht	6,7	14,6	38,0
Keine Angabe	0,3	1,3	1,1

n = 1015

Die Mobilisierung von Recht in Konfliktsituationen bildet eins der Schwerpunktthemen der Rechtssoziologie (Blankenburg 1995). Hier interessiert vor allem, inwieweit die Befragten geneigt sind, Anwälten und Gerichten ihre Probleme anzuvertrauen. Dazu wurden drei Situationen entwickelt, in die sich die Befragten versetzen sollten (Tabelle 3).[6] Falls ihnen ein Fremder einen Schaden in Höhe von 500 Euro zugefügt hätte, würden 57% »sehr wahrscheinlich« zu einem Anwalt gehen. Eine Klage gegen den Fremden vor Gericht würden immerhin noch 30% »sehr wahrscheinlich« einreichen. Gegen einen Bekannten dagegen würden in gleicher Situation nur 9% »sehr wahrscheinlich« Klage einreichen. Die Befragten waren somit eher bereit, bei einem materiellen Schaden durch einen Fremden vor Gericht zu ziehen als bei einem Schaden durch Be-

---

... müssen Sie damit rechnen, von ihrem Prozessgegner oder seinem Anwalt in unangenehmer Weise angegriffen zu werden? (1) sehr (2) etwas (3) weniger (4) gar nicht
... wird der Anwalt der Gegenpartei oder Ihr Prozessgegner selbst versuchen, Sie lächerlich zu machen? (1) sehr (2) etwas (3) weniger (4) gar nicht

6 Die drei Items lauteten:
Stellen Sie sich bitte vor, ein Fremder fügt Ihnen einen Schaden in Höhe von 500 Euro zu und will nicht zahlen. Für wie wahrscheinlich halten Sie es, dass Sie einen Anwalt zu Rate ziehen? (1) sehr (2) etwas (3) weniger (4) gar nicht
Für wie wahrscheinlich halten Sie es, dass Sie in diesem Fall gegen den Fremden vor Gericht Klage erheben? (1) sehr (2) etwas (3) weniger (4) gar nicht
Stellen Sie sich bitte vor, ein langjähriger Bekannter hätte Ihnen den 500-Euro-Schaden zugefügt und will nicht zahlen: Für wie wahrscheinlich halten Sie es, dass Sie vor Gericht gegen ihn Klage erheben? (1) sehr (2) etwas (3) weniger (4) gar nicht.

kannte. Die drei Variablen waren hinreichend korreliert, um zu einem Maß für die Bereitschaft, das Recht in Konflikten zu mobilisieren, kombiniert werden zu können (Cronbachs alpha = .751, n = 989).

Eine Mehrheit hielt Anwälte für eher »vertrauenswürdig und ethisch«. Hier antworteten 22% »sehr« und 44% »etwas«, dagegen nur 27% mit »weniger« und 5% mit »gar nicht«.[7]

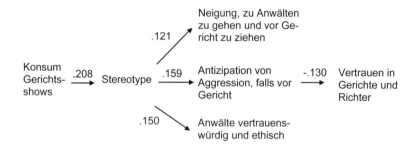

Pearsons r, p <.001, 927 < n < 958

Abbildung 1: Pfadanalyse, Telefonumfrage

Entwickelt wurde auch ein Maß für das Vertrauen in Gerichte. Es fußt unter anderem auf Einzelfragen zur Urteilsgerechtigkeit der Gerichte, zu ihrer Fairness und auch zur Korrigierbarkeit von Urteilen bei berechtigten Einwänden.[8] Die

---

7   Ein Prozent gab keine Antwort. Die beiden im vorliegenden Artikel erwähnten anwaltsbezogenen Items lauteten:
    Was ist Ihre Meinung über Anwälte im Allgemeinen (nicht über einen bestimmten Anwalt). Im Folgenden nennen wir Ihnen einige Meinungen. Stimmen Sie ihnen sehr, etwas, weniger oder gar nicht zu?
    1. Anwälte haben ein hohes Ansehen. (1) sehr (2) etwas (3) weniger (4) gar nicht
    2. Anwälte sind vertrauenswürdig und ethisch. (1) sehr (2) etwas (3) weniger (4) gar nicht
8   Die Indexvariable für das Vertrauen in die Gerichte (Cronbachs alpha = .687, n = 947) ergibt sich aus der Kombination der Antworten auf die Fragen:
    Was ist Ihre Meinung über Gerichte im Allgemeinen (nicht über ein bestimmtes Gericht)? Im Folgenden nennen wir einige Meinungen. Stimmen Sie ihnen sehr, etwas, weniger oder gar nicht zu?
    1. Gerichte haben ein hohes Ansehen. (1) sehr (2) etwas (3) weniger (4) gar nicht
    2. Richter sind vertrauenswürdig und ethisch. (1) sehr (2) etwas (3) weniger (4) gar nicht
    3. Die Urteile der Gerichte sind ungerecht. (4) sehr (3) etwas (2) weniger (1) gar nicht
    4. Bürger werden vor Gericht fair behandelt. (1) sehr (2) etwas (3) weniger (4) gar nicht

Bewertungen sind insgesamt positiv. Nur bei der Urteilsgerechtigkeit bestehen Zweifel. Die Interviewpartner redeten – wenn sie ihre Stellungnahme kommentierten – meistens über massenmedial aufbereitete Strafprozesse, bei denen die Urteilshöhe ihre Missbilligung fand. Über die Verteilung der Antworten gibt Tabelle 4 Auskunft.

Tabelle 4: Justizvertrauen in Prozent, Telefonumfrage

	Gerichte haben hohes Ansehen	Richter sind vertrauenswürdig und ethisch	Die Urteile der Gerichte sind gerecht	Bürger werden vor Gericht fair behandelt	Chancen zur Korrigierbarkeit von Urteilen
Sehr	42,6	35,5	16,3	31,2	32,2
Etwas	35,5	44,8	39,5	50,1	39,6
Weniger	17,9	15,2	37,4	14,8	20,2
Gar nicht	3,5	3,8	5,1	2,4	3,5
Keine Angabe	0,5	0,7	1,7	1,5	4,4

n = 1015

Korrelationsanalysen stützen These 1 zur Gänze und These 2 jedenfalls für Anwälte. Zunächst einmal gibt es keine signifikante *direkte* Korrelation zwischen dem Konsum von Gerichtsshows und dem Vertrauen in die Gerichte (Pearsons r = .038, n.s., n = 932). Dagegen korrelieren das Sehen der Shows und die Vorstellung, dass Anwälte vertrauenswürdig und ethisch sind, signifikant positiv.[9]

Gestützt wird auch These 3. Wie aus der Pfadanalyse in Abbildung 1 ersehen werden kann, stützen die Befragungsergebnisse die Annahme, dass Gerichtsshows Stereotype über Gerichtsverfahren ›kultivieren‹. Gerichtsprozesse erscheinen vielen Zuschauern als ein Ort großer Unsicherheit, an dem sie den Attacken ihrer Kontrahenten ausgesetzt sein werden.

Gerichtsshowstereotype und das Sehen von Gerichtsshows sind somit korreliert. Jedoch erweist sich das Muster der Beziehung als überraschend komplex. Zunächst nimmt der Glaube an die Stereotype mit dem Konsum zu. Bei den Vielsehern jedoch bricht sich dieser Zusammenhang. Einige von ihnen teilen die

---

5. Wenn ein Verurteilter berechtigte Einwände gegen sein Urteil hat, bietet ihm das Gerichtssystem gute Chancen, es zu ändern. (1) sehr (2) etwas (3) weniger (4) gar nicht

9 Allerdings sehr niedrig: Pearsons r = .12, p < .01, n = 985. Positiv korrelieren auch Annahmen über das Prestige der Anwälte und der Gerichtsshow-Konsum: Pearsons r = .10, p < .05, n = 982. Die Frageformulierung zum Ansehen der Anwälte findet sich in Fußnote 7.

Gerichtsshowstereotype, andere werden anscheinend skeptischer. Unter den Vielsehern von Gerichtsshows befinden sich auch Personen, die generell eine große Aufmerksamkeit für das Thema »Recht« aufweisen.[10] Daher wissen sie den Abstand der Shows von den Abläufen der alltäglichen Justizarbeit einzuschätzen. Fähigkeit zur Kritik und hohe Mediennutzung schließen sich nicht aus. Am anderen Ende der Nutzungshäufigkeit erweist sich, dass auch das nur gelegentliche Sehen von Anwaltsfilmen oder Gerichtsshows bereits Folgen für das Denken über die deutsche Justiz, deutsches Recht und Anwälte haben kann.

Was folgt nun aus den Gerichtsshowstereotypen (vgl. Abbildung 1)? Die Gefährlichkeit ihrer Gegner bewiegt die Zuschauer, in Konflikten professionellen Beistand für sich zu mobilisieren: Es ist besser, sich des Beistands eines Anwalts zu versichern und ggf. die Autorität der Gerichte in Anspruch zu nehmen. Sie neigen auch dazu, an den Charakter von Anwälten (»vertrauenswürdig und ethisch«) zu glauben. Die Anwälte sind sozusagen Nothelfer, auf die man seine Hoffnungen projiziert. Soweit lässt sich die These eines Legitimationseffekts aufrechterhalten.[11] Aber je mehr die Befragten befürchten, aggressivem Verhalten vor Gericht ausgesetzt zu sein, desto weniger vertrauen sie tendenziell in die Gerichte (wiederum Abbildung 1). Offenbar, so die Logik, sind die Richter nicht in der Lage, die Ausbrüche der Gegenseite zu unterbinden. Die Aggressivität der Parteien, Beschimpfungen, Drohungen, im Fernsehgericht bildet für das Publikum ein irritierendes Moment. Daher haben die Shows möglicherweise einen langfristig negativen Effekt auf das Vertrauen in die Gerichte, der nur jetzt noch nicht sehr deutlich wird. Thesen 4 bis 7 wurden somit durch die Korrelationsanalyse ebenfalls gestützt.

Schlussfolgerungen

Gerichtsshows nach Art von »Richterin Barbara Salesch« sind eine zentrale Programmneuerung des deutschen Fernsehens in den 1990er Jahren. Es gelingt den

---

10 Exemplifiziert wird das u.a. durch eine Zuschrift an die TV-Richterin Dr. Ruth Herz aus einem Frauengefängnis. Alle Insassinnen der Abteilung sähen »Das Jugendgericht«, sie bewunderten Frau Herz, aber so unmöglich, wie die Personen in der RTL-Sendung, so hätte sich in ihren Prozessen niemand benommen. Der Verfasser dankt Frau Dr. Herz für den Zugang zu den Zuschauerbriefen. Im Telefoninterview gab es z.B. auch eine Hausfrau, die Jura studiert hatte, gern den Beruf ausgeübt hätte, nun aber intensiv die Shows verfolgt. Andere Teilnehmer hatten beruflich, etwa als Gerichtsdiener, mit der Justiz zu tun.
11 Im Übrigen gehen Anwaltsvertrauen und das Justizvertrauen einher (r = .34, p ≤ .01, n = 941).

Privatsendern SAT.1 und RTL mit ihnen, einen Großteil des an den Nachmittagen freien Publikums zu binden. Teilweise erklären die Fernsehrichter es zu ihrem Anliegen, Menschen über das Recht und die Justiz zu informieren. Gleichwohl verfolgen viele Juristen die Serien mit Schrecken wegen der Verkürzungen auf plakative Geschehnisse. Befürchtet wird nichts weniger als eine Rufschädigung.

Bislang gab es dazu in Deutschland nur Studien, bei denen Hochschüler befragt worden sind. Teilweise machen sie eine leicht positive Wirkung der Gerichtsshows auf das Prestige der Anwälte und das Ansehen der Justiz glaubhaft (Machura/Asimow 2004, Machura 2005). Jedoch zeigte die Studie von Thym (2003) mit Münchener Studierenden, dass die Shows auch ein Bild der Prozesse vermitteln, das Juristen nicht willkommen sein dürfte.

Die vorliegende Telefonbefragung eines breiteren Publikums zeigt, dass Fernsehgerichtsshows von nur wenigen Menschen wirklich regelmäßig verfolgt werden. Dennoch ergaben sich Hinweise, dass auch der gelegentliche, nur »seltene« Konsum Folgen dafür haben kann, wie die Zuschauer über das Recht, Anwälte, Richter und Gerichte denken.

Befürchtungen, dass die Gerichtsshows das Vertrauen der Bürger in das Recht, die Gerichte und das Rechtspersonal erschüttern, bestätigen sich zunächst nicht. Es ließen sich keine negativen direkten Korrelationen finden. Was nicht schadet, könnte aus Sicht des Systemerhalts, für das ein Grundvertrauen erforderlich ist, und auch all der an das Rechtssystem geknüpften beruflichen Interessen, unbedenklich sein.

Jedoch erweisen sich die Shows als durchaus zwiespältige Angelegenheit. George Gerbner (2000) würde sich bestätigt sehen: Die Medien transportieren Botschaften, die im Interesse der Medien selbst sind. Wenn Streitigkeiten vor Gericht in verletzender Weise ausgetragen werden, wenn die Angeklagten und Zeugen dort als ziemlich tückisch dargestellt werden, resultiert offenbar eine Beunruhigung des Publikums. Es nimmt an, dass aggressive, rücksichtslose und emotionale Verhaltensweisen auch in Gerichtssälen endemisch sind. Die Gerichtsshows bieten dem Zuschauer aber sogleich – er muss nur regelmäßig weiter zusehen und er wird dabei die Werbung mitverfolgen – die Beruhigungspille: Die Fernsehrichter bringen die Dinge wieder ins Lot. Sie ordnen die Wogen der Gefühle (vgl. Ulbrich 2003), sie verleihen einer Sichtweise das Gütesiegel der Rechtlichkeit und bekräftigen die zuvor verletzten Normen der Gesellschaft (vgl. Porsdam 1999). Die Sendungen schaffen das Bedürfnis teilweise selbst, das sie befriedigen.

Mit dem Glauben an den aggressiven Charakter von Auseinandersetzungen vor Gericht wächst die Neigung, Konflikte nicht mehr alleine zu lösen, sondern sie einem Anwalt oder einem Gericht zu übergeben. Gleichzeitig projizieren – so kann das Muster interpretiert werden – die Zuschauer von Fernsehgerichtsshows auf die Anwälte positive Charaktereigenschaften. Atticus Finch, der Verteidiger in dem Südstaaten-Drama »Wer die Nachtigall stört« versinnbildlicht das Idealbild der populären Rechtskultur. Engelsgleich im hellen Anzug tritt er in der bekannten Verfilmung dem zu Unrecht beschuldigten farbigen Arbeiter Tom Robinson zur Seite.

Gerichtsshows lassen die Streithähne im Gerichtssaal recht zügellos aufeinanderprallen. Die Intensität und Aggressivität der Auseinandersetzungen versetzen die Zuschauer wenigstens tendenziell in den Glauben, dass sie selbst vor Gericht als Partei solchen Angriffen ausgesetzt wären. In der Folge sinkt ihr Vertrauen in die Gerichte und Richter, die offenbar solches Verhalten nicht verhindern können. Wer Licht- und Schattenseiten der Fernsehgerichtsshows zu bestimmen versucht, wird auch darüber nicht hinwegsehen können.

Literatur

Asimow, Michael (2000): Bad Lawyers in the Movies. In: Nova Law Review. Band 24, S. 533–91

Asimow, Michael/Greenfield, Steve/Jorge, Gulliermo/Machura, Stefan/Osborn, Guy/Robson, Peter/Sharp, Cassandra/Sockloskie, Robert (2004): Do First Year Students Think Lawyers Are Sleazy? A Transnational Media Effect Study. Tagungspapier für das Annual Meeting der Law and Society Association vom 27. bis 30. Mai 2004 in Chicago/Illinois, USA

Blankenburg, Erhard (1995): Mobilisierung des Rechts. Berlin: Springer

Derlien, Hans-Ulrich/Löwenhaupt, Stefan (1997): Verwaltungskontakte und Institutionenvertrauen. In: Hellmut Wollmann u.a. (Hrsg.): Transformation der politisch-administrativen Strukturen in Ostdeutschland. Opladen: Leske + Budrich, S. 417–472

Durkheim, Emile (1976): Regeln der soziologischen Methode, hrsg. von René König, 4. Auflage, Neuwied/Berlin: Luchterhand

Gerbner, George (2000): Die Kultivierungsperspektive: Medienwirkungen im Zeitalter von Monopolisierung und Globalisierung. In: Angela Schorr (Hrsg.): Publikums- und Wirkungsforschungen. Wiesbaden: Westdeutscher Verlag, S. 101–121

Hellemann, Angelika (2003): »Nur Sex und Verbrechen«. Die Welt, 5.2.2003

Institut für Demoskopie Allensbach (2003). Ärzte weiterhin vorn. Allensbacher Berichte, Nr. 7/2003

Institut für Demoskopie Allensbach (2005). Ärzte vorn. Allensbacher Berufsprestige-Skala 2005, Allensbacher Berichte, Nr. 12/2005

Machura, Stefan (2001): Fairness und Legitimität. Baden-Baden: Nomos

Machura, Stefan (2003): Die Autorität der dritten Gewalt. In: Stefan Machura/Stefan Ulbrich (Hrsg.), Recht – Gesellschaft – Kommunikation. Festschrift für Klaus F. Röhl. Baden-Baden: Nomos, S. 129–142

Machura, Stefan (2005): Assessing the Prestige of the Legal Profession in Germany. In: Tagungsband zur Tagung »Die Jurisprudenz zwischen Verrechtlichung und Rechtsferne der Alltagspraxis«. http://www.professionssoziologie.de

Machura, Stefan (2006): Fernsehgerichtshows: Spektakel des Rechts, in: Paragrana, 15. Jg., Heft 1, 2006, S. 174–188

Machura, Stefan/Asimow, Michael (2004): Das Ansehen von Anwälten bei Jurastudenten: Einflüsse von familiärem Hintergrund, persönlichen Erfahrungen, Anwaltsfilmen und TV-Anwaltsserien. In: Zeitschrift für Rechtssoziologie. 25. Jg., S. 3–33

Machura, Stefan/Ulbrich, Stefan (2001): Law in Film: Globalizing the Hollywood Courtroom Drama. In: Stefan Machura/Peter Robson (Hrsg.): Law and Film. Oxford, S. 117–132

Mead, George Herbert (1980): Psychologie der Strafjustiz. In: G. H. Mead: Gesammelte Aufsätze, Band 1, hrsg. von Hans Joas, Frankfurt a.M.: Suhrkamp, S. 253–284

Niedermayer, Oskar (2001): Bürger und Politik. Wiesbaden: Westdeutscher Verlag

Noelle-Neumann, Elisabeth (1999): Wirkung der Massenmedien auf die Meinungsbildung. In: Elisabeth Noelle-Neumann/Winfried Schulz/Jürgen Wilke (Hrsg.): Publizistik Massenkommunikation. 5. Auflage, Frankfurt a.M.: Fischer, S. 518–571

Noelle-Neumann, Elisabeth/Köcher, Renate (Hrsg.) (2002): Balkon des Jahrhunderts. Allensbacher Jahrbuch der Demoskopie 1998–2002, Band 11. München/Allensbach

Podlas, Kimberlianne (2001): Please Adjust Your Signal: How Television's Syndicated Courtrooms Bias Our Juror Citizenry. In: American Business Law Journal, Band 39, S. 1–24

Porsdam, Helle (1999): Legally Speaking: Contemporary American Culture and the Law. Amherst: University of Massachusetts Press

Röhl, Klaus F. (2002): Popular Legal Culture as Media Legal Culture. In: Dieter Strempel/Theo Rasehorn (Hrsg.): Empirische Rechtssoziologie. Gedenkschrift für Wolfgang Kaupen. Baden-Baden: Nomos, S. 315–323

Schnitzler, Klaus (2005a): Interview mit Bernhard Töpper, Forum Familien- und Erbrecht, Heft 1+2/2005, S. 3–7

Schnitzler, Klaus (2005b): Interview mit Hartmut Kilger, Forum Familien- und Erbrecht, Heft 3/2005, S. 77–80

Schnorr, Stefan (2005): Justiz, Medien, Medienrecht. Tagung der deutschen Richterakademie vom 2.–8.11.2003 in Wustrau. http://rsw.beck.de/shop/default.asp?docid=110270&highlight=Gerichtsshows (Abruf: 4.5.2005)

Schuldt, Michaela/Schneider, Julian (2005): Interview mit Barbara Salesch. In: JuraForum (Hrsg.): Im Namen des Volkes – Der Bürger und sein Recht. Programmheft der Tagung in Münster, 22. November 2005

Thym, Barbara (2003): Kultivierung durch Gerichtsshows. Eine Studie unter Berücksichtigung von wahrgenommener Realitätsnähe, Nutzungsmotiven und persönlichen Erfahrungen. Wissenschaftliche Arbeit zur Erlangung des M.A., Ludwig-Maximilians-Universität München

Tyler, Tom R. (1990): Why People Obey the Law. New Haven: Yale University Press

Tyler, Tom R./Huo, Yuen J. (2002): Trust in the Law: Encouraging Public Cooperation with the Police and Courts. New York: Russell Sage Foundation

Tyler, Tom R./Lind, E. Allan (2001): Procedural Justice. In: Joseph Sanders/Vickie Lee Hamilton (Hrsg.): Handbook of Justice Research in Law. New York: Kluwer Academic, S. 65–92

Ulbrich, Stefan (2003): Gerichtsshows als mediales Format und ihre Bedeutung für das Recht. In: Stefan Machura/Stefan Ulbrich (Hrsg.): Recht – Gesellschaft – Kommunikation. Festschrift für Klaus F. Röhl. Baden-Baden: Nomos, S. 161–174

»Deutschland sucht den Superstar« – Hintergründe einer Erfolgsgeschichte

Katrin Döveling/Mara Kurotschka/Jörg-Uwe Nieland

Die erste Staffel »Deutschland sucht den Superstar« bescherte dem Sender RTL von Herbst 2002 bis Frühling 2003 über Wochen hinweg Rekordquoten. Der Marktanteil bei den 14- bis 49-jährigen Zuschauern lag teilweise bei über 50 % (vgl. Tuma 2003, S. 157). Die Anteilnahme am Schicksal der in der Show um den Titel kämpfenden Kandidaten war und ist enorm: Nicht nur das Interesse des Fernsehpublikums ist bemerkenswert, auch in den Medien wird ausgiebig über das Phänomen »Deutschland sucht den Superstar« berichtet.[1]

RTL hat mit dieser Sendung nicht mehr und nicht weniger erzielt, als die Samstagabendunterhaltung auch für die privaten Anbieter in Deutschland zu öffnen. Inzwischen sind nicht nur die weiteren Staffeln von »Deutschland sucht den Superstar«, sondern auch Konzepte wie »Let's dance« oder »Schlag den Raab« zu festen Institutionen der Fernsehunterhaltung geworden und haben den etablierten Formaten der Öffentlich-Rechtlichen – wie »Wetten, dass…?« – Zuschauer entzogen.

»Deutschland sucht den Superstar« ist zentraler Teil einer Welle von musikalischen Wettbewerben im deutschen Fernsehen. Besonders erwähnenswert sind hier »Popstars« auf PROSIEBEN – aus dem 2000 die Girlband »No Angles« hervorging, der »Eurovision Song Contest« (vgl. bspw. Scherer/Schlütz 2002) und der von Stefan Raab veranstaltete »Bundesvision Song Contest«;[2] Dietrich Helms geht so weit, die neuen (Musik-)Wettbewerbe im Fernsehen als »ein Spiegelbild

---

1 Vgl. zur Kritik an der ersten Staffel beispielsweise Klawitter 2003; Nutt 2003; Schmidt 2003; Schulz 2003; Tuma 2003. Vgl. zum Erfolg der ersten Staffel Nieland 2004 sowie mit einer grundsätzlichen Auseinandersetzung über die Medienkritik neuer TV-Casting-Shows Jacke 2005.
2 Anfang 2007 sorgte in Großbritannien »Britain's Got Talent« auf ITV für Aufsehen. In dem von Simon Cowell entwickelten Format wurde der 1971 geborene Paul Potts gekürt. Mit dem im Anschluss an die Show unterzeichneten Plattenvertrag eröffnete sich Pott die Chance auf eine Opernkarriere .

der Veränderungen des Musikverständnisses und der sozialen Kontexte des Musizierens« (Helms 2005, S. 28) zu bezeichnen.[3]

Was macht die Attraktivität von »Deutschland sucht den Superstar« aus? Zum einen bietet das Format die Gelegenheit, einen Blick hinter die Kulissen des Musikgeschäfts zu werfen und den Casting-Prozess für einen Plattenvertrag mitzuverfolgen, zum anderen gibt es dem Zuschauer Einblick in die Erlebnisse und Gefühle der Menschen, die diesen Prozess durchleben. Aber »DSDS« bietet nicht nur die Möglichkeit zuzuschauen, es lässt seine Zuschauer auch aktiv teilnehmen. Durch telefonische Stimmabgabe können sie ihren favorisierten Superstar-Kandidaten wählen und so gemeinsam bestimmen, wer eine Spielrunde weiterkommt und wer ausscheiden muss. Wie groß das Interesse an dem Format ist, zeigt sich daran, dass für die zweite »DSDS«-Staffel in Deutschland 160.000 Bewerbungen eingereicht wurden. Aus diesem Kreis wurden 19.000 Jugendliche zum Casting in sechs deutschen Städten eingeladen (von Appen 2005, S. 188). 150 Kandidaten traten im nächsten Ausscheidungsschritt in Berlin gegeneinander an; aus diesem Kreis nahmen schließlich zwölf Konkurrenten nach sieben weiteren Auswahlsendungen an der in der Hauptsendezeit live ausgestrahlten Finalrunde teil. Die bislang vier Staffeln der Show verliefen nach folgendem Muster: Begleitet von den RTL-Kameras und von Gesangs- und Tanzlehrern trainiert versuchen die zwölf Kandidaten in Mottoshows wie »Die Hits der 60er«, »Filmmusik« oder »Elton John und Madonna« Jury, Saal- und Fernsehpublikum zum Halbplayback bekannter Hits von ihrem Talent zu überzeugen. Nach jeder Präsentation kommentiert die um Unterhaltungswert bemühte Jury[4] das Gehörte zugespitzt und mitunter polemisch und gibt eine – mehr oder weniger indirekte – Wahlempfehlung ab. Entschieden aber wird durch das Fernsehpublikum, denn diejenigen Kandidaten, die bei Telefonabstimmungen die wenigsten Stimmen erhalten, scheiden aus. Nach zwölf Finalsendungen wird aus den verbleibenden zwei Kandidaten der endgültige *Superstar* ebenfalls per Tele-Voting ermittelt (ebd.).

Den Kern des Formats bildet die aus 15 bis 22 Folgen bestehende Hauptsendung »DSDS – Die Show«.[5] Nach dem Wettbewerbsteil in der Hauptsendung

---

3 Gleichzeitig reagiert der Anstieg der Zahl an Musikwettbewerben auch auf die veränderte berufliche Situation der Musiker. Seit der »Verbürgerlichung der Musikpflege im 19. Jahrhundert änderte sich das kommunikative Umfeld der Musikpraxis« (Helms 2005, S. 29). Kammer und Salon des Fürsten wurden durch das öffentliche Konzert ersetzt; Musikkritik und Wettbewerb »regulieren als gesellschaftlich legitimierte Institutionen der Zuschreibung von Erfolg die Verbreitung von Kunst« (ebd.).
4 In der ersten Staffel bestand die Jury aus vier Personen, in den späteren Staffeln aus drei Personen.
5 In der 1. Staffel gab es 15 Folgen, in der 2. Staffel 22 Folgen, in der 3. und 4. Staffel 20 Folgen.

»DSDS« – Hintergründe einer Erfolgsgeschichte

zeigt »DSDS – Die Entscheidung« das Ergebnis des Telefon-Votings.[6] Ergänzt werden diese beiden samstags im RTL-Abendprogramm laufenden Sendungen durch »DSDS – Das Magazin«, welches montags um 20.15 Uhr auf VOX ausgestrahlt wird. Hier werden dem Zuschauer Einblicke in das Leben der Kandidaten, Moderatoren und Jurymitglieder jenseits der Showbühne gewährt. Diese drei Sendungen sind jedoch nur Teil eines ausgesprochen gewinnbringenden Marketingkonzepts von »DSDS«, das mit unterschiedlichsten crossmedialen Produktangeboten aufwartet: Im Fernsehen ist »DSDS« neben den o. g. Sendungen auch senderübergreifend durch eine Vielzahl von Reportagen, Interviews, Gastauftritten und Kurzbeiträgen präsent. Mit den bei »DSDS« geschalteten Werbeblöcken erzielt RTL 30-Sekunden-Werbepreise von bis zu 76.950 Euro (vgl. Späth 2003), und auch an jedem Voting-Anruf der Fernsehzuschauer[7] verdienen die Macher.[8] Das Printmagazin brachte es allein mit den ersten vier Ausgaben auf über eine Million verkaufte Exemplare. Im Bereich Speichermedien verkauften sich die CDs der Kandidaten »We have a dream«, »United« und »Take me tonight« insgesamt 3,15 Millionen Mal (vgl. Köhler/Hess 2004, S. 32). Zusätzliche Einnahmen werden durch den Verkauf von DVDs bzw. VHS-Kassetten mit Showzusammenschnitten, von Merchandisingartikeln und durch die Live-Konzerte der Kandidaten erwirtschaftet (vgl. ebd.). Auch der Bereich der neuen Medien wird bei »DSDS« kommerziell erschlossen. Angeboten werden Logos und Klingeltöne zum kostenpflichtigen Herunterladen und der »RTL-Superstar-Ticker«, der per WAP, SMS oder MMS die neuesten Infos auf Mobiltelefone sendet (vgl. Späth 2003). Mehr als 100 Millionen Euro fließen durch »DSDS« auf diese Weise in die Kassen von RTL und der Bertelsmann-Musiktochter BMG (ebd.; vgl. auch von Appen 2005, S. 189).[9]

Das Marketingkonzept schließt an die Erfolgsgeschichte der Sendung an. Im nächsten Abschnitt werden die wichtigsten Kennzahlen der quantitativen Zuschauerforschung zu »DSDS« präsentiert.[10]

---

6   In der 1. Staffel gab es 11 Folgen, in der 2. Staffel 17 Folgen, in der 3. und 4. Staffel 13 Folgen von »DSDS – Die Entscheidung«.
7   Den Zuschauer kostet ein Anruf (im deutschen Festnetz) 49 Cent.
8   Wie hoch die Gewinne in diesem Bereich sind, zeigt ein Blick auf die Zahl der Anrufe: Beim Halbfinale der 1. Staffel sollen 8,4 Millionen Anrufe eingegangen sein (Köhler/Hess 2004, S. 32).
9   Vgl. grundsätzlich zum Prinzip des »Formathandels« Hallenberger 2002 sowie der Realisierung bei »DSDS« Nieland 2004.
10 Die Daten wurden uns von der UFA-Medienforschung zur Verfügung gestellt. Der UFA und speziell Simone Wack und Rainer Hassenwert sei an dieser Stelle ausdrücklich für die Unterstützung gedankt. Vgl. mit detaillierten Zahlen zur ersten Staffel Nieland 2004.

Katrin Döveling/Mara Kurotschka/Jörg-Uwe Nieland

»Deutschland sucht den Superstar« – die Erfolgsgeschichte in Zahlen

Den höchsten Zuschauerzuspruch erreichte die Sendung während der ersten Staffel. Mit über zwölf Millionen Zuschauern wurde »Wetten, dass...?«-Niveau[11] erzielt. Der Spitzenwert wurde in den nachfolgenden Staffeln nicht mehr erreicht – im Gegenteil, die Reichweite bei der Kategorie »Zuschauer gesamt« pendelte sich zwischen vier und sechs Millionen Zuschauern ein. Die dritte Staffel schaffte ab Folge elf den Sprung über die 6-Millionen-Marke, die vierte Staffel dagegen hat im Verlauf deutlich an Zuspruch verloren und übersprang auch bei der Finalsendung nicht die 6-Millionen-Grenze (vgl. Abbildung 1).

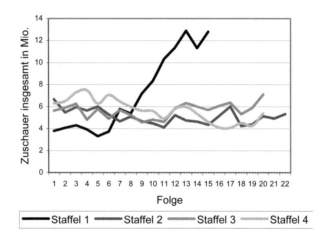

Abbildung 1: »DSDS – Die Show«: Reichweite insgesamt
(Quelle: UFA/RTL, eigene Darstellung)

Der Blick auf die Marktanteile zeigt, dass mit der ersten Staffel in der Spitze 40% der Zuschauer erreicht wurden. Alle Staffeln liegen mit ihren Werten über dem RTL-Senderdurchschnitt (dieser lag im Jahr 2006 bei 12,8%). Die dritte Staffel schaffte den größten Sprung – von unter 15% auf 23% mit der letzten

---

11 »Wetten, dass ...?« erzielt – neben den großen Sportereignissen – seit Jahren konstant die höchsten Einschaltquoten im deutschen Fernsehen.

»DSDS« – Hintergründe einer Erfolgsgeschichte

Folge. Eine Wellenbewegung ist bei der vierten Staffel zu beobachten: von tiefen 20% rutschten die Werte unter 15% Marktanteil und stiegen dann auf knapp 20% (vgl. Abbildung 2).

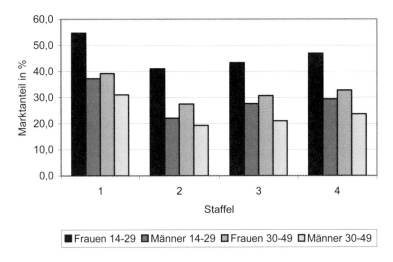

Abbildung 2: »DSDs – Die Show«: Marktanteile nach Zielgruppen
(Quelle: UFA/RTL, eigene Darstellung)

Die Markteinteile bei den 14- bis 49-jährigen Zuschauern liegen in allen Staffeln kontinuierlich über 20%. Der Spitzenwert ist in der ersten Staffel mit über 50% bei den Frauen zu verzeichnen – im Durchschnitt nähert sich der Wert der 40-Prozent-Marke – die Staffeln drei und vier weisen im Durchschnitt Marktanteile um die 30% auf. Die Analyse der Marktanteile nach Zielgruppen verdeutlicht einen großen Abfall von der ersten zur zweiten Staffel; danach aber einen kontinuierlichen Anstieg – wenngleich mit deutlichem Abstand zum Spitzenwert der ersten Staffel.[12] Den größten Erfolg erzielt »DSDS« bei den Frauen zwischen 14 und 29 Jahren: Hier liegt der Wert immer über 40% Marktanteil. Bei den Männern finden sich ebenfalls in dieser Altersgruppe die höchsten Werte. Bei »DSDS – Die Entscheidung« stellt sich noch mal eine deutliche Steige-

---

12 Von dem Anstieg ausgenommen sind die Zielgruppen »Frauen über 50 Jahre« wie auch »Männer über 50 Jahre«.

rung des Zuschauerzuspruchs bezogen auf den Marktanteil – bei einem gleichzeitigen Rückgang der Reichweite – ein. Der Spitzenwert in der Kategorie »Zuschauer gesamt« liegt über 60% Marktanteil in der letzten Folge der ersten Staffel. Auffällig sind starke Schwankungen in der vierten Staffel: zunächst einen Abfall um zehn Prozentpunkte von der sechsten zur siebten Folge, danach ein Anstieg um 20 Prozentpunkt und wieder ein Rückgang um 20 Prozentpunkte zur neunten Folge. Auffällig ist in allen vier Staffeln der deutliche Anstieg bei den letzten zwei bzw. drei Sendungen. Die letzten beiden Staffeln erreichten jeweils über vier Millionen Zuschauer, während mit der zweiten Staffel nur bei der elften und 17. Folge die Viermillionenmarke überschritten werden konnte (vgl. Abb. 3).

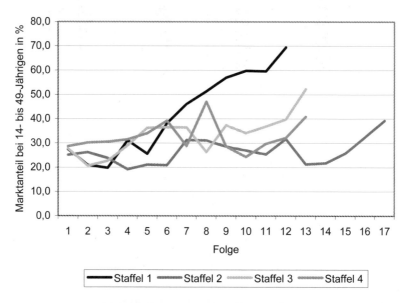

Abbildung 3: »DSDS – Die Entscheidung«: Marktanteile bei den 14- bis 49-Jährigen im Staffelvergleich (Quelle: UFA/RTL, eigene Darstellung)

Bezogen auf die Reichweite in dem von der werbetreibenden Wirtschaft zur »Kernzielgruppe« erklärten Alterssegment, nämlich den »Zuschauern zwischen 14 und 49 Jahren«, ist zu berichten, dass über sechs Millionen in der ersten Staffel die Entscheidung nach Mitternacht verfolgten, die letzte Folge der anderen Staffeln sahen jeweils über drei Millionen. In Marktanteilen ausgedrückt waren es in der ersten Staffel 70%; in der dritten Staffel über 50% und in den Staffeln zwei und vier knapp 40%. Sämtliche Ausgaben aller Staffeln erreichen Werte über 20% Marktanteil.

Die Erfolgsgeschichte von »Deutschland sucht den Superstar« lässt sich in erster Linie mit der Vermarktungsstrategie erklären. Vergleichbar mit dem Siegeszug der Daily Soaps im deutschen Fernsehen (vgl. bspw. Göttlich/Nieland 2001a; 2002) vollzogen sich Formatentwicklung wie Vermarktung im internationalen bzw. transnationalen Zusammenhängen (vgl. Moran 1998). Außerdem ist zu bedenken, dass das Format eine Reaktion auf den Fernsehwandel darstellt.

»Deutschland sucht den Superstar« – Formatmerkmale

Die Modifikation des Konzepts der Casting-Shows wurde in erster Linie mit der Sendung »Pop Idol« in Großbritannien realisiert. »Pop Idol« ist inzwischen in über 50 Länder verkauft und damit weltweit zur erfolgreichsten Fernsehunterhaltungsshow aufgestiegen.[13]

Die Bertelsmann-Tochter FremantleMedia hält die Rechte und produziert das Format. Nach dem Zusammenschluss von CLT-UFA mit der Pearson-Gruppe (hier ist FremantleMedia angesiedelt) zur RTL Group im Jahr 2000 (vgl. Göttlich/Nieland 2001b; Sjurts 2002, S. 384 ff.; Pätzold/Röper 2004, S. 26) gehört die Firma zu den dominierenden Produktionsunternehmen in Europa. Das Erfolgsprinzip des Konzerns kann als Zusammenspiel von Know-how-Transfer und vernetzter Content-Produktion bezeichnet werden – diese Strategie findet inzwischen auch bei anderen Formaten Anwendung (vgl. Göttlich/ Nieland 2001b).

In Deutschland wird »Deutschland sucht den Superstar« von Grundy Light Entertainment produziert, einer hundertprozentigen Tochter der RTL Group. Der Know-how-Transfer wird durch die Rückkopplung an FremantleMedia sichergestellt, für die Vernetzung der Content-Produktion sorgt die Beteiligung der BMG (dem Musikunternehmen innerhalb des Bertelsmann-Konzerns) und der Mohn Media, welche das Fanmagazin (ebenfalls eine Bertelsmann-Tochter) verlegt.

»Pop Idol« wurde von Simon Fuller entwickelt. Fuller startete in den 1980er Jahren als freier Musikproduzent. Neben der Produktion übernahm er bald auch

---

13 Vgl. mit einer ersten Einschätzung Nieland 2004 sowie Helms 2005.

das Management junger Popkünstler.[14] Er wurde zu einem der wichtigsten Förderer des sogenannten New Pop, eine Stilform, die seit Mitte der 1980er Jahre in Verbindung mit dem Siegeszug von MTV für Aufsehen sorgte. Fuller landete mit Paul Hardcastle einen Nr.-1-Hit, internationalen Ruhm erzielte er aber vor allem als Manager der Band »Spice Girls«. Die »Spice Girls« sind nicht nur die erfolgreichste Mädchenband aller Zeiten, sie begründeten einen eigenen Trend (»Girl Power«) sowie verschiedene (Mode-) Stile. Mit den »Spice Girls« setzte Fuller seinen Anspruch um, das Pop-Management neu zu erfinden (Schulz 2003, S. 151). Stars macht Fuller aktuell vor allem mit dem Format »Pop Idol«. Zwar suggeriert das Format eine Beteiligung des Publikums, aber von einer Suche nach Stars kann kaum die Rede sein. Bei »Pop Idol« handelt es sich um einen Talentwettbewerb und nicht wie bei »Popstars« (oder »Teenstars«) um eine Casting-Show. Es treten keine Laien auf – die Auswahl der Teilnehmer an der Endausscheidung erfolgt durch eine Jury aus Produktionsleitern der Sendung und den Managern der Plattenfirmen, bevor die eigentliche Sendung beginnt.

Die konsequente Ansprache von Jugendlichen begründet den Erfolg von »Pop Idol«,[15] ein Prinzip, welches in der Popmusikindustrie schon länger gilt – spätestens seit dem Aufstieg des Rock'n'Roll –, aber für Fernsehproduktionen erst mit dem Erfolg der australischen Daily Soaps, ihren europäischen Adaptionen (vgl. Göttlich/Nieland 2001a; Moran 1998), einigen US-amerikanischen Jugendserien (etwa »Beverley Hills 90210«, »Baywatch« oder »The Simpsons«) sowie MTV ab Anfang der 1980er Jahre angewendet wurde.

Neben Know-how-Transfer und der Übernahme der den jeweiligen Formaten eigenen Prinzipien wird der Siegeszug von »Pop Idol« von der Vervielfachung der Distributions- und Zugriffsmöglichkeiten flankiert. Konkret bedeutet dies: Die mediale Präsenz der Kandidaten bzw. »Superstars« steigt ebenso wie die Chancen der Zuschauer, sich über das Fanmagazin oder die Internetseiten zu informieren, Merchandisingprodukte auszuwählen und zu bestellen sowie per Telefon ein Votum abzugeben und an einem Quiz teilzunehmen.

Innerhalb des *Factual Entertainment*,[16] das sich durch die Darstellung und Inszenierung »menschlicher Schicksale und einer Mischung aus Unterhaltung und Information« kennzeichnet und beim Zuschauer ein Konglomerat aus Befan-

---

14 So zeichnete er für den ersten europäischen Plattenvertrag von Madonna verantwortlich (von Appen 2005, S. 189).
15 Fuller hat mit der Sendung im Jahr 2002 über 50 Millionen Euro verdient (Schulz 2003, S. 151).
16 Vgl. mit einer Begriffsbestimmung von *Factual Entertainment*, Göttlich 2004.

genheit und Genuss evoziert, stellt »Deutschland sucht den Superstar« eine besondere Form dar. In diesem Kontext sind folgende Formatmerkmale entscheidend:

- *Besonderheit der öffentlichen Bühne*: Bei »Deutschland sucht den Superstar« nimmt der Aspekt der Bühne eine doppeldeutige Aufgabe im Konzept der Sendung ein. Während bei »Big Brother« die Bühne vor allem den Auftritt Nicht-Prominenter im Fernsehen meint, stellt die Bühne bei »Deutschland sucht den Superstar« ein Merkmal der Inszenierungsfläche dar (vgl. Schwäbe 2004, S. 223).
- *Beobachten und Beachtet werden*: Kennzeichnend in den genannten Versionen des Reality-TV (vgl. grundlegend Lücke 2002) sind zum einen »die Außergewöhnlichkeit des Settings« und zum anderen die »Situation des Beobachtet-Werdens« (Schwäbe 2004, S. 15; vgl. auch Hessing 2004, S. 8 f.).
- *Multimediale Vermarktung*: Den Formaten »Big Brother« und »DSDS« ist gemein, dass sie eine »Vermarktungslawine« (Schwäbe 2004, S. 8) in Gang setzen, die nicht nur das Medium Fernsehen umfasst, sondern ebenso die Printmedien, das Radio und das Internet durchlaufen. Zudem können Fanartikel in Kaufhäusern erworben werden. Gezielte Vermarktungsstrategien erwirtschaften Millionensummen und sorgen für eine »Allgegenwärtigkeit der Sendung und deren Teilnehmer« (ebd.). Es handelt sich »um die gezielte Produktion und Vermarktung populärkultureller Phänomene […], deren Konsum zum Kult erhoben werden soll« (Nieland 2000, S. 117). Eine umfangreiche Marketingstrategie führt schließlich zur Herstellung einer durch Symbole erkennbaren Bindung zur Sendung, die wiederum die Präsenz und somit den Bekanntheitsgrad der Sendung intensiviert.[17]
- *Direkte Partizipation – Das Votum der Zuschauer*: Die Möglichkeit des Zuschauers, durch das »Call-in« Einfluss auf das Geschehen zu nehmen, steigert seinen Bezug zur Sendung und versichert die »*Echtheit* der Präsentation« (vgl. Fromm 1999, S. 34). Der Zuschauer ist in der Lage, konkret auf eine Kommunikationsofferte der Inszenierung zu reagieren und den Ad-

---

17 Auch wenn die Fiktionalität dessen ungeachtet deutlich ersichtlich ist, so scheint sich in der Suche nach dem deutschen Superstar doch ein Teil sozialer Wirklichkeit zu enthüllen, die in medial initiierten und vermittelten Aneignungs- und Vermarktungsprozessen ihren Höhepunkt findet.

ressaten mit seiner Antwort real und nicht nur imaginiert zu erreichen. Dass diese Antwort Einfluss auf das Leben der Kandidaten hat, wird dem Zuschauer im Rahmen der Inszenierung immer wieder deutlich gemacht, und so gestaltet er seine telefonisch vermittelte Antwort in diesem Wissen.

- *Parasoziale Partizipation*: Insbesondere parasoziale Interaktionen und Beziehungen werden innerhalb der Inszenierung auf unterschiedlichste Weise begünstigt. Da sich der Zuschauer im Rahmen parasozialer Interaktion der Interaktion ohne Risiko bzw. ohne Sanktionen oder negative Reaktionen seines (medialen) Gegenübers entziehen kann, bietet sie ihm »die Möglichkeit ungehemmter und bedürfnisorientierter imaginativer Handlungen, die von der bloßen Personenwahrnehmung und -beurteilung bis hin zu vorgestellten sexuellen Kontakten mit der Fernsehperson reichen können« (Gleich 1997, S. 41).

- *Machtposition:* Über die parasoziale Beziehung hinaus setzt die Inszenierung Zuschauer und Kandidaten in einen Zusammenhang, in dem sich der Zuschauer gegenüber dem Kandidaten in einer Machtposition erleben kann.[18] Die Inszenierung unterstützt auf diese Weise eine Überlagerung von imaginierten und realen Momenten in der Beziehung des Zuschauers zum Kandidaten. Die parasoziale Beziehung der Zuschauer zu den Kandidaten kann zum Beispiel Einfluss auf die Anzahl der getätigten Anrufe pro Abend und damit den Profit der Produktionsfirma nehmen. Es ist also festzustellen, dass die Qualität der imaginativen Beziehung Auswirkungen auf reale Handlungen und damit die erlebte Realität haben kann.

- Das Format bietet dem Zuschauer neben der Gelegenheit zu distanzierter auch die einer *emotional involvierten Rezeption* (vgl. Vorderer 1998, S. 691 sowie Döveling in diesem Band). Die Inszenierung »DSDS« stellt ihr Publikum damit in verschiedene strukturelle Rollen- bzw. Situationsdefinitionen. Neben der Rolle des Beobachters wird von ihm durch eine Reihe von inszenatorischen Techniken, die ihn in das Geschehen einbeziehen und Prozesse der Identifikation und der parasozialen Interaktion auslösen können, auch die Rolle des Partizipierenden eingefordert (vgl. hierzu Döveling in diesem Band).

---

18 Döveling, Katrin (2007): Zur Macht des Emotionalen im Reality-TV. Vortrag auf der Jahrestagung der Sektion »Medien- und Kommunikationssoziologie« der Deutschen Gesellschaft für Soziologie: Medien und Macht, Universität Trier, 20. Juni 2007.

- *Der Seriencharakter und das offene Ende*: Der regelmäßige Rhythmus der Sendung ermöglicht eine Integration des Medienangebots in den Alltag und eine konstante Bindung des Zuschauers. Die Serienstruktur des Formats gewährleistet dem Zuschauer darüber hinaus einen regelmäßig wiederholten Kontakt mit den Fernsehakteuren. Als ein Element des Wettkampfes gilt ein *offenes Ende*, das zu einer Spannungskurve aufseiten des Rezipienten führt, welche bei der Bekanntgabe des Zuschauer-Votings (s. o.). ihren Höhepunkt erreicht (vgl. Bleicher 1999, S. 213) und so eine Dramatisierung erkennen lässt.
- *Die Präsenz des Studiopublikums*: Durch das Studiopublikum wird eine stellvertretende Form der Teilhabe ermöglicht. Die Zuschauer vor Ort agieren »stellvertretend für den Rezipienten« (vgl. Bleicher 1999, S. 34) und zeigen Handlungsmuster der Zustimmung auf, die eine Bindung an das Programm verstärken. Wie auch Schwender bei seiner Analyse von täglichen Talkshows feststellt, so kann die emotionale Reaktion eines Studiopublikums eine spezifische Atmosphäre mitteilen und Anteilnahme wie auch Abneigungen gegenüber bestimmten Protagonisten hervorheben (Schwender 2006, S. 143 f.).
- *Erwartung an die Rolle der Moderatoren*: Als »Anchorman« bzw. »Anchorwoman« übernehmen diese nicht nur die Moderationsfunktion, sondern fungieren zudem als emotionale Konstanten innerhalb des Auswahlprozesses (vgl. auch Bente/Fromm 1997, S. 20).
- *Juroren*: Teil des Skripts bei »Deutschland sucht den Superstar« ist, dass eine Jury die Leistungen der Kandidaten in allen Sendungen öffentlich bewertet.
- *Leistung und Talent als Sinnvorgaben*: Auch wenn deutliche Parallelen von »Deutschland sucht den Superstar« zum Format von »Big Brother« auffallen, so zeigen sich jedoch auch offenkundige Unterschiede. Augenfällig ist, dass die Mischung von Fiktionalität und Fiktionalisierung nun durch das Prinzip der Leistung ergänzt wird. Aus einer ursprünglichen »Spielsituation« (Schwäbe 2004) wird nun eine Wettbewerbssituation. Die Auslese der Teilnehmer basiert auf einem Leistungsprinzip. Deutlich wird, dass »Deutschland sucht den Superstar« somit in besonderer Form eine Erweiterung des ursprünglichen performativen Reality-Formats »Big Brother« darstellt.

Der Erfolg von »DSDS« erklärt sich nicht nur über die Formatmerkmale – so geht es etwa im Gegensatz zu der RTL-Soap »Gute Zeiten, schlechte Zeiten« in der Show um echte Geschichten –, sondern auch um andere Faktoren. Für mediale Aufmerksamkeit sorgte bei allen bislang ausgestrahlten vier Staffeln die BILD-Zeitung: Das Boulevardblatt hob die Kandidaten auf die Titelseiten und berichtete über Pannen und kleine Skandale. Der musikalische Erfolg der Kandidaten, den sie nach »DSDS« anstrebten, stand hierbei nicht im Mittelpunkt – es ging in der Sendung um den Traum vom »Star-Werden«. Diesen Traum lebten die Kandidaten mit den Zuschauern. Aufmerksamkeit, Anschlusskommunikation und vor allem das Televoting der Zuschauer zeugen vermeintlich davon, sie sind die wahren Stars.

Literatur

Appen, Ralf von (2005): Die Wertungskriterien der Deutschland sucht den Superstar-Jury vor dem Hintergrund sozialer Milieus und kulturindustrieller Strategien. In: Dietrich Helms/Thomas Phleps (Hrsg.): Keiner wird gewinnen. Populäre Musik im Wettbewerb. Bielefeld: Transcript, S. 187–208

Bente, Gary/Fromm, Bettina (1997): Affektfernsehen. Angebotsweisen und Wirkungen. Opladen: Leske + Budrich

Bleicher, Joan Kristin (1999): Fernsehen als Mythos: Poetik eines narrativen Erkenntnissystems. Wiesbaden: Westdeutscher Verlag

Fromm, Bettina (1999): Privatsphäre vor Millionen: Fernsehauftritte aus psychologischer und soziologischer Perspektive. Konstanz: UVK

Gleich, Uli (1997): Parasoziale Interaktionen und Beziehungen von Fernsehzuschauern mit Personen auf dem Bildschirm. Landau: Verlag Empirische Pädagogik

Göttlich, Udo (2004): Produzierte Wirklichkeiten. Zur Entwicklung der Fernsehproduktion am Beispiel von Factual Entertainment Angeboten. In: Mike Friedrichsen/Udo Göttlich (Hrsg.): Diversifikation in der Unterhaltungsproduktion. Köln: Herbert von Halem, S. 124–141

Göttlich, Udo/Nieland, Jörg-Uwe (2001a): Das Zusammenspiel von Alltagsdramatisierung und Kult-Marketing. In: Claudia Cippitelli/Axel Schwanebeck (Hrsg.): Pickel, Küsse und Kulissen. München: Reinhard Fischer, S. 139–166

Göttlich, Udo/Nieland, Jörg-Uwe (2001b): Know-how-Transfer und vernetzte Content-Produktion. Veränderungen der Fernsehunterhaltungsproduktion auf dem europäischen Fernsehmarkt. In: Matthias Karmasin/Manfred Knoche/Carsten Winter (Hrsg.): Medienwirtschaft und Gesellschaft 1. Medienproduktion und Medienunternehmung. Münster: LIT, S. 159–181

Göttlich, Udo/Nieland, Jörg-Uwe (2002): Gibt es einen »Big Brother«-Effekt? Eine Analyse zum Medienkonsum Jugendlicher. In: Martin K. W. Schweer/Christian Schicha/Jörg-Uwe Nieland (Hrsg.): Das Private in der öffentlichen Kommunikation. Köln: Herbert von Halem, S. 272–309

Hallenberger, Gerd (2002): Fernsehformate und internationaler Formathandel. In: Hans-Bredow-Institut (Hrsg.): Internationales Handbuch Medien 2002/2003. Baden-Baden: Nomos, S. A130–A137

Helms, Dietrich (2005): Von Marsyas bis Küblböck. Eine kleine Geschichte und Theorie musikalischer Wettkämpfe. In: Dietrich Helms/Thomas Phleps (Hrsg.): Keiner wird gewinnen. Populäre Musik im Wettbewerb. Bielefeld: Transcript, S. 11–40

Hessing, Volker (2004): Tiefenpsychologische Wirkungsanalyse des Medienereignisses Big Brother. Ein morphologischer Beitrag zur Psychologie von Medien, Alltag und Kultur. Tönning/Lübeck/Marburg: Der Andere Verlag

Jacke, Christoph (2005): Keiner darf gewinnen – Potenziale einer effektiven Medienkritik neuer TV-Castingshows. In: Dietrich Helms/Thomas Phleps (Hrsg.): Keiner wird gewinnen. Populäre Musik im Wettbewerb. Bielefeld: Transcript, S. 113–135

Klawitter, Nils (2003): »Die Nächsten, bitte!« In: Der Spiegel, 10/2003, S. 172–174

Köhler, Lutz/Hess, Thomas (2004): »Deutschland sucht den Superstar« – Entwicklung und Umsetzung eines cross-medialen Produktkonzepts. In: MW, 1/2004, 1. Jg., S. 32

Lücke, Stephanie (2002): Real life soaps: ein neues Genre des Reality TV. Münster: LIT

Moran, Albert (1998): CopycatTV. Globalisation, Programm Formats and Cultural Identity. Luton: Luton Press

Nieland, Jörg-Uwe (2000): Inszenierung und Image-Transfer – Kult-Marketing zur Sendung Big Brother. In: Frank Weber (Red.): Big Brother. Inszenierte Banalität zur Prime Time. Münster: LIT, S. 109–124

Nieland, Jörg-Uwe (2004): Deutschland findet einen Superstar – Neue Perspektiven für die Fernsehproduktion und das Kultmarketing? In: Mike Friedrichsen/Udo Göttlich (Hrsg.): Diversifikation in der Unterhaltungsproduktion. Köln: Herbert von Halem, S. 204–222

Nutt, Harry (2003): Das Prinzip des fünften Beatle. Deutschland sucht den Superstar. Aber wird es ihn auch finden? In: Frankfurter Rundschau, 29.1.2003, S. 9

Pätzold, Ulrich/Röper, Horst (2004): Fernsehproduktionsvolumen 1998 bis 2000. In: Media Perspektiven, 10, 2003, S. 24–34

Scherer, Helmut/Schlütz, Daniela (2002): Das inszenierte Medienereignis. Die verschiedenen Wirklichkeiten der Vorentscheidung zum Eurovision Song Contest in Hannover 2001. Köln: Herbert von Halem

Schmidt, Thomas E. (2003): Gute Menschen, schlechte Menschen. In: Die Zeit, Nr. 11 v. 6.3.2003, S. 44

Schulz, Thomas: »Hol alles raus, was geht«. In: Der Spiegel, 2/2003, S. 150–153

Schwäbe, Nicole Helen (2004): Realfabrik Fernsehen: (Serien-)Produkt »Mensch«. Analyse von Real-Life-Soap-Formaten und deren Wirkungsweisen. Philosophische Dissertation, angenommen von der Neuphilologischen Fakultät der Universität Tübingen am 17. November 2003, Tübingen

Schwender, Clemens (2006): Medien und Emotionen. 2. überarb. und erw. Aufl. Wiesbaden: Deutscher Universitäts-Verlag

Sjurts, Insa (2002): Strategien in der Medienbranche. Grundlagen und Fallbeispiele. Wiesbaden: Gabler (2. vollständig überarb. und erw. Auflage)

Späth, Nikos (2003): »Hol alles raus, was geht.« Mit »Deutschland sucht den Superstar« führt Bertelsmann die perfekte Wertschöpfungskette vor. In: Welt am Sonntag, 9.2.2003

Tuma, Thomas (2003): Von Bohlen & Reibach. In: Der Spiegel, 6/2003, S. 156–158

Vorderer, Peter (1998): Unterhaltung durch Fernsehen: Welche Rolle spielen parasoziale Beziehungen zwischen Zuschauern und Fernsehakteuren? In: Walter Klingler/Gunnar Roters/Oliver Zöllner (Hrsg.): Fernsehforschung in Deutschland. Themen – Akteure – Methoden, Teilband 2. Baden-Baden: Nomos, S. 689–707

Verschwimmende Grenzen von Realität und Fiktion – Eine Analyse von »Deutschland sucht den Superstar«

Mara Kurotschka

Formate des *Factual Entertainment* (vgl. Göttlich 2004) wie »Deutschland sucht den Superstar«[1] zeichnen sich dadurch aus, dass sowohl Fiktionalisierungs- als auch Authentisierungsstrategien bei ihrer Inszenierung zum Tragen kommen, dass fiktionale und nicht-fiktionale Erzählweisen ineinander verwoben werden. Von diesem gemeinsamen Charakteristikum ausgehend, wird im Folgenden untersucht, wie Realität und Fiktion innerhalb des Formats »DSDS« ins Verhältnis gesetzt werden und welche inszenatorischen Mittel dabei zum Einsatz kommen. Vorangestellt werden allgemeine Überlegungen zum Thema Realität und Fiktion aus semio-pragmatischer Perspektive.

Das Verhältnis von Realität und Fiktion bei »DSDS« aus semio-pragmatischer Perspektive

Die Semio-Pragmatik zeigt, dass sich die »Textproduktion« sowohl im Bereich der Herstellung wie der Lektüre vollzieht. Die schlichte Übertragung eines Textes von Sender zu Empfänger existiert damit also als solches nicht. Die Semio-Pragmatik hat hierbei zum Ziel, »einen theoretischen Rahmen bereitzustellen, der die Frage nach der Art und Weise, *wie sich die Texte konstruieren*, sowohl im Raum der Herstellung als auch in dem der Lektüre, und die nach den Wirkungen dieser Konstruktion ermöglicht« (Odin 1998, S. 286; H.i.O.). Dabei geht Odin von der Hypothese aus,

> »daß sich jede Textproduktionsarbeit durch die Kombination einer begrenzten Anzahl von Modi der Sinn- und Affektproduktion beschreiben

---

1 Im Folgenden wird »Deutschland sucht den Superstar« abgekürzt als »DSDS«.

läßt, die zu einem jeweils spezifischen Erfahrungstypus führt (Erfahrungen, die der Leser macht, Erfahrungen, auf die der Absender [destinateur] zielt), und die zusammengenommen unsere kommunikative Kompetenz bilden« (ebd.)

Ein Film wird demnach auf Basis der »im Zusammenspiel mit textuellen Strukturen jeweils aktivierten Modi der Sinn- und Bedeutungskonstruktion« (Müller 1995, S. 129) und nicht allein auf Basis der textuellen Gegebenheiten als »dokumentarisch« oder »fiktiv« qualifiziert (vgl. ebd.).

»Die Semio-Pragmatik konzentriert sich darauf, diese Modi zu beschreiben und auf Fragen zu antworten wie: Wann setzt man diesen oder jenen Modus in Gang? Wie werden diese Modi artikuliert bzw. in eine Rangordnung gebracht? Warum mobilisiert man in dem oder jenem Kontext diesen oder jenen Modus oder dieses oder jenes Modus-System?« (Odin 1998, S. 286)

Die tatsächliche Zuordnung des Textes zum »fiktionalen« oder auch »dokumentarischen Ensemble«[2] ergibt sich, so Odin, aus der in der Struktur des Films ausdrücklich angelegten Anweisung zur Durchführung der entsprechenden Lektüre (vgl. ebd., S. 295).

Das Verhältnis von Realität und Fiktion, insbesondere das von Authentizität und Schauspiel, stellt bei Formaten des *Factual Entertainment* einen zentralen Punkt der Auseinandersetzung für den Zuschauer dar (vgl. z.B. Rheingold 2000; Hill 2001). Er bewertet unterschiedliche Sendungen in Bezug auf ihren Realitätsgehalt und ist sich damit der Vermischung von realen und fiktiven Elementen in Sendungen dieses Genres bewusst (vgl. Hill 2001, S. 1). Mit anderen Worten: Beim Rezipieren dieser Formate ist der Zuschauer auf das Aufeinandertreffen von Realität und Fiktion nicht nur vorbereitet, sondern *er erwartet dieses*.

Anders als beim Spiel- oder Dokumentarfilm, der in der Regel schon im Vorfeld eindeutig als Fiktion bzw. Dokumentation positioniert wird, dessen »vertragliche Vereinbarung« mit dem Zuschauer in der Regel entsprechend eindeutig ist, stellt sich die Situation im Fall von »DSDS« dar. Schon die grobe Einordnung als Format des *Factual Entertainment* legt nahe, »DSDS« sowohl dem

---

2 Odin spricht in diesem Zusammenhang von »dokumentarischem Ensemble« und nicht von »dokumentarischem Genre«, da genau wie im Ensemble fiktionaler Filme auch innerhalb des Ensembles dokumentarischer Filme unterschiedliche Genre wie z. B. Industriefilme und wissenschaftliche Filme existieren. Der Begriff des Genres erscheint ihm aus diesem Grund für die Unterscheidung, die er einzuführen versucht, unzureichend.

dokumentarisierenden als auch dem fiktionalisierenden Lektüremodus (vgl. Odin 1998, S. 299) zu unterwerfen. Welcher der beiden Modi innerhalb der Sendung wann zu aktivieren ist, klären hier – folgt man der pragmatischen Vorstellung des »Paktes« – demnach die »Teilstreckenverträge«. In Bezug auf »DSDS« lautet die zuvor formulierte Fragestellung daher nicht mehr einfach »When is documentary?« *oder* »When is fiction?«. Bei »DSDS« und anderen Formaten des *Factual Entertainment* stellt sich vielmehr die Frage: »When is documentary *and* when is fiction?« Im Folgenden wird daher unter Berücksichtigung von Odins Vorschlag untersucht, wie unterschiedliche Formen institutioneller bzw. filmischer Anweisungen bei »DSDS« hinsichtlich dieser Fragestellung ineinander greifen und in wieweit sie schon in das System der Show selbst eingeschrieben sind (vgl. ebd., S. 299).

Das Format »Deutschland sucht den Superstar« als Serie

In der seriellen Struktur von »DSDS« sind sowohl Fiktionalisierungs-, als auch Authentisierungsstrategien verankert.

Betrachtet man das Format »DSDS« zunächst als Ganzes, so zeigt sich, dass sich ein vorweg konzipierter, in sich geschlossener Handlungsverlauf über die einzelnen Folgen hinweg spannt. Er lässt sich wie folgt umreißen: Aus einer Gruppe von Aspiranten setzt sich, über mehrere gesangliche und darstellerische Wettkämpfe hinweg, ein Sieger durch. Er erlangt damit öffentliche Bekanntheit und Anerkennung, den Titel »Superstar« und einen Plattenvertrag. In ihrer Gesamtheit bildet die Serie also einen kompletten Text, der als solcher verstanden werden kann und soll. Der in einzelnen Folgen vermittelte und damit grundsätzlich diskontinuierliche Text setzt sich jedoch gleichzeitig aus einzelnen wöchentlich ausgestrahlten Sendungen zusammen, die jeweils eine in sich geschlossene Handlung zeigen: In Form des gesanglichen Wettstreits stellt sich den Kandidaten bei »DSDS« eine Bewährungsprobe, an der einer am Ende der Sendung scheitert, während die anderen sie bestehen. Jede der Folgen stellt somit ebenfalls, sowohl in dramaturgischer als auch produktionstechnischer Hinsicht, ein einzelnes Ganzes, eine textuelle Einheit dar (vgl. Ang 1985, S. 27, vgl. auch Hickethier 1991, S. 9). Die Tatsache, dass die einzelnen Folgen durch Cliffhanger[3] über sich selbst hinaus auf die nächste Folge bzw. den Gesamtkontext verweisen, ändert daran nichts. Die vollständige Geschichte, die es im Rahmen von »DSDS« zu erzählen gibt, setzt sich demnach aus einzelnen Teilgeschichten zusammen. Diese formale Struktur – einerseits zeitlich und inhaltlich begrenzte Einheiten zu bieten und sich andererseits auf einen größeren Zusammenhang zu beziehen – beschreibt Hickethier als für Serien charakteristische »doppelte Formstruktur« (vgl. Hickethier 1991, S. 10). Sie kann, so Hickethier, als einer der vielen Attraktionsmomente der Serie identifiziert werden (vgl. ebd.).

»DSDS« bietet unter diesem Gesichtspunkt jedoch eine Besonderheit: Der Zuschauer kann schon vor Beginn der ersten Sendung damit rechnen, dass die Show über das Finale, also ihr eigentliches Ende hinaus, eine Fortsetzung finden wird. Denn, da der *Deutsche Superstar* erst in der Finalsendung gekürt wird, bildet die Show selbst quasi nur die Vorgeschichte zum Leben des *Superstars*. Dieses jedoch, und davon kann der Zuschauer seit der Berichterstattung über »Big Brother« ausgehen, wird im Anschluss zumindest über einen gewissen Zeitraum hinweg auch weiterhin medial zu verfolgen sein. Die Geschichte, die bei »DSDS« erzählt wird, weist damit ein Charakteristikum auf, das auch Soaps auszeichnet: die sich über einen unüberschaubaren Zeitraum erstreckende Fortsetzung. Denn obwohl die Staffel nach 15 Folgen endet, wird die Geschichte, die im Rahmen von »DSDS« erzählt wird, eine mediale Fortsetzung haben.

Corner führt in Bezug auf fiktive Serien an, dass Zuschauer typischerweise die einzelnen Folgen von Serien als regelmäßige Treffen mit einer imaginierten Welt erleben, die sich im zeitlichen Einklang mit der eigenen entwickelt (vgl. Corner 1999, S. 59). Bei »DSDS« handelt es sich hingegen um *Begegnungen mit einer Welt*, die zwar inszeniert, aber dennoch von realen Personen bevölkert wird, deren dargestelltes Leben sich tatsächlich in *Real-Zeit* vollzieht. Das Leben der Protagonisten von »DSDS« verläuft also auch außerhalb der Sendung mit dem der Zuschauer in einer parallelen Zeitstruktur weiter.

Zwischen den einzelnen Episoden vollziehen sich in Serien üblicherweise Entwicklungen, die Christine Geraghty als »unrecorded existence« (Geraghty 1980, S. 10) bezeichnet. Dieses *unaufgezeichnete Dasein* findet bei »DSDS« anders als bei fiktiven Serien, wo es nur in der Imagination von Zuschauer oder Autor existiert, tatsächlich als von den Fernsehakteuren real gelebtes Leben statt. Die Lücke, als welche die »unrecorded existence« in der Erzählstruktur der Serie

---

[3] Unter »Cliffhanger« versteht man jenen Höhepunkt, der am Ende einer Geschichte den Zuschauer/Leser dazu bewegen soll, auch die Fortsetzung zu verfolgen.

wahrgenommen werden könnte, wird durch die Sendung »DSDS – Das Magazin« und andere begleitende Berichterstattung, insbesondere auch durch die Boulevardpresse, geschlossen. Der Schwerpunkt besteht hier darin, den Zuschauer über das Leben der Kandidaten zwischen den Shows auf dem Laufenden zu halten. Die Wahrnehmung des Zuschauers, dass sich das Leben der Protagonisten parallel zu seinem eigenen abspielt, wird auf diese Weise unterstützt. Aber diese parallel gelebte Realität wird nicht nur durch das Fernsehen oder die Presse vermittelt, sie ist auch tatsächlich gemeinsam erlebbar, z. B. bei den Besuchen der Kandidaten in ihren Heimatorten, auf Konzerten oder bei Autogrammstunden.

Diese Beobachtungen aber bedeuten, dass die doppelte Formstruktur der Serie, wie Hickethier sie definiert (vgl. Hickethier 1991, S. 10), bei »DSDS« um einen dritten Bogen erweitert wird, das heißt, die Formstruktur ist hier dreifach. Dieser zusätzliche Bogen verweist über die mediale Inszenierung hinaus, hinein in eine von der Serie anscheinend gelöste, lebensweltliche Realität. Er erstreckt sich von der Vergangenheit der Kandidaten über ihr Leben parallel zur Show bis hin in das zukünftige Leben als *Superstar* hinein. Zeitlich überspannt der dritte formale Bogen damit sowohl die Teilbögen der einzelnen textuellen Einheiten als auch den Bogen des kompletten Textes »Deutschland sucht den Superstar«. Die dreifache Formstruktur am Beispiel kann am Beispiel des Siegers von »DSDS« dargestellt werden: Das Leben der Kandidaten wird auf diese Weise erzählerisch in ein Leben vor, während und nach der Show strukturiert. Durch diese Art der Inszenierung wird der Show ein besonderer Stellenwert im Leben der Kandidaten zugeschrieben, und das führt dazu, die tatsächliche Bedeutung der Show im Leben der Kandidaten sowohl in den Augen der Fernsehakteure als auch in denen der Zuschauer konzeptionell zu verändern.

»Deutschland sucht den Superstar« als Ereignis

Bei der Inszenierung von »DSDS« als Ereignis, kommt der Tatsache, dass es sich hierbei um eine Live-Sendung handelt, zentrale Bedeutung zu. Das Prinzip »live« ist eines der großen Attraktionsmomente des Fernsehens, das es gegenüber anderen Medien auszeichnet. »Live« bedeutet, dass dem Zuschauer die Möglichkeit geboten wird, räumlich und zeitlich an einem einmaligen Geschehen teilzuhaben, das sich anderenfalls seinem Aufmerksamkeitsbereich entziehen würde. Die Singularität des gleichzeitigen Geschehens und Erlebens des Geschehens allein verleiht der Sendung dabei etwas Ereignishaftes (vgl. Kirchmann 2000, S. 91).[4] Gelingt es wie bei »DSDS« darüber hinaus, durch Programmierung, Marketing und ein entsprechendes Konzept, eine Sendung als etwas Herausragendes gegenüber dem regulären Fernsehprogramm erscheinen zu lassen, so wird sie zum Fernseh-Ereignis.

Um als *Live-Event* identifizierbar zu sein, bedient sich die Show »DSDS« verschiedener Signale. Dazu zählen zunächst solche, die das Publikum traditionell von Live-Sendungen her kennt: Moderatoren, die sich direkt ans Fernsehpublikum wenden, und ein Studiopublikum, das *spontan* auf das Geschehen vor seinen Augen reagiert (vgl. Hallenberger 2000, S. 211).

Diese formalen Live-Signale werden zusätzlich durch inhaltliche verstärkt. So wird beispielsweise zu Beginn der Sendung noch einmal ausdrücklich darauf hingewiesen, dass es sich bei »DSDS – Die Show« um eine Live-Sendung handelt. Auch die Integration eines tagesaktuellen Geschehens, wie z. B. des Geburtstages von Dieter Bohlen (»DSDS – Die Show«, 25.2.2003), fällt in diese Kategorie. Eine Garantie, dass es sich nicht doch um eine aufgezeichnete Sendung handelt, können diese Signale jedoch nicht liefern. Erst die Interaktionsmöglichkeit, die dem Publikum durch das Prinzip des Telefon-Votings geboten wird, erbringt den Beweis, dass eine Einflussnahme auf das Geschehen im Studio von außen möglich ist, die Sendung also tatsächlich live stattfindet (vgl. ebd., S. 212).

Das Besondere am Ereignis »DSDS« ist, dass es sich hier um ein vom Fernsehen für das Fernsehen inszeniertes Ereignis handelt. Es unterscheidet sich damit grundsätzlich von Ereignissen, die in Entstehung, Ablauf und Struktur unabhängig von den Massenmedien stattfinden, wie beispielsweise Umweltkatastrophen oder natürliche Todesfälle (vgl. Scherer/Schlütz 2002, S. 16). Als unter Gesichtspunkten optimaler Vermarktbarkeit für die Medien konzipiertes Format (vgl. Nieland 2004, S. 218 f.) lässt sich »DSDS« als »Pseudo-Ereignis«, einem in den 1960er Jahren von Boorstin (1963) geprägtem Begriff, beschreiben. Als »inszeniertes Ereignis« nach der Kategorisierung von Schütte und Ludes (1996) zeichnet es sich dadurch aus, »daß [es] überhaupt erst durch die Präsenz der Medien und kalkuliert auf deren Berichterstattung stattfinde[t]« (Brosda 2000, S. 98).

---

4 Die Kategorie »Ereignis« stellt sich dabei als hochgradig relativ heraus, »da sie dialektisch rückgebunden an eine Figuration des ›Normalen‹ bleibt, zu der sie sich dann als Herausragende, Singuläre, Abweichende erst setzen kann« (Kirchmann 2000, S. 92).

Verschwimmende Grenzen von Realität und Fiktion – »DSDS«

Ein kurzer Überblick beweist, dass es dem Fernsehen mit dem Format DSDS offensichtlich gelungen ist, Anlass und Inhalte für die Berichterstattung anderer Medien zu liefern:
Nicht nur in den Samstagabendshows und dem im Sender VOX wöchentlich laufenden Hintergrundbericht »DSDS – Das Magazin« erfährt man Neues über die Superstar-Kandidaten. Boulevardmagazine verschiedenster Sender, aber auch die Nachrichtensendung »RTL News«, berichten über neueste Entwicklungen an der Superstar-Front. In Talkformaten wie »Stern TV«, »Styling«, »MTV Select«, »Die Johannes B. Kerner Show« und »Beckmann« geben die Kandidaten bereitwillig Auskunft über ihr »neues Leben«. Auch das Presseecho ist gewaltig. Angefangen bei zeitweise täglichen Schlagzeilen in der BILD bis hin zu seitenlangen Berichten in Magazinen und Zeitungen wie dem SPIEGEL (vgl. Klawitter 2003, S. 172 ff.), dem STERN (vgl. von Kürthy/Rasch 2003, S. 56 ff.), der FRANKFURTER ALLGEMEINEN ZEITUNG (vgl. Lehnartz 2003, S. 48) oder der BERLINER ZEITUNG (vgl. Bolz/Rennefanz 2003, S. 16) wird das Phänomen »DSDS« in all seinen Facetten, über die gesamte Strecke seiner Ausstrahlung hinweg beleuchtet. Im Internet werden persönliche Gedanken zum Thema in Chat-Foren diskutiert (vgl. IOFF 2003); weitere Informationsangebote wie die offizielle Website zur Sendung, Fan-Sites, Newsletter und die per WAP, SMS und MMS erhältlichen »RTL-Superstar-Ticker« ergänzen das Angebot.

Es ist kennzeichnend für Pseudoereignisse wie »DSDS«, dass sie nach dramatischen Gesichtspunkten inszeniert werden. Dies erlaubt sie lebendiger, leichter verbreitbar, beliebig wiederholbar und lukrativer als wirkliche Ereignisse zu gestalten. Da »DSDS« verständlich und unterhaltsam ist, liefert es »Material für das öffentliche Gespräch« und bringt es »›nach geometrischen Regeln‹ weitere Pseudoereignisse hervor« (Brosda 2000, S. 98). Dies wiederum popularisiert »DSDS« und macht es über seine Formatgrenzen hinaus bekannt (vgl. ebd., S. 104). Zusätzlich finden die von »DSDS« verwendeten Zeichen Eingang in andere Programm-, Marketing- oder Lebenswelt-Kontexte. Beispielhaft dafür sind die erfolgreichen »DSDS«-Merchandising-Produkte, die Markenwerbung der »DSDS«-Akteure und die Integration der ehemals unbekannten Superstar-Kandidaten in das öffentliche Leben.[5] Diese Zeichen verweisen, in die lebensweltliche Realität integriert, kontinuierlich auf ihren Ursprung (vgl. ebd.).

---

5 Beispiele hierfür sind Daniel Küblböcks Eintrag in das Goldene Buch seines Heimatortes Eggenfelden neben den Signaturen von Gerhard Schröder und Edmund Stoiber oder Juliettes von mehreren tausend Fans umjubelte Ankunft in ihrem Heimatort Stade.

Als Zwischenbilanz lässt sich festhalten, dass die »live« begründete Einzigartigkeit des beobachteten Geschehens dazu verleitet, die Sendung »DSDS« auf den ersten Blick als »reales« Ereignis einzuordnen. Der gesamte Ereigniszusammenhang von »DSDS« wird jedoch »medial inszeniert, um kalkuliert auf bestimmte Publikumssegmente attraktiv zu wirken und existiert ursprünglich als Programminhalt also nur, weil es Medien gibt« (ebd.). Durch die Allgegenwärtigkeit des Fernsehens und die Popularität des Formats erhält »DSDS« lebensweltliche Relevanz und wird schon allein dadurch zu einem scheinbar realen Ereignis, weil es in den Medien vorkommt. Damit fällt die Sendung in die Kategorie der Pseudoereignisse, wobei das Präfix ›Pseudo‹ eine Dimension der Täuschung impliziert (vgl. ebd., S. 98). Zusammenfassend ist daher festzustellen, dass »DSDS« als Pseudoereignis einen uneindeutigen Realitätsstatus besitzt.

»Deutschland sucht den Superstar« als Spiel

Die Konzeption des Formats »DSDS« rankt sich um die Idee eines Talentwettbewerbes (s. o.). Der reale Vorgang »Casting« aus der Popmusik-Branche dient dabei als Basis für die Entwicklung eines Spiels. Der grundsätzlich kompetitive Charakter einer Casting-Situation bietet für eine Adaption als Spiel ideale Voraussetzungen:

- Akteure mit klaren Motiven und Handlungszielen«,
- der Verlauf des Wettbewerbs, der sich in einer Entscheidungssituation verdichtet, deren Ausgang offen ist, und
- die Situation als eine Handlungsfolge, deren Happy End Celebrity-Status, Ruhm und Reichtum bedeuten könnte (Müller 1999, S. 31).

Um sicher zu gehen, dass die Zuschauer den Casting-Vorgang als Spiel verstehen und ihm folgen können, werden die einzelnen Spieletappen und die offiziellen Spielregeln wiederholt von den Moderatoren erklärt. Aber nicht nur die offiziellen Regeln des Spiels führen dazu, dass der Ablauf des Geschehens für das Publikum nachvollziehbar und damit zu einem gewissen Grad vorhersehbar wird. Da die Show im Rahmen der Wertschöpfungskette von »DSDS« zentrale Stellung einnimmt, ist ihr Ablauf selbstverständlich bis ins Detail durch die Vorgaben der Marketingverantwortlichen bestimmt und auf optimale Vermarktungsmöglichkeiten hin konzipiert (vgl. Nieland 2004; vgl. auch Göttlich 2004). Die Vorhersehbarkeit dieser Ablaufroutinen erlaubt dem Zuschauer, die

Verschwimmende Grenzen von Realität und Fiktion – »DSDS«

entscheidenden Momente des Spiels zu antizipieren und dementsprechend im Vorfeld eine spannungsvolle Erwartungshaltung aufzubauen.

Wie bei allen kompetitiven Spielen hängt auch bei »DSDS« die Spannung[6] bei Spielern – hier den Kandidaten – und involvierten Zuschauern entscheidend vom Spieleinsatz ab. Je mehr in der subjektiven Einschätzung *auf dem Spiel steht*, desto größer ist das Risiko für den Spieler, desto größer aber auch der erhoffte Gewinn, desto spannender das Spiel. Indem die Kandidaten »in ihrer Eigenschaft als ›wirkliche‹, als soziale Wesen auftreten« (Müller 1999, S. 31), ergibt sich die Möglichkeit, »daß das Geschehen in der Show eine Veränderung in ihrem Leben herbeiführen kann« (ebd.). Wie Tränen der Freude und Verzweiflung zeigen, ist diese Veränderung in den Augen der Kandidaten für sie offensichtlich von hoher persönlicher Relevanz. Dies ist nicht überraschend, geht es für sie im Spiel doch um die Verwirklichung bzw. das vorläufige Scheitern von Lebensträumen (vgl. »DSDS – Extra«, 25.1.2003).

Die oben beschriebene Struktur der Sendung zeigt, dass die Show von Produktionsseite als Spiel gerahmt ist.[7] Damit aber impliziert die Inszenierung auch, *es wird nur gespielt*, also ein *So-Tun-als-ob* etwas Realität sei, eine Konnotation, die allerdings im Widerspruch dazu steht, dass die spielerischen Vorgänge tatsächlichen Einfluss auf das reale Leben der Kandidaten nehmen können.

»Deutschland sucht den Superstar« als inszeniertes Leben

Nicht nur der wöchentliche Showauftritt der Kandidaten, sondern auch ihr Leben außerhalb der Samstagabendshow wird medial verfolgt. Begleitet von Kameras absolvieren die Akteure von »DSDS« ihren täglichen, auf die Bedürf-

---

6 Balint beschreibt den Spannungsreiz bzw. den ›thrill‹ als spezielle Form der Angst, den drei wesentliche Charakteristika kennzeichnen: a) ein gewisser Betrag an bewusster Angst, oder doch das Bewusstsein einer wirklichen äußeren Gefahr; b) der Umstand, dass man sich willentlich und absichtlich dieser äußeren Gefahr und der durch sie ausgelösten Furcht aussetzt; c) die Tatsache, dass man in der mehr oder weniger zuversichtlichen Hoffnung, die Furcht werde durchgestanden und beherrscht werden können und die Gefahr werde vorübergehen, darauf vertraut, dass man bald wieder unverletzt zur sicheren Geborgenheit werde zurückkehren dürfen. Diese Mischung von Furcht, Wonne und zuversichtlicher Hoffnung angesichts einer äußeren Gefahr ist das Grundlegende Element aller Angstlust (Balint 1959, S. 20 f.).
7 Basierend auf dem Verständnis von Goffmann (1980) sind mit Rahmen hier Situationsdefinitionen gemeint, die als Interpretationsschemata »zum Verstehen von Ereignissen, zur wechselseitigen Verständigung in der Situation sowie zur aktiven Gestaltung der Definition verwandt« (Müller 1999, S. 35) werden.

nisse des Formats zugeschnittenen Terminplan: Interviews schon während des gemeinsamen Frühstücks in der WG-Villa der Kandidaten, Gesangsunterricht, Proben, Fahrten zu Auftrittsorten und Signierstunden, Studioaufnahmen, Foto-Shootings, Besprechungen bei Kostüm- und Maskenbildnern. Dies sind nur Beispiele aus dem Aktivitäten-Marathon der Kandidaten, der für die Sendung »DSDS – Das Magazin« medial aufbereitet wird. Abwechslungsreiche Zusammenschnitten dieser Ereignisse, aufgelockert durch Interviews, Diskussionen oder Sequenzen aus Videotagebüchern der Kandidaten, gewähren bei »DSDS – Das Magazin« einen Blick hinter die Kulissen der eigentlichen Show. Hier werden die Kandidaten in einem Rahmen gezeigt, in dem der Entfaltung ihrer Persönlichkeit mehr Raum gelassen ist als in den penibel choreographierten Showabläufen.

Durch eine solche Integration von scheinbar lebensweltlichen Video-Szenen, die sich der Konventionen audiovisueller, dokumentarischer Erzählweise bedienen, wird dem Zuschauer eine »dokumentarisierende Lesart« nahegelegt. Diese Signale allein provozieren ihn, das Gesehene als authentisch zu bewerten (vgl. Odin 1998, S. 295 f.). Diese Wirkung wird bei »DSDS– Das Magazin« zusätzlich durch die Einbeziehung des privaten Umfelds der Kandidaten unterstützt: Eine Kollegin beispielsweise erzählt über Gracias Zeit als Bedienung einer Bar. Alexanders Klassenkameraden berichten von seinen gesanglichen Anfängen, seine Freundin beschreibt, wie »DSDS« die Beziehung beeinflusst, und auch die Schützlinge des ehemaligen Kindergartenerziehers Daniel kommen zu Wort. Einspielungen alter Familienvideos, welche die Kandidaten in einer Zeit vor »DSDS« zeigen, ergänzen diese Erinnerungen um zusätzliche Facetten.

Durch Informationen über die Vergangenheit der Kandidaten, durch die Möglichkeit, hinter die Kulissen der Show zu blicken und die Kandidaten in einem informellen Setting zu erleben, gelingt es, innerhalb des Formats »DSDS« zwei *Welten* zu konstruieren: die der Show und die jenseits der Show. Diese Dichotomie impliziert, dass, im Gegensatz zur medialen Abbildung der Show, da in einer Show bekanntermaßen ja vieles ›nur Show‹ ist, die Bilder aus dem Kandidatenleben jenseits der Showbühne die Wirklichkeit widerspiegeln.

Bei näherer Betrachtung stellt sich diese Konstruktion jedoch als geschickt inszenierte Illusion heraus. Was bei »DSDS – Das Magazin« als Wirklichkeit präsentiert wird, ist tatsächlich Resultat einer vielschichtigen Inszenierung, die als solche von Produktionsseite her nicht thematisiert wird, um die aufwendig erzeugte Illusion von »wirklichem« Leben aufrechtzuhalten.

Verschwimmende Grenzen von Realität und Fiktion – »DSDS«

Bei der Konzeption der wöchentlichen Sendung von »DSDS – Das Magazin«, geht es nicht um eine möglichst wirklichkeitsgetreue Darstellung von realem Geschehen, sondern um eine quoten- und damit gewinnorientierte dramaturgische Aufbereitung von Video-Sequenzen aus dem Leben der Kandidaten; einem Leben, das in der Inszenierung »DSDS – Das Magazin« als eine abwechslungsreiche Aneinanderreihung von Höhepunkten präsentiert wird.

Durch das Verfahren des Telefon-Votings sind die Kandidaten abhängig von der Gunst der Zuschauer, denn wer die wenigsten Publikumsstimmen erhält, scheidet aus dem Wettbewerb aus. Um den Wettbewerb zu gewinnen, also die meisten Publikumsstimmen zu erhalten, muss sich der Kandidat für das Publikum so attraktiv wie möglich darstellen. Wie diese Herausforderung im einzelnen Fall von den Kandidaten interpretiert und wie ihr begegnet wird, ist unterschiedlich.

Den durch diese Situation entstehenden Zwang zur Selbstinszenierung, dem auch bis hin zur Selbstverleugnung Folge geleistet wird, beschreibt die Kandidatin Judith in einem Interview: »Jeder muss sich im Klaren sein, dass er eine Mutation durchmacht, wenn er den (»DSDS«-) Gladiatorenkampf für das Fernsehen mitmacht« (Lefeber 2003). Da für sie der Weg *zurück zu sich selbst*, zurück zu einem authentischen Erleben der eigenen Person im Rahmen von »DSDS«, wo alles dem Erfolg der Sendung und dem eigenen Erfolg untergeordnet wird, nicht möglich ist, zieht sie die Konsequenz und scheidet freiwillig aus (vgl. Lehnartz 2003, S. 48).

Der Einfluss der Kameraregie einerseits und der Zwang zur Selbstinszenierung der Kandidaten andererseits wurde bereits, beispielsweise im Zusammenhang mit »Big Brother« (vgl. Mikos 2002, S. 32), wissenschaftlich diskutiert. Bei »DSDS« geht man, was die inszenatorische *Korsettierung* von Kandidaten betrifft, jedoch einen entscheidenden Schritt weiter. Da die Kandidaten zusammen wohnen und ihr Tagesablauf größtenteils von der Produktionsgesellschaft bestimmt wird, folgt ihr Leben während der gesamten Dauer von »DSDS« einem Zeit- und Aktionsplan, den das Format vorgibt. Diese Möglichkeit zur Einflussnahme wird aufseiten der Produktion genutzt, um das Leben der Kandidaten auf eine Weise zu gestalten, die dem Unterhaltungsanspruch und damit den inhaltlichen Anforderungen des Formats gerecht wird. Kandidatin Judith schildert es so: »Man hatte kein Stück Privatleben in diesem Haus [gemeint: Kandidaten-Wohngemeinschaft] und mußte auf alles verzichten, nur der Öffentlichkeit zuliebe und nur damit abends ›Explosiv‹ und die anderen Sendungen ihr Material bekamen« (Lefeber 2003).

Die Superstaranwärter treten bei hochkarätigen Veranstaltungen wie dem »Konzert der Swing-Legenden« im Friedrichstadtpalast mit namhaften Swing-Interpreten wie Max Greger, Paul Kuhn und Hugo Strasser auf (Köhler 2005). Sie werden in Stretchlimousinen oder Privatjets befördert. Man zeigt sie in ihrer persönlichen Verzweiflung, mit alltäglichen Problemen wie Pickeln und Heimweh, aber auch – und das gegen Ende der Showstaffel zunehmend – perfekt gestylt und selbstbewusst. Nach und nach, in der Verknüpfung von Showauftritten und *dokumentiertem* Geschehen um die Show herum, entspinnt sich dabei eine Geschichte: Einer der Kandidaten, zunächst nur *ein Mensch wie du und ich*, tritt nach Bestehen vieler innerer und äußerer Kämpfe und zahlreichen optischen und innerlichen Transformationen am Ende als strahlender *Superstar* hervor. Auf diese Weise führt er dem Publikum vor, dass es für einen *Menschen wie du und ich* möglich ist, seinen Traum zu leben.

Auch wenn diese Geschichte tatsächlich *er-lebt* wird, ist sie doch keine, die *das Leben schreibt*. Sie existiert in ihren zentralen Zügen bereits, bevor die Kandidaten zum ersten Casting erscheinen. Sie wurde unter Einbeziehung narrativer Elemente, wie sie dem Zuschauer schon seit seiner Kindheit aus Märchen und Erzählungen bekannt sind, bereits vom Erfinder des Formats, Simon Fuller, konzipiert. Die Persönlichkeit der Kandidaten und ihre spontanen Reaktionen auf die Vorgaben der Show bereichern die Erzählung um viele interessante Details und helfen, die Inszenierung zu beleben. Mit dem Start von »DSDS« geht es darum, diese Geschichte nun auch in Deutschland mit den nötigen Mitteln zu verwirklichen. Ob sich allerdings die fiktive Geschichte tatsächlich vollständig realisieren lässt und sich der gekürte Superstar letztendlich im Anschluss an die Staffel tatsächlich als Superstar gegenüber wirklichen Stars behaupten kann, bleibt dennoch zweifelhaft und liefert reichlich Anlass zu Spekulationen (vgl. Klawitter 2003, S. 172 ff.).

So lässt die Inszenierung »DSDS« auf der einen Seite das Leben der Kandidaten zum Inhalt der Show werden, auf der anderen aber wird die Show zum Inhalt des Lebens der Kandidaten. Inszeniertes und Authentisches sind auch hier auf eine Weise verwoben, die es dem Betrachter erschwert bzw. unmöglich macht, diesbezüglich eindeutige Zuschreibungen vorzunehmen.

»Deutschland sucht den Superstar« als Quelle spontanen Geschehens

Neben der Darstellung dokumentarisch anmutender Szenen (s. o.) aus dem Leben der Kandidaten und dem Live-Prinzip existiert bei »DSDS« ein weiteres zentrales Element zur Konstruktion von vermittelter Authentizität[8]. Schon die Grundsituation des Spiels, die dafür sorgt, dass am Ende jeder Show der Lebenstraum eines Kandidaten zu zerbrechen scheint[9], etabliert einen hoch dramatischen Rahmen, der viel Raum für spontane, emotional motivierte Zwischenfälle bietet.

Der Kandidat ist beständig in Gefahr, sein Ziel, für das er vieles bereit war zu opfern, zu verfehlen und in die Anonymität zurückzufallen. Hiermit ist die Amplitude für den Ausschlag der Emotionen[10] während der Shows bestimmt. Jede Hürde des Abends muss unter diesem Vorzeichen bewältigt werden. Immer geht es um das Ganze. In den Tränen von Vanessa (vgl. RTL.de 2003), dem Nervenzusammenbruch (vgl. Bolz/Rennefanz 2003, S. 16) von Juliette (vgl. »DSDS – Die Entscheidung«, 11.1.2003) oder dem »Texthänger« von Daniel Lopez während seines Vortrags von »A Whole New World« (vgl. ebd.) drückt sich die emotionale Erregung der Kandidaten aus. Akzeptiert man die innerhalb des Formats implizierte Botschaft, die Kandidaten seien darstellerische Amateure und medial unerfahren, dann bürgen diese emotionalen Verhaltensweisen für die Authentizität der Gefühle. Angebracht ist es jedoch, die mediale Naivität der Kandidaten in Frage zu stellen. Sie sind bereits in ihrem Alter durch langjährige Medienerfahrung mit den Mechanismen medialer Inszenierungen vertraut. Es ist daher davon auszugehen, dass die Kandidaten im Rahmen der Inszenierung emotionale Ausdrucksformen auch strategisch einsetzen (vgl. ebd.), Gefühle und damit auch Authentizität also simulieren.

---

8   Die Wortgeschichte geht von griech. »authentikós« (zuverlässig, verbürgt) aus. Im Deutschen entstammt der Ausdruck »authentisch« der juristischen Fachsprache. Er bezeichnete Abschriften von Schriftstücken, die durch eine vertrauenswürdige Person verbürgt wurden (vgl. Meyer 2000, S. 106).
9   Zum Beispiel Daniel: »Ich denk mir halt: Lebe deinen Traum!«, oder Gracia: »Ich würde auch alles andere dafür hinschmeißen. Das ist mein Traum und den möchte ich leben« (»DSDS – Extra«, 25.1.2003).
10 »Emotion« wird hier und im Folgenden verstanden als »eine positive oder negative Erlebnisart des Subjektes«, die als » Antwort auf eine Bewertung von Stimuli und Situationen« entsteht (vgl. Gerhards 1988, S. 16). Siehe hierzu auch den Beitrag von Döveling in diesem Band.

Phasen emotionaler Erregung, authentisch oder gespielt, sind für die Kandidaten also schon in der Struktur der Show angelegt. Trotz dramaturgischen Kalküls ist der konkrete Ausdruck dieser Emotionen, beziehungsweise das konkrete Verhalten der Kandidaten, jedoch nicht immer vorhersehbar. Eine Szene aus der Sendung »DSDS – Die Entscheidung« vom 1.2.2003 belegt dies deutlich:

Unerwartet wird neben der Kandidatin Vanessa auch Kandidatin Gracia als potenzielle *Verliererin* des Abends nominiert. Als tatsächlich Gracia ausscheidet, reagiert das Saalpublikum mit Pfiffen und Buh-Rufen. Auch Moderation und Jury scheinen bestürzt. Daniel bekommt einen Weinkrampf, bricht auf dem Fußboden zusammen und wird vom herbeistürzenden Moderator Carsten Spengemann in den Arm genommen. Selbst Gracia unterdrückt den eigenen Kummer und eilt herbei, um Daniel zu beruhigen. In diese offensichtlich außer Kontrolle geratene Situation[11] hinein verkündet die Moderatorin Michelle Hunziker plötzlich aufgebracht in die Kamera: »Ich will das nicht mehr.«

Reagiert ein Akteur von »DSDS« unvorhergesehen, sind die übrigen gezwungen, ebenfalls spontan auf ihn zu reagieren. Es entsteht eine emotional motivierte Kettenreaktion, die sich durch den Live-Charakter der Sendung weitestgehend der Kontrolle von außen entzieht. Unkontrolliert verlaufende Ereignisse wie dieses treten durch die ansonsten extrem formalisierten Abläufe innerhalb der Show besonders deutlich hervor. Damit werden inszenatorisch erneut (s. o.) Dichotomien hergestellt: das Inszenierte gegenüber dem Nicht-Inszenierten und damit das Simulierte gegenüber dem Authentischen. Indem ein solches Ereignis aus einer etablierten Norm hervortritt, erzeugt es Abwechslung und Aufregung (vgl. Kirchmann 2000, S. 96). Es ist daher nicht überraschend, dass »die Störung« in Live-Sendungen von »den Fernsehproduzenten selbst in ihrer Ereignishaftigkeit – und damit: Attraktivität – verstanden wird« (ebd.). Auch wenn dieses spezielle Ereignis, den Rahmen einer von RTL als wünschenswert zu bewertenden Störung wohl sprengt, so lässt sich, wie im Folgenden aufzeigt wird, dennoch konstatieren, dass bei »DSDS« Störungen generell nicht nur in Kauf genommen, sondern provoziert werden.

Die Struktur von »DSDS« zeichnet sich durch bewusst konstruierte Situationen aus – im Folgenden *Ereignistaschen* genannt, in denen die Wahrscheinlichkeit, dass eine erwünschte Störung auftritt, zu einem gewissen Grad kalkulierbar ist. Die Tatsache beispielsweise, dass bei »DSDS« Männer und Frauen mit ei-

---

[11] Diese Szene wird aus der Wiederholung der Sendung am nächsten Tag herausgeschnitten (vgl. Simon 2003, S. 27).

nem ähnlichen Interesse zusammen unter einem Dach leben und wichtige Erfahrungen gemeinsam machen (vgl. Lefeber 2003), stellt eine solche Situation her. Die Wahrscheinlichkeit, dass sich unter diesen Vorraussetzungen eine Liebesbeziehung zwischen zwei Kandidaten entwickelt, ist, wie man spätestens aus der Erfahrung mit »Big Brother« gelernt hat, relativ groß. Und tatsächlich entwickelte sich zwischen den »DSDS«–Kandidaten Daniel Lopez und Juliette eine Liebesbeziehung[12], die später auch zu einem öffentlichen Nervenzusammenbruch von Juliette führte (vgl. Bolz/Rennefanz 2003, S. 16 sowie netnewsletter 2003).

Zieht man hier das Bild der *Ereignistasche* heran, so hat sie sich in diesem Fall also geöffnet: Das potenzielle Ereignis ist eingetroffen und hat weitere ungeplante Geschehnisse ausgelöst. Hätte das Ereignis nicht stattgefunden; sich die Kandidaten nicht ineinander verliebt, hätte sich die *Ereignistasche* also nicht geöffnet. Die Existenz der *Ereignistasche* ist unabhängig vom Eintreffen des Ereignisses. Denn auch wenn ein Ereignis faktisch nicht eintrifft, so ist es in der Situation *Ereignistasche* zumindest als Möglichkeit immer angelegt.

Es verhält sich mit *Ereignistaschen* – vernachlässigt man die jeweils verschiedenen Wahrscheinlichkeiten – wie mit dem Münzspiel: Entweder das Ereignis X trifft ein (Zahl) oder es trifft nicht ein (Kopf). Wie beim Münzspiel mit der Anzahl der Würfe, erhöht sich bei »DSDS« mit der Anzahl dieser Situationen die Chance, dass das angestrebtes Ereignis X eintrifft. Je mehr *Ereignistaschen* die Inszenierung demnach aufweist, desto größer die Wahrscheinlichkeit, dass tatsächlich eine der als attraktiv empfundenen Störungen eintrifft.

Die Kandidaten als mediale Akteure

Bei »DSDS« handelt es sich um ein medial herbeigeführtes Ereignis. Die Akteure – und das unterscheidet »DSDS« von fiktionalen Formaten wie Fernsehfilmen und -serien – sind jedoch keine Schauspieler, die vorweg entwickelte Rollen spielen. Die Personen, die bei »DSDS« auftreten, sind reale Menschen und verkörpern zumindest auf den ersten Blick betrachtet nur sich selbst. Das legt nahe, dass ihr Verhalten in der Show ihrem alltäglichen gleicht, sie sich also im konventionellen Sinne authentisch verhalten.

---

12 Vgl. www.netnewsletter.de/letter/archiv/0303.html.

Um dies überprüfen zu können, wird zunächst die Bedeutung von »Authentizität« im Zusammenhang mit »DSDS« geklärt. Anschließend wird dargelegt, dass authentisches Verhalten im Rahmen von »DSDS« nur bedingt auftritt, da die Kandidaten hier mit einer Situation konfrontiert werden, die von ihnen fordert, unterschiedlichen Darstellungsformen und Rollen gerecht zu werden.

Authentizitätsgehalt bei »Deutschland sucht den Superstar«

Da Authentizität und damit eng verknüpft Wahrhaftigkeit als »zentrale moralische Kategorien menschlicher Handlungsabsichten« (Schicha 2000, S. 83) gelten und Vertrauen im sozialen Kontext vermitteln, sind sie entscheidende Faktoren bei der Beurteilung von Fernsehakteuren durch die Zuschauer (vgl. ebd.). Wie Annette Hill in der bereits zuvor zitierten Studie belegt, entwickelt das Publikum

> »viewing strategies which assess the improvised performance of real people in factual entertainment by looking for moments of authenticity when the performance breaks down and people are true to themselves« (Hill 2001, S. 1).

Vor dem Hintergrund der moralischen Bedeutung von Authentizität kann davon ausgegangen werden, dass die diesbezüglichen Einschätzungen des Publikums entscheidend dazu beitragen, wie die Akteure in Hinsicht auf ihren Charakter beurteilt werden. Da Individuen in unterschiedlichen realen Kontexten notwendigerweise verschieden und bis zu einem gewissen Punkt immer auch strategisch handeln, ist Authentizität im Verständnis »einer Einheit von innerer Überzeugung und äußerem Handeln« (Siller 2000, S. 14) selbst in normalen Alltagskontexten jedoch kaum zu überprüfen (vgl. Schicha 2000, S. 83). Gerade im Rahmen einer medialen Inszenierung ist bei der Beurteilung von Authentizität durch die Zuschauer daher in erster Linie nicht die Glaubwürdigkeit einer Einheit von innerer Überzeugung und äußeren Handeln von Bedeutung, sondern die Glaubwürdigkeit der *Darstellung* einer Einheit von innerer Überzeugung und äußerem Handeln (vgl. Reichertz/Fromm 2002, S. 94; Meyer 2000, S. 106; Rasmussen 2000, S. 48). Diese kann anhand von Indikatoren wie Mimik, Gestik oder Körpersprache dabei von jedem Zuschauer individuell und stetig neu beurteilt werden. So bleibt jedem selbst überlassen, welche der beobachteten Momente er als tatsächlich authentisch annimmt und welche er als mehr oder weniger gekonnte Selbstdarstellung bzw. -verstellung *enttarnt*.

Je überzeugender es den Akteuren von »DSDS« gelingt sich »die gesellschaftlich geschaffene und medial verbreitete Maske der Authentizität« vor ihr Gesicht zu halten, also »Authentizität glaubhaft [zu] *geben*«, desto eher werden sie als authentisch beurteilt werden. Für die Beteiligten der Show stellt sich also die paradoxe Aufgabe, »glaubhaft darzustellen, daß sie nicht darstellen« (vgl. Reichertz/ Fromm 2002, S. 101).

Darstellung und Rolle

Der Mensch muss im Alltag auf typisierte Darstellungsformen zurückgreifen, die dem Fundus der jeweiligen sozialen Gemeinschaft entspringen, damit sein Verhalten von ihnen erkannt und verstanden werden kann (vgl. z.B. Goffmann 1969; Strauss 1974). Die Situation bei »DSDS« unterscheidet sich jedoch von alltäglichen Situationen. Im Rahmen von »DSDS« muss er nicht nur das konkrete Gegenüber adressieren, sondern zusätzlich das Saal- und Fernsehpublikum. In einem solchen theatralen Setting reagiert er folglich mit einer Theatralisierung seiner Handlungen (vgl. Fischer-Lichte nach Reichert/Fromm 2002, S. 99), d.h., er typisiert die Typisierung seiner Handlung (vgl. Reichertz/Fromm 2002, S. 99).

Die Vorstellung, die sich das Publikum von einem der Situation angemessenen Verhalten der Kandidaten macht, wird dabei zum idealtypischen Modell. Denn da die Superstaraspiranten bei »DSDS« von der Sympathie und entsprechendem Telefon-Voting der Zuschauer abhängig sind, liegt es nahe, sich innerhalb des Spiels den Erwartungen des Publikums anzupassen.

Weil die Situationsdefinitionen innerhalb der Show, wie zuvor gezeigt, vielfältig sind, unterliegen die Kandidaten in unterschiedlichen Momenten entsprechend jeweils variierenden Bewertungsmaßstäben. Diese orientieren sich an verschiedenen, idealtypischen Rollenbildern, die wiederum abhängig von den jeweiligen Situationsdefinitionen zur Beurteilung vergleichend herangezogen werden. In der Performancesituation[13] sehen sich die Kandidaten demnach mit verschiedenen Rollen konfrontiert, denen sie teilweise auch gleichzeitig versuchen gerecht zu werden.

---

13 Der Begriff »Performance« wird hier als gemeinsamer Begriff für alle Darstellungsformen verwendet (vgl. Müller 1999, S. 84 f.).

Es sind demnach das Format und seine unterschiedlichen Rahmungen, welche die Bewertungsrichtlinien vorgeben, anhand derer der Beobachter, und das kann sowohl der Darsteller selbst als auch sein Publikum sein, diese Performance beurteilt. Es stellt sich also heraus, dass der Kandidat nicht, wie es zunächst den Anschein hatte, nur *sich selbst* darstellen muss. Im Gegenteil, anders als Schauspieler, die in der Regel pro Inszenierung nur *eine* Rolle spielen, müssen die Kandidaten bei »DSDS« mehrere Rollen und verschiedene Darstellungsformen bedienen und dies häufig gleichzeitig (vgl. Mikos 2002, S. 30).

Müller unterscheidet – sich auf Überlegungen von Berg beziehend – dabei vier unterschiedliche, idealtypische Darstellungsformen für Bühnensituationen:

»die szenische Selbstdarstellung eines mehr oder weniger authentischen Selbst, die artistische Darstellung besonderer Fertigkeiten und die transfigurative szenische Darstellung einer Rolle oder Figur« (Müller 1999, S. 87).

Ebenfalls hinzu zählt er Momente, »in denen es so scheint, als ob die nonprofessionellen Kandidaten die Kontrolle über ihre Darstellung oder Selbstdarstellung verlören« und schlägt vor, sie »unwillkürliche Darstellung« zu nennen (vgl. ebd.). Diese vier Kategorien werden übernommen, um im Folgenden das Rollengefüge, mit dem die Kandidaten bei »DSDS« konfrontiert werden, zu beschreiben.

Szenische Selbstdarstellung

Ohne vorgeschriebene Rolle stehen die Kandidaten zunächst einmal im Rahmen des Formats vor der Aufgabe, sich selbst darstellen zu müssen. Sie verfügen dabei als soziale Wesen über ein erlerntes, individuelles Spektrum von Rollen- und Darstellungskompetenzen (vgl. Müller 1999, S. 86).

Zu Beginn der Showstaffel ist den meisten Kandidaten von »DSDS« der mediale Auftritt als eigene Erfahrung noch fremd. Als Fernsehzuschauer sind ihnen die Regeln des medialen Auftritts von Laien als Akteure des Unterhaltungsfernsehens durch Formate wie »Big Brother«, »Popstars«, »Herzblatt« oder »Wetten dass…?« jedoch zumindest grundsätzlich vertraut. Das Auftreten der Kandidaten bei »DSDS« ist daher bereits geprägt vom Wissen, sich im Rahmen einer medialen Inszenierung mit eigenen Gesetzmäßigkeiten zu bewegen. In einer Situation wie dieser wird dem eigenen Agieren überdurchschnittliche Bedeutung zugemessen, was dazu führt, den Selbstausdruck bewusst zu gestalten (vgl. Trepte

2002, S. 89 ff.). Das heißt, die Kandidaten verhalten sich nicht, wie sie es gewohnt sind, sondern in dem Bewusstsein, sich in einer Show, vor Kameras, vor einer Fachjury, vor einem Millionenpublikum mit Juryfunktion und in einem kompetitiven Spiel zu befinden.

Das Talent zur Selbstdarstellung, das hierbei zum Tragen kommt, spielt bei der Auswahl der Kandidaten durch die Jury eine zentrale Rolle. So wurde z.B. der Kandidat Daniel Küblböck nicht aufgrund von gesanglichen Qualitäten, sondern ausschließlich aufgrund seiner schillernden Persönlichkeit und ausgeprägten Begabung zur Selbstdarstellung ausgewählt (Dieter Bohlen in »DSDS – Extra«, 25.1.2003).[14]

Generell versuchen Menschen, sofern es für sie relevant ist, durch Selbstdarstellung in der Öffentlichkeit einen positiven Eindruck von sich zu vermitteln. Um das zu erreichen, versuchen sie ihr öffentliches Selbstbild einem idealen Selbstbild anzunähern (vgl. Trepte 2002, S. 89).

Auch für die Kandidaten von »DSDS« ist Selbstdarstellung ein zentrales Mittel, um die Zuschauer für sich einzunehmen. Die Entscheidung, wie der Kandidat sich in dieser Situation, in der er beobachtet wird, geben möchte, ob bescheiden, siegesgewiss, ehrgeizig, lässig, selbstbewusst, kumpel- oder divenhaft etc., wird dabei von der Bemühung bestimmt, sich in Konsistenz mit dem Selbstkonzept[15] darzustellen. Gleichzeitig muss das in der Selbstdarstellung entwickelte aktuelle Image kompatibel mit dem angestrebten zukünftigen sein, bei »DSDS« z.B. mit dem des *Superstars* (vgl. ebd., S. 93).

Zusätzlich muss versucht werden, dem Anspruch des Publikums nach Authentizität gerecht zu werden (s.o.). In diesen Bemühungen werden die Kandidaten in der Inszenierung insbesondere durch die Begleitsendung »DSDS – Das Magazin« unterstützt (s.o.). Hier wird das spielerische Verhalten der Kandidaten nachträglich durch ihre Freunde und Verwandten authentisiert und der Echtheitsbeweis für diese authentischen Menschen geliefert (vgl. Mikos 2002, S. 32).

---

14 Auch die Kandidaten der Show wissen, dass Selbstdarstellung gefordert wird und deren Qualität ein wichtiges Kriterium im Wettbewerb darstellt. Eine Äußerung des Kandidaten Daniel Küblböck, in der er – sich über die Wirkung der einzelnen Kandidaten sehr bewusst – Vermutungen über die Präferenzen des Publikums anstellt, belegt dies: »Ich denk mal, da hat der Alex [Kandidat Alexander] einen sehr großen Vorteil [im Spiel], weil er sehr natürlich geblieben ist, und ich glaub, dass ich da auch einen Vorteil hab, weil ich einfach das mache, was ich will« (»DSDS« – Das Magazin«, 10.2.2003).
15 Das Selbstkonzept beinhaltet das Wissen über die eigene Person und bestimmt somit, welche Aspekte des Selbst für die Selbstdefinition von Bedeutung sind (vgl. Trepte 2002, S. 93).

Inwieweit die tatsächlichen Darstellungen des Selbst den eigenen Vorstellungen der Selbstdarstellung entsprechen, kann dabei anhand der medial aufgezeichneten Bilder im Nachhinein von den Kandidaten kontrolliert werden. Sie haben so die Möglichkeit, ihre Selbstdarstellung im Laufe der Show zu optimieren und sich dem Bild, das sie von sich geben möchten, weiter anzunähern. Dabei spielt insbesondere das Feedback durch das Publikum eine wichtige Rolle (vgl. Reichertz/Fromm 2002, S. 99). So wurde z. B. der Kandidatin Juliette immer wieder vorgehalten, sie wäre zu perfekt, um die Sympathie eines breiten Publikums zu gewinnen und innerhalb des Wettbewerbs wirklich erfolgreich zu sein. Ihr wurde nahegelegt, die Selbstdarstellung zu modifizieren und weniger perfekt aufzutreten, um ihre Chancen zu verbessern (vgl. Trepte 2002, S. 93). Ihrer eigenen Aussage zufolge arbeitete anschließend tatsächlich daran, »weniger perfekt zu sein« (von Kürthy/Rasch 2003, S. 59).

Neben der Herausforderung, sich selbst angemessen darzustellen, stellt sich den Kandidaten die Aufgabe, einer Anzahl von medialen Rollen zu entsprechen, die im Folgenden näher betrachtet werden.

Transfigurative szenische Darstellung: Prototypische Charaktere

Prinzip des Spiels »DSDS« ist, dass der Zuschauer mit den favorisierten Kandidaten Allianzen bildet. Dafür ist es im Rahmen der Inszenierung notwendig, ihnen klare, voneinander abgegrenzte Profile zu verleihen. Dies geschieht, indem die Kandidaten auf ihren medienwirksamsten Eigenschaften aufbauend prototypisiert werden. Das heißt, basierend auf ihrer Persönlichkeit bzw. ihrem Aussehen werden prototypische Rollen für sie entwickelt, denen innerhalb der Inszenierung durch das Styling, die Auswahl des aufgezeichneten Materials, die Kommentare der Jury etc. zugearbeitet wird (vgl. Behr/Kaiser 2000, S. 134).

Als Gruppe werden die Konkurrenten um den Titel *Deutschlands Superstar* so inszeniert, dass sie ein Spektrum unterschiedlicher Typen abdecken. Durch diese Auswahl ist auch einem breiten Publikum die Möglichkeit gegeben, sich bei der Wahl seines Favoriten eindeutig zu positionieren. Auf diese Weise wird eine starke Polarisierung der Zuschauer begünstigt, die wiederum hilft, die Show für den Zuschauer emotional aufzuladen, um ihre Attraktivität zu steigern.

Wie die Kandidaten in den Medien, und damit von einem großen Teil der Öffentlichkeit, konkret wahrgenommen werden, ist entscheidend von Dieter Bohlen geprägt. Als Sänger der kommerziell ausgesprochen erfolgreichen Pop-

Verschwimmende Grenzen von Realität und Fiktion – »DSDS«

band »Modern Talking« ist er das prominenteste Mitglied der Show, und seine plakativen Äußerungen werden von Rundfunk und Presse begeistert aufgegriffen und recycled (vgl. z.B. Schulz 2003; Wellershof 2003; Tuma 2003, S. 156 ff.). Bohlens Charakterisierungen der Kandidaten werden daher im Folgenden herangezogen, um die prototypischen Rollen der fünf letzten Finalisten hier kurz exemplarisch zu umreißen.

- Die Kandidatin Vanessa inspiriert Dieter Bohlen zu Kosenamen wie »mein kleines Igelschnäuzchen«, »mein kleiner Sonnenschein« (»DSDS« – Extra«, 25.1.2003) oder auch zu Schwärmereien wie: »Wenn ich sie sehe, fängt mein Herzchen ganz laut an zu pochen« (ebd.). Beispielhaft für Vanessas Bild in der Presse attestiert auch der STERN der jüngsten Kandidatin »Kulleraugen« (von Kürthy/Rasch 2003, S. 63) und unterstützt auch sonst das von Bohlen massiv verbreitete Bild der *kleinen Niedlichen*.
- Kandidatin Gracia, ist, so Bohlen, »ein wirklich nettes Mädchen«, mit »zwei schlagenden Argumente, die sie mit sich rumträgt, die [...] auch nicht jeder hat.« In der Sendung muss sie immer wieder als einzige Kandidatin Auskunft über ihre Oberweite geben: Wie findet sie es, wenn Daniel ihr an den Busen fasst? Hält sie ihre Brüste für karriereförderlich? etc. (vgl. »DSDS – Extra«, 25.1.2003.). Sie ist die *Nette mit der großen Oberweite*.
- Juliette, als einziger Kandidat mit professioneller Musicalausbildung und entsprechender Berufserfahrung, ist schlicht *der Profi*.
- Der Kandidat Alexander »riecht nach Teamgeist«, »riecht nach Kumpel«, er sei ein »Typ zum Pferdestehlen«, den Dieter eigentlich gerne adoptieren würde (vgl. ebd.). Für ihn ergibt sich die Rolle des *coolen Kumpels*.
- Daniel Küblböck stellt ein besonderes Phänomen dar. Laut SPIEGEL wurde der »schräge Daniel« als Reaktion auf die zunächst dümpelnden Quoten von »DSDS« von einer BILD-Reporterin »erfunden« (vgl. Klawitter 2003, S. 173). Dieter Bohlen sagt zum ersten Eindruck der Jury von Daniel »Wir wussten nicht, was er wirklich hat, außer 'ner Schraube locker« (»DSDS – Extra«, 25.1.2003). Und auch Daniel selbst transportiert dieses Image durch sein Verhalten und Äußerungen wie: »In die Schublade steck ich mich gern: abgedreht« (ebd.).

Indem diese prototypischen Rollen einen Handlungsrahmen vorformulieren, geben sie den medial unerfahrenen Kandidaten zunächst einmal Halt im ungewohnten Umfeld der Inszenierung (vgl. Behr/Kaiser 2000, S. 134). Die Rolle von Vanessa erlaubt es ihr z.B., bei Bedarf schutzsuchend auf Gracias Schoß zu flüchten und Kandidat Alexander vor laufender Kamera zu bitten, ihr durch den Abend zu helfen. Es ist daher nicht verwunderlich, dass die Kandidaten diese Rollen zum Teil bereitwillig aufgreifen (vgl. ebd.). So hebt z. B. Gracia keinen Einspruch, wenn sie zum wiederholten Mal auf ihre Oberweite angesprochen wird, und auch Daniel Küblböck wird mit seiner Haltung »I bin halt der, der wo's net macht, was die anderen sagen« (Tuma 2003, S. 2) der ihm zugeschriebenen Rolle gerecht.

Je stärker eine prototypische Rolle etabliert wird, desto kleiner wird der Spielraum für die Selbstdarstellung. Selbst der Versuch auszubrechen bzw. der Rolle zusätzliche Facetten zu verleihen, in dem Bemühen sie dem Selbstbild anzugleichen, werden vom Publikum innerhalb des interpretativen Rahmens, den die prototypische Rolle vorgibt, bewertet (vgl. Behr/Kaiser 2000, S. 134). Zum einen besteht also besonders im Rahmen des Wettbewerbs für die Kandidaten der Druck, eine dem Rollenbild entsprechende Erwartungshaltung des Publikums zu befriedigen, zum anderen wird selbst ein Aufbegehren der Kandidaten gegen dieses Bild vor dem Hintergrund seiner Rolle bewertet, welche die Interpretation dieses Verhaltens zusätzlich beeinflusst.

Artistische Darstellung

Innerhalb des Formats »DSDS« ist die »artistische Darstellung« sowohl unter dem Aspekt der Show als auch dem des Spiels von großer Bedeutung. Der gesangliche Teil des Abends ist zum einen wichtiges Unterhaltungselement, zum anderen zentraler Bestandteil des Wettbewerbs. Die Qualität der artistischen Darstellung der Kandidaten sollte, würde die zugrunde liegende Idee eines künstlerischen Wettbewerbs tatsächlich im Vordergrund stehen, ja die Grundlage für die Bewertung ihrer Leistungen durch Jury und Zuschauer bilden. Neben den gesanglichen Fähigkeiten, die innerhalb der artistischen Darstellung von den Kandidaten verlangt werden, müssten die Interpreten auch das für Popinterpretationen spezifische, überhöhte Ausdrucksverhalten beherrschen.

Da der Wettbewerb unter dem Vorzeichen »Superstar« steht, sind die Rollenvorbilder für die artistische Darstellung im Bereich internationaler Popgrößen zu suchen. Auch die Entscheidung, die Kandidaten in erster Linie Cover-Versionen international bekannter Interpreten singen zu lassen,[16] reflektiert diesen An-

---

16 Ausnahme ist die Finalsendung mit dem Bohlensong »Take Me Tonight«.

spruch. Die Inszenierung erreicht auf diese Weise, dass die jeweilige gesangliche Leistung unwillkürlich ins Verhältnis zu der des Originalinterpreten gesetzt wird. Diese Assoziation wird häufig durch entsprechendes Styling, das dem der Originalinterpreten nachempfunden ist, unterstützt und auch die Jury zieht in ihrer Bewertung immer wieder Vergleiche zu den ursprünglichen Interpretationen.

Unwillkürliche Darstellung

Bei »DSDS« finden sich die Kandidaten in einer Situation wieder, die ihre im Alltag erlernten Fähigkeiten zur Rollen- und Selbstdarstellung in vielen Momenten übersteigt. Auf der Bühne und vor der Kamera gelten »medienspezifische Konventionen des Agierens«, die sich von denen des Alltags wesentlich unterscheiden und daher erst erlernt werden müssen (vgl. Müller 1999, S. 88). In diesem Zusammenhang ist bei »DSDS« zu beobachten, dass der gesangliche Auftritt auf der Bühne, den die Kandidaten teilweise schon seit Jahren gewohnt sind, beispielsweise sehr viel souveräner gemeistert wird als ihre sonstigen Auftritte, die ihnen zunächst vom Rahmen her vollkommen fremd sind.

Die eingeschränkten Fähigkeiten hinsichtlich ihres willkürlichen Darstellungsrepertoires, werden insbesondere in Situationen hoher emotionaler Anspannung offenkundig. In diesen Momenten wirkt die Darstellung der Kandidaten brüchig, und der *wirkliche* Mensch scheint hinter der Fassade sichtbar zu werden. Ihr Verhalten besitzt dann den »Anstrich des Unwillkürlichen« (ebd., S. 89) und vermittelt damit den Anschein von Authentizität. Besonders offensichtlich wird das Laienhafte der willkürlichen Darstellung der Kandidaten durch den Kontrast zum routinierten Auftreten der professionellen Fernsehakteure von »DSDS« insbesondere der Moderatoren und Dieter Bohlen.

Die Inszenierung des Verhältnisses zwischen Fernsehakteur und -zuschauer

Bei der folgenden Untersuchung der Bedeutung der Fernsehakteure von »DSDS« für die Zuschauer des Formats liegt der Schwerpunkt des Interesses zum einen auf den Mechanismen, durch welche es der Inszenierung gelingt, die beiden Parteien zueinander in Beziehung zu setzen, und zum anderen auf den Formen der Auseinandersetzung, die aufseiten der Zuschauer dadurch begünstigt werden. Mit »Publikum« oder »Zuschauer« ist hier, wenn nicht ausdrücklich spezifiziert, das Fernseh- und nicht das Saalpublikum gemeint. Da »DSDS« in erster Linie als mediales Produkt konzipiert ist, beschränkt sich die Betrachtung des Studiopublikums auf seine Funktion innerhalb der medialen Inszenierung.

Die vorangegangenen Betrachtungen lassen darauf schließen, dass die Inszenierung den Zuschauern durch unterschiedliche Rahmungen auch verschiedene Teilhabeformen eröffnet. »DSDS« erlaubt dem Zuschauer, einem Geschehen beizuwohnen, ohne dass er seine Distanz aufgeben muss. Er kann das Format mit einem gewissen Abstand, einer gewissen Objektivität betrachten und beurteilen, also einen analysierenden Rezeptionsmodus einnehmen (vgl. Gleich 1997, S. 38; vgl. auch Vorderer 1998, S. 693). Seinen unterschiedlichen Rahmungen entsprechend kann die Show beispielsweise primär als musikalische Show wahrgenommen werden, deren Reiz darin besteht, akustisches Vergnügen zu bereiten. Sie kann ebenfalls als in erster Linie optisches Spektakel goutiert werden, als eine Veranstaltung, bei der gut aussehende Moderatoren in atemberaubender Garderobe durch den Abend führen und perfekt gestylte Kandidaten auf einer funkelnden Showbühne in märchenhaftes Licht getaucht werden. Der »Lust an der Hypothesenbildung in distanzierter Ergebnisspannung« (Müller 1999, S. 84) kommen sowohl die Rahmung als Spiel als auch die Rahmung als Geschichte zugute, da sowohl über Spielverlauf und Spielergebnis als auch über die Entwicklung der individuellen Schicksale der Kandidaten spekuliert werden kann. Dass die Möglichkeit einer eher distanzierten Betrachtung des Formats existiert und genutzt wird, können zahlreiche kritische Auseinandersetzungen mit Form, Inhalt und Bedeutung des Formats sowohl in Diskussionsforen (z. B. IOFF – Das Inoffizielle Fernseh- und Medienforum) und Gesprächen als auch in der medialen Berichterstattung (vgl. Bolz/Rennefanz 2003, S. 16) belegen.

Darüber hinaus aber ist zu beobachten, dass innerhalb der Inszenierung große Anstrengungen unternommen werden, gerade dieser Distanz entgegenzuwirken und den Zuschauer emotional einzubinden. Um aufzuzeigen, wie innerhalb der Inszenierung durch die »Aufhebung von Distanz« (Woisin 1989, S. 32) ein quasi dialogischer Charakter etabliert wird, werden zunächst zwei zentrale Konzepte von Rezeptionsprozessen umrissen.

In ihren Untersuchungen zur Emotionalisierung und emotionalen Intensitätssteigerung in und durch die Masse beschreibt Katrin Döveling den Umstand, dass die Tatsache, dass Menschen sich einer Gleichgesinntheit mit anderen zumindest teilweise bewusst sind, eine Veränderung der ursprünglichen Gefühle bewirken kann. Sie zitiert in diesem Zusammenhang Simmel der ein »lawinenartiges Anschwellen geringster Impulse« in der »Erregtheit« einer Masse beschreibt (Simmel 1917, zit. n. Döveling 2001, S. 152) und Durkheim, dem zufolge derartige kollektiv-emotionale Prozesse zu einer Intensivierung der Gefühle und damit zu einer Veränderung ihrer Qualität führen (Durkheim 1897, zit. n. Döveling 2001, S. 152). Da aber die Welt erst dadurch strukturiert wird, dass sie unterschiedlich emotional besetzt ist, heißt eine Veränderung von Emotionen auch eine veränderte Strukturierung der Welt und somit eine veränderte Realität (vgl. Döveling 2001, S. 152).

Auf »DSDS« übertragen bedeutet dieser Mechanismus, dass die Integration des Saalpublikums eine stärkere emotionale Partizipation des Zuschauers begünstigt, da der Einzelne seine Gefühle als gemeinschaftliche Erfahrung und dadurch intensiver erleben kann. Ebenso kann die Inszenierung auf diese Weise eine Veränderung der Natur der Gefühle provozieren, was – versteht man Emotionen als »jene Gefühle und Affekte, die die Handlungsweisen gleichermaßen anleiten können wie Werte und Kognitionen« (Reimann u. a., zit. n. Döveling 1991, S. 150) – wiederum Konsequenzen für das reale Handeln der Zuschauer haben kann. Dies aber bedeutet nichts anderes, als dass die Mechanismen der Inszenierung letztendlich die Realität beeinflussen können.

Der Zuschauer von »DSDS« wird durch die für Fernsehshows typische kontinuierliche persönliche Ansprache dazu angehalten, aus seiner Perspektive heraus, also unter Beibehaltung der eigenen Identität, zu partizipieren oder durch die Möglichkeit des Telefon-Voting zu interagieren. Eine solche Form der Anteilnahme, welche die Beibehaltung der Eigenständigkeit und Identität des Zuschauers voraussetzt, erfasst das Konzept der »parasozialen Interaktion«, das sich explizit von Identifikationsprozessen abgrenzt.

Durch wiederholtes Interagieren und den dynamischen Charakter von parasozialer Interaktion können im nächsten Schritt auch parasoziale Beziehungen zu Personen des Fernsehens entstehen. »Diese Beziehungen repräsentieren quasi die positiven Gratifikationen, die während der parasozialen Auseinandersetzung mit der Fernsehperson gewonnen werden« (Gleich 1997, S. 76). Unter diesem Blickwinkel erscheinen die Medienakteure

> »als eine zentrale Kategorie des Medienangebots [...], der von Seiten der Fernsehanbieter eine hohe Bedeutung für sozio-emotionale Dimensionen von Rezipientenprozessen bei der Zuwendung zu bestimmten Fernsehangeboten, der emotionalen Beteiligung beim Fernsehen sowie der Verarbeitung und Wirkung von Fernsehinhalten und deren Ergebnissen beigemessen wird« (ebd.).

Wie der Zuschauer jedoch konkret mit dem Medienangebot umgeht, ist, so betont die interaktionistische Perspektive und so konnten Studien (vgl. Vorderer 1998, S. 705 ff.; vgl. auch Gleich 1997, S. 250 ff.) belegen, abhängig von subjektiven Bedeutungszuschreibungen und kognitiven Konstruktionen und somit individuell. Diese Betonung des individuellen Rezeptionsprozesses bedeutet jedoch nicht, dass parasoziale Interaktionen oder Beziehungen vollkommen willkürlich aufseiten des Rezipienten entstehen. Obwohl den Zuschauern ein hohes Maß an Handlungsfreiheit bleibt, orientiert sich parasoziale Interaktion an den »Rollenvorgaben des Kommunikators« (vgl. Gleich 1997, S. 44).

Prozesse parasozialer Interaktion werden bei »DSDS« auch durch dem Fernsehen eigene Präsentationsmodalitäten begünstigt. Zu diesen zählt als Grundlage parasozialer Interaktion wesentlich die fernsehtypische Präsentation »realitätsanaloger Stimuli«. Zusätzlich können »spezielle Präsentationsformen und Gestaltungsmittel des Fernsehens« wie Kameraeinstellungen und Bildausschnitte das Erleben von Nähe und Intimität unterstützen (Gleich 1997, S. 39). Bei »DSDS« geschieht dies beispielsweise durch häufige Nahaufnahmen und Bildausschnitte, die auf die emotionale Verfassung der Beteiligten verweisen (s. o.). Darüber hinaus spielt besonders die Möglichkeit, den Fernsehakteur durch die »Gleichzeitigkeit von Informationsübermittlung und Informationsaufnahme [...] als gleichzeitig handelndes Gegenüber zu erfahren«, die dem Zuschauer beim Fernsehen geboten wird, eine wichtige Rolle (Gleich 1997, S. 39). Dies trifft in besonderem Maße für eine Live-Sendung wie »DSDS« zu, in der das Geschehen nicht nur auf dem Bildsschirm, sondern auch als reales Geschehen gleichzeitig mit dem Leben der Zuschauer verläuft. Die Serienstruktur des Formats gewährleistet dem Zuschauer darüber hinaus einen regelmäßig wiederholten Kontakt mit den Fernsehakteuren, so dass über parasoziale Interaktion hinaus auch die Bildung parasozialer Beziehungen begünstigt wird (vgl. Vorderer 1998, S. 695).

Festzuhalten ist, dass das Format dem Zuschauer neben der Gelegenheit zu distanzierter auch die zu emotional involvierter Rezeption bietet (vgl. Vorderer 1998, S. 691, vgl. bes. auch Döveling in diesem Band). Die Inszenierung »DSDS« stellt das Publikum damit nicht nur in eine, sondern gleichzeitig in zwei strukturelle Rollen- bzw. Situationsdefinitionen. Neben der Rolle des Beobachters wird von ihm durch eine Reihe von inszenatorischen Techniken, die ihn in das Geschehen einbeziehen und Prozesse der Identifikation (vgl. Döveling in diesem Band) und der parasozialen Interaktion auslösen können, auch die

Rolle des Partizipierenden eingefordert.[17] Über diesen imaginierten Kontakt hinaus schafft demnach die Inszenierung innerhalb des Spiels die im Telefon-Voting begründete Möglichkeit zu wirklicher Interaktion. Der Zuschauer ist in der Lage, konkret auf eine Kommunikationsofferte der Inszenierung zu reagieren und den Adressaten mit seiner Antwort real und nicht nur imaginiert zu erreichen. Dass diese Antwort Einfluss auf das Leben der Kandidaten hat, wird dem Zuschauer im Rahmen der Inszenierung immer wieder deutlich gemacht, und so gestaltet er seine telefonisch vermittelte Antwort in diesem Wissen. Die parasoziale Beziehung wird damit um eine reale Beziehungskomponente erweitert.

Über die imaginierte Beziehung hinaus setzt die Inszenierung Zuschauer und Kandidaten also in einen Zusammenhang, in dem sich der Zuschauer gegenüber dem Kandidaten in einer Machtposition erleben kann. Die Inszenierung unterstützt auf diese Weise eine Überlagerung von imaginierten und realen Momenten in der Beziehung des Zuschauers zum Kandidaten. Dass dabei die imaginierte Beziehung Einfluss darauf haben kann, ob ein Zuschauer für den Kandidaten stimmt oder mehrfach stimmt, kann vorrausgesetzt werden. Das heißt, dass die imaginierte Beziehung der Zuschauer zu den Kandidaten, z.B. Einfluss auf die Anzahl der getätigten Anrufe pro Abend und damit den Profit der Produktionsfirma nehmen kann. Es ist also festzustellen, dass die Qualität der imaginativen Beziehung Auswirkungen auf reale Handlungen und damit die Realität haben kann.

Verschwimmende Grenzen von Realität und Fiktion bei »DSDS«

Die Inszenierung des Verhältnisses von Realität und Fiktion im Formats »DSDS« lässt sich in den folgenden Punkten zusammenfassen.

Als Sendung, die dem »performativen Realitätsfernsehen« (Keppler 1994) zugerechnet werden kann, zeichnet sich das Format »DSDS« dadurch aus, dass es in den Alltag seiner Kandidaten eingreift, um ihn für unbestimmte Zeit zu verändern. Dies geschieht, indem die inszenierte, zuvor fiktiv konzipierte Geschichte der Show mit der des wirklichen Lebens verschränkt wird.

Durch ihre serielle Struktur entwickelt sich die im Rahmen der Show erzählte Geschichte gleichzeitig zum Leben der Zuschauer. In den Live-Sendungen lässt

---

17 Inwieweit diese Möglichkeiten tatsächlich vom breiten Publikum genutzt werden, führt dabei über den Schwerpunkt dieser Untersuchung hinaus und müsste im Rahmen einer anderen Arbeit empirisch untersucht werden.

sich das Geschehen von Zuschauer und Fernsehakteuren sogar simultan erleben. Zusätzlich handelt es sich bei den Darstellern nicht um Schauspieler, sondern um reale Personen. Es kann davon ausgegangen werden, dass diese Merkmale dazu geeignet sind, beim Zuschauer in Bezug auf das beobachtete Geschehen den Eindruck von Realismus zu erzeugen.

Durch den Live-Charakter von »DSDS – Die Show« und »DSDS – Die Entscheidung« konstruiert die Inszenierung medial vermittelte Authentizität. Dennoch unterscheidet sich »DSDS« als ein allein für die Medien konzipiertes »Pseudoereignis« grundlegend von realen, spontan auftretenden Ereignissen. Durch die Bedeutung und Allgegenwärtigkeit des Fernsehens in unserer Gesellschaft jedoch erscheinen Pseudoereignisse, schon allein weil sie in den Medien auftauchen, als scheinbar reale Ereignisse. Der sich aus dem Zusammenspiel dieser widersprüchlichen Komponenten ergebende Realitätsstatus des Fernsehereignisses »DSDS« ist uneindeutig.

Bei »DSDS« dient der reale Vorgang des Castings als Basis für die Entwicklung eines Spiels, dem im Rahmen der Inszenierung zentrale Bedeutung zukommt. Obwohl auch die von »DSDS« vorgenommene Adaption des Castings reale Komponenten hat, unterscheiden sich die Spielregeln von »DSDS« grundsätzlich von den Regeln des realen Vorgangs. Die durch die Spielregeln gekennzeichnete Rahmung als Spiel impliziert trotz des Realitätsgehalts der Vorgänge immer auch ein Nur-so-Tun-als-ob.

Die dokumentarisch anmutenden Hintergrundberichte von »DSDS – Das Magazin« erwecken den Eindruck, das wirkliche Leben der Kandidaten während der Show widerzuspiegeln. Da der Ablauf dieses Lebens jedoch von der Produktion entworfen und medial aufbereitet wird, um eine vorweg konzipierte Geschichte mit Soap-Charakter zu realisieren, stellt sich auch hier die Frage nach dem Wirklichkeitsgehalt.

Zusätzlich zum dokumentarischen Charakter von »DSDS – Das Magazin« und der Tatsache, dass es sich bei »DSDS – Die Show« um eine Live-Sendung handelt, erzeugt das Format Situationen, sogenannte Ereignistaschen, die bewusst so konstruiert sind, dass sie spontane Ereignisse provozieren, für den Eindruck vermittelter Authentizität. Sie garantieren, dass sich dem Zuschauer die Gelegenheit bietet, überraschenden und anscheinend authentischen Geschehnissen beizuwohnen. Mit anderen Worten: Von der Produktion erfundene Situationen lösen bei »DSDS« reales Geschehen aus. Auch hier sind also fiktive und reale Elemente aneinander gekoppelt.

Verschwimmende Grenzen von Realität und Fiktion – »DSDS«

»DSDS« ist (1) eine Geschichte, die (2) im Rahmen einer Live-Show erzählt wird, in der (3) ein Spiel gespielt wird, das (4) wirkliche Folgen hat. Diese verschiedenen Rahmungen treten häufig nicht nur nacheinander, sondern auch überlappend oder parallel auf. Die nicht-hierarchische Schichtung der Rahmen erlaubt unterschiedliche, changierende Wirklichkeitsinterpretationen. Welcher Rahmen bei der Rezeption als dominant interpretiert wird und ob somit die »Wirklichkeit« des Formats als Geschichte, Show, Spiel oder sozialer Ernst definiert wird, ist dabei an den jeweiligen Zuschauer und seine Möglichkeiten zur Interpretation der Situation gebunden.

Obwohl die Kandidaten als reale Personen und nicht als Schauspieler agieren, stellt die Inszenierung sie vor die Aufgabe, verschiedene Darstellungsformen zu bedienen und unterschiedliche Rollen anzunehmen. Dabei stellt der moralische Anspruch der Gesellschaft nach Authentizität die Kandidaten vor die paradoxe Aufgabe, überzeugend darzustellen, dass sie nicht schauspielen. Wie der Zuschauer die Darstellung der Kandidaten letztlich beurteilt, hängt primär von seiner jeweiligen Definition der Rahmensituation ab. Da die Dramaturgie der Rahmungen den Wechsel der Darstellungsmodi modelliert, bildet sie dabei den wechselnden Hintergrund für die individuellen Deutungen der Zuschauer hinsichtlich der Performance der Kandidaten. Ob das Dargestellte als authentisch, der beobachtete Vorgang als real oder gespielt wahrgenommen wird, ist individuell verschieden und ebenfalls vom persönlichen Hintergrund des Zuschauers abhängig. Die individuelle Zuschreibung der Zuschauer in Hinblick auf die Authentizität der Darstellungen der Kandidaten kann Einfluss auf die Wahrnehmung des Charakters einzelner Kandidaten nehmen. Da der Zuschauer gleichzeitig als Jurymitglied fungiert, kann diese Wahrnehmung wiederum den Verlauf des Spiels und somit den Verlauf des Lebens der Kandidaten beeinflussen. Ob die Bewertung der Darstellung durch den Zuschauer dabei korrekt ist, das entsprechende Auftreten des Kandidaten tatsächlich gespielt oder wahrhaft authentisch war, ist hierbei, da vom Zuschauer nicht überprüfbar, unbedeutend. Auf Basis einer vom Zuschauer imaginierten Realität, beispielsweise der fälschlichen Annahme, dass ein Verhalten authentisch ist, kann ein Urteil gefällt werden, das tatsächlichen Einfluss auf das Schicksal der Kandidaten hat. Auch dies ist ein weiteres Beispiel dafür, dass sich Realität und Fiktion bei »DSDS« in Abhängigkeit voneinander befinden.

- Die Möglichkeit zur Identifikation begünstigt eine stärkere emotionale Partizipation des Zuschauers, da er seine Gefühle u. a. durch das Saalpublikum reflektiert sehen und so als gemeinschaftlich wahrgenommene Er-

fahrung intensiver erleben kann. Auf diese Weise aber ist es in der Inszenierung möglich, durch die Intensivierung auch eine Veränderung der Natur der Gefühle zu provozieren, was wiederum Konsequenzen für das reale Handeln der Zuschauer haben kann (vgl. Döveling in diesem Band).
- Die Inszenierung begünstigt parasoziale Interaktionen und parasoziale Beziehungen. Diese bieten dem Zuschauer die Möglichkeit zu imaginativen, die entsprechenden Fernsehakteure involvierenden Handlungen. Neben der imaginativen Komponente besitzt die Beziehung des Fernsehzuschauers zum Fernsehakteur aber auch eine reale. Das Telefon-Voting ermöglicht ihm, seinen Kandidaten, wenn auch anonym, zu unterstützen und so auf dessen Schicksal und damit auch auf das der anderen Superstaranwärter Einfluss zu nehmen. Damit kann die Qualität der imaginativen Beziehung Auswirkungen auf reale Handlungen und damit die Realität haben.

Diese hier Beobachtungen machen zwei Dinge deutlich:
- Das Format »DSDS« greift in die außermediale Wirklichkeit ein und verändert diese.
- Was Fiktion, was Realität, was Spiel, was sozialer Ernst, was inszeniert und was authentisch ist, ist über weite Strecken hinweg uneindeutig und somit individuell verhandelbar.

Keppler, die den kommunikativen Prozess als wesentlichen Prozess der Fernsehrezeption versteht, vertritt zudem die Auffassung, dass überhaupt nur Sendungen, die für Gesprächsstoff im Alltag sorgen, hohe Einschaltquoten erzielen (vgl. Keppler/Seel 2002, S. 64). Denn gerade im Gespräch mit anderen über Dritte, so Keppler in einer anderen Arbeit zum Thema »Klatsch«, findet, indem »Verhalten rekonstruiert und bewertet [wird], auf dessen Basis dem Klatschobjekt ein bestimmter moralischer Charakter zugesprochen wird« eine Verständigung über die normativen Standards statt. »In der gemeinsamen Abgleichung dieser Standards wird ihre Gemeinsamkeit kommunikativ beglaubigt und so Orientierung geboten« (vgl. Keppler 1995, S. 92 f., vgl. hierzu genauer Döveling in diesem Band). Wie die vorangegangenen Untersuchungen gezeigt haben, bietet »DSDS« diesbezüglich ein weites Spektrum an Gesprächsstoff. Die Tatsache, dass es sich bei den Kandidaten von »DSDS« um reale Personen handelt, verleiht ihrem Verhalten einen authentischen Charakter und somit besondere lebensweltliche Relevanz. Da es den Zuschauern möglich ist, die zentralen Akteure über mehrere Monate hinweg *kennenzulernen* und so eine parasoziale Beziehung zu ihnen aufzubauen, eignen diese sich hervorragend als Klatschobjekte.[18]

Darüber hinaus lässt sich »DSDS« durch seine hybride Struktur sowohl als Soap, als Spiel, als Show oder als Spiel mit realen Folgen rezipieren. Durch diese »changierenden Wirklichkeiten« wechselt der Hintergrund, vor dem die individuellen Interpretationen des beobachteten Verhaltens entstehen, stetig. So eröffnet sich ein außergewöhnlich weites Spektrum an Verhaltensmodellen und ein sehr großer Interpretationsspielraum, beides Charakteristika, die zur Diskussion geradezu einladen (vgl. Müller 1999, S. 35 ff.). Die thematische Angebotsvielfalt ermöglicht es dem Sender, unterschiedlichste Gruppen des in Bezug auf Lebensstile und Werte fragmentierten Publikums anzusprechen, in die Diskussion einzubinden und somit hohe Einschaltquoten zu erzielen.

Empirisch ist belegt (vgl. Hill 2001), dass gerade im Rahmen von Formaten des *Factual Entertainment* Themen angeboten werden, die sowohl zu Hause wie auch im Berufsalltag zu öffentlicher Diskussion anregen. Zentrale Themen dieser Gespräche sind dabei die Darstellung der nicht-professionellen Akteure, die Entwicklung der verschiedenen Persönlichkeiten innerhalb serieller Formate und das soziale Verhalten der Akteure. Beim Betrachten dieser Sendungen vergleicht der Zuschauer sein soziales Verhalten mit dem der Darstellung der *realen* Menschen. In der Regel um einen Unterschied festzustellen, der das eigene als sozial angemessenes Verhalten herausstreicht. Handelt es sich um ein Medienereignis, das Aufmerksamkeit auf das Genre als solches lenkt, so werden insbesondere auch übergreifende Fragen beispielsweise zu Ethik und Privatsphäre thematisiert werden (vgl. ebd., S. 3).

Diese Feststellung führt zum Kernpunkt der Untersuchung zurück: Um als Zuschauer einen grundsätzlichen Anhaltspunkt zu haben, wie das beobachtete Verhalten bzw. die beobachteten Vorgänge einzuordnen sind, muss zunächst ihr Realitätsgehalt bestimmt werden. Nur wenn der Zuschauer davon überzeugt ist, dass seine Einschätzung der Situation diesbezüglich richtig ist, er also subjektiv betrachtet keiner Täuschung unterliegt, kann er eine klare Haltung zu ihr entwickeln und diese gegenüber anderen argumentativ vertreten. Schon mit der Entscheidung, ob Verhalten als gespielt oder authentisch, eine Situation als real oder inszeniert zu werten ist, positioniert sich der Zuschauer. Erst aus dieser Position heraus kann er seine Eindrücke subjektiv korrekt bewerten, um sie dann ent-

---

18 Geklatscht wird von zwei oder mehreren Personen über eine allen Klatschparteien bekannte abwesende (vgl. Keppler 1995, S. 93).

sprechend einordnen und als Orientierungspunkte nützen zu können. Es überrascht daher nicht, dass empirisch eindeutig zu belegen ist, dass der Realitätsgehalt und damit die Differenz zwischen Realität und Fiktion eine wichtige Rolle bei den Gesprächen über Formate des *Factual Entertainment* spielen (vgl. Keppler 1994, S. 64; vgl. auch Hill 2001).

Fazit: Realität und Fiktion bei »Deutschland sucht den Superstar«

Wie die vorliegenden Ausführungen gezeigt haben, zeichnet sich das Format »DSDS« dadurch aus, dass die Grenzen zwischen Realität und Fiktion häufig diffus, Realität und Fiktion oft aneinander gekoppelt sind. Damit unterscheidet es sich unter pragmatischen Gesichtspunkten betrachtet ganz grundsätzlich von fiktiven Sendungen einerseits und dokumentarischen andererseits. Beide sind hinsichtlich ihres Realitätsbezugs in der Konvention eindeutig verortet. Auch wenn es möglich ist, die Welt einer fiktiven Sendung während der Dauer der Ausstrahlung als real anzunehmen, so ist doch spätestens mit ihrem Ende klar, dass es sich nicht um die Wiedergabe realer Ereignisse und Schicksale realer Personen gehandelt hat (vgl. Tröhler 2002, S. 18).

Dokumentarische Sendungen hingegen verpflichten sich zur Dokumentation realer Ereignisse. Dass der Zuschauer auch heute noch Vertrauen in diese Konvention hat, zeigt das Ausmaß der Empörung in Fällen, in denen sich Dokumentationen als Fälschungen herausstellten. Bei Formaten realitätsbasierter Unterhaltungssendungen wie »DSDS« verhält es sich jedoch anders. Hier ist dem Zuschauer klar, dass fiktive und reale Elemente aufeinandertreffen, dass er das Gesehene nur in einzelnen Momenten der einen *oder* anderen Kategorie – dokumentarisch oder fiktiv – zuordnen kann.

Diese Bestimmung findet in der Auseinandersetzung mit den in der Sendung gegebenen Hinweisen, im Gespräch mit anderen und unter dem Einfluss der medialen Berichterstattung statt. Jede neue Information muss in das individuelle Vorstellungsbild von Realität und Fiktion eingeordnet werden. Da dabei existierende Informationen überprüft und vorangegangene Entscheidungen in Bezug auf ihren tatsächlichen Realitäts- bzw. Fiktionsbezug eventuell revidiert werden müssen, ist jede neue Information eine potenzielle Bedrohung für die bisherige Ordnung. Dieser Prozess der Einordnung ist daher ein kontinuierlicher, der auf vielen Ebenen medialer und persönlicher Kommunikation stattfindet. Der durch das breite Themenspektrum ohnehin reichlich bei »DSDS« zur Verfügung stehende Gesprächstoff wird durch diese Diskussion um Realität und Fiktion innerhalb des Formats multipliziert. Was der Einzelne jedoch innerhalb des Formats »DSDS« als Realität bzw. Fiktion annimmt, ist individuell verschieden. Anders als fiktive und dokumentarische Sendungen bieten realitätsbasierte Unterhaltungssendungen die Möglichkeit, selbst zu entscheiden was als real bzw. fiktiv angenommen wird, und damit die Gelegenheit, auf den Vorgaben der Sendung basierend eine Realität zu entwickeln, die zu einem entscheidendem Teil selbst gestaltet ist. Der Zuschauer muss bei »DSDS« nicht wie bei fiktiven Sendungen am Ende zugeben, dass alles nur Fiktion war; er muss sich also nicht vollständig *entzaubern* lassen.

Literatur

Ang, Ien (1985): Watching Dallas. Soap opera and the melodramatic imagination. London/New York: Methuen

Balint, Michael (1959): Angstlust und Regression. Beitrag zu einer psychologischen Typenlehre. Stuttgart: Klett

Behr, Manfred/Kaiser, Silvia (2000): »Echte« Gefühle und Projektionen: Big Brother als Mittel gegen den Milieuauthismus. In: Frank Weber (Red.): Big Brother. Inszenierte Banalität zur Prime Time. Münster: LIT, S. 125–141

Böhme-Dürr, Karin/Sudholt, Thomas (Hrsg.)(2001): Hundert Tage Aufmerksamkeit. Das Zusammenspiel von Medien, Menschen und Märkten bei »Big Brother«. Konstanz: UVK

Bolz, Norbert/Rennefanz, Sabine (2003): Im Nichts versinken. In: Berliner Zeitung, Nr. 52, 3.3.2003, S. 16

Boorstin, Daniel (1963): The Image or what Happened to the American Dream. Harmondsworth 1963 (deutsch: Das Image oder Was wurde aus dem Amerikanischen Traum? von Daniel J. Boorstin/Manfred Delling/Renate Voretzsch

Brosda, Carsten (2000): »Viel Lärm um nichts«: Big Brother – Anmerkungen zur Selbstreferenzialität medialer Pseudoereignisse. In: Frank Weber (Red.): Big Brother: Inszenierte Banalität zur Prime Time. Münster: LIT, S. 95–107

Charlton, Michael/Klemm, Michael (1998): Fernsehen und Anschlußkommunikation. In: Walter Klingler/Gunnar Roters/Oliver Zöllner (Hrsg.): Fernsehforschung in Deutschland. Themen – Akteure – Methoden. Teilband 2. Baden-Baden: Nomos, S. 709–727

Corner, John (1999): Critical Ideas in Television Studies. Oxford: Oxford University Press

Döveling, Katrin (2001): »Big Brother« und die Fans. Geteiltes Gefühl ist doppeltes Gefühl – Die Sehnsucht nach kollektiver Potenzierung einer Gefühlserfahrung. In: Karin Böhme-Dürr/Thomas Sudholt (Hrsg.): Hundert Tage Aufmerksamkeit. Das Zusammenspiel von Medien, Menschen und Märkten bei »Big Brother«. Konstanz: UVK, S. 149–170

Geraghty, Christine (1980): The continuous serial: a definition. In: Richard Dyer (Hrsg.): Coronation Street. London: British Film Institute, S. 9–26

Gerhards, Jürgen (1988): Soziologie der Emotionen, Fragestellungen, Systematik und Perspektiven. Weinheim/München: Juventa

Gleich, Uli (1997): Parasoziale Interaktionen und Beziehungen von Fernsehzuschauern mit Personen auf dem Bildschirm. Landau: Verlag Empirische Pädagogik

Göttlich, Udo (2004): Produzierte Wirklichkeiten. Zur Entwicklung der Fernsehproduktion am Beispiel von Factual Entertainment Angeboten. In: Mike Friedrichsen/Udo Göttlich (Hrsg.): Diversifikation in der Unterhaltungsproduktion. Köln: Herbert von Halem, S. 124–141

Goffman, Erving (1969): Wir alle spielen Theater. Die Selbstdarstellung im Alltag. München: Piper.

Goffman, Erving (1980): Rahmen-Analyse. Ein Versuch über die Organisation von Alltagserfahrungen. Frankfurt a.M.: Suhrkamp

Hallenberger, Gerd (2000): Live-Unterhaltung im Fernsehen. In: Gerd Hallenberger/Helmut Schanze (Hrsg.): Live is Life. Mediale Inszenierung des Authentischen. Baden-Baden: Nomos, S. 203–214

Hickethier, Knut (1991): Die Fernsehserie und das Serielle im Fernsehen. Lüneburg: Universität Lüneburg

Keppler, Angela (1994): Wirklicher als die Wirklichkeit? Das neue Realitätsprinzip der Fernsehunterhaltung. Frankfurt a.M.: Fischer Taschenbuch

Keppler, Angela (1995): Person und Figur. Identifikationsangebote in Fernsehserien. In: montage/av. Zeitschrift für Theorie und Geschichte audiovisueller Kommunikation. Fernsehen (2), 4, 2, S. 85–99

Keppler, Angela/Seel, Martin (2002): Über den Status filmischer Genres. In: montage/av. Zeitschrift für Theorie und Geschichte audiovisueller Kommunikation. Pragmatik des Films, 11, 2, S. 58–68

Kirchmann, Kay (2000): Störung und »Monitoring« – Zur Paradoxie des Ereignishaften im Live-Fernsehen. In: Gerd Hallenberger/Helmut Schanze (Hrsg.): Live is Life. Mediale Inszenierung des Authentischen. Baden-Baden: Nomos, S. 91–104

Klawitter, Nils (2003): »Die Nächsten, bitte!«. In: Der Spiegel, 10/2003, S. 172–174

Kürthy, Ildiko von/Rasch, Thomas (2003): Träume, Tränen, Wahnsinn. In: Stern, 7/2003, S. 56–64

Lehnartz, Sascha (2003): Superstar im Adorno-Jahr. In: Frankfurter Allgemeine Sonntagszeitung, Nr. 5, 2.2.2003, S. 48

Meyer, Petra Maria (2000): Akustische Kunst – live event – authentisches Erleben. In: Gerd Hallenberger/Helmut Schanze (Hrsg.): Live is Life. Mediale Inszenierung des Authentischen. Baden-Baden: Nomos, S. 105–121

Mikos, Lothar (2001): Fern-Sehen: Bausteine zu einer Rezeptionsästhetik des Fernsehens. Berlin: Vistas

Mikos, Lothar (2002): Die spielerische Inszenierung von Alltag und Identität in Reality Formaten. In: Martin K. W. Schweer/Christian Schicha/Jörg-Uwe Nieland (Hrsg.): Das Private in der öffentlichen Kommunikation. »Big Brother« und die Folgen. Köln: Herbert von Halem, S. 30–50

Müller, Eggo (1999): Paarungsspiele. Beziehungsshows in der Wirklichkeit des neuen Fernsehens. Berlin: Edition Sigma

Müller, Jürgen E. (1995): Dokumentation und Imagination. Zur Ästhetik des Übergangs im Dokumentarfilm »Transit Levantkade«. In: Manfred Hattendorf (Hrsg.): Perspektiven des Dokumentarfilms. München: diskurs film 7, S. 127–148

Nieland, Jörg-Uwe (2004): Deutschland findet einen Superstar – Neue Perspektiven für die Fernsehproduktion und das Kultmarketing? In: Mike Friedrichsen/Udo Göttlich (Hrsg.): Diversifikation in der Unterhaltungsproduktion. Köln: Herbert von Halem, S. 204–222

Odin, Roger (1998): Dokumentarischer Film – dokumentarisierende Lektüre. In: Eva Hohenberger (Hrsg.): Bilder des Wirklichen: Texte zur Theorie des Dokumentarfilms. Berlin: Vorwerk, 8, S. 286–303

Rasmussen, Tove A. (2000): Construction of Authenticity. In: Gerd Hallenberger/Helmut Schanze (Hrsg.): Live is Life. Mediale Inszenierung des Authentischen. Baden-Baden: Nomos, S. 47–67

Reichertz, Jo/Fromm, Bettina (2002): »Zeig mir dein Gesicht, zeig mir, wer du wirklich bist.« Masken des Authentischen oder: The Comeback of the Public Man? In: Martin K.W. Schweer/Christian Schicha/Jörg-Uwe Nieland (Hrsg.): Das Private in der öffentlichen Kommunikation. »Big Brother« und die Folgen. Köln: Herbert von Halem, S. 77–104

Rheingold Institut für Qualitative Markt- und Medienanalyse (2000): Big Brother – Die Puppenstube der Erwachsenen. Pressemitteilung

Scherer, Helmut/Schlütz, Daniela (2002): Das inszenierte Medienereignis. Die verschiedenen Wirklichkeiten der Vorentscheidung zum Eurovision Song Contest in Hannover 2001. Köln: Herbert von Halem

Schicha, Christian (2000): »Leb so wie du dich fühlst?«. Zur Fiktion von Authentizität beim Sendeformat Big Brother. In: Frank Weber (Red.): Big Brother. Inszenierte Banalität zur Prime Time. Münster: LIT, S. 77-94

Schütte, Georg/Ludes, Peter (1996): Medienvertrauen und Schlüsselbilderlebnisse in U.S.-amerikanischen und bundesdeutschen Fernsehnachrichtensendungen. In: Otfried Jarren/Heribert Schatz/Hartmut Weßler (Hrsg.): Medien und politischer Prozeß. Opladen: Westdeutscher Verlag, S. 213–229

Simon, Ulrike (2003): Tränen lügen nicht. In: Der Tagesspiegel, 3.2.2003, S. 27

Siller, Peter (2000): Politik und Ästhetik. Anmerkungen zu einer prekären Allianz. In: Peter Siller/Gerhard Pitz (Hrsg.): Politik als Inszenierung. Zur Ästhetik des Politischen im Medienzeitalter. Baden Baden: Nomos, S. 11–19

Strauss Anselm L. (1974): Spiegel und Masken. Die Suche nach Identität. Frankfurt: a. M.: Suhrkamp

Tuma, Thomas (2003): Von Bohlen & Reibach. In: Der Spiegel, 6/2003, S. 156–158

Trepte, Sabine (2002): Der private Fernsehauftritt als Selbstverwirklichung. Die Option des Auftritts als Rezeptionsphänomen und zur Konstruktion des Selbst. München: Reinhard Fischer

Tröhler, Margrit (2002): Von Weltenkonstellationen und Textgebäuden. Fiktion – Nichtfiktion – Narration in Spiel- und Dokumentarfilm. In: montage/av. Zeitschrift für Theorie und Geschichte audiovisueller Kommunikation. Pragmatik des Films, 11, 2, S. 9–41

Vorderer, Peter (1998): Unterhaltung durch Fernsehen: Welche Rolle spielen parasoziale Beziehungen zwischen Zuschauern und Fernsehakteuren? In: Walter Klingler/Gunnar Roters/Oliver Zöllner (Hrsg.): Fernsehforschung in Deutschland. Themen – Akteure – Methoden, Teilband 2. Baden-Baden: Nomos, S. 689–707

Woisin, Matthias (1989): Das Fernsehen unterhält sich. Die Spielshow als Kommunikationsereignis. Frankfurt a.M. u.a.: Peter Lang

Internetquellen

Hill, Annette (2001): Real TV. Audience Responses to Factual Entertainment. http://www.visbleevidence.net/articles/hil.pdf (Abruf: 17.4.2003)

IOFF (2003): Das Inoffizielle Fernseh- und Medienforum. http://www.ioff.org/archive/49////44137 (Abruf: 4.4.2003)

Köhler, Michael (2005): Gesamtalter 239 Jahre: Parade der Swinglegenden – Max Greger, Paul Kuhn und Hugo Strasser in der alten Oper. http://www.faznet/RubFBF93A39DCA8403FB78B7625AD0646C5/Doc-E74DCFA9BB1984561B62798C080D77170-AtpC-Ecommon-scontent.html (Abruf: 24.4.2005)

Netnewsletter 2003: Deutschland sucht den Superstar: 59 Klicks zum Ruhm. http://www.netnewsletter.de/letter/archiv/0303.html#1 (Abruf: Januar 2003)

Lefeber, Judith (2003): Interview. »Das war alles so krank«. http://www.spiegel.de/kultur/musik/0,1518,238419,00.html (Abruf: 27.8.2003)

Schulz, Thomas (2003): »Hol alles raus, was geht«. http://www.spiegel.de/spiegel/0,1518,229375,00.html (Abruf: 6.1.2003)

RTL.de (2003): http://www.deutschlandsuchtdensuperstar.rtl.de/2748.php (Abruf: 5.8.2003)

Wellershoff, Marianne (2003): Der Sieg des netten Herrn Alexander. http://www.spiegel.de/kultur/gesellschaft/0,1518,239378,00.html (Abruf: 9.3.2003)

»Der ist der Fescheste«[1] – Identitäts- und Geschlechtskonstruktion in der Aneignung der österreichischen Casting-Show »Starmania«

Claudia Schwarz

Seit 1999 in Neuseeland mit »Popstars« die erste Casting-Show ausgestrahlt wurde, flimmern weltweit Casting-Shows über die Fernsehbildschirme in unzählige Haushalte. Auch im österreichischen Fernsehen hielt das neue Format im Herbst 2002 Einzug, als sich der Österreichische Rundfunk (ORF) entschloss, mit »Starmania« eine Casting-Show zu produzieren. Aufgrund der weltweit erfolgreichen Ausstrahlung von Casting-Shows stellt sich einerseits die Frage nach den Sendungskonzepten und narrativen Strukturen, die offensichtlich auch universelle Muster enthalten. Der Erfolg dieser neuen Form des Reality-TV lässt sich andererseits aber nicht allein durch die Analyse des transnational produzierten Medienprodukts und seinen länderspezifischen, lokalen Ausprägungen nachzeichnen (exemplarisch Holmes 2004; Aslama/Pantti 2006). Betrachtet man mediale Produkte aus der Perspektive der Cultural Studies und in Anschluss an Stuart Halls (1980) Encoding-Decoding-Modell[2], müssen neben den Diskursen der Produzierenden und dem medialen Symbolmaterial des gesendeten Programms immer auch die alltagsweltlichen Diskurse und Aneignungsweisen der Rezipierenden in Medienanalysen einbezogen werden.

Dieser Beitrag vollzieht diesen Schritt, da er die Bedeutung in den Blick nimmt, die Casting-Shows im Leben ihrer Zuseher haben. Ethnographisch erhobene qualitative Forschungsergebnisse zur Rezeption der österreichischen Casting-Show »Starmania« veranschaulichen darin, wie das populäre Reality-TV-Programm von seinen Rezipienten für Prozesse der Identitätskonstruktion eingesetzt wird. Da diese Konstruktionsleistung über die eigentliche Rezeptions-

---

1 ›Fesch‹ ist ein in Österreich umgangssprachlich gebrauchter Ausdruck für ›hübsch‹.
2 Das Modell konzeptionalisiert die Medienkommunikation als dreiteilig, bestehend aus dem Encoding (Produktion), dem Programm als bedeutungsvollem Diskurs (Produkt) und dem Decoding (Rezeption).

situation hinausreicht und sich dahinter ein aktiver Umgang mit Medien verbirgt, ist es sinnvoll, von einem Aneignungsprozess (ursprünglich de Certeau 1988) zu sprechen, in dessen Verlauf Medienhandelnde Casting-Shows für ihre jeweilige individuelle und soziale Position nutzen.

Bevor die Leser jedoch mit den Aneignungsweisen konfrontiert werden, steht zu Beginn des Artikels eine Genredefinition und eine nähere Charakterisierung der Sendung als spezifische Ausprägung des Sendeformats Casting-Show, um die in Produktionsprozess und Medienprodukt eingeschriebenen Bedeutungen sichtbar zu machen. Daran schließt ein kurzer Umriss des – dem Artikel zugrunde liegenden – theoretischen Konzepts von Identitätskonstruktion durch/mit Medien an, wobei der Fokus besonders auf der Konstruktion von Geschlechtlichkeit, dem *Doing Gender* (West/Zimmerman 1987), liegt. Dieser Vorspann bildet die theoretische Folie, auf deren Hintergrund die empirischen Ergebnisse gelesen werden. Die Ergebnisse der qualitativen Studie zur Aneignung von »Starmania« folgen nach der Präzisierung des Forschungsinteresses und der Beschreibung des methodischen Vorgehens. Die Darstellung der empirischen Befunde verläuft entlang einer Generationentrennung, indem zuerst die Aneignungsweisen von Kindern und Jugendlichen im Alter von acht bis 15 Jahren und in der Folge jene von erwachsenen Rezipienten präsentiert werden. Der Artikel schließt mit einer zusammenfassenden Bilanz der Ergebnisse und dem Versuch, Perspektiven für weitere Forschung in diesem Feld aufzumachen.

Genre- und Sendungsmerkmale von »Starmania«

Wie in anderen Ausprägungen des Reality-TV (z.B. »Big Brother«) stehen bei Casting-Shows ›reale Menschen‹ im Vordergrund, jedoch müssen die Kandidaten bei Casting-Shows auch über besondere Fähigkeiten – im Fall von »Starmania« gesangliches Können – verfügen. Casting-Shows stellen aber nicht nur eine aktuelle Ausprägung von Reality-TV, sondern auch eine Weiterentwicklung des »performativen Realitätsfernsehens« dar, womit Angela Keppler (1994) Sendungen wie »Verstehen Sie Spaß?« oder »Traumhochzeit« bezeichnete. Das Spezifische an Sendungen des performativen Realitätsfernsehens ist, dass Fernsehproduzenten darin durch bestimmte Aktionen in das Alltagsleben von Menschen eingreifen, wodurch sich die »Grenzen zwischen Realität und Fiktion, Authentizität und Inszenierung« (Mikos 2000, S. 171) verwischen. Man zeigt zwar Menschen ›wie du und ich‹, aber durch die erzwungene Intervention in deren Leben schreiben die Produzierenden das Leben der Teilnehmer in Drehbuchmanier fort. Eine produktionskritische Skizze dieses Prozesses zeichnet die Kandidaten in Casting-Shows als den »Inszenierungsstrategien von Redaktion und Regie« (Mikos/Winter/Hoffmann 2007, S. 14) passiv unterworfene Subjekte, die kein Wissen über das von der Sendung verbreitete Bild ihrer Person haben.

In den Sendekonzepten von Casting-Shows finden sich, wie der zweite Wortteil der Formatbezeichnung schon andeutet, auch Merkmale von Fernsehshows. Unter der Anleitung der Moderatoren performen die Kandidaten nach vorher festgelegten Regeln. Man kann sie daher ebenso in das Genre des »Affektfernsehens« (Bente/Fromm 1997) einordnen – eine Bezeichnung die ursprünglich für Talksendungen und Spielshows kreiert wurde. Merkmale des Affektfernsehens sind Personalisierung, Authentizität, Intimisierung und Emotionalisierung, die vor allem durch den Fokus auf menschliche Schicksale realisiert werden. Wie dieser kurze Definitionsversuch zeigt, repräsentieren Casting-Shows kein genuin neues Format des Unterhaltungsfernsehens, sondern sie stellen vielmehr ein »Hybridformat« (vgl. Schanze 2000) dar, in dem Elemente von schon bestehenden Sendungskonzepten in einer Art Genremix neu zusammengesetzt werden.

Auch »Starmania« ist ein solches Hybridformat. Laut Sendungsleiter Mischa Zickler entwickelte der ORF die Sendung aufgrund der guten Einschaltquoten der ersten öffentlich ausgestrahlten österreichischen Song-Contest-Ausscheidung im Frühjahr 2002 (Hofer 2003). Wie bereits bei »Taxi Orange«[3] wurde das Sendekonzept von »Starmania« vom ORF selbst entworfen. Jedoch lässt sich darüber nicht hinwegtäuschen, dass in »Starmania« Elemente von bereits existierenden Casting-Shows (»Popstars«, »Pop Idol«) eingeflossen sind. Die Casting-Show wird seit November 2003 auch im Schweizer Fernsehen unter dem Titel »MusicStar« produziert.

Die erste Staffel »Starmania« strahlte der ORF vom Oktober 2002 bis Januar 2003 aus.[4] Ein Jahr später begann die zweite Staffel (»Starmania NG – Next Generation«), und von Oktober 2006 bis Januar 2007 produzierte der Sender schließlich die dritte und bislang letzte Staffel der Casting-Show, nachdem man in den zwei Jahren zuvor in den Wintermonaten auf ein Casting-Format mit

---

3 »Taxi Orange« war eine österreichische Reality-TV-Show in der, ähnlich wie bei »Big Brother«, die Teilnehmer in einem Haus lebten und rund um die Uhr gefilmt wurden (siehe dazu den Sammelband von Flicker 2001).
4 Alle Sendungs-, Publikums- und Marktanteilsdaten in diesem Absatz stammen aus Pressemitteilungen des ORF. Diese können direkt beim Fernsehsender oder über die AUSTRIA PRESSE AGENTUR (APA) angefordert werden.

Prominenten (»Dancing Stars«) setzte. Die dritte Staffel erreichte nach Daten der ORF-Medienforschung 4,5 Millionen Zuschauer ab zwölf Jahren – das sind 65% des österreichischen Fernsehpublikums in dieser Altersklasse. Durchschnittlich kam die letzte »Starmania«-Produktion auf einen Marktanteil von 33% bei den über Zwölfjährigen. Der ORF spricht von einer deutlichen Steigerung des Marktanteils im Vergleich zur zweiten Staffel. Als besonders hoch werden die Marktanteile bei den Sehern unter 30 Jahren eingestuft (50%), wobei vor allem Frauen dieser Altersgruppe einen überdurchschnittlich hohen Marktanteil (59%) aufweisen.

Auch wenn das Zielpublikum von »Starmania« dadurch in erster Linie als jung und weiblich definiert ist, verdeutlicht neben den Einschaltquoten noch ein anderer Umstand, dass es sich bei »Starmania« um ein Fernsehformat für die ganze Familie, also ebenso für Personen unterschiedlichsten Alters und Geschlechts, handelt (Schwarz 2006). Die Casting-Show wurde im Programm des ORF als wöchentliche Freitagabendshow platziert, wodurch es – analog zu »Deutschland sucht den Superstar« (vgl. Nieland 2004) – zu einer Renaissance der hauptabendlichen (Musik-)Unterhaltungsshow kam, die im ORF schon vor einigen Jahrzehnten erfolgreich die ganze Familie vor dem Fernseher versammelte und die bis zu diesem Zeitpunkt primär in Form von »Wetten, dass...?« und Volksmusikshows überlebte.

Das Sendungskonzept von »Starmania« weist bei näherer Betrachtung nicht nur aufgrund der Programmplatzierung Ähnlichkeiten mit »Wetten dass...?« auf. Obwohl das zentrale Element der Sendung die Gesangsauftritte der Kandidaten sind, wird ein Großteil der Sendezeit ähnlich wie bei der Wettshow durch die Gespräche mit der Moderatorin und den Fachexperten sowie mit Einspielungen aus den Popstar-Alltag der Teilnehmer, die deren ›private Seite‹ zeigen, gefüllt. Ebenso wie bei »Wetten dass...?« gibt es im »Starmania«-Studio ein Saalpublikum, das zur Unterstützung des Authentizitäts- und Live-Charakters der Sendung dient und stellvertretend für die Rezipierenden vor den Fernsehschirmen die Rolle der Zuschauer übernimmt. Das Saalpublikum bewertet überdies die Auftritte der Kandidaten durch Knopfdruck und agiert dadurch als Stimmungsbarometer für das Fernsehpublikum. Die Zuseher zu Hause entscheiden jedoch allein durch eine Telefonabstimmung (Voting), welche Kandidaten in die nächste Sendung kommen, wer schließlich am Ende der Staffel als ›Star des Jahres‹ übrig bleibt und damit einen Plattenvertrag als Preis erhält. Auch das ist kein Novum von Casting-Shows, denn schon in »Wetten dass...?« war und ist die Möglichkeit angelegt, als Rezipient für den ›persönlichen Wettkönig‹ abzustimmen. Wie die Wettkönige sind gleichermaßen manche Kandidaten bei Casting-Shows »Könige für einen Abend in einer Monarchie von Eintagsfliegen« (Soeffner 1992, S. 164).

Ein zentrales Unterscheidungselement im Vergleich zu bisherigen Musik- bzw. Unterhaltungsshows ist allerdings die medienübergreifende Berichterstattung über das ›Medienereignis‹ – wie bei anderen Formaten des Reality-TV kommt es auch bei »Starmania« zu crossmedialen Verbindungen (vgl. Roth 2006a). Zusätzlich zur wöchentlichen Sendung gibt es ein Internetportal, auf dem die Fans der Sendung Informationen über das Backstage-Leben, das Styling der Kandidaten, Videos ihrer Songdarbietungen, ein Diskussionsforum und einen Shop finden. Darin dokumentiert sich der gezielte Einsatz eines Kult-Marketing-Ansatzes (Nieland 2004), der sich besonders an Jugendliche als Kernzielgruppe der Sendungen richtet und versucht die (Medien-)Produkte und das Merchandising eng mit ihrem Alltagsleben zu verbinden. Die Jugendlichen werden auf der Website explizit dazu aufgefordert, ihren Stars nachzueifern und sich ähnlich wie diese zu stylen: Das »passende Outfit« (Wortlaut auf der Website) ist gleich online im »Starmania«-Shop erwerbbar. In Casting-Shows und ihren crossmedialen Medienangeboten sind dadurch Konsumaufforderungen und Anknüpfungspunkte für Rezipierende enthalten, das mediale Produkt auch über den eigentlichen Rezeptionsprozess zu nutzen und die vorgegebenen Identitätsbausteine – beispielsweise durch den Kauf und das Tragen der angepriesenen Kleidung – in das eigene Leben zu integrieren.

Identitäts- und Geschlechtskonstruktion durch/mit Medien

Unter einem konstruktivistischen Blickwinkel gestalten Casting-Shows ebenso die Identitäten ihrer teilnehmenden Kandidaten neu: Diese werden angeleitet sich eine ›Popstar-Identität‹ zu entwerfen und sich im Wettbewerb möglichst authentisch zu präsentieren. Die Sendungen bieten den Teilnehmern damit eine Bühne zur Identitäts(re)konstruktion (Martig 2006), verlangen von ihnen aber gleichzeitig, sich im Sinne konkurrenzorientierter Marktanforderungen als »unternehmerisches Subjekt« zu präsentieren (Thomas 2007), das sich den Verwertungsmechanismen der Musikindustrie unterwirft.

Die Selbstunterwerfung und Anpassung nimmt hier die Form einer – von gesellschaftlichen Macht- und Herrschaftsverhältnissen durchzogenen – »Technologie des Selbst« (Foucault 1993) an. »Technologien des Selbst« bezeichnen inkorporierte Techniken, mit denen Individuen sich selbst, ihren Körper, ihr Denken, ihre Lebensweise usw. analysieren, beschreiben und modifizieren. Bergermann (2006) konstatiert, dass diese Selbsttechnologien der Unterwerfung ein zentrales Element in Sendungen des Reality-TV sind. Selbsttechnologien ortet sie allerdings auch bei den für den Erfolg von Casting-Shows unentbehrlichen Rezipienten, die sich durch die Rezeption selbst als ein medial geschultes Subjekt entwerfen.

Diese im Rezeptionsprozess ausgebildeten und angewandten Selbsttechnologien bilden neben den Interaktionen mit anderen Handelnden und den medialen Artefakten einen dritten Teil der Identitätsarbeit in der Medienaneignung. Die Rezeption von bestimmten Medieninhalten stößt solche intrasubjektiven ›selbsttechnologischen‹ Konstruktionsvorgänge am eigenen Selbstbild an und fordert gleichermaßen eine Auseinandersetzung mit der eigenen Identität. Besonders Fernsehformate des performativen Realitätsfernsehens haben Mechanismen eingebaut, die Technologien der »Selbstvergewisserung und der Selbstpositionierung« (Meer 2003, S. 255) in Gang setzen – Meer konnte dies für Talkshows feststellen – und somit zur Identitätskonstruktion beitragen. Identitätsarbeit mit Medien präsentiert sich aber nicht nur als ein auf sich selbst bezogenes Handeln ohne intersubjektiven Charakter, sondern auch in sprachlichen Aushandlungsprozessen mit anderen Akteuren sowie in nicht-diskursiven performativen Praktiken.

Einen seit jeher wichtigen Stellenwert in den wissenschaftlichen Diskursen um Identität und ihrer Konstruktion mit Medien nimmt das Verständnis von Identität als Produkt sozialisatorischer Praktiken ein. »Die vielfältigen Lebensformen, Ideen, Werte und Rollenbilder, die in den Medien thematisiert werden, dienen als Ressource für die eigene Identitätsbildung« (Mikos/Winter/Hoffmann 2007, S. 12) – und diesen Identitätsbildungsprozessen wird eine herausragende Rolle in der Sozialisation von Kindern und Jugendlichen zugeschrieben. Heranwachsende werden in der Sozialisationsforschung zusehends als aktive Subjekte wahrgenommen, die Medien und ihre Inhalte für sich und ihre spezifische Entwicklungs- und Lebenssituation verwenden.

In Sozialisationsprozessen konstruieren Heranwachsende aber nicht nur ihre Identität, sondern immer auch ihre Geschlechtsidentität (Gildemeister 1988). Aus einer sozialkonstruktivistischen und sich auf soziale Aneignungspraktiken fokussierenden Perspektive wird hier das von West und Zimmerman (zuerst 1987) theoretisch ausgearbeitete und ethnomethodologisch inspirierte Konzept des *Doing Gender* relevant. *Doing Gender* bezeichnet den sich mit jeder Handlung vollziehenden Herstellungsprozess geschlechtlicher Identität.⁵ Forschungspraktisch impliziert dies, nicht dem Unterschied zwischen Geschlechtern nachzugehen, sondern auf die in Interaktionen stattfindenden Konstruktionsprozesse von Geschlechtlichkeit zu achten, also darauf, wie diese Unterscheidung in sozialen Situationen produziert wird (Gildemeister 2004).

Nach Gildemeister (vgl. ebd.) können Prozesse des *Doing Gender* anhand jeder sozialen Situation empirisch erforscht werden. Der Wandel vom ›geschlechtsneutralen‹ Kind zum/zur vergeschlechtlichten Erwachsenen verdeutlicht jedoch besonders offensichtlich den Prozess der Geschlechtskonstruktion. Ähnlich wie Transsexuelle – bei denen Prozesse des *Doing Gender* erstmalig erforscht wurden (vgl. Garfinkel 1967; Kessler/McKenna 1978) – müssen auch Heranwachsende eine (neue) geschlechtliche Identität erlernen. Dies bedeutet die aktiven Konstruktionsleistungen von Kindern und Jugendlichen in den Blick zu nehmen, da sie sich die Dimension ›Geschlecht‹ im Laufe der Sozialisation selbst aneignen müssen:

> »Die Herausbildung einer eindeutigen Geschlechtsidentität ist für jedes Kind existenziell: Sie ist notwendig, um sich in den sozialen Interaktionen zu verorten – andernfalls drohen Verunsicherung, Desorientierung und Ausgrenzung« (Paseka 2007, S. 56).

Studien zur Geschlechtskonstruktion finden sich daher vor allem in der Kinder- und Jugendforschung, indem beispielsweise Interaktionen zwischen Heranwachsenden in Schulen untersucht werden (vgl. Thorne 1993; Breidenstein/Kelle 1998).

Doing Gender lässt sich aber nicht nur unter Peers (Gleichaltrigen) beobachten, auch im Medienhandeln werden Vergeschlechtlichungsprozesse abgebildet, denn »Medien liefern wichtige Bausteine zur eigenen Identitätskonstruktion und zur eigenen Positionierung innerhalb des Systems der Zweigeschlechtlichkeit« (Dorer 2002, S. 74). Die Untersuchung der Bedeutung von Medien für Prozesse der Identitätsbildung sollte daher immer unter Berücksichtigung der Dimension ›Geschlecht‹ stattfinden. So fordern Ang und Hermes (1991) für die Medienwissenschaft eine stärkere Betonung des Aspekts der Geschlechtskonstruktion im Umgang mit Medien, wobei aber andere soziale Kategorien wie ›Klasse‹ oder ›Ethnizität‹ und der jeweilige situative Kontext der Medienrezeption und

---

5 Butler (1991) wendet sich ebenso gegen ein essentialistisches Geschlechtskonzept, indem sie die performative Komponente bei der Herstellung von Geschlechtsidentität betont, jedoch stärker auf diskurstheoretische (De-)Konstruktionen fokussiert.

-aneignung nicht vernachlässigt werden dürfen. Denn die Aushandlung der eigenen Geschlechterrolle gestaltet sich nicht nur in der Interaktion mit Mediencharakteren und durch die ›Technologien des Selbst‹. Für Kinder und Jugendliche sind besonders Familienmitglieder und Freunde aus der Peergroup relevante ›Andere‹ für Prozesse der Identitätskonstruktion und die Aneignung von Medieninhalten. Während die Familie vor allem für ein Verständnis der im elterlichen Haushalt situierten Rezeptionssituation von Bedeutung ist, fungiert die Peergroup als zentraler Rahmen für geschlechts- und entwicklungsspezifische Aneignungsformen.

Prozesse des *Doing Identity* sind, wenn man Identität als über den bloßen Sozialisationsprozess in Kindheit und Jugend hinausgehend versteht und Geschlechtlichkeit als *Doing Gender* betrachtet, niemals beendet. (Geschlechts-)Identität muss in einer postmodernen Gesellschaft auch nach der Phase der Adoleszenz fortwährend konstruiert werden und stellt sich folglich erst mit dem Tode als endgültig dar (vgl. Hall 1999). In diesem Sinne müssen auch Erwachsene ihre verschiedenen Identitätsfacetten immer wieder aktualisieren und herstellen. Wie sich dies in der Situation der innerfamiliären Rezeption von Casting-Shows darstellt, wird neben den Identitäts- und Geschlechtskonstruktionsprozessen von Kindern und Jugendlichen ebenso im empirischen Abschnitt thematisiert.

Forschungsinteresse und methodisches Vorgehen

Vor dem Hintergrund der beschriebenen Genre- und Sendungsmerkmale und den theoretischen Überlegungen zur Identitäts- und Geschlechtskonstruktion lassen sich für die Untersuchung der Aneignung von Casting-Shows einige leitende Fragestellungen formulieren.

Da (weibliche) Jugendliche den Kern des »Starmania«-Publikums bilden und die Vermarktungsstrategien der Fernsehproduzenten ihr Kult-Marketing auf diese Zielgruppe lenken, gilt es zunächst danach zu fragen, wie diese Rezipierenden die Casting-Show »Starmania« wahrnehmen und inwiefern sie die dargebotenen Nutzungsmöglichkeiten und Identifikationspotenziale annehmen, modifizieren oder ablehnen.

Neben Jugendlichen dürfen dabei aber auch Kinder nicht aus dem Blick geraten. Der ORF produziert speziell für diese Zielgruppe auch seit 1995 – also schon einige Jahre vor der ersten Casting-Show – jährlich den »Kiddy Contest« als eine Art Casting-Show für Kinder zwischen acht und 13 Jahren. Die dazu veröffentlichten CDs zählen in Österreich zu den meistverkauften Alben – ein deutliches Indiz für die Beliebtheit des Formats und das Funktionieren der crossmedialen Vermarktung. Obwohl der ORF »Starmania« als Abendshow für Personen ab zwölf Jahren produziert, scheinen Kinder genauso Teil des »Starmania«-Publikums zu sein, denn die »Starmania«-Ausstrahlung vom 29. Dezember 2006 zählte neben anderen Hauptabendshows (»Wetten dass......?« und »Dancing Stars«) zu den Top-10 der 2006 am meistgesehenen Sendungen von Kindern im Alter zwischen drei und elf Jahren (vgl. ORF Medienforschung 2007). Auf Ähnliches verweist eine Befragung aus Deutschland, die ergab, dass die Casting-Show »Deutschland sucht den Superstar« (»DSDS«) gleich nach der Daily Soap »Gute Zeiten, schlechte Zeiten« am zweihäufigsten als Lieblingssendung von Kindern im Alter von sechs bis 13 genannt wurde (Hasebrink 2004). Das Interesse an der Casting-Show steigt allerdings mit dem Alter: Während bei den Sechs- bis Siebenjährigen nur 1 % »DSDS« als Lieblingssendung angibt, beträgt dieser Anteil bei den Zehn- bis Elfjährigen schon 5,4 % um dann bei den Zwölf- bis 13-Jährigen mit 8,3 % den höchsten Anteilswert zu erreichen. Neben dem Alter unterscheiden sich die Kinder noch durch ihre Geschlechtszugehörigkeit im Interesse an der Casting-Show. Von den befragten Mädchen nannten an die 8 % diese als Lieblingssendung, bei den Jungen war es lediglich 1 %, worin sich erneut das Bild der Casting-Show als ›Mädchen-‹ bzw. ›Frauensendung‹ widerspiegelt.

Hinsichtlich kindlicher und jugendlicher Zuseher sollte die analytische Aufmerksamkeit außerdem auf die Bedeutung der Sendung im familiären Alltagsleben und Freundeskreis sowie auf die Relevanz der Sendung für Identitätsbildungsprozesse, vor allem unter Berücksichtigung der Herausbildung einer geschlechtlichen Identität, gelenkt werden. Eine zentrale Forschungsprämisse besteht hier darin, Kinder und Jugendliche nicht als homogene Gruppe zu betrachten, sondern milieu-, entwicklungs- und geschlechtsspezifische Unterschiede/Gemeinsamkeiten bei der Aneignung aufzuzeigen. Wie Untersuchungen (z. B. Paus-Hasebrink 2007) zeigen, ist neben dem Geschlecht das Alter ebenso eine Kategorie entlang der sich die Aneignungs- und Umgangsweisen mit Medien bei Kindern unterscheiden.

Auch wenn Jugendliche die Kernzielgruppe von Casting-Shows darstellen, müssen ebenso Erwachsene als Rezipienten dieser Formate in die Analyse miteinbezogen werden. Der Grund hierfür ist, dass die Fernsehrezeption von Kindern und Jugendlichen oft im Beisein der Eltern stattfindet und weil – wie die Einschaltquoten verdeutlichen – auch Erwachsene einen Teil des Casting-Show-

Publikums bilden. Neben der Fernsehrezeption als soziale Praxis im familiären Kontext gilt es zusätzlich danach zu fragen, welche Bedeutung »Starmania« für Erwachsene hat und wie sie ihre Identität – vor allem jene als Eltern und somit auch als Erzieher und Vermittler von Medienkompetenz – mit der Sendung konstruieren.

Zur Beantwortung dieser Fragen werden im nachfolgenden empirischen Abschnitt Ergebnisse einer qualitativen Studie (Schwarz 2004) zur familiären Aneignung der österreichischen Casting-Show »Starmania« präsentiert. Im Rahmen der qualitativen Erhebung wurde die (gemeinschaftliche) Aneignung der zweiten Staffel »Starmania« in Familien ethnographisch, d. h. im Haushalt der jeweiligen Familien, untersucht. Eine Methodentriangulation – bestehend aus (Familien-) Gruppendiskussionen, teilnehmender Beobachtung und der Aufnahme von fernsehbegleitenden Gesprächen (ohne Forscherinbeteiligung) während der Casting-Show-Rezeption – stellte hierfür das Methodeninstrumentarium dar. Insgesamt wurden auf diese Weise Daten zu fünf Familien mit mindestens zwei Kindern von November 2003 bis Februar 2004 erhoben. Die im Sample repräsentierten Familientypen reichen von eher traditionellen Kernfamilien, einer Alleinerzieherin mit ihren beiden Kindern bis zu einer Patchworkfamilie. Die Datenauswertung erfolgte anhand der dokumentarischen Methode, die sich besonders für die Analyse von Gesprächsdaten mit mehreren Sprechern eignet (zur Methode siehe Bohnsack 2003 und Przyborski 2004).

Die Darstellung der exemplarischen empirischen Fallbeispiele orientiert sich an einer analytischen Differenzierung nach Heranwachsenden – Kinder und Jugendliche bis 15 Jahren – und Erwachsenen. Im Anschluss an das Konzept des *Doing Gender* (West/Zimmerman 1987) werden dabei besonders die vergeschlechtlichten Aneignungsmodalitäten herausgearbeitet, die sich sowohl bei Kindern und Jugendlichen als auch bei deren Eltern rekonstruieren lassen. Während die Kategorie ›Geschlecht‹ – so viel sei bereits vorweggenommen – bei beiden Generationsgruppen eine entscheidende Rolle für die Aneignungs- und Identitätsbildungsprozesse spielt, unterscheiden sich die Kinder und Jugendlichen neben der Geschlechtszugehörigkeit auch durch ihre verschiedenen Entwicklungsphasen. Die empirischen Befunde deuten darauf hin, dass die Aneignungsweisen der Erwachsenen hingegen stärker aufgrund des jeweiligen Bildungshintergrunds und Milieus der Familien differieren.

Wie Kinder und Jugendliche ihre (Geschlechts-) Identität mit Casting-Shows konstruieren

Casting-Shows und ihre Kandidaten erweisen sich für Kinder und Jugendliche unterschiedlichsten Alters und beiderlei Geschlechts als bedeutsame Ressourcen bei der Konstruktion ihrer (Geschlechts-) Identität und als Hilfsmittel zur sozialen Orientierung.

Für Mädchen im Alter von etwa acht Jahren liefern besonders die Kandidatinnen der Casting-Shows symbolisches Material für die Herausbildung eines ›weiblichen‹ Selbstbildes – männliche Kandidaten spielen, so wie die Jungen in der Schule, kaum eine Rolle im Leben der Mädchen dieser Altersgruppe. Vor diesem Hintergrund lässt sich auch die Aussage »Die Buben hab' ich mir nicht gemerkt« eines achtjährigen Mädchens deuten, mit der sie auf die Frage nach den Lieblingen der letzten »Starmania«-Staffel antwortet. Es erscheint nachvollziehbar, dass sie die männlichen Kandidaten nicht im Gedächtnis behält, wenn diese für ihre entwicklungsspezifische Situation keine Relevanz besitzen.

In dieser Entwicklungsphase kommt es bei den weiblichen Rezipienten zu mimetischen Prozessen (Fritzsche 2002), also zu unbewusst geschehenden sozialen Lernvorgängen, in denen Aussehen und Handlungsmuster der Kandidatinnen inkorporiert und reinszeniert werden. Ein Beispiel für eine mimetisch-performative Reinszenierung zeigt sich plastisch in der Erzählung der achtjährigen Tamara:

> »Ich habe in der Schule zwei Freundinnen […] und da gibt's einen Kasten, wo ein Radio draufsteht, wo man auch CDs reingeben kann und Kassetten und ich und die Barbara und die Clara wir nehmen immer eine Starmania-CD mit und dann hören wir immer und wir reden auch manchmal über Starmania und so wen wir am besten finden und dann tanzen wir auch dazu und singen auch so.«

Für ihre Reinszenierung in der schulischen Peergroup verwenden die Freundinnen ein Merchandising-Produkt der Casting-Show, mit dem sie das Erleben bei der Rezeption immer wieder in ihrem Alltag aktualisieren können. Das Spezifische an dieser Aneignungsform ist neben der Körperlichkeit vor allem, dass sie in der Schule und in der Klassengemeinschaft stattfindet (vgl. Döveling in diesem Band). Die Mädchen konstituieren sich mit der gemeinsamen Performance in der Schule als weibliche Handlungsgemeinschaft mit ähnlichen Vorlieben und Interessen.

Im weiteren Gesprächsverlauf wird klar, dass die Freundinnen im Wesentlichen nur die Auftritte einer Kandidatin nachahmen und sich hauptsächlich an dieser Kandidatin orientieren. Auf die Frage, ob Kandidaten der Casting-Show auch eine Vorbildfunktion für sie und ihre Freundinnen haben, antwortet Tamara:

>»Na ja, manchmal machen wir ihnen schon alles nach, also beim alten Starmania die Christl haben wir noch nicht vergessen und wir singen auch noch Lieder von der. Wir haben noch CDs von der und wir tanzen auch dazu so wie sie's getanzt hat und wir singen auch dazu weil das Lied ist das einzige was wir eigentlich fast schon auswendig können.«

Bemerkenswert ist dabei, dass die Auftritte der Kandidatin auch ein halbes Jahr nach dem Ende der Staffel noch immer eine so große Bedeutung im Alltag der Mädchen haben. Das medial inszenierte Mädchenbild »Christina ›Christl‹ Stürmer«, die seit ihrer »Starmania«-Teilnahme eine im deutschen Sprachraum erfolgreiche Interpretin ist, scheint den Freundinnen als Orientierungsmodell zu dienen. »Christl« repräsentiert eine Möglichkeit wie die Mädchen selbst als ältere Jugendliche sein könnten und an deren Habitus sie sich orientieren können. Ihr kommt dabei die Funktion der ›großen Schwester‹ zu, die in Tamaras Familienleben nicht real existiert. Da in Österreich und anderen westlichen Industriestaaten derzeit durchschnittlich weniger als zwei Kinder pro Frau geboren werden, nimmt die Wahrscheinlichkeit ab, eine ›reale‹ große Schwester als Leitbild für das Erwachsenwerden heranziehen zu können. Vor diesem Hintergrund wäre es nicht verwunderlich, wenn medial vermittelten ›Ersatzgeschwistern‹ für die Identitätsbildung von Kindern und Jugendlichen steigende Relevanz zukäme.

Bei Mädchen zwischen zwölf und 15 Jahren stellen sich die Aneignungs- und Identitätsbildungsprozesse unter Verwendung der Casting-Show-Kandidaten auf eine andere Weise dar. Das Interesse rückt in dieser Altersgruppe von den gleichgeschlechtlichen Kandidatinnen ab und wandert hin zu den männlichen Kandidaten.[6] Im Vergleich zum zuvor präsentierten Beispiel manifestiert sich dieses Fan-Sein, aber nicht in Reinszenierungen oder gar in einer Orientierung am Verhalten der männlichen Casting-Show-Teilnehmer. Die vom *Doing Gender* begleitete Aneignungspraxis der Mädchen ist durch ein schwärmerisches

---

6 Das bedeutet jedoch nicht, dass in dieser Altersgruppe die Identifikation – im Sinne eines emotionalen Sichgleichsetzens – mit gleichgeschlechtlichen Kandidaten keine Rolle mehr spielt, vielmehr kommt dieser Aspekt hinzu. Siehe hierfür auch das Beispiel eines 15-jährigen Mädchens bei Roth (2006b), das sich mit den »Powerfrauen« der Casting-Show identifiziert.

Verhalten gekennzeichnet, das bereits während der Rezeption zutage tritt. So kommentiert die 15-jährige Theresa die Auftritte ihres Lieblingskandidaten im Beisein ihrer Mutter und ihres Bruders immer wieder mit Aussprüchen wie »Schau, der grinst immer so lustig, lieb«, »Ich mag den urgern« oder »Der ist der Fescheste«. Die manchmal leise gesprochenen Äußerungen erinnern einerseits an Selbstgespräche bzw. »Technologien des Selbst«, die Theresa nur für sich selbst ausspricht. Anderseits muss Theresa im fernsehbegleitenden Gespräch mit den anderen Familienmitgliedern ihre Präferenz für ihren Lieblingskandidaten fortwährend unter Bezugnahme auf sein – laut Theresa ebenso vorhandenes – gesangliches Können verteidigen, denn schließlich lassen sich Mutter und Bruder aufgrund ihrer anderen geschlechtlichen und altersspezifischen Orientierungen nicht nur wegen eines »lustigen Grinsens« für den Kandidaten begeistern (vgl. Döveling in diesem Band).

Die männlichen Kandidaten der Casting-Shows fungieren für Mädchen, die sich wie Theresa in der Pubertät befinden, ähnlich wie bei den achtjährigen Mädchen als Orientierungsmuster für ihre Identitätskonstruktion, allerdings wird die Herstellung von Geschlecht – wie auch Ergebnisse anderer Studien belegen (z. B. Breidenstein/Kelle 1998) – ab dem zwölften Lebensjahr noch durch die beginnende Auseinandersetzung mit der eigenen Sexualität überlagert. »Zu den Inszenierungen als Mädchen bzw. Bub treten dann zusätzlich Praktiken der Inszenierung von Verliebtheit entlang der heterosexuellen Norm und des heterosexuellen Begehrens bzw. Begehrt-Werdens« (Paseka 2007, S. 66). Gedanklich arbeiten sich die pubertierenden Mädchen mit den andersgeschlechtlichen Kandidaten in einer Art Bewusstwerdungsprozess hinsichtlich der eigenen geschlechtlichen, heterosexuellen Identität in die heterosexuelle Praxis ein (vgl. Breitenbach 2001). Diese Entwicklungsphase bezeichnet Paus-Hasebrink (2007) auch als jene der »persönlichen Stilentwicklung«, in der für Kinder und Jugendliche reale Frauen- und Männerfiguren aus Popmusik, Fernsehen/Film und Sport als Identifikationsfiguren wichtiger werden als nicht real existierende Figuren, wie beispielsweise jene aus »Pokémon«. Besonders für pubertierende (weibliche) Jugendliche erfüllen Popstars und vor allem die nach bestimmten Typen von ›Frau‹ bzw. ›Mann‹ zusammengestellten Boy- und Girlgroups die Funktion als Schablonen für Verliebtheitsgefühle zu dienen. Die über Jugendzeitschriften oder Casting-Shows medial vermittelten Jungenbilder bieten den heranwachsenden Mädchen die Möglichkeit »erste Erfahrungen mit der romantischen heterosexuellen Liebe zu sammeln« (Fritzsche 2001, S. 39) – und das ohne die möglichen Gefahren (z. B. Unsicherheit oder Zurückweisung), die im realen Leben mit solchen Gefühlen verbunden sein können.

Bisher wurden die Ergebnisse nur auf weibliche Rezipierende im Alter von acht bis 15 Jahren bezogen – dies vor allem, weil sie zahlenmäßig wesentlich stärker als andere Alters- oder Geschlechtsgruppen im Casting-Show-Publikum vertreten sind. In den fünf untersuchten Familien befand sich nur ein Junge der aktiv »Starmania« rezipierte. Jedoch demonstriert das Fallbeispiel des zwölfjährigen Stefan, dass auch männliche Jugendliche die Kandidaten von Casting-Shows als Orientierungsfiguren für ihre Identitätsentwicklung nutzen. Schon Forschungsergebnisse zur Aneignung von »Big Brother« kamen zum Schluss, dass für männliche Jugendliche die männlichen Protagonisten der Sendung der zentrale Bezugpunkt waren (Götz 2000).[7] Für Stefan erfüllen die Kandidaten von »Starmania« (noch) eine ähnliche Funktion wie die Kandidatinnen für die achtjährigen Mädchen. Die Analyse der fernsehbegleitenden Gespräche in seiner Familie ergab, dass besonders jene Kandidaten, die seine Schwester und Mutter bevorzugen, eine Vorbildfunktion auf ihn ausüben. Ausschlaggebend dafür dürfte aber nicht nur dieses implizite Verhalten von Schwester und Mutter sein, sondern auch ihre expliziten Hinweise an Stefan (z. B. »Die Frisur ist cool, Stefan«) sich in bestimmten Aspekten äußerlich den von ihnen präferierten Kandidaten anzugleichen.

Die Fallbeispiele der Kinder und Jugendlichen illustrieren, wie die in Casting-Shows vermittelten Frauen- und Männerbilder für Identitätsbildungsprozesse herangezogen werden und welche zentrale Bedeutung dabei dem *Doing Gender*, der Herstellung von Geschlechtlichkeit, zukommt. Je nach Entwicklungsstufe wird hierfür entweder das eigene oder das andere Geschlecht als Projektionsfläche genutzt. Für die Pre-Teens in der Phase der Vorpubertät gilt es zuerst einmal die eigene (geschlechtliche) Identität zu finden und dazu bieten sich die gleichgeschlechtlichen Kandidaten als Konstruktionsmaterial an, indem man Aspekte ihres Aussehens oder Verhaltens annimmt bzw. in der Aneignung bearbeitet. Bei Mädchen im Teenageralter, die sich bereits für das andere Geschlecht interessieren und sich ihrer eigenen Sexualität schon stärker bewusst sind, stellen die männlichen Kandidaten hingegen eine Möglichkeit dar, sich in Verliebtheitsgefühlen zu üben.

---

7   Befunde der kritischen Männerforschung weisen darauf hin, dass traditionelle Männlichkeitsbilder (z. B. der Mann als ›Beschützer‹, ›Held‹) als Orientierungsfiguren für männliche Jugendliche kaum mehr relevant sind. Bevorzugt werden hingegen ›alltägliche Männerbilder‹ wie sie auch das Reality-TV vermittelt.

Abgesehen davon deuten die empirischen Beispiele darauf hin, dass auch das soziale Umfeld eine entscheidende Rolle bei Identitätskonstruktionsprozessen (mit Medien) innehat, denn diese laufen nicht isoliert im Individuum (bzw. zwischen Individuum und Medium ab), sondern sie werden von den Werten und Normen der sozial relevanten Anderen, seien es Schulfreundinnen oder Familienmitglieder, beeinflusst.

Nur die Mama schaut mit – Identitätskonstruktionen Erwachsener im Umgang mit Casting-Shows

Casting-Shows repräsentieren ebenso ein attraktives Fernsehangebot für erwachsene Frauen, wie bereits die zuvor dargelegten quantitativen Zuschauerzahlen des ORF demonstrierten und was sich auch in den qualitativen Ergebnissen zur »Starmania«-Rezeption bestätigt. In den untersuchten Familien sind es durchgängig die Mütter, die neben ihren (zumeist weiblichen) Kindern ein Interesse an diesem Format haben – die Väter und teilweise auch die Söhne teilen diese Präferenz nicht. Mütter und Töchter erklären sich das Desinteresse der männlichen Familienmitglieder mit deren Unmusikalität: Für sie sind Casting-Shows eindeutig ein ›Frauenformat‹, da Männer nicht über die ›Kompetenz‹ verfügen, gesangliches Können zu bewerten. Die Frauen betrachten sich durch ihre Abgrenzung von den Männern als ›Expertinnen‹ in Bezug auf die Sendung: Analog zu Fußballübertragungen, bei denen sich Männer oft als ›Experten‹ deklarieren und Frauen ein Verständnis des Spieles absprechen, sind es nun die weiblichen Familienmitglieder die diese Rolle einnehmen. Die Kategorie ›Geschlecht‹ wird dabei als Grenzlinie für die innerfamiliäre Fernsehpraxis herangezogen und fungiert als Begründung für Ausschließungsprozesse.

Die Väter begründen ihr Desinteresse selbst allerdings nicht mit dem ihnen zugeschriebenem Defizit (Unmusikalität), sondern erklären ihre rationale Betrachtungsweise zum ausschlaggebenden Kriterium. Dies verdeutlicht sich vor allem an den differierenden Einstellungen zu den in Casting-Shows dargestellten Emotionen, also wenn Teilnehmer beispielsweise weinen oder sich freuen.[8] Die Mutter einer untersuchten Familie betrachtet die Emotionen der Kandidaten als ›natürliche‹ Reaktionen auf den Sendungsverlauf. Sie versetzt sich sogar in die Lage der Kandidaten: »Ich würde auch weinen, wenn ich ausgeschieden bin«,

---

8   Zu Emotionen im Reality-TV siehe Döveling in diesem Band.

worin sich ihre starke Involviertheit und die kaum vorhandene Distanz zur Sendung dokumentiert. Mutter und Tochter teilen hier eine ähnliche Orientierung, wie sich an der darauf folgenden Aussage der neunjährigen Tochter Maria (»Ich würde mich auch freuen«) ablesen lässt. Der Vater grenzt sich hingegen davon ab:

> »Das ist genau der Grund, warum ich es mir nicht anschaue. Diese ganzen Sendungen, in denen persönliche Emotionen gezeigt werden, das finde ich, ist eine Vermarktung mit diesen Emotionen. Das Ganze ist nur ein Verkauf von Menschen.«

Er prangert mit seinen Ausführungen die Produzenten und die Machart der Sendungen an, in denen seiner Ansicht nach menschliche Gefühle gezeigt werden, um höhere Einschaltquoten zu erreichen. Darin ist die Vorstellung eingelassen, dass emotionale Darstellungen ein großes Publikum ansprechen und daher verkaufsförderlich wirken. Mit diesem rationalen Blick auf das Medienprodukt »Starmania« und die dahinterliegenden Vermarktungsstrategien konstruiert sich der Vater als kritischer Medienkonsument, der nicht wie Mutter und Tochter an der Oberfläche des Medienproduktes und dem eigenen persönlichen Vergnügen bei der Rezeption haften bleibt.

Eine unkritische Lesart der Sendung ist aber nicht bei allen untersuchten Müttern anzutreffen – sie findet sich lediglich bei Müttern aus niedrigen Bildungsschichten. Für die Familien aus diesem Milieu ist zudem ein eher individueller Rezeptionsstil kennzeichnend, das heißt Mütter und Töchter rezipieren die Casting-Show an unterschiedlichen Fernsehgeräten getrennt im selben Haushalt (vgl. Schwarz 2006). Im Unterschied zu den bildungsschwachen Müttern äußern Mütter aus Akademikerfamilien eine ähnlich distanzierte Lesart wie die Familienväter. Sie lehnen die Rezeption der Sendung allerdings nicht generell ab, sondern begegnen der für sie augenscheinlichen Inszenierung indem sie sich das Populärkulturprodukt »Starmania« auf eine ironisch-oppositionelle Weise aneignen. Ihr Hinwendungsmotiv ist weniger die Freude am gesanglichen Können, wie es bei den Frauen aus dem bildungsschwächeren Milieu der Fall ist, vielmehr empfinden sie Vergnügen daran, sich während der Rezeption immer wieder über die in der Casting-Show agierenden Personen lustig zu machen. Dieses Aneignungsmuster praktizieren die Mütter gemeinsam mit ihren Kindern, denn neben dem Lästern als kommunikatives Vergnügen bei der Rezeption spielt auch die gemeinschaftliche Aneignungspraxis mit den Kindern für sie eine große Rolle. Das Medienevent wird hierfür als ›weibliches Familienevent‹

inszeniert, wodurch die Mütter auch ihr Interesse an den entwicklungsspezifischen Vorlieben ihrer Kinder ausdrücken.

Der gemeinsame Aneignungsprozess erfüllt für die Mütter darüber hinaus die Funktion ihren Kindern Medienkompetenz zu vermitteln: Durch die gemeinsame Rezeption führen sie ihren Kindern vor, wie eine kritische Auseinandersetzung mit Medienprodukten aussehen kann.[9] Beispielsweise erwähnen die Mütter während der Casting-Show immer wieder, dass es sich dabei um eine Inszenierung handelt und die Darstellung der Kandidaten im Fernsehen nicht mit der Wirklichkeit übereinstimmen muss – wie im folgenden Zitat einer Mutter, die gerade ihre Tochter auf diesen Umstand aufmerksam macht:

»Das ist eine aufgesetzte Lustigkeit, weil immer ist alles ganz super, aber ich glaub das ist gar nicht super in Wirklichkeit. Ich glaub es ist total schrecklich für ganz viele von denen. Ich glaub die haben's gar nicht lustig und haben irrsinnige Enttäuschungen und müssen ganz viel weinen und haben einen irrsinnigen Stress.«

Dadurch konstruieren auch die Mütter bei der Fernsehrezeption ihre (geschlechtliche) Identität als ›Mutter‹, deren Aufgabe es ist, Kinder zu medienkritischen Rezipienten zu erziehen. Ein Handlungsmuster, das sich bei den Müttern aus den bildungsschwachen Familien nicht auffinden ließ. Des Weiteren verweist dieses kommunikative Verhalten auf den reflexiven und regulativen medienpädagogischen Ansatz der bildungsstarken Mütter: Denn auch der sonstige Medienkonsum wird in diesen Familien von den Müttern eingeschränkt und überwacht, da die Mütter extensiven Fernsehkonsum als schädlich für die Schulleistungen ihrer Kinder betrachten. Dies bestätigt Befunde, dass Eltern aus bildungsstärkeren Milieus die Mediennutzung ihrer Kinder stärker regulieren (Paus-Hasebrink/Bichler 2005).

Neben der Vermittlung von Medienkompetenz haben die fernsehbegleitenden Gespräche zwischen Müttern und Töchtern in diesen Familien noch einen zweiten sozialisierenden Charakter (vgl. Klemm 2001; Döveling/Sommer 2007). Verstehen die Kinder etwas während der Rezeption nicht, können sie immer ihre anwesende Mutter fragen. Die Nachfragen der Mädchen beziehen sich dabei oft auf geschlechtsspezifische Kleidungsstücke oder vergeschlechtlichtes Verhalten, wofür sich die Mutter als Expertin für ›Frau-Sein‹ hervorragend eignet. So erklärt eine Mutter ihrer zwölfjährigen Tochter die Funktion eines Push-ups,

---

9   Roth (2006 a) sieht eine kritisch-reflexive Haltung von Kindern und Jugendlichen zum Medienprodukt »Starmania« durch einen medien-kritischen familiären Umgang begünstigt.

da diese (noch) nicht nachvollziehen kann, warum die Moderatorin dieses – für sie ›hässliche‹ – Kleidungsstück trägt, mit folgenden Worten: »Dass die Busen hoch gedrückt werden, weil sie findet, dass das sexy ausschaut, wahrscheinlich.«

Bilanz und Perspektiven

Als vorläufige Bilanz lässt sich aus den Ergebnissen einerseits schlussfolgern, dass die Einbettung der Rezeption in das soziale System ›Familie‹ und die Lesarten der Mütter milieuspezifischen Besonderheiten unterliegen. Hier könnten weiterführende Forschungsarbeiten versuchen, noch stärker milieuspezifische Mediennutzungs- und Interpretationsmuster herauszuarbeiten. Eine weitere Perspektive bietet die Ausweitung des Untersuchungsinteresses von einem Fernsehformat bzw. einem Medium auf den ganzen Medienhaushalt und seine Bedeutung für das Alltagsleben und die Konstitution von Identität. Bereits Morley (1992) hat vorgeschlagen, das Fernsehen nicht isoliert zu betrachten, »but as one of a number of information and communication technologies, occupying domestic time and space« (Morley 1992, S. 194). Das Forschungsfeld könnte in ähnlicher Weise um andere Interpretationsgemeinschaften – wie Wohngemeinschaften, homosexuelle Lebensgemeinschaften, Jugendlichencliquen usw. – erweitert werden, da sich unterschiedliche Interpretationsgemeinschaften durch spezifische Interpretationsrahmen und kommunikative Aneignungsstile auszeichnen (Püschel 2001).

Anhand der Fallbeispiele zur Rezeption der österreichischen Casting-Show »Starmania« in Familien und der darüber hinausgehenden Aneignung in Peergroups konnten die vielfältigen Identitätskonstruktionsprozesse mit diesem Fernsehformat ansatzweise nachgezeichnet werden. Ein zweites Fazit lässt sich daher hinsichtlich der Konstruktion von (Geschlechts-)Identität im Zuge von und im Anschluss an die Casting-Show-Rezeption ziehen: Hierzu belegen die Ergebnisse, dass Casting-Shows aktiven – vor allem weiblichen, heranwachsenden – Rezipierenden über bloße Konsumanreize hinaus symbolisches Material für die Ausbildung einer vergeschlechtlichten Identität bieten. Ein möglicher weiterer Schritt in der Erhebung sowie Analyse solcher Vorgänge könnte die Suche nach Fällen darstellen, in denen es zu einer Brechung des *Doing Gender* kommt. Es stellt sich die Frage, inwieweit beispielsweise das mediale Mädchenbild »Christina Stürmer« einem traditionellen ›Weiblichkeitsbild‹ entgegenläuft, da die Künstlerin in ihrer Bühnenperformance im Stile des ›Girl Power‹ einen eher maskulinen Rockhabitus verkörpert. Ob und wie sich dies dann in den

Reinszenierungen von weiblichen Fans widerspiegelt, könnte durch Beobachtungen dieser Handlungspraxis ermittelt werden. In eine ähnliche Richtung würde die spezifische Analyse der Zuschauerreaktionen auf Kandidaten, die gängige Geschlechterstereotypisierungen unterlaufen, stoßen. Möglichkeiten dazu gebe es, denn sowohl bei der dritten Staffel »Starmania« als auch bei den bisherigen Staffeln von »DSDS« gab es offen homosexuelle oder sexuell uneindeutige Teilnehmer. Weiters könnte eine Fokussierung auf Aneignungssituationen stattfinden, in denen ›Geschlecht‹ aufgrund anderer dominierender Kategorien an Bedeutung verliert und es dadurch zu einem *Undoing Gender* (Hirschauer 2001) kommt. In einer Familie zeigten sich erste Hinweise auf die ›Unsichtbarmachung‹ des Geschlechts bei zwei Geschwistern, die ihre Geschlechtsdifferenzen zu Gunsten ihrer Geschwistergemeinschaft – zumindest kurzzeitig – versuchten zu konterkarieren.

Abschließend sei noch auf das Potenzial einer möglichen kulturvergleichenden Analyse hingewiesen. Wie schon »Dallas« (vgl. Katz/Liebes 1990) bieten Casting-Shows als globales Medienprodukt ihren Publika auf der ganzen Welt translokale Medienressourcen zur Identitätskonstruktion. Eine zentrale Fragestellung interkultureller Aneignungsforschung könnte lauten, wie diese Ressourcen in unterschiedlichen kulturellen Kontexten in das Alltagsleben integriert und in Identitätsbildungsprozesse eingewoben werden.

Literatur

Ang, Ien/Hermes, Joke (1991): Gender and/in Media Consumption. In: JamesCurran/Michael Gurevitch (Hrsg.): Mass Media and Society. London u.a.: Edward Arnold, S. 307–328

Aslama, Minna/Pantti, Mervi (2006): Talking alone. Reality TV, Emotions and Authenticity. In: European Journal of Cultural Studies, 9, 2, S. 167–184

Bente, Gary/Fromm, Bettina (1997): Affektfernsehen. Motive, Angebotsweisen und Wirkungen. Opladen: Leske + Budrich

Bergermann, Ulrike (2006): Castingshows, Selbstdrehtechnologien, Falsche Flaschen. Zur Sichtbarkeit von Drehmodellen. In: Ulrike Bergermann/Christine Hanke/Andrea Sick (Hrsg.): Spin doctoring, Politik, Medien. Bremen: thealit, S. 83–96

Bohnsack, Ralf (2003): Rekonstruktive Sozialforschung. Einführung in qualitative Methoden. 5. Auflage, Opladen: Leske + Budrich

Breidenstein, Georg/Kelle, Helga (1998): Geschlechteralltag in der Schulklasse. Ethnographische Studien zur Gleichaltrigenkultur. Weinheim/München: Juventa

Breitenbach, Eva (2001): Sozialisation und Konstruktion von Geschlecht und Jugend. Empirischer Konstruktivismus und dokumentarische Methode. In: Ralf Bohnsack/Iris Nentwig-Gesemann/Arnd-Michael Nohl (Hrsg.): Die dokumentarische Methode und ihre Forschungspraxis. Grundlagen qualitativer Sozialforschung. Opladen: Leske + Budrich, S. 165–178

Butler, Judith (1991): Das Unbehagen der Geschlechter. Frankfurt a. M.: Suhrkamp

Certeau, Michel de (1988): Kunst des Handelns. Berlin: Merve

Dorer, Johanna (2002): Diskurs, Medien und Identität. Neue Perspektiven in der feministischen Kommunikations- und Medienwissenschaft. In: Johanna Dorer/Brigitte Geiger (Hrsg.): Feministische Kommunikations- und Medienwissenschaft. Wiesbaden: Westdeutscher Verlag, S. 53–78

Döveling, Katrin/Sommer, Denise (2007): Social Appraisal in der dynamischen Transaktion. Emotionale Aushandlungsprozesse und ihre komplexe Dynamik. In: Carsten Wünsch/Werner Früh/Volker Gehrau (Hrsg.): Integrative Modelle in der Rezeptions- und Wirkungsforschung. München: Reinhard Fischer (im Druck)

Flicker, Eva (Hrsg.) (2001): Wissenschaft fährt »Taxi Orange«. Befunde zur österreichischen Reality-TV-Show. Wien: Promedia

Foucault, Michel (1993): Technologien des Selbst. In: H. Martin Luther u. a. (Hrsg.): Technologien des Selbst. Frankfurt a. M.: Fischer, S. 24–62

Fritzsche, Bettina (2001): Mediennutzung im Kontext kultureller Praktiken als Herausforderung an die qualitative Forschung. In: Ralf Bohnsack/Iris Nentwig-Gesemann/Arnd-Michael Nohl (Hrsg.): Die dokumentarische Methode und ihre Forschungspraxis. Grundlagen qualitativer Sozialforschung. Opladen: Leske + Budrich: S. 27–42

Fritzsche, Bettina (2002): Fan-kultureller Eigensinn zwischen Kindheit und Jugend. In : Eva Schäfer/Bettina Fritzsche/Claudia Nagode (Hrsg.) Geschlechterverhältnisse im sozialen Wandel. Interdisziplinäre Analysen zu Geschlecht und Modernität. Opladen: Leske + Budrich, S. 305–312.

Garfinkel, Harold (1967): Studies in Ethnomethodology. Englewood Cliffs, NJ: Prentice Hall

Gildemeister, Regine (1988): Geschlechtsspezifische Sozialisation. In: Soziale Welt, 4, S. 486–503

Gildemeister, Regine (2004): Doing Gender: Soziale Praktiken der Geschlechterunterscheidung. In: Ruth Becker/Beate Kortendiek (Hrsg.): Handbuch Frauen- und Geschlechterforschung. Theorie, Methoden, Empirie. Wiesbaden: VS Verlag, S. 132–140

Götz, Maya (2000): Die Funktionen von »Big Brother« für Kinder und Pre-Teens. In: Frank Weber (Red.): Big Brother. Inszenierte Banalität zur Prime Time. Münster: LIT, S. 253–269

Hall, Stuart (1980): Encoding/Decoding. In: Stuart Hall/Dorothy Hobson/Andrew Lowe/Paul Willis (Hrsg.): Culture, Media, Language. Working Papers in Cultural Studies 1972–79. London: Hutchinson, S. 128–138

Hall, Stuart (1999): Kulturelle Identität und Globalisierung. In: Karl H. Hörnig/Rainer Winter (Hrsg.): Widerspenstige Kulturen. Cultural Studies als Herausforderung. Frankfurt a.M.: Suhrkamp, S. 393–441

Hasebrink, Uwe (2004): Marken als Orientierungspunkte in Medienutzung und Konsumverhalten von Kindern. In: Ingrid Paus-Hasebrink u.a. (Hrsg.): Medienkindheit – Markenkindheit. Untersuchungen zur multimedialen Vermarktung von Markenzeichen für Kinder. Schriftenreihe der LPR Hessen, Bd. 18. München: kopaed, S. 185–239

Hirschauer, Stefan (2001): Das Vergessen des Geschlechts. Zur Praxeologie einer Kategorie sozialer Ordnung In: Kölner Zeitschrift für Soziologie und Sozialpsychologie, Sonderheft 41, S. 208–235

Hofer, Astrid (2003): »Starmania«. Der ORF sucht den neuen österreichischen Popstar. Das crossmediale Showkonzept, die neuen Stars und ihre Fan-Community. Eine inhaltsanalytische Untersuchung. Wien: unveröffentlichte Diplomarbeit

Holmes, Su (2004): »Reality goes Pop!« Reality TV, Popular Music, and the Narratives of Stardom in Pop Idol. In: Television and New Media, 5, 2, 147–172

Katz, Elihu/Liebes, Tamar (1990): The Export of Meaning. Cross-cultural Readings of »Dallas«. New York u.a.: Oxford University Press

Keppler, Angela (1994): Wirklicher als die Wirklichkeit? Das neue Realitätsprinzip der Fernsehunterhaltung. Frankfurt a.M.: Fischer

Kessler, Susanne/McKenna, Wendy (1978): Gender. An Ethnomethodological Approach. New York: John Wiley & Sons

Klemm, Michael (2001): Sprachhandlungsmuster. In: Werner Holly/Ulrich Püschel/Jörg Bergmann (Hrsg.): Der sprechende Zuschauer. Wie wir uns Fernsehen kommunikativ aneignen. Wiesbaden: Westdeutscher Verlag, S. 83–114

Meer, Dorothee (2003): »Wie die da grade stand« oder: Normalisierung und Positionierung in und im Anschluss an Talkshows: Zur Funktion medialer Formen der Subjektivierung und Identitätsbildung. In: Carsten Winter/Tanja Thomas/Andreas Hepp (Hrsg.): Medienidentitäten. Identitäten im Kontext von Globalisierung und Medienkultur. Köln: Herbert von Halem, S. 224–263.

Mikos, Lothar (2000): »Big Brother« als performatives Realitätsfernsehen – Ein Fernsehformat im Kontext der Entwicklung des Unterhaltungsfernsehens. In: Frank Weber (Red.): Big Brother. Inszenierte Banalität zur Prime Time. Münster: LIT, S. 161–178

Mikos, Lothar/Winter, Rainer/Hoffmann, Dagmar (2007): Einleitung: Medien – Identität – Identifikation. In: Lothar Mikos/Dagmar Hoffmann/Rainer Winter (Hrsg.): Mediennutzung, Identität und Identifikation. Die Sozialisationsrelevanz der Medien im Selbstfindungsprozess von Jugendlichen. Weinheim/München: Juventa, S. 7–20

Morley, David (1992): Television, Audiences and Cultural Studies. London u.a.: Routledge

Nieland, Jörg-Uwe (2004): »Deutschland findet einen Superstar« – Neue Perspektiven für die Fernsehproduktion und das Kult-Marketing? In: Mike Friedrichsen/Udo Göttlich (Hrsg.): Diversifikation in der Unterhaltungsproduktion. Köln: Herbert von Halem, S. 204–222

Paseka, Angelika (2007): Geschlecht lernen am Schauplatz Schule. In: SWS-Rundschau, 47, 1, S. 51–72

Paus-Hasebrink, Ingrid (2007): Kinder als Konstrukteure ihrer Alltagsbeziehungen. Zur Rolle von »Medienmarken« in Kinder-Peer-Groups. In: SWS-Rundschau, 47, 1, S. 26–50

Paus-Hasebrink, Ingrid/Bichler, Michelle (2005): Kindheit im Wandel – Bleiben sozial schwache Kinder auf der Strecke? In: TelevIZIon, 18, 2, S. 103–107

Przyborski, Aglaja (2004): Gesprächsanalyse und dokumentarische Methode. Qualitative Auswertung von Gesprächen, Gruppendiskussionen und anderen Diskursen. Wiesbaden: VS Verlag

Püschel, Ulrich (2001): Gruppen und Stile. In: Werner Holly/Ulrich Püschel/Jörg Bergmann (Hrsg.): Der sprechende Zuschauer. Wie wir uns Fernsehen kommunikativ aneignen. Wiesbaden: Westdeutscher Verlag, S. 227–234

Roth, Caroline (2006a): TV und mehr…Motive der crossmedialen Aneignung einer TV-Show. In: Informationen zur Deutschdidaktik. Zeitschrift für den Deutschunterricht in Wissenschaft und Schule, 30, 2, S. 35–42

Roth, Caroline (2006b): Einkaufen am »Jahrmarkt von Identitäten«. In: Educational Media International, 43, 1, S. 19–27

Schanze, Helmut (2000): Big Brother oder Die Erfindung des Nebenbeifernsehens. In: Frank Weber (Red.): Big Brother. Inszenierte Banalität zur Prime Time. Münster: LIT, S. 3–9

Schwarz, Claudia (2004): Fernsehaneignung in Familien am Beispiel der Casting-Show »Starmania«. Eine ethnographische Studie in der Tradition der Cultural Studies. Wien: unveröffentlichte Diplomarbeit

Schwarz, Claudia (2006): Der Event im Wohnzimmer. Die familiäre Aneignung der Casting-Show »Starmania«. In: SWS-Rundschau, 46, 2, S. 209–229

Soeffner, Hans-Georg (1992): Die Ordnung der Rituale. Die Auslegung des Alltags. Frankfurt a.M.: Suhrkamp

Thomas, Tanja (2007): Showtime für das »unternehmerische Selbst«-Reflexionen über Reality-TV als Vergesellschaftungsmodus. In: Lothar Mikos/Dagmar Hoffmann/Rainer Winter (Hrsg.): Mediennutzung, Identität und Identifikation. Die Sozialisationsrelevanz der Medien im Selbstfindungsprozess von Jugendlichen. Weinheim und München: Juventa, S. 51–65

Thorne, Barrie (1993): Gender Play. Girls and Boys in School. Buckingham: Open University Press

West, Candace/Zimmerman, Don H. (1987): Doing Gender. In: Gender & Society, 1, 2, S. 125–151

Internetquellen

Martig, Charles (2006): »Ich bin im Fernsehen, also bin ich«. Identitätskonstruktion im Music-Star-Format. In: Medienheft Dossier, S. 16-19. http://www.medienheft.ch/dossier/bibliothek/d26_MartigCharles.html (Abruf: 13.3.2007)

ORF Medienforschung 2007: http://mediaresearch.orf.at/index2.htm?fernsehen/fernsehen_hitliste.htm (Abruf: 9.7.2007)

Superstar – Supershow? – »Deutschland sucht den Superstar« im Urteil der Zuschauer

Katrin Döveling

»Die Unterhaltung im Fernsehen ist ein traditioneller Cirkus. Das hat seine Vorteile, übrigens durchaus nicht nur für die Fernsehmacher: Unterhaltung im Fernsehen, das gibt Gesprächsstoff in fast allen Lebenslagen: Der Taxifahrer sieht in Rosenthal einen Oberlehrer, die Putzfrau ist aufgebracht über Kuhlenkampffs Parteilichkeit und genügend Freunde sind sich überhaupt zu gut, diese seichten Unterhaltungsversuche mit irgendeinem Attribut zu qualifizieren: da steht man doch weit drüber, selbst wenn man die einzelnen Sendungen dann doch recht genau zu kennen scheint ...« (Jörg 1982, S. 7).

Das aus der Zeit vor »Big Brother« und Co. stammende Zitat weist noch heute, in der Zeit des Reality-TV, seine Aktualität auf. Natürlich: Fernsehunterhaltung hat sich seitdem verändert, Grenzen wurden überschritten, die Schaulust ad absurdum getrieben, von »Psycho TV« (Feige 2001, S. 11) war zu Anfang des Vorstoßes von Reality-TV durch »Big Brother« im deutschen Fernsehen die Rede. Dennoch: Realitätsfernsehen ist mittlerweile zur Realität im Fernsehen geworden. Neu ist hierbei der beträchtliche Gebrauch, den die Zuschauer von ihren Entscheidungsrechten machen und damit die Grenzen zwischen der Realität ihres Alltagslebens und der Medienwelt verbleichen lassen (vgl. ebd., S. 133). Mittlerweile sucht Deutschland nicht nur sein ›Super-‹ bzw. ›Topmodel‹, sondern auch wieder ›seinen Superstar‹, und die »Supernanny« berät bei Erziehungsproblemen. Die Grenzen zwischen Intimität, Privatheit, Fiktion und Realität schwinden zunehmend in der medialen Inszenierung des ›Super-Reality-Fernsehens‹.

In alltäglichen Begebenheiten hatte und hat Fernsehunterhaltung einen hohen Stellenwert. Im Folgenden wird die Attraktivität der Sendungen für den Rezipienten hinsichtlich der Nutzungsmotive der Zuschauer ergründet. Hierbei wird die Casting-Show »Deutschland sucht den Superstar« vor dem Hintergrund der *Identifikation* und *Bewertung* und der daraus resultierenden *emotionalen Beteiligung* untersucht, um der Frage nachzugehen, inwiefern und warum die Superstarshow für viele zu einer Supershow wird, die nicht nur einen hohen Unterhaltungswert, sondern auch eine identitätsrelevante wie emotionalisierende Funktion in der eigenen Lebenswelt einnimmt. Die Rezeption wird hierbei in einem *sozialen Kontext* analysiert. Eine Integration von Emotionen in Aushandlungsprozessen wird durch das »Social Appraisal vorgeschlagen (vgl. Manstead/ Fischer 2001; Döveling/Sommer 2007). Denn: Im Fall von »Deutschland sucht den Superstar« kann festgehalten werden: Die Faktoren ›Wettbewerb‹, ›Emotionalität‹, das ›Echte-Menschen-TV‹ und insbesondere ›der Traum, berühmt zu werden‹ bedingen eine Bindung ans Programm (vgl. Wolf 2004) und führen hierbei insbesondere zu Gesprächsstoff mit anderen.

Reality-TV ist aktuell. Es hat sich zu einem wesentlichen Bestandteil der medialen Unterhaltungskultur etabliert. Und: Wer hätte gedacht, dass sich die im Jahr 2000 gestartete und höchst kontrovers diskutierte Reality-Show »Big Brother« in der deutschen Fernsehlandschaft bis zum Jahr 2007 halten würde. Schon nach der ersten Staffel war doch schließlich bald klar, dass die Inszenierung des vermeintlich Alltäglichen nicht aus Alltagsmenschen Stars macht. Denn es stellt sich die berechtigte Frage: Wo sind Zlatko, Sabrina, Alexander und Co. heute? Doch dem ungeachtet: Bis heute erscheint »Big Brother« in deutschen Wohnzimmern und bietet eine »Zuflucht in einer Realität aus [...] geteilten Gefühlen« (Döveling 2001, S. 167). Die simple Botschaft lautet: »Du bist nicht allein«, »Leb«, »Zeig mir dein Gesicht«, »Nur die Wahrheit zählt«, »Alles was du willst«.[1] Und finde all dies im Fernsehen. Aber zugleich ist auch dem flüchtigen Betrachter klar, dass bereits 2001 »Big Brother« bei weitem nicht mehr die Bedeutung und Zuschauerquoten erreichte wie noch im Jahr zuvor. Eine Übersättigung schien zunächst erreicht zu sein. Dennoch: Mittlerweile schaute »Big Brother« in der sechsten Staffel nicht mehr nur dem Leben in einem Haus zu, sondern in »deine Welt« (ebd.), wie auch der Titelsong der Sendung suggeriert. Nicht mehr ›nur‹ ein Wohncontainer von 153 m² Wohnfläche war zeitweise von Interesse, sondern ein simuliertes Dorf, aufgeteilt in Reiche,

---

1 »Leb«, Titelsong der ersten Staffel (28.2.–9.6.2000); »Zeig mir dein Gesicht«, Titelsong der zweiten Staffel (16.9.–31.12.2000); »Nur die Wahrheit zählt«, Titelsong der dritten Staffel (27.1.–12.5.2001); »Alles ändert sich«, Titelsong der vierten Staffel (31.3.–7.7.2003); »Alles was du willst«, Titelsong der fünften Staffel (2.3.2004–1.3.2005); »Deine Welt«, Titelsong der sechsten Staffel (1.3.2005–26.2.2006); »Ich sehe was, was du nicht siehst«, Titelsong der siebten Staffel (5.2.–2.7.2007).

Superstar – Supershow? – »DSDS« im Urteil der Zuschauer

die »Chefs«, in Normale, die »Assistenten« und in Arme, die »Hiwis«, die jeweils in verschiedenen Umgebungen und unter unterschiedlichen Bedingungen hinsichtlich des ihnen ermöglichten Komforts lebten. Während dabei »Big Brother 7«[2] wieder in nur einem Bereich stattfindet, damit der ursprünglichen Version ähnelt, aber gleichzeitig in die Hinterwinkel von RTL II gerückt ist, sind bis zum Jahr 2007 verschiedene »Spielvarianten dieses Genres« (Schwäbe 2004, S. 13) hervorgetreten.

So konstatierte Wilhelm Hopf zu Beginn der »Big Brother«-Mania im Jahr 2000, dass die »Form ›Big Brother‹ [...] erst am Anfang steht« (Hopf 2000, S. 49). Oft entscheiden, so Hopf in Analogie zu Sportarten, »kleine oder große Veränderungen, ob eine Sportart attraktiv bleibt« (ebd.). Der Vergleich zum Sport erscheint bei näherer Betrachtung schlüssig, vor allem, betrachtet man die Entwicklung der heutigen Reality-TV-Landschaft. Real-Life-Soaps finden sich in zahlreichen Formen und Varianten wieder und machen auch vor den Öffentlich-Rechtlichen nicht mehr Halt. Doch während in der ursprünglichen Version das Normale und – wie manche sagen würden – das Banale überzeugen sollte, sind es nun vielmehr Casting-Shows wie »Popstars« (RTL II), »Teenstar« (RTL II) und »Deutschland sucht den Superstar« (RTL), die zur Prime Time über die deutschen Fernsehgeräte flimmern. Besonders Letztere erzielte in der ersten Staffel eine enorme Resonanz aufseiten des Publikums und erfüllte auch in der dritten und vierten Staffel die erwarteten Quoten. Dies führt zunächst zu der Frage, welche Formatmerkmale die Sendung kennzeichnen, um im Anschluss der Faszination der Sendung für den meist jugendlichen Zuschauer nachzugehen.

»Deutschland sucht den Superstar« – Formatmerkmale und Implikationen

Unterhaltung funktioniert nur, wenn keine Langeweile auftritt, ein gewisses Niveau an Beteiligung dementsprechend aufrechterhalten bleibt.[3] So hält auch Lembke fest:

---

2   Unter dem Motto »Wer bist du wirklich?« ähnelt die 7. der 1. Staffel. Die 7. Staffel dauert 150 Tage und verfügt im Gegensatz zur 6. Staffel über nur einen Bereich.
3   So hebt die Triadisch-Dynamische Unterhaltungstheorie (TDU) hervor, dass Unterhaltung »eine Makroemotion [darstellt], die aus der Verarbeitung aller möglichen (auch negativen) medial vermittelten Emotionen besteht« (vgl. Früh 2002, S. 239).

»Um sich zu entspannen, bedarf es nicht einer völligen Abschaltung des Denkapparats, sondern lediglich einer anderen, von der täglichen Routine abweichenden Nutzung. Das zeigt sich übrigens an dem Beliebtheitsgrad, den Spiel- und Quizsendungen eigentlich von Anfang an hatten und noch haben« (Lembke 1982, S. 11, vgl. auch Wolf 2004, S. 42).
Die Gattung Reality-TV, die beim Zuschauer ein Konglomerat aus Befangenheit und Genuss evoziert, stellt in »Deutschland sucht den Superstar« eine besondere Form eines Hybridgenres dar. In diesem Kontext sind folgende Formatmerkmale entscheidend. Neben der Besonderheit der *öffentlichen Bühne*, des *Beobachtens und Beachtet-Werdens* und der *multi-medialen Vermarktung* (vgl. Döveling/Kurotschka/Nieland in diesem Band) erweisen sich diese Merkmale im Hinblick auf die emotionale Bewertung und Partizipation als grundlegend.

- *Das Votum der Zuschauer*: Die Sendung verschafft die im Telefon-Voting begründete Möglichkeit zur Interaktion. Die telefonische Partizipation ermöglicht eine aktive Form der Bewertungsäußerung, die emotional basierte Grundlagen (Identifikation, Projektion, Empathie etc.) offenbart. Der Zuschauer erfährt, dass seine Bewertung Konsequenzen hat. Er entscheidet mit. Dies steigert die emotionale Teilhabe.
- *Der Seriencharakter und das offene Ende*: Durch den Seriencharakter und das offene Ende wird eine Dramatisierung und Spannungskurve dargelegt und lässt eine Erzählstruktur erkennen. Durch Personalisierung werden die Protagonisten seriell in den Mittelpunkt gesetzt und bieten Orientierungsangebote für ein kontinuierliches Affektangebot (vgl. Bente/Fromm 1997, vgl. auch Wegener 2000, S. 50, Wolf 2004, S. 43, vgl. auch Kurotschka in diesem Band).
- *Die Präsenz des Studiopublikums*: Das Publikum vor Ort kann eine emotionalisierende Funktion ausüben. Diese findet in verbaler wie nonverbaler Kommunikation, etwa durch Applaus, ihren Ausdruck und erfüllt somit eine Signalfunktion. Innerhalb der Inszenierung kommt dem Studiopublikum daher eine Emotionsverstärkende und Emotionstragende Funktion zu.
- *Erwartung an die Rolle der Moderatoren*: Die Moderatoren trösten, fiebern mit, steigern die Emotionalität vor und hinten den Kameras und dienen als Barometer innerhalb des medialen Auswahlprozesses.
- *Erwartung an die Rolle der Juroren*: Im Folgenden wird der Tatsache Rechung getragen, dass nicht nur die Kandidaten bewertet werden, sondern

- *Leistung und Talent als Sinnvorgaben*: Das Prinzip des Gesangswettbewerbs bestimmt die Richtung und Bedeutung der Grundlagen-Zuschreibung, doch zugleich lässt es Raum für Interpretationen und – wie im Folgenden argumentiert wird – Identifikationen, die sozial ausgehandelte Bewertungsschritte nicht nur ermöglichen, sondern im Rahmen eines Skripts bedingen und mit ihnen die emotionale Beteiligung steigern. Während das Gezeigte bei »Big Brother« »als frei geräumt von interpretierend nachvollziehenden Sinnvorgaben, sei es eines Autors, eines Kommentarsprechers u. ä.« erlebt wird (Behr/Kaiser 2000, S. 127) und umso mehr für »Sinnzuschreibungen« (ebd.) geöffnet ist, zeigt sich bei »Deutschland sucht den Superstar« eine richtungsweisende Sinnzuschreibung des Prinzips Leistung, das direkte Konsequenzen für bewertungsrelevante Partizipation und Emotionalisierung ermöglicht.

neben ihnen auch die Jurymitglieder,[4] wobei Unterschiede nicht nur zwischen den Charakteren zu untersuchen sind, sondern ebenso im Verlauf der Sendung zwischen Casting-, Motto- und Entscheidungssendungen differenziert werden muss.

Es geht nicht mehr ›nur‹ um Geld und Ruhm. Es geht um das Einzigartige, um das Außergewöhnliche. Es geht um die Suche nach Deutschlands vermeintlichem Superstar. Vor diesem Hintergrund gilt es, die Verschiedenartigkeit der *medialen Identifikationsangebote als Basis für Emotionalisierungsprozesse* zu ergründen. Denn die Identifikation mit den in der Sendung agierenden Personen kann als Schlüssel zum Verständnis des Erfolgs des Formats betrachtet werden (vgl. Fromm 1999, S. 31).

»Die Ähnlichkeit der medial in Erscheinung tretenden Personen mit dem Zuschauer legt die Relevanz sozialer Identifikations- bzw. Vergleichprozesse nahe, die im alltäglichen sozialen Austausch permanent relevant werden« (Fromm 1999, S. 31).

Die Unterschiedlichkeit der Mitwirkenden (Kandidaten, Moderatoren, Juroren) erhöht die Möglichkeit der Identifikation.[5] Voraussetzung für eine Identifikation, verstanden als »Gleichsetzung, Wiedererkennen«, allgemein »das Wiederer-

---

4   Hierdurch unterscheidet sich »Deutschland sucht den Superstar« (»DSDS«) von seinem ›großen Bruder‹.
5   So hält auch Kurotschka fest: »Die Tatsache, dass es sich bei den Kandidaten von ›DSDS‹ um reale Personen handelt, verleiht ihrem Verhalten einen authentischen Charakter und somit besondere lebensweltliche Relevanz« (Kurotschka 2003, S. 74) .

kennen von Tatbeständen im Verlaufe des Erinnerns« und »in der Psychoanalyse die Tatsache, dass ein Individuum sich in die Lage eines anderen Menschen versetzt, dass er so zu denken und zu handeln versucht wie dieser« (Reinhold 1992, S. 246; vgl. Döveling 2005, S. 164; 226 f.), stellt zunächst die Glaubwürdigkeit der handelnden Akteure dar. Die Identifikation geschieht durch die Introjektion, die einen Prozess offenbart, der es Menschen erlaubt, die Beifügung von Dingen der Außenwelt in das Ego zu vollziehen, sodass das Ego erweitert/bereichert wird. Genau meint Introjektion den Einbezug fremder Meinungen in das eigene Denken. Die gezeigte Interaktionssituation rückt hiermit ins Zentrum der Analyse (vgl. Mikos 1996b, S. 102). Wagner hebt hervor:

»Identifikations-Vergnügen gelingt immer dann, wenn die erzählenden, spielenden oder phantasierenden Menschen ausdrücken oder wiedergeben, was auch wir selbst erleben und empfinden, so daß in all dem, was sie uns in vielen Weisen und Variationen mitteilen, unsere Probleme thematisiert erscheinen, unsere Zustimmung geweckt und unsere innere Beteiligung angetrieben wird. Was immer die Akteure der Unterhaltungswelten sagen, sie haben es *für mich* gesagt und *an meiner Stelle*« (Wagner 1994, S. 136, H.i.O.).

Dabei impliziert der Begriff der »Identifikation«, zumindest innerhalb eines gewissen Zeitraums, also eine »Übernahme von beobachteten Rollen, die stellvertretend für den jeweiligen Medienakteur eingenommen werden« (ebd., S. 42).[6] Im szenischen Verstehen (vgl. Mikos 1996b, S.102) werden hierbei Rollenmuster augenfällig, die eine Identifikation und emotionale Beteiligung ermöglichen. So hebt auch Cohen hervor:

»Identifying with a character means feeling an affinity toward the character that is so strong that we become absorbed in the text and come to an empathetic understanding for the feelings the character experiences, and for his or her motives and goals« (Cohen 2006, S. 184).

Das daraus resultierende Vergnügen im Unterhaltungserleben liegt hiernach im Erleben der »fortunes and misfortunes of others« (Zillmann/Bryant 2002, S. 437).

---

6   Das Studiopublikum nimmt hier stellvertretend die Rolle der Fernsehzuschauer ein und kann dem Fernsehzuschauer so ein Gefühl von emotionaler Gemeinschaft vermitteln. In diesem Kontext hebt auch Böhme-Dürr hervor: »Aufmerksamkeit wird durch soziale Reize, insbesondere durch spiegelbildliche Gefühle geweckt« (Böhme-Dürr 2001, S. 12, vgl. auch Kurotschka 2003).

Emotionale Beteiligung. Soziales Appraisal als Rezeptionsmotivation

Während in vorangegangenen Studien zum Phänomen »Big Brother« die emotionale Bedürfnisgratifikation der Rezipienten vor einem soziologischen Hintergrund, insbesondere im Kontext der Funktion der Sendung als »mediatisierter Spiegel« (Döveling 2001, S. 163 ff.) in der Gesellschaft diskutiert wurde, rücken im Folgenden die psychologischen Aspekte in den Vordergrund. Eine emotionale Bedürfnisgratifikation vollzieht sich, wo eine emotionale Nähe von Fernsehprotagonisten und Publikum erreicht wird. Vor dieser Prämisse wird in diesem Beitrag die psychologische Forschung zur Entstehung von Emotionen in die Analyse miteinbezogen, um ein tiefer gehendes Verständnis des Zusammenspiels von medial dargestellten Figuren und emotionaler Beteiligung des Rezipienten zu erzielen. In diesem Kontext ermöglicht vor allem das »Stimulus-Evaluation-Check«-Modell von Klaus Scherer (1984, 2001) eine Präzisierung der mit der Fernsehrezeption verbundenen Emotionen. Hiernach durchlaufen Individuen verschiedene *Phasen der Bewertung* (*Appraisals*) einer momentanen Situation. Im Verlauf dieser Bewertungsphasen werden die Neuheit, die Angenehmheit, der Zielbezug, die Ursache, die Bewältigungsfähigkeit sowie die Normverträglichkeit des Ereignisses mit Emotionen wie Freude, Angst, Traurigkeit oder Ärger in Verbindung gebracht. Die verschiedenen Emotionen werden als Ergebnis sogenannter »*stimulus evaluation checks* (*SEC*)« (Scherer 1984, S. 38) betrachtet. Mangold, Unz und Winterhoff-Spurk haben dieses Modell, das ursprünglich für direkte soziale Interaktionen entwickelt wurde, auf die Fernsehrezeption angewendet (vgl. Mangold/Unz/Winterhoff-Spurk 2001). Hierdurch können die kognitiven und emotionalen Prozesse während der Rezeption massenmedialer Angebote entschlüsselt werden. Dabei spielen sowohl die Interessenrelevanz, die Belohnungswahrscheinlichkeit als auch die Erwartungen des Individuums, die Zweckdienlichkeit und die Dringlichkeit des Ereignisses eine wesentliche Rolle bei emotionalen Vorgängen. Je enger die Verbindung der Elemente zu den eigenen Zielen ist, umso größer, so Scherer, gestaltet sich auch die Emotionalität des Individuums. Im Einzelnen bedeutet dies, dass eine Vielzahl von Bewertungsschritten »*stimulus evaluation checks*« (Scherer 1984, S. 38, H. i. O.; ders. 2001, S. 94) in ihrem Zusammenwirken zu einer Emotion führen. Die »sequential evaluation checks«, die nicht hintereinander, sondern auch teilweise parallel zueinander verlaufen können, gliedern sich hierbei in folgende »appraisal objectives« (Scherer 2001, S. 94):

- »How relevant is this event for me? Does it directly affect me or my social reference group? (relevance)
- What are the implications or consequences of this event and how do these affect my well-being and my immediate or long-term goals? (implications)
- How well can I cope with or adjust to these consequences? (coping potential)
- What is the significance of this event with respect to my self-concept and to social norms and values? (normative significance)« (Scherer 2001, S. 94)

Auch Schramm und Wirth führen die resultierenden Emotionen auf multiple Appraisal-Prozesse zurück und heben in diesem Zusammenhang »Situationsinterpretationen« als »wichtigste Referenz für Emotionen« hervor (Wirth/ Schramm 2007, S. 157).[7] Insofern wird hier vorgeschlagen, das von Scherer entwickelte Modell als wesentlichen Baustein zum Verständnis der emotionalen Prozesse in der Fernsehrezeption von »Deutschland sucht den Superstar« heranzuziehen, wobei die These vertreten wird, dass *genau die aufgezeigten Formatmerkmale der Sendung die im Model inhärenten Bewertungsschritte nahe legen und eine anhaltende Emotionalisierung der Rezipienten bedingen*. Zudem wird der Tatsache Rechnung getragen, dass das Individuum, das »Self« (vgl. Mead 1973), in fundamentaler Form in *soziale Kontexte* eingebunden ist.[8] Diese soziale Dimension, wie auch Manstead und Fischer (2001; vgl. Döveling/Sommer 2007) betonen, muss mit in den Appraisal-Prozess einbezogen werden. Das Modell wird sodann um *soziale Einflussfaktoren* ergänzt, wobei in Anlehnung an Michael

---

7 Wirth und Schramm schlagen in diesem Kontext das »Emotions-Metaemotions-Regulationsmodell«, das »EMR-Modell«, als integratives Modell zur Erklärung emotionaler Wirkmechanismen vor. Hiermit rückt das Konzept der Metaemotionen als eine »reflective, or *meta-*, experience of emotion« (Mayer/Salovey 1995, S. 203; vgl. auch Goleman 1995; Salovey/Mayer/ Goldman u.a. 1995) in den Vordergrund der Analyse. Der emotionale Zustand wird beobachtet, bewertet und gegebenenfalls modifiziert (Mayer/Gaschke 1988, Wirth/Schramm 2007). Das Konzept »Metaemotion« wurde bis dato jedoch nicht einheitlich definiert (vgl. Oatley/ Keltner/Jenkins 2006, S. 305 ff.). Dieser Beitrag fokussiert den Aspekt des »Re-Appraisals« als »Meta-Appraisal« einer empfundenen Emotion, auf der Grundlage von sozialen Aushandlungsprozessen. Im Gegensatz zur Metaememotion unterscheidet sich die Makroemotion nach Früh, da diese »zusätzlich zu der distanziert-ordnenden Metaperspektive auf die einzelnen eigenen Emotionen auch das subjektive Element der Interpretation und Transformation von Emotionen enthält« (Früh 2002, S. 171 f.).
8 Döveling und Sommer leiten in diesem Kontext das Phasenmodell des *sozio-emotionalen Metaappraisals (SEMA)* ab, das die verschiedenen Selektionsstufen der Medienzuwendung (präkommunikativ, kommunikativ, postkommunikativ) in einem Modell integriert (vgl. Döveling/ Sommer 2007).

Charlton festgehalten wird, dass Medienaneignung sich auf drei verschiedene Weisen vollzieht:

- in der *sozialen Interaktion* mit anderen Menschen, indem man über Medien spricht;
- in der *inneren Auseinandersetzung* mit Medien, indem der Rezipient mit »dem Autor über den Entwurf der Wirklichkeit kommuniziert« (Charlton 1993, S. 13), und
- »in Form der *identitätsstiftenden Intrakommunikation*, indem man sich mit sich selbst über die Möglichkeit zur Zustimmung zum eigenen Handeln und zur Anerkennung der eigenen Person verständigt« (Charlton 1993, S. 13, Herv. Döveling)

Da jeder Aspekt, die soziale Dimension, die parasoziale und die verinnerlichte Kommunikation, nur selten isoliert von den anderen Teilprozessen auftritt, ist die von Charlton vorgeschlagene Klassifikation eher von analytischer als empirischer Art (vgl. ebd.). Medienrezeption ist vor diesem Hintergrund nicht als isolierter Prozess zu betrachten, sondern als sozial-kommunikative Austauschhandlung, wobei im Gespräch über das Gesehene Deutungsmuster ausgehandelt werden können. Denn:

> »Das Sprechen über Fernsehinhalte entpuppt sich als notwendiges Korrelat des Massenkommunikationsprozesses: Die auf der Seite des Rezipienten entstehenden Verstehenslücken und Deutungsunsicherheiten können nur durch einen inneren Dialog oder besser noch durch einen kommunikativen Austausch mit anderen geschlossen werden. Erst im Prozeß dieser kommunikativen Aneignung gewinnt Fernsehen seine Bedeutung, die es für den Alltag der Menschen hat« (Charlton/Klemm 1998, S. 723).

Im Folgenden werden die mit der Medienrezeption verbundenen emotionalen Verhaltensweisen im sozialen Kontext aufgedeckt und systematisiert. Mediennutzung und -aneignung werden so nicht als sozial isolierter Prozess betrachtet, sondern als sozialer Appraisal-Prozess, der die Kommunikation mit anderen einschließt. Appraisal wird hiermit demnach nicht als rein intra-individueller, sondern als *sozialer Aushandlungsprozess* verstanden. Wie auch Manstead und Fischer in ihrer Analyse des »Social Appraisal« (2001, S. 221 ff.) hervorheben, so ist es auch hier nicht Ziel, die Appraisal-Theorie in ihrer Kernsubstanz in Frage zu stellen. Vielmehr wird eine Erweiterung vorgeschlagen, die die sozialen Komponenten analytisch integriert, um der Komplexität von emotionalen Rezeptionsweisen der Sendung »Deutschland sucht den Superstar« Rechnung zu tragen. »Deutschland sucht den Superstar« ist hierbei nur ein Objekt des Appraisal. Neben der Sendung nehmen ebenso die sozialen Aushandlungs- und Aneignungsprozesse Einfluss auf die eigenen Bewertungsschritte und die damit verbundene Emotion. *Die Reaktion und Emotion im sozialen Umfeld beeinflusst in der* ›Socio-Stimulus-Evaluation‹ *die eigene Emotion und die damit verbundenen Bewertungsschritte, Appraisals.*[9] Die Anschlusskommunikation wird somit innerhalb der Einstellungsbildung und Mediennutzung »themenübergreifend als zentrales Mediennutzungsmotiv betrachtet« (Sommer 2007; Cohen/Metzger 1998; Rubin/Rubin 1985; Schramm/Klimmt 2003).

Für diese Studie relevant ist, dass »die kommunikative Weiterverarbeitung von Medieninhalten in der Primärgruppe […] demnach für die Medienwirkung von zentraler Bedeutung« ist (Sommer 2007). Wichtig ist hierbei die Beobachtung, dass sich die Standpunkte der Gruppenmitglieder im Dialog angleichen (Sommer 2007; Brauner 1994).[10] Die Kommunikation während der Fernsehrezeption ist bereits untersucht worden (Hepp 1998; Holly/Püschel/Bergmann 2001). Doch die genaue Analyse der Kommunikation nach der Fernsehrezeption und ihre Wirkungsmechanismen stellt ein Forschungsgebiet dar, das noch viele Fragen offen lässt. So widmet sich Denise Sommer dieser Thematik in einer experimentellen Rezeptionsstudie und untersucht die Verbindung von Massenkommunikation und sozialer Alltagskommunikation hinsichtlich der Bedeutsamkeit der »kommunikativen Verarbeitung von Medieninhalten im Gespräch mit peers« (Sommer 2007, S. 261). Ihre Auswertung der Gesprächsmitschnitte zeigt »Tendenzen zur Harmonisierung im Gesprächsverlauf« (ebd.), wobei »divergierende Auffassungen der Gesprächspartner […] wiederholt aufgegriffen und in vielen Fällen sukzessive relativiert und abgeschwächt [werden]« (ebd.). Somit wird die hier aufgestellte These des reziproken Einflusses von individuellen Meinungsäußerungen bestätigt, wobei sie zudem hervorhebt, dass die persönli-

---

9   Bezüglich der interpersonalen Kommunikation und Medienwirkung konnten Lazarsfeld u.a. bereits in den 1940er Jahren aufzeigen, dass persönliche Gespräche eine wichtige Informationsquelle für politische Themen darstellen und sie zudem ein größeres Gewicht auf die politische Meinungsbildung ausüben als die Massenmedien (Lazarsfeld/Berelson/Gaudet 1944; siehe hierzu auch Sommer 2007).

10 Wurde jedoch bis dato vorrangig wissenschaftlich untersucht, inwiefern die Massenmedien Information liefern, die in der interpersonalen Kommunikation bewertet werden, die wiederum dann zu Einstellungen führen (Sommer 2007), so wird dies hier erweitert und die emotionale Dimension innerhalb dieses Prozesses betrachtet.

che Relevanz, der Bezug zum eigenen Leben sowie zu persönlichen Erfahrungen innerhalb der Anschlusskommunikation grundlegend sind.

Hinsichtlich der Thematisierung von Bewertungsschritten im Sinne der Appraisals weist dies unmittelbare Konsequenz für die Analyse von Emotionen auf. Denn im Fall von »Deutschland sucht den Superstar« werden Bewertungsschritte vollzogen, die in einem Aushandlungsprozess nicht nur die individuellen Bewertungen von Neuartigkeit, Angenehmheit, Zielbezug etc. in Betracht ziehen, sondern im sozialen Umfeld selbst Objekt der daraus resultierenden Emotionen sind. Aufgrund der dargelegten Komplexität der Bewertungsschritte kann nicht jede mit der Rezeption sich entwickelnde Emotion hinsichtlich der mit ihr verbundenen, dezidierten Bewertungskomponenten zergliedert werden. Dies wird Teil weiterer Analysen auf dem Gebiet sein. Der Ansatz soll hier jedoch als Grundsubstanz eines komplexen Emotionsablaufs vorgestellt werden und Motor für künftige Forschungen auf diesem Gebiet sein. Im Sinne von Manstead und Fischer wird hierdurch berücksichtigt, dass die Bewertungen der anderen nicht nur die Art beeinflusst, wie Emotionen ausgedrückt werden, sondern einen direkten Einfluss auf die emotionale Erfahrung selbst haben (vgl. Manstead/ Fischer 2001, S. 222). So wie sich hiernach Appraisals nicht rein individuell vollziehen, sondern im *sozialen Kontext*, so gilt ebenso, dass sie sich im zeitlichen Verlauf entwickeln. Sie sind insofern ein Produkt von sich im sozialen Umfeld wiederholenden individuellen Bewertungsschritten und den Bewertungsschritten der anderen. Demnach kann resümiert werden (vgl. Döveling/Sommer 2007):

- Erwartungen und Bewertungen von anderen, vor allem Nahestehenden, werden in der Verarbeitung und Bewertung von Medieninhalten als saliente Einflussgrößen der individuellen Bewertung betrachtet.
- Die Bewertungen von anderen beziehen sich hierbei nicht nur auf medial vermittelte Geschehnisse, sondern auch auf die Emotionen des »Self«.
- Das »Self« wird nicht als isoliertes Konstrukt im Rahmen einer Transaktion betrachtet, sondern in Anlehnung an Mead als »Self-in-relation-to-others« (vgl. Mead 1973; vgl. auch Manstead/Fischer 2001) analytisch in einen sozialen Kontext, in die dynamische Transaktion, eingebunden.

Diese Faktoren gilt es, aus *molarer* wie auch *dynamischer* Perspektive, als »interdependente Beziehung zur beeinflussten Größe« (Früh 2002, S. 71) in der dynamischen Transaktion zu berücksichtigen. In Anlehnung an Früh meint die »molare Perspektive« erstens die »sachbezogene Bestimmung des relevanten Wirkungszusammenhangs« (Früh 2002, S. 69), zweitens »die methodische Manifestation des Forschungsgegenstands [...] d.h. Wissen und Meinung und deren aktuelle Verwendungsparameter [...] transagieren: sie konstituieren sich gegenseitig simultan«, und drittens »die sinnhafte Komplexion von Variablen« (ebd., S. 70).

Während die Forschung auf diesem Gebiet Appraisal-Prozesse vor allem quantitativ erfassen, wird in diesem Beitrag eine explorative Studie präsentiert, die die zugrunde liegenden Mechanismen des Appraisal auf der Basis von qualitativen Leitfadeninterviews aufdeckt.[11] In der Analyse interessieren also die *emotionalen Kommunikationsprozesse*, die einerseits in der sozialen Interaktion, innerhalb der Anschlusskommunikation und andererseits in der inneren wie auch der parasozialen Interaktion ablaufen. Besonderes Augenmerk wird hier auf den Aspekt der Bewertung, die zu Emotionen führt, und der Kommunikation dieser Bewertung und Emotion mit anderen gelegt.

Die Thematisierung des Verhaltens der Protagonisten wird von Kommunikationspartnern als Hinweis gesehen, dieses zu kommentieren und zu bewerten. Hierdurch werden die von Scherer vorgestellten Appraisal-Schritte durchlaufen und die eigene Emotion im Kontext von sozialen Aushandlungsprozessen als dynamische Variable betrachtet. An dieser Stelle ist jedoch anzumerken, dass Emotionen durchaus so schnell ablaufen können, dass ein Aufzeigen der verschiedenen Appraisals nicht möglich erscheint. In dieser Untersuchung werden daher die individuellen wie sozialen Thematisierungsprozesse fokussiert, womit die Bewertungsschritte identifizierbar werden. Diese müssen, wie zuvor dargelegt, nicht sequenziell ablaufen, sondern mischen sich in der Rezeptionssituation und führen in der Identifikation und Projektion eigener Wünsche und Erwartungen (als »wishful identification«, vgl. hierzu Cohen 2006, S. 188) zu einer Emotion, die wiederum Gegenstand von Bewertungsprozessen, Appraisals, im eigenen sozialen Umfeld ist.

Hierdurch zeigt sich eine deutliche Parallele zum Konzept des »*Emotion Management*« als »act of trying to change in degree or quality an emotion or feeling« (Hochschild 1979, S. 561). Während Hochschild hierbei die sogenannten »feeling rules« – als ein Set von Regeln, die den Ausdruck von Emotionen wie ihre Intensität und ihr Auftreten in bestimmten gesellschaftlichen Kontexten festle-

---

[11] Die Komplexität des Themengebietes bringt es mit sich, dass hier eine Auswahl getroffen werden musste. Innerhalb der Forschung auf diesem Gebiet gilt die Introspektion, also die Beobachtung der eigenen seelischen Vorgänge, als anerkannt. So fasst auch Angela Schorr zusammen: »Major appraisal theorists agree that introspection, or, more generally, self-observation, presently is the most important approach providing access to emotional experience.« (Schorr 2001, S. 332)

gen – ins Zentrum der Analyse rückt (Hochschild 1979, S. 551 ff.), werden in der Analyse der durch soziale Appraisal-Schritte hervorgebrachten Emotion die sozialen Aushandlungsprozesse fokussiert. Die Parallelen der zwei Forschungsrichtungen sind offensichtlich: Emotionen und Kognitionen werden zueinander in Beziehung gebracht. Zudem werden hier Emotionen als Ergebnis sozialer Beziehungen verstanden, womit nicht nur rein intra-individuelle Prozesse Berücksichtigung finden, sondern inter-individuelle, d.h. soziale Entwicklungen mit in die Analyse einfließen.

Forschungsfragen, Methodik und Stichprobe

Die sich angesichts der oben genannten Dimensionen aufdrängenden Fragen sind hiermit:

- Welche Faktoren sind bei der Mediennutzung und -aneignung von »Deutschland sucht den Superstar« entscheidend? Und: Welche Bedeutung kommt hierbei der interpersonalen Kommunikation im Sinne einer ›Socio-Stimulus-Evaluation‹ zu?
- Welche Aspekte der Beteiligung führen in der Medienrezeption zu einer wiederholten Konsumierung?
- Welche Emotionen werden wie beim Zuschauer evoziert und kanalisiert?

Da die Auseinandersetzung mit Medieninhalten im Alltag häufig im sozialen Kontext, das heißt in Gesprächen mit Freunden oder Bekannten, geschieht, können Aufzeichnungen von Gesprächen über Medieninhalte darlegen, wie Rezipienten Medienaussagen, ihre Bewertung des Medienangebots und eigene Identität verknüpfen. Aus diesem Grund wurden Einzelinterviews zum Thema »Deutschland sucht den Superstar« geführt, die den emotionalen und kognitiven Aneignungsprozessen Rechung tragen. Denn: Will man populärkulturelle Phänomene wie »Deutschland sucht den Superstar« verstehen, dann kommt man nicht um eine Analyse des konkreten Umgangs der Menschen im Kontext der Medienrezeption herum.

In fünf Berliner Schulen, einem Gymnasium, einer Realschule, einer Gesamtschule, einer Hauptschule und einer Grundschule, wurden im Zeitraum 2006/2007 Schüler im Alter von zehn bis 18 Jahren nach dem Modell der ethnographischen und teilstandardisierten qualitativen Befragung interviewt. Die Einzelinterviews (N =75) dauerten zwischen einer halben und einer Dreiviertelstunde und fanden an den jeweiligen Schulen statt. Ein teilstandardisierter Fragebogen ermöglichte ein systematisches Vorgehen, welches offen blieb für spontane Ausführungen der Interviewpartner.

Im Sinne eines »Socio-Stimulus-Evaluation-Check« werden die mit der Rezeption verbundenen Appraisal-Schritte als emotions- und handlungsleitende Rezeptionsmotivation nicht allein als indvidual-psychologischer, sondern ebenso als sozialer Rückkoppelungsprozess analysiert, der ein weitergehendes, serielles Mediennutzungsverhalten aufgrund intrinsisch bedürfnisrelevanter wie sozialer Bewertungsschritte bedingt. Hiermit wird aufgezeigt, dass Medienrezeption kognitive, bewertungsrelevante wie emotionale Aspekte aufweist, die nicht separat voneinander ablaufen, sondern eine komplexe Abfolge des Medienaneignungsprozesses darstellen, welcher soziale Faktoren ebenso beinhaltet wie individuell psychische. Besonderes Augenmerk wird bei den Interviews nicht nur auf sogenannte positive Emotionen wie der Empathie, sondern ebenso auf Emotionen wie der Schadenfreude gelenkt und Aushandlungsprozesse vor dem Hintergrund von »Klatsch- und Tratschgemeinschaften« (vgl. Schwender 2006, S. 139 und Hopf 2000) mit in die Analyse integriert.

Ergebnisse: Phasen der Bewertung im Kontext des Sendungsaufbaus

In der Kommunikation werden die gezeigten Kontrahenten bewertet, wobei die Verbalisierung von Sympathien und Antipathien der Befragten die Bedeutung der Konkurrenzsituation der Gegenspieler einerseits und die emotionale Involviertheit der Rezipienten andererseits untermauern.[12] In den Interviews lassen sich *Phasen der Bewertungsschritte* im Hinblick auf die Emotionen identifizieren, die im Zusammenhang mit dem *Aufbau der Sendung* stehen. So weisen die Befragungen, abhängig von der Sendungsart, im Verlauf der Gesamtsendung deutliche Unterschiede der emotionalen Anteilnahme auf. Je nach Art der Sendung zeigen sich unterschiedliche Emotionen, die kontextspezifisch eine Basis für soziale Aushandlungs- und Bewertungsvorgänge darstellen.

---

12 Da die Analyse die gemeinsamen Aushandlungsvorgänge fokussiert und hierbei in allen Schulen ähnliche Prozesse offenbart wurden, werden die unterschiedlichen Schulformen an dieser Stelle nicht hervorgehoben.

Das Casting – Öffentliche Bloßstellung und soziale Bewertung

Bleicher hält fest:

»Mit dem Begriff Bloßstellungsshow ist vor allem der respektlose und umbarmherzige Umgang mit den Kandidaten gemeint, die ihren Fernsehauftritt eigentlich zur Selbstdarstellung nutzen wollten [...] Bloßstellung basiert auf dem Prinzip der Schadenfreude« (Bleicher 1999, S. 214).

Vor allem in den Casting-Shows zeigt sich die Emotion der Schadenfreude. Das Lachen über Kandidaten erscheint nicht nur als sozial verträglich, sondern wird auch mit Bezugspersonen thematisiert. Hierbei ist die Neuartigkeit, die »novelty« (vgl. Scherer 2001, S. 95) der Situation und des Protagonisten ebenso Basis für Bewertung wie die Angenehmheit, die »intrinsic pleasantness«[13] (vgl. ebd.) der Situation und der medialen Präsentation. Die Aspekte, die die Rezipienten hier in den Interviews herausheben, sind: Wie stellt sich die Person im Fernsehen dar und wie angenehm ist sie in ihrer Darstellung und in der Situation? Wie agiert und reagiert er/sie in der Situation des Castings, der medial zur Schau gestellten Bewertung der Jury? Diese Fragen stellen ein wesentliches Nutzungsmotiv der Casting-Sendungen dar.

Fan, 13, weiblich: »Also das Casting hab ich geguckt, weil ich's lustig fand, was da für Leute sich lächerlich machen. Also, wenn die da überhaupt nicht singen können und sagen, sie können's [...], ich meine, wenn man es als Erstes geguckt hat, will man dann auch weitergucken, wer weiterkommt. Dann redet man da drüber, in der Schule, ja. Wie die sich da benehmen [...], das ist schon lustig.«

In Aushandlungsvorgängen werden die eigenen Bewertungsschritte und die damit verbundenen Emotionen im sozialen Umfeld von »significant others« (vgl. Mead 1973, S. 192 ff.) diskutiert.

Fan 14, weiblich: »Ich hab ... da mal reingeguckt und fand das ganz witzig, und es haben viele Leute davon geredet, und meine Mutter guckt das ja meistens mit mir zusammen, also wenn sie nicht gerade Dienst hat, und dann sagen wir immer so, wen wir gut fanden und wen eigentlich nicht, und seit der ersten Sendung haben wir reingeguckt und fanden das eigentlich ganz witzig.«

---

[13] Zu den einzelnen »Stimulus Evaluation Checks« (»Novelty«, »Pleasantness«, »Goal/need Conduciveness«, »Coping Potential«, »Norm/Self Compatibility«) siehe Scherer 2001, S. 92–120, bes. S. 103.

Die Bezugnahme im Kontext von sozialen Aushandlungsprozessen erscheint in den Interviews augenfällig.

> Fan 15, weiblich: »Na also ich sprech mit meiner Freundin da auch darüber. [...] Die guckt das auch immer. Na, man fragt zum Beispiel, ob man das gut fand, wer ist rausgeflogen und alles. [...] Und was die Jury zum Beispiel gesagt hat. Und wie [...] wie sie zum Beispiel wie sie es fanden, ob's gut war oder schlecht.«

Während der Zuschauer von Anfang an eine hierarchisch höhere Position hat (vgl. Schwender 2006, S. 217), ist der Teilnehmer, der sich im Casting der Jury und dem medialen Publikum aussetzt, in einer schwierigen Lage. Die Frage stellt sich, ob er denn nicht weiß, dass er sich in dieser Situation schnell unangemessen verhalten kann. Hinzu kommt, dass das Singen vor Publikum zudem noch eine weitere Dimension der Zurschaustellung beinhaltet als ein bloßes falsches Verhalten. Singen ist persönlich. Durch falsches Singen kann man sich schnell persönlich blamieren.

> Fan, 15, weiblich: »Die sind ja irgendwie selber schuld. Warum gehen die da denn hin? Wenn ich so singen würde, würde ich noch nich mal im Bad singen. Ich mein, das tu ich sowieso nur, wenn ich weiß, dass keiner zuhört. Is' so.«

Das spezielle Setting des Castings, die öffentliche Bewertung von der Jury, fasziniert. Bewertung findet hier nicht nur im Fernsehen statt, sondern ebenso in den Wohnzimmern und auf dem Schulhof. Die Tatsache, in den Medien zu erscheinen, scheint die Schmerzgrenze der Bloßstellung zu verändern. »Im Fernsehen bloßgestellt zu werden aber ist eine Ehre [...] Hier gilt das Gesetz: Auch wer zum komischen Helden wurde, ist einmal zum Helden geworden« (Keppler 1994, S. 59). Dies erkennt das Publikum, das hierdurch seinen Hohn rechtfertigt.

> Fan, 15, weiblich: »[...] dann hätten die vielleicht, wenn sie die anderen Folgen auch gesehen haben, was ich vermute, dass sie's getan haben, auch mit rechnen können.«

Die Interviews belegen: Die vorrangige Rezeptionsmotivation der Castings ist die Möglichkeit, *andere zu bewerten*.

> Fan, 13, weiblich: »Und dann hab ich mich halt dafür interessiert, ob sie gut sind, ob sie schlecht sind. [...] Dann hab ich halt mit Dieter Bohlen mitgesagt: ›Ja, das fand ich gut. Das fand ich nich so gut‹, so. Mit meiner Familie saßen wir halt da und so. Und so bin ich halt dazu gekommen, das weiter zu gucken. Am Anfang schätze ich immer, ob er vielleicht so

in die Mottoshows kommt und so und meistens habe ich auch total recht. Bei M.L.R. wusste ich dann halt, dass er ins Finale kommt. Und das finde ich auch daran gut und so.«

Doch neben der offenkundigen Bewertung und dargestellten *Schadenfreude* zeigt sich auch eine *Anteilnahme* in den Interviews, die die weitere Rezeption bedingt. Vor allem wird hierbei das Jurymitglied Dieter Bohlen bewertet, wobei direkte Parallelen zu eigenen Erfahrungen gezogen werden:

Fan, 13, weiblich: »Aber er ist dann halt so hart. [...] Er so: ›Nein, find' ich nich' gut.‹ Dies das. Das find' ich nich' gut an ihm. Aber ich würde dann auch nich' drauf hören und so. Ich würd' auf mich selber hören, wie ich mich finde, und nicht halt, was er sagt.«

Und ein männlicher Zuschauer, 15, hebt hervor:

»Schadenfreude hatte ich wegen dem Tanzen da und Mitleid hatte ich wegen... Dieter Bohlen... weil der die fertiggemacht hat.«

Die Mottoshows

Während in der Thematisierung der Castings vor allem Bewertungsschritte auffallend sind, die in sozialen Aushandlungsprozessen eine Mischung aus Schadenfreude und Anteilnahme darlegen, zeigt sich bei den Mottoshows ein verschiedenartiges Bild. Hier werden differenzierte Bewertungsprozesse auffällig, die *Identifikationsprozesse* ebenso offenbaren wie *empathische Reaktionen* und ein *Spannungserleben*.

Fan, 14, weiblich: »Na wir sagen zum Beispiel, wenn wir grad die gehört haben, also zum Beispiel sagen wir eine, die jetzt gerade dran war, zum Beispiel Anna Maria ... ähm ... die mag ich eigentlich auch sehr gerne in der neuen, und dann frag ich meine Mama: ›Wie fand'st du die?‹ Und dann meint sie: ›Ja, war gar nicht mal so schlecht.‹ Und manchmal kribbelt es, da hat man richtig Gänsehaut und dann sagt sie immer: ›Da hatte ich Gänsehaut‹, und so. Und wie wir den fanden, wen wir nicht so gut fanden, wen ja ...«

Der Blick in die Welt der anderen ermöglicht hierbei den Aufbau bestimmter *Identifikationsgrundlagen*,[14] die die Basis für empathisches Mitempfinden sind.

> Fan, 15, weiblich: »Also, am Anfang der Mottoshows find ich's gut, dass die so'n bisschen mehr über ihr Leben zeigen […] Also ich find das eigentlich ganz gut, damit man mehr über die erfährt.«

In der *identifikatorischen Bezugnahme* werden direkte Verbindungen und Vergleiche zum eigenen Leben hergestellt.

> Fan, 13, weiblich: »Und ich find's auch halt voll mutig, dass die sich halt auch trauen vor so vielen zu singen, dass sie vor so viel Leuten singen und halt nich verpatzen, so. Das ist halt schon voll gut okay. […] Vor Tausenden so singen. Ich wär voll aufgeregt und so. Ich kenn das halt bei mir. Ich und meine Schwester mussten mal vortanzen, in unsrer alten Schule […] Sommerfest. Da mussten wir halt auch vor der ganzen Schule vortanzen. Die kleinen Patzer konnt man nich so gut sehen. Aber eigentlich (Pause) Ja. Das war voll gut.«

Hierbei ist die Bewertung des Authentischen eine Grundlage der Identifikation:

> Fan, 13, weiblich: »Es müssen halt Gefühle rüberkommen, ja […], Gefühle. Ich meine, die sagen ja auch, dass sie an so und so denken, wenn die singen. Die fühlen das dann auch.«

Das Formatmerkmal des ›offenen Endes‹ fördert in diesem Kontext das Mitfühlen im Spannungserleben, wie auch folgende Interviewteilnehmerin hervorhebt:

> Fan, 13, weiblich: »Ja, weil's spannend ist, also wenn man, weil man kann genau mitfühlen, man weiß, wie die Gefühle sind, von denen, man kann sich das einschätzen, wie sie sich fühlen, wenn sie jetzt zum Beispiel jetzt singen und die sagen dann ›Nein, diesmal war es nicht so gut wie beim letzten Mal‹, und dann kann man wissen, wie sie sich jetzt fühlen, und das macht dann eigentlich das … so dass man auch weiter gucken kann. Man kann sich in den reinversetzen, und das macht sehr viel Spaß das zu gucken, wenn sie da singen […], ob sie weiterkommen oder nicht weiterkommen.«

---

14 Zudem reagieren hier die interviewten Zuschauer auf offenkundige Fehlleistungen der Kandidaten mit empathischen Reaktionen. Fan, 14, weiblich: »Und in den einen, in den ersten Mottoshows, da fand ich diesen Typen schon etwas peinlich, aber irgendwie hat der mir auch leid getan. Der wurde ja echt fertig gemacht.« Und Zuschauer, 14, weiblich: »[…] So was. Das kennt doch jeder. Wer will gerne ausgebuht werden. Da tut er mir sehr leid. Und dann wird er auch noch gezeigt, wie er da so weint. Das zeigen die natürlich.«

Die Identifikation stellt hier die Basis für das Empfinden der *Spannung* als Erfahrung einer Mischung von Angst und Genuss dar (Mikos 1996a, S. 37 ff.).

> Fan, 12, weiblich: »Früher hatte ich zum Beispiel auch Musik, dann mussten wir auch vor der Klasse singen und da war ich halt ziemlich ... scheiße (Lachen) (Pause) [...] Überhaupt, dass man auf der Bühne steht, dass man 'n bisschen Bühnenpräsenz hat. Also, dass man das halt nicht selber hat, aber das halt so mal sieht, dass so Leute wie du und ich, dass die das halt haben. Dann geht man da so richtig mit.«

Deutlich wird hierbei, dass die Bewertungsschritte der Neuartigkeit und Angenehmheit sowie zugleich der Zielbezug, die Bewältigungsfähigkeit und die Normverträglichkeit im sozialen Kontext zu einem emotionalen Mitfiebern führen. Die emotionale Bezugnahme wird unter anderem dadurch verstärkt, dass, einem Märchen gleich, die Kandidaten Vanessa und Mike ›im realen Leben‹ ein Paar wurden. In einer Sendung widmete Mike seiner Freundin ein Lied, was vor allem von den weiblichen Fans als emotionaler Höhepunkt der Show betrachtet wird und den Bewertungsprozess positiv beeinflusst:

> Fan, 14, weiblich: »Das fand ich richtig süß. [...] Also, deswegen hätte ich auch eigentlich gedacht, bei diesem Lied, dass er weiterkommt, weil ich dachte, das hat er richtig von seinem Herz so gesungen, deswegen ... und diesen Tobias fand ich nicht toll.«

Hierbei wird das Weiterkommen als zentral hervorgehoben. Durch die Identifikation wird eine *stellvertretende Form der emotionalen Teilhabe* ermöglicht, wobei die Bewältigung der Situation zu einem weiteren Aufbau des Spannungserlebens führt. Die Normverträglichkeit weist ebenso eine medial vermittelte parasoziale wie direkte soziale Komponente auf. So betont eine Schülerin die *Präsenz des Studiopublikums*:

> Fan, 13, weiblich: »Man fiebert einfach mit, weil, wenn die dort alle sitzen und alle rumkreischen und dann ... dann rufen sie nachher alle ›Buuh‹, weil derjenige gesagt hat, dass der nicht weiter ist, und dann muss man einfach wissen, wer nachher gewinnt und wer weiterkommt.«

Zugleich findet auch eine *Projektion* eigener Wünsche und Sehnsüchte statt.

> Fan, 12, weiblich: »Ich möchte auch gerne gestylt werden, weil's gut aussieht. Und dann so, noch vor so vielen Leuten, das macht auch was aus. Und das ist so interessant, wie die weiterkommen. Dann fieber' ich auch mit.«

Neben der empathischen Reaktion offenbaren sich jedoch ebenso differenzierte Beurteilungen, die ebenso wie in der ersten Phase des Castings *Aushandlungsprozesse* offenlegen. Das Mitleid als ein ›Mit-Fühlen‹ des Leids einer anderen Person wird in zahlreichen Antworten auffällig. Untersuchungen belegen, dass diese empathische Reaktion dann stärker ausgeprägt ist, wenn der Rezipient Ähnlichkeiten zwischen dem Protagonisten und sich selbst erkennt, er vergleichbare Erfahrungen im eigenen Leben gemacht hat (Zillmann 1991; Dorr/Doubleday/Kovaric 1984, S. 116; Zillmann/Cantor 1977, S. 155 ff.).[15] Die eigenen Bewertungsschritte offenbaren die Bedeutung der Bewertung des direkten Umfelds,[16] wobei die Meinungen von Freunden einen besonderen Einfluss auf die eigenen Bewertungen und somit die eigenen Emotionen haben.

Fan, 13, weiblich: »[…] also wir gucken uns an, wie die Stimmung und so ist und wie die Lieder sind, und dann so entscheiden wir auch, wie wir die mögen.«

Einerseits wird hierdurch die soziale Gruppe stabilisiert, zum anderen werden die Positionen der Einzelnen innerhalb der Gruppe verortet. Bestätigung wird offensichtlich gesucht und gefunden. Bestätigung stellt ein wichtiges Mittel der Verbindung eines »Urhebers« mit der Gruppe bzw. dem Kommunikationspartner dar (Schwender 2006, S. 140).

Fan, 13, weiblich: »Und ich rede darüber mit meiner besten Freundin und auch anderen Freunden. Ja. Ich sag dem ein oder anderen, was ich an dem gut oder schlecht fand. Auch wenn einer den gut findet, sag ich trotzdem, dass ich den nicht gut finde. Also ist normal … Na ja, jeder hat so seine eigene Meinung … also … Ja […]. Aber … mit vielen war ich zum Beispiel einer Meinung, dass Daniel Küblböck total dumm ist.

---

15 Die Interviews offenbaren in direkter Form die Aushandlungs- und Bewertungsprozesse im sozialen Umfeld. Fan, 12 Jahre, weiblich: »… und Alexander hab ich nicht gemocht, weil der einfach so'n Typ ist, der eigentlich … Meine Freundin sagt auch immer: ›Der ist voll der Warmduscher‹, … weil der einfach so'n Sunnyboy ist, den es halt schon ganz oft gibt und so … ja.«

16 Das Reden über die Protagonisten mit direkten sozialen Interaktionspartnern und das damit verbundene Äußern der eigenen Beurteilung weist deutlich bewertungsrelevante Komponenten auf, die den Einfluss auf die eigene emotionale Erfahrung widerspiegeln. Fan, 12, männlich: »Ja, ich rede mit Frau G. [Lehrerin; Anm.] zum Beispiel manchmal darüber. Ja also ich rede mit fast mit jedem [meiner Freunde; Anm.] darüber. […] Eigentlich fast mit jedem.« Ein weiterer Fan, 14, weiblich, hebt hervor: »Und ich red immer mit meiner Familie, also die Familienmitglieder, die es auch geguckt haben, mit den red ich dann darüber, zum Beispiel, wer rausgeflogen ist, ob die das gerecht fanden oder nicht so.«

Meine beste Freundin [...], die findet Daniel Küblböck auch nicht gut. [...] Weil der einfach nicht gut singen kann und einfach total peinlich immer auftritt.«

Die Entscheidung

Bei den Entscheidungssendungen zeigt sich schließlich eine Intensivierung der Gefühle der *Empathie* und der *Spannung*, welche einige Interviewpartner als ›Mitfiebern‹ bezeichnen:

Zuschauer, 14, männlich: »Ja, das ist total nervig dann, wenn man auf die Entscheidung wartet und dann sitzen die da und das dauert und dauert und man denkt ›Mann, kommt jetzt zur Sache‹, aber nein, das dauert. Man fiebert da halt schon mit, muss man mal zugeben.«

Ersichtlich wird, dass hier eine *Spannungskurve* durch das konstante ›Mitfiebern‹ und Bewerten erreicht wird, wobei hier eine *gemeinschaftliche* Hoffnung thematisiert wird.

Fan, 13, weiblich: »Na das war, das war einfach aufregend, weil das sind die zwei, für die wir immer gestimmt haben, die wir immer am besten fanden, und jetzt standen halt die beiden vorne und (ähm) dann ist man halt einfach aufgeregt, man hat einfach so'n Kribbeln im Bauch und man weiß halt nie, wer gewinnt und wer verliert, und wir haben ja für Tobias angerufen, und wir haben gehofft, dass der halt gewonnen, gewinnt und der hat ja auch dann gewonnen und das war halt ziemlich spannend.«

Auffällig wird, dass die Identifikation die Basis für das Gefühl des Mitgefühls ist. Auf die Frage nach der Beurteilung der Jury sagt eine Befragte:

Fan, 13, weiblich: »Das ist eigentlich so mh ... so gemein. Also die fühlen sich da auch nicht wohl dabei. Wenn die Moderatoren die so fertigmachen, das ist so, eigentlich, so gemein. Da muss ich auch dabei heulen. [...] Mein Herz tut mich [sic!] dann auch weh so. Wenn die da fertiggemacht werden und so, dann fühle ich das ja auch. Ich fühle das ja auch mit.«

Hinzu kommt, dass die *gemeinsame Medienrezeption* nicht nur die individuellen Bewertungs- und Appraisal-Schritte beeinflusst, sondern diese verstärkt.

Fan, 13, weiblich: »Dann meine Mutter kommt und sagt: ›Ja. Wer soll gewinnen?‹ Die ist wirklich aufgeregt dann. Sie kommt zu mir und sagt:

›Wer soll gewinnen? Wer soll gewinnen?‹ [...] Meine Mutter sagt dann, sie will, dass Mike gewinnt, weil der ist der Beste und hat so eine gute Stimme und dann fiebern wir ja richtig mit und so. Wir gehen dann so richtig mit, so.«

Es zeigt sich zudem, dass ein *Emotionstransfer* stattfindet. Die Emotion, die aus der Rezeption entsteht, ist mit dem Ende der Rezeption noch nicht abgeschlossen, wie auch folgende Interviewpartnerin festhält:

Zuschauer, 14, weiblich: »Ja [...] ich fieber auch mit und die tun mir auch leid, wenn sie jetzt verlieren und dann, und ich bin nicht immer einverstanden, wer rausfliegt. [...] Dann bin ich schlecht gelaunt. Ja, ich red dann mit meiner besten Freundin und mit meiner Mutter. Die guckt das auch immer.«

Vor allen in den *Entscheidungsshows* wird die Rollenfunktion der *Moderatoren* deutlich. Die Befragten zeigten in diesem Kontext eine deutliche emotionale Bezugnahme. Die Interviews spiegeln wider, dass die Moderatoren eine emotionsregulierende Funktion im Kontext eines parasozial vermittelten *Emotion Management* innehaben. Sie ›müssen‹ mitfühlen. Sie sollten, wie folgender Ausschnitt aus einem Interview darlegt, wie Freunde sein, die Freunde zumindest partiell ersetzen, die nicht auf der öffentlichen TV-Bühne stehen.

Fan, 13, weiblich: »Ich fand Michelle Hunziger und Carsten Spengemann besser, weil die haben das auch besser gemacht und [...] die haben da auch mehr Gefühl da mit gezeigt, wenn die rausgeflogen sind. Na, ich find's schon ... (ähm) ... als Moderatoren, gerade, wenn die so eine Entscheidung fällen müssen oder es den Kandidaten sagen müssen, dass sie rausfliegen, müssen sie schon 'n bisschen ... (ähm) ... zeigen, dass es ihnen leid tut. [...] Also ich finde, die sollten die dann schon 'n bisschen aufmuntern, weil die kennen die ja schon durch die ganze Staffel, also durch die ganzen Sendungen und [...] dass die halt 'n bisschen Freunde sind.«

Die *Moderatoren* erscheinen als Zentrum einer Kommunikationsgemeinschaft. Sie regeln den Ablauf der Sendung, bauen Spannung auf, trösten, versöhnen oder jubeln, je nach Bedarf. In allen Interviews wurden die Modertoren sehr kritisch beurteilt. Sie haben hiernach die Aufgabe, die Kandidaten zu unterstützen. Kommen sie dieser Aufgabe nicht nach, werden Emotionen wie Wut auffällig, die auf den mit der Rolle als Freund und Tröster einhergehenden Bewertungsschritten beruhen.

Fan, 13, weiblich: »Das fand ich voll krass. Als die da alle drei auf die Bühne geholt haben. Mann. Das war nicht in Ordnung. Da war ich sauer. Ich mein, die haben da mit den Gefühlen der drei gespielt. Man wusste jetzt gar nicht, was passiert. Alles war durcheinander. Ich habe da voll mit gelitten und fand's sch… Das war unfair. Oder als die sich da vertan haben. Was war denn das? Was sollte das? Fand ich nicht in Ordnung.«

Die mediale Dokumentation in Form von Echtzeit- und Live-Übertragung vermittelt eine Realität, die als dramaturgisch inszenierter *Wettbewerb* einerseits aus der ›normalen‹ *Realität* ausgelagert wird, andererseits zugleich auf dieser aufbaut. Das Publikum wird so zum Teil eines gemeinsamen Erfahrungshorizontes, das seinen emotionalen Höhepunkt vor und hinter den Kameras erlebt. Beachtet man zudem, dass die Intensität der erlebten Emotionen davon abhängt, inwiefern das Gezeigte als ›ich-nah‹ erlebt wird, so lässt sich hier festhalten, dass durch die Vermittlung des realitätsnahen Erlebens die Emotionalität des Rezipienten im Sinne eines »Involvement« gesteigert wird.

Fazit – Zur Faszination von medialer Präsenz: Vom ›Nobody‹ zum ›Somebody‹ zum ›Star‹. Bewertung vor und hinter den Kameras

Bei »Deutschland sucht den Superstar« handelt es sich um ein Format, das normale Menschen in nicht alltäglichen Situationen zeigt, zugleich aber ebenso das Alltägliche durch Intimisierung, Dramatisierung und Personalisierung im Rahmen des performativen Realitätsfernsehens in Szene setzt. »Deutschland sucht den Superstar« läuft nicht nur auf RTL und nicht nur auf einem Programmplatz. So zeigt »RTL Explosiv« (RTL) ebenso Auszüge und vermeintliche Highlights und Skandale der Sendung wie das RTL-Mittagsmagazin. Auf RTL II werden Hintergrundberichte und Homestorys geliefert und auf VOX werden im Magazin Einblicke hinter die Kulissen geboten (vgl. hierzu auch Wolf 2004, S. 20 ff.). Hierdurch wird eine Intimität geschaffen, die eine gemeinsame Erlebniswelt anbietet, in der der Zuschauer und Fan »Leute wie du und ich« (siehe Interview) auf ihrem Weg vom ›Nobody‹ zum ›Somebody‹ und schließlich zum (vermeintlichen) Star begleiten kann. Sind es im »Big Brother«-Container (nur) zwei Bedingungen, die die Bewohner zu erfüllen haben:

- Sie müssen sich einerseits für die Wohngemeinschaft einsetzen und sich in ihr brauchbar und beliebt machen.
- Sie müssen andererseits für den Zuschauer als Identifikationsflächen und Resonanzboden für divergierende Deutungsmuster dienen können (Behr/ Kaiser 2000, S. 135),

so sind es bei »Deutschland sucht den Superstar« neben diesen Faktoren das Zeigen des Besonderen, des Einzigartigen, der ›besondere Normale‹, der vermittelt: ›Ich bin wie du, ich hoffe und träume wie du, ich nutze meine Talente und ich gebe alles, um meinen Traum zu verwirklichen. Und: Ich brauche dich, den Zuschauer, dafür.‹ Hierdurch wird der Zuschauer aktiv in einen (Bewertungs-) Prozess eingebunden, den er tagtäglich erlebt. In der täglichen Situation, in der Schule und der Familie werden die eigenen Leistungen bewertet. Der Unterschied und hiermit die Faszination von »Deutschland sucht den Superstar« ist, dass diese Bewertungsschritte nicht nur öffentlich sind, sondern dass der Zuschauer selbst (mit)bewerten und (mit)entscheiden darf und dieses offensichtlich, wie die Interviews belegen, auch will. Dies führt einerseits zu einer emotionalen Entlastung und steigert andererseits die emotionale Beteiligung. Durch das Wiedererkennen »im mediatisierten Spiegel« (Döveling 2001, S. 163 ff.) werden das Prinzip der Leistungsorientierung und die damit verbundenen Emotionen der »Hoffnung« und »Spannung« in den Socio-Stimulus-Appraisal-Schritten geteilt. Zudem gilt im gemeinsamen Appraisal: »[A]ktuelle und entwicklungsbedingte Probleme werden immer wieder aufs Neue aus unterschiedlichen Blickwinkeln thematisiert« (Schweer/Lukaszewski 2005, S. 53). Die Maxime ›Leistung‹ kann so als Leitfaden eines Drehbuchs betrachtet werden, das durch die Aspekte ›Beziehungsprobleme‹, ›Liebe‹ und ›äußere Erscheinung‹ einen medialisierten Plot zu einem Ganzen aufbaut. In diesem Sinne hält auch Thomas Schmidt fest:

> »Es war der rechte Wettbewerb zur rechten Zeit, denn hier meldete die Generation Pisa ihren Anspruch an, auch ohne Lernstoff reich und berühmt zu werden. Dafür duckte sie sich unters Joch der Sekundärtugenden. Demgegenüber hatte ›Big Brother‹ im Rückblick etwas Verlangsamtes, geradezu Üppiges, ein circensischer Spaß aus einer anderen Epoche: reine Zeitverschwendung, während draußen die Aktienkurse stiegen« (Schmidt 2003, S. 44).

»Deutschland sucht den Superstar« schafft so nicht nur die Basis für Aneignungsprozesse, sondern auch für eigene Reflexion und Aushandlungs- und Bewertungsprozesse im sozialen Umfeld. Die emotionsrelevanten Appraisal-

Schritte vollziehen sich nicht isoliert vom sozialen Umfeld, sondern finden in diesem, in Form einer wechselseitigen emotionalen Bezugnahme und Beeinflussung, statt. Hierdurch werden Ergebnisse vorangegangener Studien untermauert, die belegen, dass soziale Appraisals dann salienter sind, wenn die andere Person ein Freund im Gegensatz zu einem Fremden ist (siehe hierzu Manstead/ Fischer 2001, S. 229).

Appraisal. Das plebiszitäre Fernseherlebnis

Die emotionale Beteiligung der Zuschauer basiert auf *Phasen der Bezugnahme und Bewertung*, wobei diese in einem *sozialen Kontext* innerhalb von Aushandlungsprozessen beeinflusst werden. Die Interviews konnten somit hierbei die These untermauern, dass vor allem Freunde und nahe stehende Bezugspersonen einen Einfluss auf die eigenen Bewertungen und Emotionen ausüben. Zudem offenbaren die Interviews die Bedeutung der *Identifikation* sowie der *Projektion* eigener Träume und Sehnsüchte. Hierdurch wird »Deutschland sucht den Superstar« in der aktiven Teilnahme am Geschehen, durch die Möglichkeit und durch die – im medial verankerten Skript – enthaltene Notwendigkeit der Bewertung, die sich nicht nur während der Fernsehrezeption abspielt, sondern ebenso zu Hause und auf dem Schulhof, zu einem Bestandteil des eigenen Lebens. »Man fiebert mit« (s. o. Interviewauszug) und »man redet darüber«, mit der Mutter, der Schwester, der besten Freundin, dem besten Kumpel (siehe Interview). Die sozial-kommunikative Verarbeitung der präsentierten Medieninhalte weist unmittelbare bewertungsrelevante und im Sinne der Socio-Stimulus-Evaluation emotionale Dimensionen auf.[17]

Auf der Grundlage der Interviews ließ sich aufzeigen, dass durch die Kombination von Identifikation, sozial ausgehandelter Bewertung und Beteiligung ein identitätsrelevantes Angebot geschaffen wird, das in der ›parasozialen wie sozialen Emotion‹ zu einer emotionalen Bezugnahme führen kann. Hierbei wird »[d]as Drehbuch eines Autors [...] ersetzt durch die Dynamik der Gruppe« (Hopf 2000, S. 49), die den Rezipienten aktiv am Geschehen teilhaben lässt.

Die Bedeutung der Bezugnahme zeigt sich einerseits auf der direkten sozialen wie andererseits auf der parasozialen Ebene. Die für die Dynamik relevanten

---

17 Das Umfeld wirkt innerhalb eines Deutungsprozesses mit. Individuelle Bewertungsmuster und die dazugehörigen Emotionen führen im sozialen Kontext in eine gemeinsame ›metaemotionale‹ Wirklichkeitskonstruktion (vgl. hierzu Holly 1993, S. 149).

Personengruppen sind hierbei nicht nur die Superstar-Kandidaten, sondern ebenso die Moderatoren, die Jurymitglieder und die Zuschauer im Saal. Die Analyse konnte darlegen, dass ähnlich wie bei direkten sozialen Interaktionspartnern die medial präsentierten Charaktere zu einer Referenzgruppe werden, die es zu bewerten gilt. Sie sind dem Rezipienten nicht gleichgültig, sie liefern Identifikations- und Projektionsangebote, die eine emotionale Beteiligung steigern. Zudem werden gesellschaftlich relevante Bedeutungsmuster der Leistungsmaxime integriert und aufgegriffen. Der sich im durch Leistungen und Wettbewerb gekennzeichneten Schulsystem befindende Schüler findet das Prinzip Leistung in der mediatisierten Welt wieder, und nicht nur das: Er sieht, dass Leistung nicht nur hart ist, sondern ein Nicht-Erfüllen Hoffnungen zerstört und Ängste aufbaut. Er sieht reale Hoffnungen, reale Ängste. Das verstärkt die Verbindung. Das Merkmal der faktischen Konkurrenzsituation hat jetzt in serieller Form Einzug in die Reality-TV-Welt gehalten. Vor dem Hintergrund der heutigen Gesellschaft der »Affektkontrolle« werden mediale Angebote geliefert (vgl. ebd., S. 50), die es vor allem dem jugendlichen Zuschauer ermöglichen, sich in Aushandlungsprozessen nicht nur über die Bewertungen, sondern auch und vor allem über seine *Emotionen* zu definieren. Diese werden mit anderen geteilt. Klatsch und Tratsch schafft also nicht nur Gemeinschaft, es ermöglicht auch das Ausleben und das offene Thematisieren von Emotionen. Dieses Mitreden, das Mit-Bewerten wird durch die Gemeinschaft gefordert. Dadurch erhält nicht nur der Star auf dem Bildschirm Aufmerksamkeit, sondern auch der Betrachter. Dieses funktioniert, denn:

> »Aufmerksamkeit anderer Menschen ist die unwiderstehlichste aller Drogen. Ihr Bezug sticht jedes andere Einkommen aus. Darum steht der Ruhm über der Macht, darum verblasst der Reichtum neben der Prominenz. Prominente sind die Einkommensmillionäre in Sachen Aufmerksamkeit« (Franck 1998, S. 10).

In »Deutschland sucht den Superstar« wird die dialektische Dynamik der Aufmerksamkeit deutlich. Diese fungiert einerseits als emotionalisierendes Leitmotiv der Sendung, andererseits ebenso als ein Antrieb in der sozialen wie emotionalen Interaktion. Die Bewertung wird öffentlich, weil der zu Bewertende auf der medialen Bühne seine »Fernsehgemeinde« (Weiß 1999, S. 65) dazu auffordert. Es reicht nicht mehr, sich zu zeigen. Es geht um die Verwirklichung eines Traums, der Opfer abverlangt und auf die Mitwirkung und Entscheidung des Publikums setzt. Gesellschaftliche Werteorientierungen werden auf diese Weise ebenso augenfällig wie sozial erlebbare und geteilte Emotionen und Bewertungen vor und hinter den Kameras. Das Fernsehen und die Fernseherfahrung sind plebiszitär geworden (vgl. Schmidt 2003). Der »Tele-Darwinismus«[18] geht weiter. Die im »Super-Reality-Fernsehen« offerierte Medien-Gefühlskultur (vgl. Saxer/Märki-Koepp 1992; Döveling 2005) als Interaktionsresultat von Medienofferte und emotional partizipierendem Publikum findet im plebiszitären Fernseherlebnis nicht nur genügend Spielräume, sondern eröffnet, so die hier gestellte Prognose, weiteres Innovationspotenzial ›im Namen des Fernsehvolkes‹.

Literatur

Behr, Manfred/Kaiser, Silvia (2000): »Echte« Gefühle und Projektionen: Big Brother als Mittel gegen den Milieuauthismus. In: Frank Weber (Red.): Big Brother: Inszenierte Banalität zur Prime Time. Münster: LIT, S. 125–141

Bente, Gary/Fromm, Bettina (1997): Affektfernsehen. Angebotsweisen und Wirkungen. Opladen: Leske + Budrich

Bleicher, Joan Kristin (1999): Fernsehen als Mythos: Poetik eines narrativen Erkenntnissystems. Opladen/Wiesbaden: Westdeutscher Verlag

Böhme-Dürr, Karin (2001): Die Währung »Aufmerksamkeit«. In: Karin Böhme-Dürr/Thomas Sudholt (Hrsg.): Hundert Tage Aufmerksamkeit. Das Zusammenspiel von Medien, Menschen und Märkten bei Big Brother. Konstanz: UVK, S. 11–33

Brauner, Elisabeth (1994): Soziale Interaktion und mentale Modelle: Planungs- und Entscheidungsprozesse in Planspielgruppen. Münster: Waxmann

Charlton, Michael (1993): Methoden der Erforschung von Medienaneignungsprozessen. In: Werner Holly/Ulrich Püschel (Hrsg.): Medienrezeption als Aneignung. Opladen: Westdeutscher Verlag, S. 11–26

Charlton, Michael/Klemm, Michael (1998): Fernsehen und Anschlußkommunikation. In: Walter Klingler/Gunnar Roters/Oliver Zöllner (Hrsg.): Fernsehforschung in Deutschland. Themen – Akteure – Methoden. Teilband 2. Baden-Baden: Nomos, S. 709–727

Cohen, Jonathan (2006): Audience Identification with Media Characters. In: Jennings Bryant/Peter Vorderer (Hrsg.): Psychology of Entertainment. Mahwah, New Jersey, London: Lawrence Erlbaum Associates

---

18 Vgl. http://pop100.iwebadmin.de/news_detail.php3?id=2975 (Abruf: 5.6.2007).

Cohen, Jonathan/Metzger, M. (1998): Social Affiliation and the Achievement of Ontological Security through Interpersonal and Mass Communication. In: Critical Studies in Mass Communication, 15, S. 41–60

Dorr, Aimée/Doubleday, Catherine/Kovaric, Peter (1984): Im Fernsehen dargestellte und vom Fernsehen stimulierte Emotionen. in: Manfred Meyer (Hrsg.): Wie verstehen Kinder Fernsehprogramme? Forschungsergebnisse zur Wirkung formaler Gestaltungselemente des Fernsehens. München/New York/London/Paris: Saur, Schriftenreihe des Internationalen Instituts für das Jugend- und Bildungsfernsehen, 17, S. 93–137

Döveling, Katrin (2001): Big Brother und die Fans. Geteiltes Gefühl ist doppeltes Gefühl – Die Sehnsucht nach kollektiver Potenzierung einer Gefühlserfahrung. In: Karin Böhme-Dürr/Thomas Sudholt (Hrsg.): Hundert Tage Aufmerksamkeit. Konstanz: UVK, S. 149–170

Döveling, Katrin (2005): Emotionen – Medien – Gemeinschaft. Wiesbaden: VS Verlag

Döveling, Katrin/Sommer, Denise (2007): Social Appraisal in der dynamischen Transaktion: Emotionale Aushandlungsprozesse und ihre komplexe Dynamik. In: Carsten Wünsch/Werner Früh/Volker Gehrau (Hrsg.): Integrative Modelle in der Rezeptions- und Wirkungsforschung: Dynamische und transaktionale Perspektiven. München: Reinhard Fischer (im Druck)

Feige, Marcel (2001): Big Brother-TV. Wie Reality-Soaps das Fernsehen verändern. Mit einem Vorwort von Kai-Uwe Müller und dem ultimativen Reality-Lexikon Echte Leute-TV von A bis Z. Berlin: Schwarzkopf & Schwarzkopf

Franck, Thomas (1998): Ökonomie der Aufmerksamkeit. München/Wien: Carl Hanser

Fromm, Bettina (1999): Privatsphäre vor Millionen: Fernsehauftritte aus psychologischer und soziologischer Perspektive. Konstanz: UVK

Früh, Werner (2002): Unterhaltung durch das Fernsehen. Eine molare Theorie. Konstanz: UVK

Goleman, Daniel (1995): Emotional Intelligence: Why it can matter more than IQ. New York. (Deutsche Übersetzung: »Emotionale Intelligenz«, erschienen 1995 im Carl Hanser Verlag, München; als Taschenbuch 1997 im Deutschen Taschenbuchverlag, München)

Hepp, Andreas (1998): Fernsehaneignung und Alltagsgespräche. Opladen: Westdeutscher Verlag

Hochschild, Arlie Russell (1979): Emotion Work, Feeling Rules, and Social Structure. In: American Journal of Sociology 85, S. 551–575

Holly, Werner (1993): Fernsehen in der Gruppe – gruppenbezogene Sprachhandlungsmuster von Fernsehrezipienten. In: Werner Holly/Ulrich Püschel (Hrsg.): Medienrezeption als Aneignung. Methoden und Perspektiven qualitativer Medienforschung. Opladen: Westdeutscher Verlag, S. 137–150

Holly, Werner/Püschel, Ulrich/Bergmann, Jörg (Hrsg.) (2001): Der sprechende Zuschauer: Wie wir uns Fernsehen kommunikativ aneignen, Wiesbaden: Westdeutscher Verlag

Hopf, Wilhelm (2000): Der ›Klatschgenerator – ›Big Brother‹ als Fernsehsport. In: Frank Weber (Red.): Big Brother: Inszenierte Banalität zur Prime Time. Münster: LIT, S. 49–56

Jörg, Sabine (1982): Der Worte sind genug gewechselt. In: dies. (Hrsg.): Spaß für Millionen: Wie unterhält das Fernsehen?. Berlin: Volker Spiess, S. 7–8

Keppler, Angela (1994): Wirklicher als die Wirklichkeit? Das neue Realitätsprinzip der Fernsehunterhaltung. Frankfurt a.M.: Fischer

Kurotschka, Mara (2003): »Deutschland sucht den Superstar«. Aspekte einer medialen Inszenierung. Schriftliche Hausarbeit zur Erlangung des akademischen Grades Diplom-Kommunikationswirtin an der Fakultät 02 – Gestaltung – der Universität der Künste Berlin, 30.9.2003

Lazarsfeld, Paul F./Berelson, Bernhard/Gaudet, Hazel (1944): The People's Choice. How the Voter makes up his mind in a Presidential Campaign. New York: Columbia Univ. Press

Lembke, Robert (1982): Unterhaltung über Unterhaltung. In: Sabine Jörg (Hrsg.): Spaß für Millionen: Wie unterhält das Fernsehen?. Berlin: Volker Spiess, S. 9–13

Mangold, Roland/Unz, Dagmar/Winterhoff-Spurk, Peter (2001): Zur Erklärung emotionaler Medienwirkungen: Leistungsfähigkeit, empirische Überprüfung und Fortentwicklung theoretischer Ansätze. In: Patrick Rössler/Uwe Hasebrink/Michael Jäckel (Hrsg.): Theoretische Perspektiven der Rezeptionsforschung. München: Reinhard Fischer, S. 163–180

Manstead, Antony S. R./Fischer, Agneta H. (2001): Social Appraisal. The Social World as Object of and Influence on Appraisal Processes. In. Klaus R. Scherer/Angela Schorr/Tom Johnstone (Hrsg.): Appraisal Processes in Emotion. Theory, Methods, Research, Oxford: Oxford University Press, S. 221–232

Mayer, John D./Gaschke, Yvonne N. (1988): The experience and meta-experience of mood. In: Journal of Personality and Social Psychology 55, S. 102–111

Mayer, John D./Salovey, Peter (1995): Emotional intelligence and the construction and regulation of feelings. In: Applied and Preventive Psychology 4, S. 197–208

Mead, George H. (1973): Geist, Identität und Gesellschaft, aus der Sicht des Sozialbehaviorismus. Frankfurt a. M.: Suhrkamp

Mikos, Lothar (1996a): The Experience of Suspense: Between Fear and Pleasure. In: Peter Vorderer/Hans J. Wulff/Mike Friedrichsen (Hrsg.): Suspense. Conceptualizations, Theoretical Analyses, and Empirical Explorations. Mahwah, New Jersey: Lawrence Erlbaum Associates, S. 37–51

Mikos, Lothar (1996b): Parasoziale Interaktion und indirekte Adressierung. In: Peter Vorderer (Hrsg.): Fernsehen als »Beziehungskiste«. Parasoziale Beziehungen und Interaktionen mit TV-Personen. Opladen: Westdeutscher Verlag, S. 97-106

Oatley, Keith/Keltner, Dacher/Jenkins, Jennifer M. (2006): Understanding emotions, Oxford: Blackwell

Reinhold, Gerd (Hrsg.) (1992), unter Mitarbeit von Siegfried Lamnek und Helga Recker: Soziologie-Lexikon, 2., überarbeitete Auflage, München/Wien.

Rubin, Alan M./Rubin, Rebecca B. (1985): Interface of Personal and Mediated Communication: A Research Agenda. In: Critical Studies in Mass Communication, 2, 1985, S. 36–53

Salovey, Peter/Mayer, John D./Goldman, Susan Lee/Turvey, Carolyn/Palfai, Tibor P. (1995): Emotional attention, clarity, and repair: Exploring emotional intelligence using the Trait Meta-Mood Scale. In: Pennebaker, James W. (Hrg.): Emotion, disclosure, and health. Washington, DC: American Psychological Association, S. 125–154

Saxer, Ulrich/Märki-Koepp, Martina (1992): Medien-Gefühlskultur, Zielgruppenspezifische Gefühlsdramaturgie als journalistische Produktionsroutine. München: Ölschläger

Scherer, Klaus R. (1984): Emotion as a Multicomponent Process. A Model and Some Cross-Cultural Data. In: Philip Shaver (Hrsg.): Review of Personality and Social Psychology, Vol. 5, Beverly Hills, S. 37–63

Scherer, Klaus R. (2001): Appraisal Considerd as a Process of Multilevel Sequential Checking. In: Klaus R. Scherer/Angela Schorr/Tom Johnstone (Hrsg.): Appraisal processes in emotion: Theory, methods, research. New York/Oxford: Oxford University Press, S. 92–120

Schmidt, Thomas E. (2003): Gute Menschen, schlechte Menschen ›Deutschland sucht den Superstar‹ – die einen finden Gold, die anderen sich selbst: Überleben im Karrierebrüter. In: Die Zeit, 11, S. 44

Schorr, Angela (2001): Subjective Measurement in Appraisal Research: Present State and Future Perspectives. In: Klaus R. Scherer/Angela Schorr/Tom Johnstone (Hrsg.): Appraisal processes in emotion: Theory, methods, research. New York/Oxford: Oxford University Press, S. 331–349

Schramm, Holger/Klimmt, Christoph (2003): ›Nach dem Spiel ist vor dem Spiel‹. Die Rezeption der Fußball-Weltmeisterschaft 2002 im Fernsehen: Eine Panel-Studie zur Entwicklung von Rezeptionsmotiven im Turnierverlauf. In: Medien & Kommunikationswissenschaft, 51, 1, S. 55–81

Schwäbe, Nicole Helen (2004): Realfabrik Fernsehen: (Serien-)Produkt »Mensch«. Analyse von Real-Life-Soap-Formaten und deren Wirkungsweisen. Philosophische Dissertation, angenommen von der Neuphilologischen Fakultät der Universität Tübingen am 17. November 2003, Tübingen

Schweer, Martin, K. W./Lukaszewski, Frank (2005): (Neue) Medien, Vertrauen und die Bildung jugendkultureller Identitäten. In: Medien und Erziehung. Zeitschrift für Medienpädagogik. Lebensberater Bildschirm, 05, S. 51–55

Schwender, Clemens (2006): Medien und Emotionen, 2. überarb. und erweiterte Auflage. Wiesbaden: Deutscher Universitäts-Verlag

Sommer, Denise (2007): Nachrichten im Gespräch. Eine empirische Studie zur Bedeutung von Anschlusskommunikation für die Rezeption von Fernsehnachrichten. Unveröffentlichte Dissertationsschrift, Fakultät für Sozial- und Verhaltenswissenschaften der Friedrich-Schiller-Universität Jena, 393 gez. Seiten

Wagner, Hans (1994): Von der Lust in andere Welten zu wandern. Unterhaltung – sozialer Unterhalt. In: Louis Bosshart/Wolfgang Hoffmann-Riem (Hrsg.): Medienlust und Mediennutz. Unterhaltung als öffentliche Kommunikation. München: Ölschläger, S. 126–143

Wegener, Claudia (2000): Wenn die Information zur Unterhaltung wird oder die Annäherung des ›factual television‹ an das ›fictional television‹. In: Ingrid Paus-Haase/Dorothea Schnatmeyer/Claudia Wegener (Hrsg.): Information, Emotion, Sensation. Wenn im Fernsehen die Grenzen zerfließen. Bielefeld: GMK Gesellschaft für Medienpädagogik und Kommunikationskultur, S. 46–61

Weiß, Andreas (1999): Wer sieht sich das nur an? Den Zuschauern von Daily-Talkshows auf der Spur. Eine Rezipientenbefragung. In: Hans-Bernd Brosius (Hrsg.): Angewandte Medienforschung, Band 10. München: Reinhard Fischer

Wirth, Werner/Schramm, Holger (2007): Emotionen, Metaemotionen und Regulationsstrategien bei der Medienrezeption. Ein integratives Modell. In: Werner Wirth/Hans-Jörg Stiehler/Carsten Wünsch (Hrsg): Dynamisch-transaktional denken: Theorie und Empirie in der Kommunikationswissenschaft. Köln: Herbert von Halem, S. 153–184

Wolf, Sarah (2004): Deutschland sucht den Superstar. Analyse der Erfolgsfaktoren. Hamburg: Diplomica-GmbH

Zillmann, Dolf (1991) Empathy: Affect from bearing witness to the emotions of others. In: Jennings Bryant/Dolf Zillmann (Hrsg.): Responding to the screen: Reception and reaction processes. Hillsdale, N. J.: Erlbaum, S. 135–169

Zillmann, Dolf/Cantor, Joanne (1977): Affective responses to the emotions of a protagonist. In: Journal of Experimental Social Psychology 13, S. 155–165

Zillmann, Dolf/Jennings Bryant (2002): Entertainment as media effect. In: Jennings Bryant/Dolf Zillmann (Hrsg.): Media Effects: Advances in theory and research. Hillsdale, N.Y.: Lawrence Erlbaum, S. 437–461

Internetquellen

http://pop100.iwebadmin.de/news_detail.php3?id=2975: Die Wege des Publikums sind unergründlich! Herausgeber: Manfred Tari, letzter Zugriff 19.7.2007

»Ich bin ein Star – Holt mich hier raus!« – Eine Formatbeschreibung und Bewertung[1]

Lothar Mikos

Die Show »Ich bin ein Star – Holt mich hier raus!«, die nach dem englischen Original »I'm a Celebrity – Get Me Out of Here!« in zwei Staffeln im Jahr 2004 auf dem Sender RTL ausgestrahlt wurde, muss im Kontext der Entwicklung sogenannter neuer Reality-Formate gesehen werden, die seit dem Beginn des Boom mit »Big Brother« (vgl. Böhme-Dürr/Sudholt 2001; Mikos u. a. 2000) in immer neuen Varianten den Bildschirm bevölkern: Von Casting-Shows wie »Germany's Next Topmodel« oder »Deutschland sucht den Superstar« über Dating-Games wie »Der Bachelor« oder »Bauer sucht Frau« und Makeover- bzw. Lifestyle-Shows wie »Wohnen nach Wunsch – Einsatz in vier Wänden« bis hin zu Stunt-Shows wie »Fear Factor« oder »Jackass«, Real-Life-Shows wie »Big Brother« oder »Frauentausch« und Verhaltensshows wie »Das perfekte Dinner« oder »Verstehen Sie Spaß?«. Viele dieser Shows leben davon, dass ›normale‹ Leute ganz alltägliche Dinge in einer nicht ganz alltäglichen Umgebung oder nicht ganz alltägliche Dinge in einer alltäglichen Umgebung tun (vgl. Hilmes 2004). Daneben gelangen jedoch immer mehr Shows auf die Bildschirme, in denen Prominente auftreten, die sich wie beim Promiboxen im sportlichen Wettkampf messen, sich wie Paris Hilton und Nicole Ritchie in »The Simple Life« mit dem einfachen Leben auf dem Lande zurechtkommen müssen oder sich bei ihren Hochzeitsvorbereitungen von Kameras begleiten lassen wie Sarah Connor und Marc Terenzi in »Sarah & Marc in Love«. Eine andere Variante

---

1   Der folgende Text basiert auf den Ergebnissen eines unveröffentlichten Forschungsberichts: Mikos, Lothar/Bergmann, Anke/Gerbode, Dirk/Schäfer, Sabrina/Töpper, Claudia (2004): Die Show »Ich bin ein Star – Holt mich hier raus!« und ihre jugendlichen Zuschauer. Inszenierungsstrategien und Rezeptionsmuster. Berlin. Die Durchführung der Studie wurde durch die Unterstützung der Freiwilligen Selbstkontrolle Fernsehen (FSF) möglich. Die Studie bestand aus einer detaillierten, ästhetisch-dramaturgischen Analyse des Formats sowie aus einer Rezeptionsstudie, bei der Gruppendiskussionen und Einzelinterviews mit Kindern und Jugendlichen durchgeführt wurden.

dieser Reality-Shows mit Prominenten ist »Ich bin ein Star – Holt mich hier raus!«, in der zehn mehr oder weniger prominente Kandidaten für zwölf Tage in einem Camp im Dschungel unter einfachen Bedingungen leben müssen und zudem täglich vorgegebene Aufgaben zu bewältigen haben. Dazu zählen Prüfungen, bei denen die Kandidaten ihren Ekel oder ihre Angst überwinden müssen, um zu bestehen. Während der ersten fünf Tage bestimmen die Zuschauer per telefonischer Auswahl die Kandidaten für die Prüfungen, danach werden sie aus den eigenen Reihen in geheimer Abstimmung bestimmt. Die Zuschauer wählen ab diesem Zeitpunkt, welcher Kandidat das Camp verlassen muss, bis am Ende der Dschungelkönig (Costa Cordalis in der ersten Staffel) oder die Dschungelkönigin (Desirée Nick in der zweiten Staffel) feststehen.

Das sogenannte »Dschungelcamp« ist eine Show, innerhalb der ein Spiel gespielt wird und die mit Mitteln aus verschiedenen Genres inszeniert wird, wobei sich wirkliche Folgen für die Akteure ergeben können. In dem Format »Ich bin ein Star – Holt mich hier raus!« verbinden sich unterschiedliche Genreelemente, so dass es als Hybridgenre (vgl. Schweinitz 2002) bezeichnet werden kann. Das Showformat ist durchsetzt von Elementen aus Spiel, Reality-Soap, Boulevard und Comedy. Die entsprechenden Strukturen im Text schaffen unterschiedliche Bedeutungsangebote für das Publikum, das in der Rezeption abhängig vom situativen und sozio-kulturellen Kontext jeweils unterschiedliche Schwerpunkte setzen kann.

Die Show »Ich bin ein Star – Holt mich hier raus!« zeichnet sich einerseits durch die primäre Spielebene aus, auf der prominente Kandidaten für die Dauer von zwölf Tagen in einem Dschungelcamp untergebracht werden. In dem Camp müssen sie ohne spezielle Luxusartikel zusammenleben. Andererseits wird dieser Rahmen durch tägliche in das Spiel integrierte Spiele, wie die Schatzsuche oder die Dschungelprüfung, erweitert. Insbesondere die Dschungelprüfung zeichnet sich dadurch aus, dass sich jeweils ein Mitglied der Gruppe in eine für westeuropäische Maßstäbe ungewöhnliche Situation begeben muss, in der es darum geht, persönliche Ekelempfindungen und Ängste zu überwinden, um infolgedessen das monotone Campessen durch zusätzliche Essensrationen aufzustocken. Durch diese Spielregeln entstehen hauptsächlich *zwei Spannungsbogen*: Zum einen interessiert die Frage, wie sich prominente Personen unter diesen besonderen Umständen verhalten und die Neugier, wie »Der-Mensch-hinter-dem-Star« wirklich aussieht bzw. was seine »echte«, menschliche Persönlichkeit ausmacht (vgl. Hallenberger/Foltin 1990); zum anderen ist »der öffentliche Raum dadurch gekennzeichnet, dass man sich in ihm hoch kontrolliert verhält«, nicht aus der Rolle fällt und darauf bedacht ist eine »gute Figur« zu machen (vgl. Mikos/Wulff 1990). Diese Kontrolle bezüglich der eigenen Verhaltensweisen ist in Anbetracht der Dschungelaufgaben, bei denen die Kandidaten sich ihren möglichen, zivilisationsbedingten Phobien stellen müssen, nicht unbedingt gewährleistet und erzeugt Spannung, ob oder wie die Aufgabe angegangen wird.

Die Show »Ich bin ein Star – Holt mich hier raus!« kann unter mehreren Aspekten zu den von Johan Huizingas (1987) herausgestellten Spielmerkmalen in Verbindung gesetzt werden, wobei betont wird, dass die »Spiel-Wirklichkeit« von dem »gewöhnlichen Leben« deutlich zu unterschieden ist und es sich dabei viel mehr um »eine zeitweilige Sphäre von Aktivität mit eigener Tendenz handelt« (ebd., S. 13):

> »Der Form nach betrachtet, kann man das Spiel also zusammenfassend eine freie Handlung nennen, die als ›nicht so gemeint‹ und außerhalb des gewöhnlichen Lebens stehend empfunden wird und trotzdem den Spieler völlig in Beschlag nehmen kann, an die kein materielles Interesse geknüpft ist und mit der kein Nutzen erworben wird, die sich innerhalb ihrer eigens bestimmten Zeit und eines eigens bestimmten Raumes vollzieht, die nach bestimmten Regeln ordnungsgemäß verläuft und Gemeinschaftsverbände ins Leben ruft, die ihrerseits sich gern mit einem Geheimnis umgeben oder durch Verkleidung als anders von der gewöhnlichen Welt abheben« (ebd., S. 22).

Zudem lässt sich feststellen, dass Spiele eigenen Regeln folgen. Diese »sind unbedingt bindend und dulden keinen Zweifel« (ebd., S. 20). Spiele sind außerdem durch Abgeschlossenheit und Begrenztheit gekennzeichnet (vgl. ebd., S. 15). All diese Merkmale treffen auch auf das der Show »Ich bin ein Star – Holt mich hier raus!« zugrunde liegende Spiel zu, in dem Prominente ein Spiel für die Fernsehzuschauer zur Aufführung bringen. Allerdings sind nicht immer alle Ebenen gleich gewichtet und können auch nicht ganz unter Ausschluss der jeweils anderen Ebenen betrachtet werden.

Da die Sendung nicht nur als Spiel- oder Gameshow, sondern auch als verhaltensorientierte Reality-Show zu verstehen ist, stellt sich die Frage, wie das »wirkliche« Leben der Kandidaten während ihres zwölftägigen Dschungelaufenthalts medial aufbereitet wurde. Die Zuschauer bekommen eine tägliche Zusammenfassung mit den Höhepunkten des Tages geliefert. Einige Elemente, wie die Dschungelprüfung, beziehen sich auf den Vortag und sind somit weder »live« noch tagesaktuell. Daher ist davon auszugehen, dass dieses Material hinsichtlich narrativer und spannungssteigernder Mittel in die Gesamterzählung des jeweils aktuellen Geschehens eingearbeitet wurde. In diesem Zusammenhang wird auch davon ausgegangen, dass den Kandidaten im Sinne des seriellen Charakters des Formats bestimmte narrative Funktionen zugeschrieben werden, um hierdurch den Fluss einer Erzählung oder zumindest bestimmte temporäre thematische Narrationsblöcke entstehen zu lassen. Die Inszenierung kann bestimmte Aspekte der Kandidaten und »bestimmte soziale Rollen in spezifischen Handlungskontexten hervorheben« (Mikos 2003, S. 159). Daher ist auch zu untersuchen, ob manche Kandidaten eher als Identifikationsfiguren aufgebaut werden bzw. ob Empathie oder Sympathie hergestellt wird.

Ein wichtiges Element, das von dem Format aufgegriffen wird, ist die Boulevardberichterstattung. Die Campbewohner sind als Prominente typische Akteure von Boulevardmagazinen, im Falle von Caroline Beil sogar eine ehemalige Moderatorin – ein Beispiel für die intertextuellen Verweise des Formats. In einer Studie zu Themenstruktur und Inszenierung von Boulevardmagazinen wurde festgestellt:

> »Der Emotionalisierung und Personalisierung von Ereignissen entsprach bei den Berichten über Prominente und Adel die ›Privatisierung‹ dieser Personen, der Versuch hinter das öffentliche Gesicht zu gucken und den Star privat zu zeigen, um ihn so dem Alltag des Publikums näher zubringen« (Mikos 1998, S. 70).

Eine bedeutsame Rolle spielen dabei emotionale und soziale Ausnahmesituationen, in denen in besonderem Maße die öffentliche Maske fällt (vgl. ebd.). In »Ich bin ein Star – Holt mich hier raus!« wird eine solche Situation als Rahmen künstlich inszeniert und dadurch eine Blickweise auf die Prominenten als »wirkliche« Menschen ermöglicht.

Die Repräsentation sozialer Wirklichkeit findet in Boulevardmagazinen vor allem über emotionalisierte Sensationsberichte und »Klatsch« statt (vgl. ebd., S. 67), ein Aspekt, der sich auch in der vorliegenden Show wiederfindet. Der Klatschaspekt wird hier auf zwei Ebenen inszeniert: zum einen innerhalb der dargestellten sozialen Dynamik im Camp (die Bewohner klatschen über die anderen Campbewohner), zum anderen, analog zu Boulevardmagazinen, in der Berichterstattung über das Campgeschehen durch die Moderation und die kommentierten Zusammenschnitte des Tagesgeschehens. Dabei ist interessant, dass dem Klatsch immer ein moralischer Diskurs zugrunde liegt:

> »Der Klatschproduzent [macht] aber auch deutlich, dass er die Sünden und Schattenseiten eines Dritten nicht um ihrer selbst willen – oder gar aus Schadenfreude – thematisiert, sondern dass der Weitergabe seines

Wissens ein ehrbares Motiv: die Missbilligung devianten oder unvernünftigen Verhaltens und damit indirekt die Orientierung an gemeinsamen Normen und Werten, zugrunde liegt« (Bergmann 1987, S. 169). Klatschkommunikation zielt immer darauf, einen moralischen Konsens heraufzubeschwören bzw. die Orientierung an moralischen Standards für das Handeln einzelner Akteure einzufordern.

Auf allen Ebenen von »Ich bin ein Star – Holt mich hier raus!« spielt Comedy eine wichtige Rolle. In unterschiedlichem Maße werden die verschiedenen Kernelemente der Sendung komisch inszeniert. In einer sehr allgemeinen Form lässt sich Film- und Fernsehkomik als die Inszenierung eines Spannungsverhältnisses von Kongruenz und Inkongruenz beschreiben (vgl. Palmer 1987; King 2002). Das bedeutet: Eine Darstellung bricht einerseits mit Normen, Erwartungen und Wissen der Zuschauer, andererseits ist sie unter einem anderen Blickwinkel für die Zuschauer kongruent. Ein grundsätzlicher Mechanismus ist dabei die Distanzierung des Zuschauers von dem dargestellten Gegenstand bzw. des repräsentierten Verhältnisses. Der Filmwissenschaftler Gerald Mast (1979, S. 15) beschreibt als ein wesentliches Merkmal von Comedy, dass die Zuschauer nicht an die Wirklichkeit der Comedy glauben, da sie sich immer der Imitation als Imitation bewusst sind, ebenso wie sich Spielende beim Spiel immer bewusst sind, dass es sich um ein Spiel handelt. Dadurch entsteht eine »intellektuell-emotionale« Distanz von dem komischen Film oder der komischen Fernsehsendung. Jeder Inhalt kann in diesem Sinne in einem komischen Modus dargestellt werden (vgl. King 2002, S. 3).

Die Akteure im »Dschungelcamp«

Die Moderatoren Dirk Bach und Sonja Zietlow sind innerhalb der Show in verschiedenen Rollen tätig, als Stand-up-Comedians, als Kommentatoren des Geschehens, als Spielleiter/-in und als Moderator/-in bei den Talkrunden mit den abgewählten Kandidaten. In jeder Funktionsrolle werden unterschiedliche Inszenierungsschwerpunkte deutlich. Den größten Raum nehmen die Live-Moderationen aus dem Baumhaus ein. Sie rahmen die gesamte Sendung und stellen die Verbindungen zwischen den einzelnen Elementen der Show her, von den Prüfungen bis zu den Einspielern des Campgeschehens. Das Publikum wird hier direkt adressiert, d. h., die Moderatoren blicken in die Kamera und sprechen das Publikum persönlich an. Auf diese Weise wird eine parasoziale Verbindung zum Zuschauer hergestellt, indem sozusagen eine *Face-to-Face*-Situation zwischen Moderatoren und Zuschauern simuliert wird. Beide Seiten agieren, als ob sie auf den Interaktionspartner reagieren würden. Dadurch wird Intimität hergestellt, die Zuschauer können die Moderatoren als ein tatsächliches Gegenüber wahrnehmen (vgl. Mikos 2003, S. 171 ff.). Speziell diese Rolle der Moderatoren wird nun weitgehend mit komischen Mitteln inszeniert. Schon der Kontrast in ihrer Körperlichkeit – Dirk Bach ist klein und korpulent, Sonja Zietlow groß und schlank – ist eine typische Form, die von den Regeln und der Ernsthaftigkeit der »normalen« Welt distanziert und das Anknüpfen an eine komische Weltsicht erlaubt, in der die geltenden Normen der Gesellschaft umgekehrt und verfremdet werden. Die Moderatoren werden so gezielt als komische Figuren inszeniert. Hier wird ein karnevalistisches Prinzip deutlich, dass seinen Ausdruck in körperlichen Gegensatzpaaren wie groß und klein, dick und dünn findet (vgl. Bachtin 1990, S. 53). Ihr mimischer und gestischer Ausdruck wird von komischen Elementen bestimmt, also Grimassen und übertriebene, unnatürliche Bewegungen. Zum Beispiel wird ihr Weg über die Brücken vom Baumhaus ins Lager, wenn sie am Schluss der Sendung den Kandidaten das Ergebnis der telefonischen Zuschauerwahl mitteilen, häufig von einer choreographierten gemeinsamen Drehung eingeleitet, gefolgt von einem übertrieben ausladendem Schreiten – eine Parodie auf militärisches Marschieren. Auf diese Weise wird durch die Inszenierung der Moderation der spielerische und lustige Aspekt des Geschehens betont.

Die Inhalte der Moderation sind auf dieser Ebene häufig in der Form von Witzen strukturiert. In der Folge vom 17. Januar 2004 kommt es nach einer Einspielung über Daniel Küblböcks despotische Neigungen als Teamchef zu folgender Kommentierung:

> Dirk Bach: »Ich fand, er [Daniel Küblböck, L.M.] hatte eher etwas von einem Hobby-Honecker, abgesehen mal von Hut und Brille.«
>
> Sonja Zietlow: »Das passt ja auch irgendwie. Überall sind Kameras. Keiner kommt raus. Es gibt keine Bananen und einstimmige Wahlergebnisse.«

In Dirk Bachs Satz wird eine Erwartungshaltung bezüglich der Klärung des nicht ganz schlüssigen Vergleichs zwischen Daniel Küblböck und Erich Honecker aufgebaut, die unerwartet dadurch aufgelöst wird, dass diese Situation im Camp mit der Situation in der ehemaligen DDR verglichen wird. Dabei kommt es in beiden Stadien des Witzes zu einem Inkongruenz/Kongruenz-Spannungsverhältnis. Zum einen erscheint ein Vergleich zwischen Honecker und Küblböck absurd, da es sich in jeder Hinsicht um völlig unterschiedliche Personen handelt, zum anderen ist der Vergleich auf der speziellen Ebene von Küblböcks bestimmendem und anordnendem Verhalten und Honeckers Position als Staatschef der DDR nachvollziehbar. Das gleiche Prinzip greift bei Sonja Zietlows Auflösung, da die reduzierende Charakterisierung der DDR auf bestimmte Stereotypen auch auf Besonderheiten des Camplebens zutrifft und auf dieser Ebene die absurde Gleichstellung nachvollziehbar wird. Dies ist eine typische Witzstruktur (vgl. Freud 2001, S. 32 ff.), die sich im Fernsehen in zahlreichen Comedy-Shows findet.

Neben ihrer Funktion, durch die Sendung zu führen und die Ereignisse durch Kommentierungen auf den Punkt zu bringen, erfüllen die Moderatoren auch die Rolle, bestimmte Verhaltensweisen und Handlungen der Kandidaten in den moralischen Konsens der Gesellschaft einzubinden. In Bezug auf die ritualisierte Kommunikationssituation bei den täglichen Talkshows kann festgestellt werden, dass der moralische Konsens ethische Imperative setzt, die für alle zu gelten scheinen, weil sie als von allen akzeptierte ausgegeben werden. Dirk Bach und Sonja Zietlow heben in diesem Sinne abweichendes Verhalten als normverstoßend hervor. Bei der Einführung in die Folge vom 12. Januar 2004, fasst Dirk Bach die vergangenen Ereignisse analog zu der üblichen Boulevardberichterstattung wie folgt zusammen:

> »Sie haben Hunger (Einblendung von Caroline Beil: ›Bohnen kann ich nicht mehr sehen!‹), sie haben geweint (Einblendung von Daniel Küblböck nach der Verkündung, dass er zur Dschungelprüfung antreten muss), sie haben sich gestritten (Einblendung von Daniel Küblböck, der sich an Caroline Beil wendet: ›Du kannst mich mal am Arsch lecken!‹), doch sie hielten zusammen – heute nach nur vier Tagen fällt die Fassade: Carlo und Caroline *analysieren* die Gruppe (Einblendung von Carlo Thränhardt und Caroline Beil bei ihrer Lästerei über Daniel Küblböck), während sich der Rest für Daniel starkmacht (Einblendung der anderen Campbewohner, die sich im Sprechzimmer als Kandidaten für die Dschungelprüfung anpreisen).«

Mit diesem Kommentar wird »das Gute« und »das Böse« personalisiert und gegenübergestellt: Auf der einen Seite befinden sich die ehrbaren Campbewohner, die trotz der Entbehrungen (Hunger) und Reiberein (Weinen, Streit) zusammenhalten und füreinander einstehen. Dadurch wird das Fortbestehen der Gemeinschaft gesichert. Auf der anderen Seite stehen die intriganten Akteure, die sich hinter ihrer Fassade verstecken und durch ihr heimtückisches Verhalten eine Bedrohung für die Gemeinschaft darstellen. Als Caroline Beil und Carlo Thränhardt beim Lästern gezeigt werden und Dirk Bach ihre Unterhaltung als

Lothar Mikos

Analyse der Gruppe kommentiert, kommt es allerdings zu einer Bild-Tonschere die wiederum Komik und ironische Distanz erzeugt.

In der gleichen Folge wird Caroline Beil nach einer Live-Schaltung, in der die Bewohner Hypothesen über die Wahl des Dschungelkönigs äußern, von Sonja Zietlow mit den Worten zitiert: »Richtig Caroline, die Zuschauer sehen, was jeder macht. [...].« Dirk Bach entgegnet hierauf: »Gut erkannt. Die Zuschauer hören aber auch, was alle sagen, Caroline. Aber vielleicht – das merkt sie noch.« Die vorangegangene Live-Schaltung nehmen Sonja Zietlow und Dirk Bach zum Anlass, um spontan auf Caroline Beils unkollegiales Verhalten des Vortages einzugehen und auf mögliche Sanktionen (»Das merkt sie noch«) hinzuweisen. Dieser Dialog verdeutlicht, dass die Moderatoren – wenn auch auf ironische Weise – das Verhalten von Caroline Beil als unrechtmäßig beurteilen und sich selbst davon abgrenzen. Durch die Diskrepanz von Inhalt (Lästerei als unrechtmäßiges Verhalten) und Repräsentation (ironischer Tonfall, übertriebene Wortwahl, Montage als Mittel, um Sinnzusammenhänge zu produzieren) sind die Moderatoren nicht a priori als moralische Instanz aufzufassen. Die Zuschauer werden vielmehr in die Lage versetzt, zwischen den Bedeutungsebenen, die der Text offeriert, zu wählen bzw. die Bedeutung des Textes anhand ihres individuellen Wertesystems auszuhandeln.

Die im öffentlichen Diskurs viel diskutierte Häme und Schadenfreude, die »Ich bin ein Star – Holt mich hier raus!« vor allem in der Moderation auszeichnet, wird ebenfalls mit komischen Mitteln inszeniert. In der Folge vom 13. Januar 2004 kommt es zur folgendem Moderation über die Lästerei von Carlo und Caroline:

> Dirk Bach: »Das [die Lästerei vom Vortag, L. M.] hatte nicht die Frische des ersten Tages, diese Klasse, diese Schärfe, diese Verve. Ich hatte das Gefühl, da muss noch ein bisschen Fleisch ran ...« (Augenzwinkern)
>
> Sonja Zietlow: »... und deswegen haben sie Mariella mit ins Boot genommen.« (Gesichtverziehen zu einer schielenden, dümmlichen Grimasse)

Dieser spöttische Kommentar zu der Lästerei der Campbewohner hat wiederum die Struktur eines Witzes. In der Pointe von Sonja werden zwei verschiedene Aussagen zu einer Aussage verdichtet. Der Begriff »Fleisch« ist einerseits ein Bild für die inhaltliche Substanz der Lästerei, andererseits bezieht er sich auf Mariellas Rolle als Sexobjekt des Camps. In der gleichen Folge findet sich eine typische Inszenierung von Schadenfreude durch das komische Mittel der Übertreibung.

Dirk Bach (sitzt vor einem aufgehäuften Berg Konditoreiwaren): »Das ist alles so lecker hier. Wir würden es zu, zu gerne einem unserer Stars hier gönnen, seinen abgestorbenen Gaumen zu reanimieren.«

Sonja Zietlow (besonders deutlich betonend): »Ich glaube zwar nicht, dass die anderen acht es ihm gönnen, aber sie müssen es ja nicht wissen. Es kann ja unser kleines, süßes Geheimnis bleiben.« (Übertriebenes Augenzwinkern).

Dirk Bach: »Gemein, nicht? Aber schön!« (Grinsen und betont genüssliches Beißen in ein Schokostück)

Die Schadenfreude darüber, dass die Prominenten im Camp auf Luxusnahrung verzichten müssen, wird augenzwinkernd präsentiert. Durch die Übertreibungen in der Requisite (Süßwarenberg) und die Übersteigerung und Verfremdung von Tonfall und Mimik wird wieder das Angebot einer komischen Distanzierung geschaffen. Außerdem wird für diese Inszenierung ein relativ harmloser Rahmen gewählt, der freiwillige Verzicht auf ein Luxusgut, der keinen wirklichen Schaden für die Beteiligten bedeutet.

In diesem Sinne folgt die Inszenierung der Show karnevalistischen Prinzipien: »Die Gesetze, Verbote und Beschränkungen, die die gewöhnliche Lebensordnung bestimmen, werden für die Dauer des Karnevals außer Kraft gesetzt« (Bachtin 1990, S. 48). In der entsprechenden Form des Lachens ist dann manches erlaubt, was ansonsten im Ernst des Lebens unzulässig ist (ebd., S. 54). Die Moderation von »Ich bin ein Star – Holt mich hier raus!« ist sehr stark von dieser karnevalistischen und komischen Gestaltung geprägt. Durch die direkte Adressierung und den komischen Modus wird der Zuschauer aufgefordert, die Inhalte nicht ernst zu nehmen und das Geschehen quasi unter einem karnevalistischen Blickwinkel zu betrachten, unter dem das Lachen über bestimmte Regelverletzungen erlaubt ist.

Während der Dschungelprüfungen und in den Talksituationen mit den abgewählten Kandidaten ändert sich die Inszenierung der Moderation. Hier wird der komische Modus stark zurückgenommen, bzw. es wird völlig darauf verzichtet. Dafür wird eine quasi natürliche Kommunikationssituation zwischen den Moderatoren und den Kandidaten hergestellt, die speziell in den Prüfungen auf Zuspruch, Ermutigung und Lob abzielt. In diesem Element der Show dominiert eine Spannungsdramaturgie, in der der Distanzierungsmechanismus von Komik zurückgestellt werden muss, um die Möglichkeit zur Empathie mit den Kandidaten in diesen schwierigen Situationen zu schaffen. Die unterschiedliche Gestaltung der Moderation ist also funktional auf die jeweiligen Rezeptionsangebote für die Zuschauer abgestimmt.

Die Kandidaten bei »Ich bin ein Star – Holt mich hier raus!« müssen einerseits ihre Rolle als Spielteilnehmer innerhalb des Show- und Spielrahmens erfüllen. Andererseits haben sie angesichts der zwölf Tage andauernden Show, in denen die Präsentation ihres Lebensalltags als zentraler Bestandteil des Spiels inszeniert ist, die Möglichkeit, ihre Funktionsrolle als Spielteilnehmer in eine aktive Handlungsrolle zu überführen. Da bei großen Teilen der Sendung die Erzählzeit allerdings nicht mit der erzählten Zeit korrespondiert, bedeutet dies wiederum eine Reduktion der ausgeführten Handlungen auf bestimmte Schwerpunkte. Diese »Inszenierung bestimmter Aspekte« eines Kandidaten, »hebt bestimmte soziale Rollen in spezifischen Handlungskontexten« (vgl. Mikos 2003, S. 159) hervor. Da es sich bei der Dschungelshow jedoch nicht um ein fiktives, sondern um ein Reality-Format handelt und die Kandidaten zudem als prominente Medienpersönlichkeiten bereits über einen showexternen »Startext« (vgl. ebd., S. 163) verfügen, stellt die Zuordnung der Akteure als Figuren mit konkreten sozialen Rollen keine unwiderrufliche Festlegung dar.

Kennzeichnend für soziale Rollen ist zwar, dass sie herrschende, positiv sanktionierte Normen und Werte ebenso wie negativ besetzte verkörpern können, dennoch muss betont werden, dass die Kandidaten durch den komplexen Spielrahmen (Bewältigung des Alltags mit reduzierten Mitteln an einem ungewöhnlichen Ort; permanentes Zusammenleben mit kaum vertrauten Personen; Teilnahme an zusätzlichen, den Alltag strukturierenden Spielen) in spezifischen Interaktionssituationen agieren, wodurch es auch zur Übernahme von »vielfältigen sozialen Rollen« (vgl. ebd., S. 162) kommen kann. Die Stilisierung der »Stars« als bestimmte soziale Typen, welche im Alltag des Campgeschehens verschiedene Aufgaben und Funktionen übernehmen, sowie die Aufbrechung sozialer Rollen erfolgt auf mannigfaltige Weise. Insbesondere werden bestimmte Funktionsrollen oder auch Charaktereigenschaften thematisiert, verstärkt oder auch verändert, z.B. durch die Kommentierung bei der Präsentation der Telefonnummern für das Zuschauer-Voting. Allgemein ist festzustellen, dass einige der Campbewohner, wie Daniel Küblböck, Caroline Beil und mit Einschränkungen auch Werner Böhm, in ihren sozialen Rollen stärker polarisieren als die übrigen Campbewohner und infolgedessen ihre Sympathie- oder Antipathiewerte variieren können.

Daniel Küblböck werden in seiner Campzeit verschiedene soziale Rollen zugeschrieben, die vom »Generationenrebell« zum »Helden« des Camps bis hin zum »Pfleger« von Werner Böhm und zum »Verehrer« von Mariella Ahrens nachgezeichnet werden können. Während die Rolle des »Pflegers« nur temporär von Bedeutung ist, als er in einer Szene Werner Böhm bei der morgendlichen Wäsche behilflich ist (»Daniel leistet seinen Zivildienst ab«, Folge vom 14. Januar 2004), und daher eher den Charakter einer Statusrolle aufweist, wird seine Rolle als »Verehrer« von Mariella Ahrens über zwei Folgen thematisiert. Insbesondere durch die erfolgreiche Absolvierung der Dschungelprüfungen (»Teufelsbrücke«, Folge vom 10. Januar 2004; »Kakerlakensarg«, Folge vom 11. Januar 2004) wird Daniel Küblböck als mutig und männlich hervorgehoben, da Sonja Zietlow in der Einführung zur Sendung am 10. Januar 2004 ankündigt: »Erleben Sie, wie Daniel der Welt beweist, dass er doch ein ganzer Kerl ist!«, und in der Folge am darauffolgenden Tag ausruft: »Welche Wende! Semmelrogge gibt auf und Küblböck ist der Held und der Mann der Nation!«.

Einen Schwerpunkt in Daniel Küblböcks Darstellungsprofil bildet allerdings seine Rolle als rebellischer Jugendlicher, die handlungsübergreifend immer wieder im Zentrum steht: Während er in der Folge vom 16. Januar 2004 bei einem Konflikt mit Lisa Fitz bezüglich der Zubereitung des Abendessens als kurzsichtig und infantil (Lisa: »Denk doch mal für zwei Minuten nach!«) inszeniert wird, positioniert er sich angesichts seiner Rollenausübung als Teamchef am folgenden Tag als »Diktator«, der laut Sonja Zietlow »die Gelegenheit nutzt, um sich einmal quer durchs Camp zu pubertieren«. In einer anderen Folge gerät er in einen Konflikt mit Costa Cordalis, der Daniels Protesthaltung sowie seine noch nicht ausgereifte Persönlichkeit ins Zentrum rückt (Costa Cordalis: »Du musst noch so viel lernen.«).

Insgesamt lässt sich sagen, dass die Kandidaten nicht als Identifikationsfiguren aufgebaut werden, da die komisch inszenierten Kommentare der Moderatoren sowie der Einsatz ästhetisch-gestalterischer Mittel zur Verfremdung und Distanzierung des Geschehens beitragen. Empathie wird gegebenenfalls im Rahmen der Dschungelprüfungen erzeugt, da hier der komische Modus zurückgestellt und durch Mittel ersetzt wird, die zur Steigerung der Spannung dienen.

Narration und Dramaturgie der Show

Abgesehen von der Pilotfolge, in der das Setting, die Spielregeln und die Ankunft der Kandidaten im Dschungelcamp präsentiert werden, sind die übrigen Folgen durch ein nahezu gleiches Schema der Narration gekennzeichnet. Zu Beginn der Sendung definieren die Moderatoren den Erzählrahmen in einem formal ähnlichen Intro, welches für den Zuschauer sowohl durch die übertriebene Wortwahl (z. B. Dirk Bach: »Fernab von zu Hause, mitten im australischen Regenwald werden zehn Stars in der Wildnis ausgesetzt. In der Heimat der giftigsten Tiere der Welt sind sie zwei Wochen auf sich allein gestellt«, Folge vom 10. Januar 2004) als auch durch die ästhetische Gestaltung (Überblickseinstellung des Regenwaldes, Kameraschwenk durch den Dschungel, Nah- oder Detailaufnahmen einheimischer Tiere) hohen Wiedererkennungswert hat und das Format abhängig vom Genrewissen der Zuschauer in einen Show- oder Comedy-Rahmen stellt. Überleitend wird in Form von kurzen Einführungsfilmen das bisherige Geschehen ironisierend zusammengefasst bzw. die Höhepunkte der aktuell folgenden Sendung präsentiert, wodurch Spannung und Komik in Bezug auf die zu erwartenden Ereignisse erzeugt werden. Anschließend begrüßen die Moderatoren, auf einer Dschungelbrücke stehend, die Zuschauer und bilden Hypothesen über den weiteren Verlauf der Geschehnisse. Nachdem analog zu gängigen Soap Operas der Vorspann mit den Stars als Protagonisten gezeigt wurde, sitzen Sonja Zietlow und Dirk Bach in ihrem Baumhaus und starten mit der Live-Schaltung ins Camp, die gemäß der australischen Tageszeit, die »Stars« zumeist beim Aufstehen oder Frühstücken einfängt. Danach folgen Einspieler, welche die Geschehnisse des Vortages narrativ aufbereitet darstellen. Die beiden Moderatoren fungieren hierbei als Haupterzählinstanz, welche die Ereignisse für die Zuschauer kommentiert, interpretiert und Überleitungen zwischen den einzelnen Narrationsblöcken schafft. Damit wird von Beginn an der Erzählrahmen definiert. Ebenso inszenieren sie die beiden Plotpoints, die zentralen Wendepunkte der Handlung, welche der Spielrahmen der Show als feste dramaturgische Bestandteile festlegt: Den ersten Plotpoint markiert die Dschungelprüfung, die durch die Inszenierung von Cliffhangern vor der Werbepause auch den Höhepunkt in der Spannungsdramaturgie bildet und deren Ausgang einen entscheidenden Einfluss auf die weiteren Geschehnisse (Essenversorgung, psychische Zustände der Kandidaten) im Camp nimmt. Der zweite Plotpoint wird kurz vor Ende der Sendung erreicht, wenn Sonja Zietlow und Dirk Bach in einer ritualisierten, spannungsfördernden Prozedur den Kandidaten im Camp verkünden, wen die Zuschauer für die nächste Dschungelprüfung ausgewählt haben bzw. wer das Camp zu verlassen hat. Außerdem begrüßen die Moderatoren die abgewählten Kandidaten jeweils am nächsten Tag in ihrem Baumhaus und gestalten deren Perspektive auf das Campgeschehen zum Gegenstand der Narration aus.

Die Zuschauer werden analog zu den Moderatoren von Anfang an dazu verleitet, einen distanzierten, karnevalistischen Blickwinkel auf die gesamte Erzählung einzunehmen, in dem die übliche gesellschaftliche Ordnung für die Dauer der Show außer Kraft gesetzt ist. Dieser Aspekt wird darüber hinaus noch durch die Möglichkeit der Zuschauer, aktiv in das Geschehen einzugreifen, verstärkt. Sie können somit im übertragenen Sinne Anteil an der Umkehrung der gesellschaftlichen Verhältnisse nehmen, indem sich die »Stars« aufgrund des Votings der Zuschauer in ungewöhnliche Situationen begeben müssen. Diese Macht der Zuschauer, einen Teil zur Gesamterzählung der Sendung beizutragen, wird ebenfalls durch die Moderatoren in der ersten Folge hervorgehoben:

Sonja Zietlow (mit einer zeigenden Geste direkt an die Zuschauer appellierend): »Und Sie zu Hause, Sie spielen Schicksal. Ist das nicht wunderbar? Mit ihrem Anruf können Sie entscheiden, wer zur eher unangenehmen Dschungelprüfung antreten muss, und Sie haben es auch in der Hand, wer am Ende zum Dschungelkönig gekürt wird.«

Während des Marsches der prominenten Kandidaten vom Fünf-Sterne-Hotel in den Dschungel, der den Übergang von der Welt des Luxus' in die Welt des einfachen, primitiven Lebens symbolisiert, wird von den Moderatoren die Metapher des Karnevals als Umkehrung gesellschaftlicher Machtstrukturen selbst thematisiert: Nachdem Werner Böhm in Bezug auf die Anstrengungen der Dschungeldurchwanderung auf pathetische Art verlauten lässt: »Und hier geht es wirklich ums Überleben! Für jeden von uns«, wird dies im Voice-Over von Dirk Bach auf ironische Weise konterkariert: »Zugegeben, eine Polonaise lässt sich leichter aufführen als ein Dschungeltrack. Aber Werner gibt längst nicht auf. Beim Karneval im Festsaal geht es ja manchmal auch drunter und drüber.« In ihrer Funktion, das Geschehen für die Zuschauer zu rahmen, kommt es zu assoziativen oder kausalen Verknüpfungen von Ereignissen durch die Moderatoren, wodurch ein Erzählfluss erzeugt wird. Während Erzählzeit und erzählte Zeit nur während der Live-Schaltungen zu Beginn und am Ende der Sendung identisch sind, beziehen sich die Einspieler auf die Ereignisse des gesamten Vortages. Letztere werden daher im Sinne des Erzählflusses narrativ für die Zuschauer aufbereitet. Auch hier erzählen die Moderatoren die Handlungen unter einem auktorialen Blickwinkel, da sie durch Voice-Over-Kommentierungen oder durch die assoziative Verknüpfung von Ereignissen immer wissen, wie die Kandidaten sich fühlen, welche persönlichen Motive in der Handlung zum Tragen kommen und welche Konflikte für die Gruppendynamik von Bedeutung sind.

Neben assoziativen Verknüpfungen werden auch häufig kausale Verknüpfungen inszeniert, in denen jeweils ein Ereignis als direkte Folge aus einem anderen Ereignis hervorgeht. Ein Beispiel hierfür wäre in der Folge vom 17. Januar 2004 die Inszenierung von Daniel Küblböck als diktatorischem Teamchef, der sich nach einigen Konflikten mit den anderen Campmitbewohnern aussöhnt und anschließend Mariella Ahrens seinen ironischen Sexwunsch unterbreitet. Die beiden Ereignisse, Gruppenkonflikt und Sexangebot, die nicht wirklich eine logische narrative Verknüpfung implizieren, werden auf zweierlei Weise in einem Kausalzusammenhang gestellt. Einerseits durch die Anmoderation der Einspieler:

> Sonja Zietlow: »Nachdem jetzt mehr Platz im Camp besteht, gibt es immer mehr Raum für Neurosen und Neuröschen. Daniel nutzt die Gelegenheit, um sich einmal quer durchs Camp zu pubertieren.«

> Dirk Bach: »Und, ja, wie es so ist, wenn man zum Mann wird: Zuerst leugnet man seine Wurzeln, dann erntet man Zwietracht und dann (Gelächter) entdeckt man seine Triebe.«

Durch diese Verknüpfung wird Daniels Verhalten unter dem Oberthema »Pubertät« interpretiert. Die Bereiche Gruppenkonflikt (als jugendliche Rebellion) und Sexwunsch (als Erwachen der Sexualität) werden verhandelt und können somit als Kausalzusammenhang innerhalb der Adoleszenz betrachtet werden. Andererseits erfolgt die kausale Verknüpfung erneut durch die Voice-Over-Kommentierung während des Narrationsblocks: Zunächst kommentiert Sonja Zietlow: »Und, ach ja, das Schönste an einem Streit ist bekanntlich die Versöhnung. Daniel weiß das geschickt für seine Zwecke auszunutzen.« Es folgt eine Einblendung, die zeigt, wie Daniel Mariella über den Arm streichelt und zu ihr sagt: »Mariella, ich will Sex mit dir.« Auf diese Weise wird suggeriert, dass die Moderatoren über Daniels Verhaltensmotive genau Bescheid wissen, so dass sein plötzliches Sexangebot als Folge des vorherigen Streits und der darauf folgenden Versöhnung zu verstehen ist.

Die Kandidaten stellen in »Ich bin ein Star – Holt mich hier raus!« die Protagonisten dar, auf denen die gesamte Narration aufbaut. Hierauf verweist bereits der Vorspann, der die Kandidaten als Protagonisten in den Vordergrund stellt und zudem durch seine Ästhetik eine Assoziation zu gängigen Serien, insbesondere Soap Operas erzeugt. Diese Analogie wird auch von Dirk Bach in der Folge vom 13. Januar 2004 konkretisiert: »Sehe ich immer wieder gerne, unseren Vorspann der Sendung, mit diesen frischen, fröhlichen, ahnungslosen Promis. Hat so ein bisschen was von ›Gute Zeiten, schlechte Zeiten‹.« Ähnlich wie in

»Ich bin ein Star – Holt mich hier raus!«

Pilotfolgen von neuen Serien, die die Funktion haben, ihre Protagonisten einzuführen und den Zuschauern somit eine erste Orientierung zu verschaffen, werden auch die Kandidaten in der ersten Folge in Form von kurzen monothematischen Clips vorgestellt. Dadurch wird eine doppelte Erwartungshaltung bei den Zuschauern hervorgerufen: Einerseits werden ihnen isoliert voneinander die Protagonisten präsentiert, die in ihrer Unterschiedlichkeit für die Dauer der Spielshow ihren Alltag mit reduzierten Mitteln an einem ungewöhnlichen Ort bestreiten müssen, so dass der Zuschauer erste Hypothesen bilden kann, wie das gemeinsame Zusammenleben unter diesen speziellen Umständen ablaufen könnte. Andererseits handelt es sich bei den Kandidaten (wie zumindest der Titel der Sendung behauptet) um »Stars«, die im Fernsehen die Funktion haben, »Vorerwartungen der Zuschauer auf den jeweiligen Text, in dem sie eine Rolle spielen, zu nähren« (Mikos 2001, S. 196). Betrachtet man daraufhin die Präsentationsclips, wird ersichtlich, dass sie bei allen »Stars« dazu beitragen, sie in ihrem öffentlichen Kontext zu verorten. Obwohl die Einführungsclips von ihrer ästhetischen Aufbereitung vergleichbar gestaltet sind (durchgängig Splitscreen bzw. kleinere Sichtfenster, gleichmäßige Verteilung von Nah- und Großaufnahmen), hebt die Inszenierung einige Aspekte im Vorfeld hervor, welche sich wiederum auch auf die Hypothesenbildung der Zuschauer auswirken können. So werden z.B. die Kandidaten Lisa Fitz und Daniel Küblböck, obgleich sie nicht gemeinsam auftreten, in einem zusammengezogenen Einführungsclip vorgestellt, in dem beide durch ihre gemeinsame Herkunft – sie stammen aus dem gleichen Ort – gegenseitige Sympathiebekundungen äußern (Daniel Küblböck: »Auf die Lisa freue ich mich ganz besonders.«; Lisa Fitz: »Ich gehöre ja zu den Leuten, die den Daniel sehr gerne mögen.«). Dadurch kann zwischen den beiden im Dschungelcamp eine besondere Interaktionsebene vermutet werden.

Vor dem Hintergrund des suggerierten Reichtums und Luxuslebens der »Stars« erhält ihr temporärer gesellschaftlicher Abstieg zum primitiven, ursprünglichen Leben eine besondere Brisanz, der auch als Übergang zwischen zwei völlig konträren Lebenswelten aufgefasst werden kann. Dieser Übergang wird ebenfalls in der ersten Folge auf besondere Weise inszeniert, da quasi schrittweise die Metamorphose der luxusverwöhnten »Stars« zu spärlich ausgestatteten Campbewohnern nachgezeichnet wird: Nachdem sie sich von ihren »Liebsten« im Fünf-Sterne-Luxushotel verabschiedet haben, werden sie von Wachmännern nach unerlaubten Luxusartikeln durchsucht, um dann nach einem langen, vielseitig in Szene gesetzten Dschungelmarsch an ihrem Ziel anzukommen. Dieser »Übergangsritus« (van Gennep 1999), der die Akteure von einer Wirklichkeitsebene in eine andere transferiert, wurde im Zusammenhang des Formats »Big Brother« (vgl. Mikos u.a. 2000, S. 90) bereits als Überführung des realen sozialen Umfelds der Bewohner in die künstlich erzeugte Welt der Spielshow thematisiert. In diesem Sinne ließe sich die Show »Ich bin ein Star – Holt mich hier raus!« als die ästhetische Darstellung einer rituellen Praxis sehen, bei der Akteure von einem Wirklichkeitsbereich, dem wirklichen Leben als Prominente, in einen anderen Wirklichkeitsbereich, den der Show im australischen Dschungel, wechseln. Zugleich stellt die Show aber auch ein audiovisuelles Symbol dar, das für die Zuschauer den Übergangsritus symbolisiert.

Der Übergang oder Schwellenzustand ist dadurch gekennzeichnet, dass sich die Akteure, die sich in ihm befinden, weder hier noch da sind,

> »sie sind weder das eine noch das andere, sondern befinden sich zwischen den vom Gesetz, der Tradition, der Konvention und dem Zeremonial fixierten Positionen. Viele Gesellschaften, die soziale und kulturelle Übergänge ritualisieren, verfügen deshalb über eine Vielzahl von Symbolen, die diese Ambiguität und Unbestimmtheit des Schwellenzustands zum Ausdruck bringen. So wird der Schwellenzustand häufig mit dem Tod, mit dem Dasein im Mutterschoß, mit Unsichtbarkeit, Dunkelheit, Bisexualität, mit der Wildnis und mit einer Sonnen- und Mondfinsternis gleichgesetzt« (Turner 1989a, S. 95).

Als wesentliches Charakteristikum des Schwellenzustands nennt der Anthropologe Victor Turner (ebd., S. 96) »die Mischung aus Erniedrigung und Heiligkeit, Homogenität und Kameradschaft«. Zugleich bedeutet der Schwellenzustand eine Auflösung von zivilisierten sozialen Strukturen, die durch eine Gemeinschaft ersetzt werden, in der »es kein Oben ohne das Unten gibt und daß der, der oben ist, erfahren muss, was es bedeutet, unten zu sein« (ebd., S. 96 f.). An anderer Stelle weist Turner (1989b) darauf hin, dass nicht nur Übergangsrituale, sondern Rituale schlechthin eine dramatische Struktur aufweisen:

> »In seinen typischen, universellen Ausdrucksformen ist das Ritual durch die Gleichzeitigkeit vieler Darstellungsgattungen bestimmt und weist oft eine *dramatische* Struktur, eine Handlung auf, die nicht selten ein Opfer oder Selbst-Opfer umfasst, das den interdependenten kommunikativen Codes, die auf vielfältige Weise die dem dramatischen Leitmotiv zugrundeliegende Bedeutung zum Ausdruck bringen, Energie und emotionale Färbung verleiht« (ebd., S. 129, H.i.O.).

Das gilt allerdings nicht nur für die Teilnehmer am Ritual, sondern in der säkularisierten Welt des Medienkonsums auch für die Zuschauer, die z.B. über das Fernsehen an einem Ritual teilhaben. Denn indem in einer Fernsehshow ein

Übergangsritual über die Performanz von Prominenten inszeniert wird, findet ein Spiel mit symbolischen Bedeutungen statt.

Dadurch rückt sowohl der Schwellenzustand selbst als auch seine televisionäre Inszenierung in die Nähe des Karnevals. Denn der dramaturgisch in Szene gesetzte Übergang kann auch als Außerkraftsetzung der gewöhnlichen und hierarchischen »Lebensordnung« (vgl. Bachtin 1990, S. 48) aufgefasst werden – ein charakteristisches Prinzip des Karnevals. Unter diesem Gesichtspunkt erhält das Austauschen der gewöhnlichen Bekleidung der Kandidaten gegen die Dschungeluniform den Beiklang einer Karnevalskostümierung. Durch die Tatsache, dass jeder die gleiche Uniform tragen muss, wird »jede Ungleichheit« und »jegliche Distanz« aufgehoben. An ihre Stelle tritt der »freie, intim-familiäre, zwischenmenschliche Kontakt«, der einen »neuen Modus der Beziehung von Mensch zu Mensch« (vgl. ebd.) fördert. Karneval und Übergangsriten können auch als sogenannte »Makroriten« gesehen werden, die sich »auf die Gemeinschaft als Ganzes« beziehen und »damit die spezifisch kollektive Identität und die moralischen Werte der Gemeinschaft« ausdrücken (Bergesen 1998, S. 63): »Der bekannteste Mechanismus der Makroriten besteht darin, moralische Gegensätze in Bezug auf die kollektiven Repräsentationen der Gruppe zu erzeugen« (ebd., S. 64). Das gilt für eine Show wie »Ich bin ein Star – Holt mich hier raus!« in einem doppelten Sinne, denn die moralischen Gegensätze werden nicht nur innerhalb der Gruppe der Prominenten im Dschungel erzeugt, sondern auch innerhalb der Gemeinschaft der Zuschauer, da die Darstellungen der Kandidaten im Dschungel an die moralischen Diskurse der Gesellschaft anknüpfen, ja die Moderatoren sie gar an den moralischen Konsens der Gesellschaft anbinden.

Die Kandidaten der »Dschungelshow« kennen sich (wenn überhaupt) nur aus öffentlichen Kontexten, ansonsten stehen sie in keinerlei Verbindung zueinander. Durch die Spielsituation sind sie dazu verpflichtet, ihren Alltag miteinander zu verbinden, wodurch ein künstlicher Zusammenhalt hervorgerufen wird, der außerhalb der Showsituation nicht existiert. Die Gemeinschaft des Schwellenzustands entsteht.

Die »Dschungelshow« zeichnet sich nicht nur dadurch aus, dass prominente Teilnehmer als narrative Figuren innerhalb des Spielshowrahmens bestimmte Funktionen übernehmen, sondern auch dadurch, dass ihre Handlungen narrativ aufbereitet werden, um hierdurch den Fluss einer Erzählung entstehen zu lassen. Die Themen der Narration orientieren sich dabei inhaltlich an gängigen Boulevardmagazinen, wobei die Repräsentation und die ästhetische Gestaltung statt der genretypischen Involvierung eher zur komischen Distanzierung beitragen.

Ein wichtiges dramaturgisches Element, das einerseits zur Spannungsförderung der Narration, andererseits zur Distanzierung von den Ereignissen beiträgt, sind Wissensvorsprünge, die in »Ich bin ein Star – Holt mich hier raus!« sowohl auf der sprachlichen Ebene als auch durch die Gestaltung inszeniert werden. Die Moderatoren machen von Anfang an auf ihren Blickwinkel, der die Ereignisse aus einer erhöhten, distanzierten Perspektive präsentiert, aufmerksam und offerieren den Zuschauern, mit ihnen diese »Vogelperspektive« einzunehmen. Das wird zudem durch die Position des Baumhauses oberhalb des »Dschungelcamps« räumlich in Szene gesetzt. So verkündet etwa Sonja Zietlow in der Folge vom 12. Januar 2004: »Das Schönste ist ja, dass unsere Stars überhaupt nicht mitkriegen, was wir hier machen, nicht wie die Sendung läuft, wann die Sendung läuft. Und welche Bilder wir zeigen.« Diese Aussage, die auch als selbstreferenzielles Statement zur Dschungelshow gesehen werden kann, impliziert die Wissenskluft, die zwischen den überlegenen Moderatoren und Zuschauern auf der einen Seite und den ahnungslosen Kandidaten auf der anderen Seite vorhanden ist.

Ebenso verweisen die Moderatoren die Kandidaten durch ihre ironischen Kommentare während der Einspieler in eine Art Opferrolle. So kommentiert Dirk Bach in der Pilotfolge den fröhlichen Marsch der Kandidaten vom Luxushotel ins Camp mit den Worten: »Das Singen wäre unseren Stars schon längst vergangen, wenn sie wüssten, was jetzt bevorsteht.« In der nächsten Einstellung werden die Kandidaten von Wachmännern nach unerlaubten Luxusartikeln durchsucht. Während der Schatzsuche von Mariella und Caroline (Folge vom 12. Januar 2004), bei der Dirk Bach angesichts des schweren Inhalts betont: »… denn was sie nicht wissen: Die Schatztruhe hat es in sich«, worauf der Inhalt der Kiste – ein Stein – nur für die Zuschauer ersichtlich eingeblendet wird. Ein weiteres inszenatorisches Element, das den Zuschauern Wissensvorsprünge verschafft, sind die Situationen, in denen die Kandidaten isoliert von der Gruppe ihre persönlichen Statements im Sprechzimmer abgeben. In Bezug auf »Big Brother« haben Mikos u. a. (2000, S. 68) dazu festgestellt: »Durch die direkte Ansprache des Publikums ›hinter‹ der Kamera im Sprechzimmer werden die Statements auch zu Belegen der ›Echtheit‹ des Gezeigten.« Den Zuschauern werden somit die »wahren« Gefühle und Einstellungen der Kandidaten präsentiert, über welche die anderen Campbewohner keine Kenntnis besitzen. Hier zeigt sich, dass nicht nur bei der Inszenierung von Wissenshierarchien neben narrativen und dramaturgischen Strukturen auch ästhetische Elemente wie spezifische Kameraeinstellungen und Montageverfahren zum Einsatz kommen. Häufig werden die betreffenden Szenen mit entsprechender Musik unterlegt.

Die Show zwischen Authentizität und Fiktionalisierung

Der Reiz sogenannter performativer Reality-Shows wie »Ich bin ein Star – Holt mich hier raus!« besteht darin, dass die teilnehmenden Kandidaten zwar handeln wie im Alltag, »doch tun sie dies im Rahmen des Fernsehens, der Besonderes und Außergewöhnliches suggeriert« (vgl. ebd., S. 37). Mediale und soziale Wirklichkeit werden daher zu einer spezifisch neuen Qualität synthetisiert und gehen dabei ein reziprokes Verhältnis ein, ohne sich als eigenständige Bereiche aufzulösen (vgl. ebd., S. 107). Bei der »Dschungelshow« werden soziale und mediale Wirklichkeit in vielfältiger Weise miteinander verwoben, da der Spielrahmen vorsieht, verschiedene Elemente miteinander zu verknüpfen: Prominente Protagonisten müssen für zwölf Tage unter permanenter Kameraüberwachung ihren Alltag mit reduzierten Mitteln an einem ungewöhnlichen Ort bestreiten und sich durch weitere im Spiel integrierte Spiele ihren möglichen Phobien stellen, um das Campessen durch zusätzliche Essensrationen aufzustocken.

Durch diese Spielbedingungen werden für die Zuschauer Spannungsbogen aufgebaut, die an Authentizitätsdiskursen anknüpfen. Im öffentlichen Diskurs um die Sendung »Ich bin ein Star – Holt mich hier raus!« wurde sowohl in Bezug auf die »wahren« Konditionen des Dschungelcamps als auch hinsichtlich der Präsentation der Kandidaten die Frage gestellt, inwieweit diese Darstellungen der »Wirklichkeit« entsprechen und inwiefern die Verhaltensweisen der Akteure als »echt« einzuschätzen sind. Einerseits wird das Authentizitätsversprechen generiert, dass es sich bei den Kandidaten um »echte« Menschen handelt, »die nicht über einen vom Drehbuch vorgegebenen Charakter verfügen« (vgl. ebd., S. 116), andererseits sind die prominenten Spielteilnehmer nicht als medien- und öffentlichkeitsunerfahrene Laien einzustufen, wie es beispielsweise bei den Kandidaten von »Big Brother« der Fall war. Analog zu diesem Aspekt ist die Repräsentation des Camplebens in den einstündigen Zusammenfassungen, die sich zumeist aus dem aufgenommenen Material des Vortages speisen, aufzufassen: Zum einen wird durch die Live-Schaltungen und die ständige Erinnerung, dass die Kandidaten permanent und überall (mit Ausnahme der Toilette) gefilmt werden, Authentizität angepriesen und die Erwartung unvorhersehbarer Darstellungen erzeugt. Andererseits erfolgt auch die Repräsentation von Live-Sendungen nach festen Regeln, da es einen konstanten Ablaufplan der Sendung mit zwei festgelegten Plotpoints (Durchführung der Dschungelprüfung im Mittelteil, Verkündung, wer zur nächsten Prüfung nominiert wurde bzw. wer das Camp zu verlassen hat) gibt. Ebenso handelt es sich bei der Dschungelshow nicht um das »Abfilmen« des Alltags der Kandidaten, sondern um die Auswahl und Präsentation gezielter Ausschnitte, die nach dramaturgischen und narrativen Kriterien aufbereitet wurden und lediglich einen Bruchteil des Zusammenlebens widerspiegeln. Angesichts dieser Kriterien und der Tatsache, dass die Zuschauerentscheidung als interaktive Partizipationsmöglichkeit im Spielrahmen besteht, wird der Zuschauer ständig in die Lage versetzt, über die Darstellung der Kandidaten und der damit verbundenen Authentizitätsaspekte zu spekulieren.

Allgemein kann festgestellt werden, dass der Wechsel von Live-Schaltungen (die als solche angekündigt und durch die Einblendung »Live« am unteren Bildrand kenntlich gemacht werden) und Einspielern des Vortages nicht unbedingt trennungsscharf wahrgenommen werden muss. Vielmehr erzeugt das mehrmalige Changieren zwischen diesen beiden Ebenen den Eindruck eines ganzheitlichen Erzählflusses, zumal die Moderatoren die Live-Schaltungen oftmals in Bezug auf die nicht tagesaktuellen Einspieler kommentieren. Die Live-Schaltungen bilden im Gegensatz zu den inszenierten Narrationsblöcken eine relativ unaufbereitete Situation ab, dennoch entspricht auch diese nicht der vorgefundenen sozialen Realität, sondern einer erst durch das Spiel ermöglichten Situation. Obwohl die Kandidaten einen relativ großen Spielraum haben, »durch selbstgewählte Rolleneinlagen oder publikumsbezogene Aktionen ihre mediale Rolle quasi ›in Eigenregie‹ auszufüllen« (vgl. ebd., S. 115), kommt es zu einem Spannungsverhältnis zwischen der »Stigmatisierung und Festschreibung der Figuren durch die Narration und dem ›Ausbrechen‹ der Bewohner aus Typisierungen durch die Aufgabenstellungen und das Fehlen einer festgelegten Drehbuchrolle« (ebd., S. 104). Das Missverhältnis von Inhalt und Repräsentation wird insbesondere dann deutlich, wenn das Verhalten der Kandidaten durch die Kommentierung sowie die ästhetische Inszenierung dekontextualisiert und ironisch verfremdet werden. Angesichts der Tatsache, dass die Kandidaten allesamt über große Erfahrung in den Medien verfügen, stellt sich dem Zuschauer in diesem Zusammenhang auch die Frage, inwieweit die Kandidaten selbst für die Kamera agieren und ihre Rolle quasi als »Schauspieler« erfüllen. Dieser Aspekt wird auch auf selbstreferenzielle Weise innerhalb des Formats hervorgehoben, wenn beispielsweise Caroline Beil bei ihrem Lästergespräch mit Carlo Thränhardt und Mariella Ahrens in der Folge vom 13. Januar 2004 verlauten lässt: »Wenn die Kameras laufen, tut der [Werner Böhm, L. M.] alles«.

In diesem Zusammenhang können auch die Dschungelprüfungen betrachtet werden, die als täglich festgelegte Bestandteile der Show fungieren und bei denen sich die Kandidaten, im Gegensatz zu den Tageszusammenfassungen, somit ihrer medialen Präsenz sicher sein können. Mögliche Inkongruenzen in den dargestellten Verhaltensrollen der Kandidaten können unter diesem Blickwinkel ebenfalls eine neue Bewertungsdimension erfahren. Während Authentizität suggerierende Darstellungen der Kandidaten, wie beispielsweise ihre Statements im Sprechzimmer oder ihre Einzelinterviews, als *Face-to-Face*-Kommunikation für die Zuschauer aufgebaut werden und in Anlehnung an die »Talking Heads« in Dokumentarfilmen als Garant für ihre Wahrhaftigkeit betrachtet werden können, stehen dem narrativ aufbereitete Narrationsblöcke gegenüber. In manchen Fällen erzeugen diese »inszenatorischen Eingriffe durch die Nachbearbeitung kurzzeitig fiktional geschlossene Welten, die mit der Dimension der sozialen Wirklichkeit nichts mehr gemeinsam haben« (ebd., S. 133). So wird die gemeinsame Schatzsuche von Caroline Beil und Costa Cordalis in einer Art Videoclipästhetik präsentiert, die an die inszenierten Pärchenpräsentationen aus den Beziehungsshows erinnert: Während die beiden Kandidaten lächelnd in Slowmotion gezeigt werden, durch zeigende Gesten scheinbar auf die Schönheit der Natur aufmerksam machen und dies von der bekannten Liebesschnulze »Something Stupid« begleitet wird, entsteht der Eindruck eines frisch verliebten Paares. Interessanterweise wird diese Sequenz als inszenierte Darstellung wiederum auf selbstreflexiver Ebene transparent gemacht, da Dirk Bach sich im Anschluss aus seinem Baumhaus lehnt und aussagt: »Ich halte Ausschau nach dem ›Herzblatt‹-Hubschrauber.« Hier wird einerseits ein Bezug zum Spielrahmen der Show »Ich bin ein Star – Holt mich hier raus!« hergestellt, andererseits wird durch das »Herzblatt«-Beispiel explizit auf ein Format verwiesen, das sich ebenso durch eine Vermischung von sozialer und medialer Realität auszeichnet (vgl. Müller 1999, S. 19). Letztendlich changieren auch die Moderatoren zwischen einem eher künstlich-inszenierten Modus und relativ authentisch wirkenden Auftritten. Während die Moderation im Baumhaus eher den Eindruck erzeugt, »stundenlang einstudiert« worden zu sein, und fraglich ist, ob »das Endprodukt überhaupt das Label live verdient« (vgl. Hoffmann 2000, S. 165), erfolgt der direkte Umgang mit den Kandidaten in einer annähernd natürlichen Kommunikationssituation.

Lothar Mikos

Aspekte der Rezeption bei Kindern und Jugendlichen

Bezüglich der Rezeption von Kindern und Jugendlichen konnte festgestellt werden, dass fast alle befragten Kinder und Jugendlichen auf ihre Weise kompetent mit dem Format »Ich bin ein Star – Holt mich hier raus!« umgehen. Ihre Bewertung der Sendung erfolgt vor dem Hintergrund ihrer allgemeinen Fernsehinteressen, die bei den Jungs eher actionorientiert sind, während die Mädchen sich vor allem für Sitcoms und Soaps interessieren. So finden die Jungs die Sendung eher langweilig, haben aber Spaß an den Spielen, den Mädchen geht es eher darum, wie sich die Kandidaten im Dschungel verhalten und fühlen eher mit den Kandidaten mit. Während die Studenten die Sendung eher langweilig finden, lehnen die männlichen Berufsschüler die Sendung aufgrund ihres mangelnden Alltagsbezuges ab. Ein 19-jähriger Berufsschüler äußert: »Ich mein', ich hab' da meine eigenen Sorgen, ganz ehrlich, als mir so einen Star anzugucken, was der 24 Stunden macht.« Eine 13-jährige Gymnasiastin lehnt die Sendung eher ab, weil sie mit den Kandidaten mitfühlt, wenn sie eklige Prüfungen bestehen müssen. Eine ihrer Klassenkameradinnen findet die Sendung dagegen eher lustig: »Also, ich fand jetzt die Sendung auch nicht wirklich gut, aber ich fand die auch immer ziemlich lustig irgendwie. So dumme Sachen, die da wirklich machen, zum Beispiel diese komischen Prüfungen. Da fand ich manchmal ganz lustig, dass die sich da überhaupt überwunden haben.« Überhaupt bewundern die Kinder und Jugendlichen trotz ihres Wissens über die Inszenierungsstrategien und den Spielcharakter der Show die Kandidaten.

Im Mittelpunkt ihres Interesses steht Daniel Küblböck, den alle Befragten kennen. Diese zentrale Rolle ist vermutlich mehreren Faktoren zuzuschreiben. Er ist aktuell die bekannteste Person unter den Campteilnehmern, er ist den Befragten im Alter am nächsten und er bietet aufgrund seines Images und seines Verhaltens im Camp die Möglichkeit zu polarisieren. Vor allem in den Gruppen mit geringerer formaler Bildung drehte sich das Gespräch um ihn. Bei den Berufsschülerinnen gibt es zwar eine einzelne Befragte, die positiv über ihn sprach, doch im Allgemeinen erfuhr er eine deutliche Negativbewertung. Kritisiert wurde vor allem sein mangelndes Können (er ist also kein wirklicher »Star«), mit dem er auch noch Geld verdienen könne, seine Homo- beziehungsweise Bisexualität und seine angebliche Arroganz. Mitleid hatten dementsprechend nur wenige, meist weibliche Befragte. Trotz dieser negativen Einschätzung erkannten sie den Unterhaltungswert an, den Daniel Küblböck für die Show bringt.

Bei den jüngeren Teilnehmern hatte Daniel Küblböck kein eindeutiges Negativimage, sondern stellte eine ambivalente Figur dar. Einerseits betrachteten sie ihn als einen lustigen Typen und freuten sich, dass er »mitspielt«. Gerade seine Stimme und seine Gesten, die von den älteren Befragten als »schwul« oder »affektiert« bewertet wurden, fanden sie besonders witzig. Das deckt sich mit den Ergebnissen einer Studie zum Humorverständnis von Pre-Teens, in der festgestellt wurde, dass witzige Sprache – wozu das Imitieren von Ausländern und das betont tuntige Sprechen von Homosexuellen gehört – und absurde Szenen, zu denen auch eine übertriebene Gestik von Figuren gehört, ein wesentliches Merkmal des kindlichen Humors ausmachen (vgl. Prommer u. a. 2003, S. 64 f.).

Die Jüngeren erkannten sein Verhalten bei den Dschungelprüfungen als »mutig« an und schätzten es, dass er nicht aufgegeben hat. Dabei spielte sein Mut bei den jüngeren Befragten eine wesentlich wichtigere Rolle als bei den Älteren, die diesen Aspekt nicht erwähnten. Andererseits kritisierten sie jedoch, dass er sich bei den Dschungelprüfungen zu weich verhalten und fast geheult habe. Dieses Verhalten widerspricht anscheinend dem Ideal, wie man sich ihrer Meinung nach in einer solchen Situation verhalten sollte. Schließlich ist es der Sinn einer Mutprobe, dass man seinen Mut zeigt. Gelingt dies nicht, steht man als Versager da. Ein elfjähriger Junge äußerte sich dazu wie folgt:

> »Also, ich fand gut, dass er sich getraut hat, das zu machen, weil es gibt ja welche, die sagen: ›Nee, das mach' ich nicht.‹ Und ich fand einfach gut, dass er mutig war. Und was ich nicht gut fand, fand ich, also, er hat gleich also so fast angefangen zu heulen, und das fand ich von ihm nicht so. Also eigentlich, Daniel Küblböck ist ja eigentlich so ein lustiger Typ, aber manchmal ist er ja auch so was wie eine Memme.«

Die Äußerung zeigt auch, welchen Ernst die jüngeren Befragten dem Spiel beimaßen. Das Verhalten, das in den Dschungelprüfungen an den Tag gelegt wird, soll einem Ideal von Männlichkeit entsprechen, das wohl auch in ihrer aktuellen biographischen Entwicklung von großer Relevanz ist. Tendenziell ließ sich in allen Gruppen männlicher Befragter mit geringerer Bildung ein Hang zur Homophobie feststellen. In der Gruppe der älteren Berufsschüler empfanden insbesondere die arabisch- und türkischstämmigen Befragten Daniel Küblböck als abstoßend.

»Ich bin ein Star – Holt mich hier raus!« wurde von den meisten Befragten hauptsächlich vor dem Hintergrund der Berichterstattung über die Sendung rezipiert, die Erwartungen weckte und neugierig machte. Insbesondere bei den Jüngeren spielten die Gespräche über die Sendung eine Rolle, so dass vermutlich viele von ihnen die Sendung gesehen haben, um mitreden zu können. Während die älteren Befragten erkannten, wie über die Medienberichterstattung (vgl. dazu den Beitrag von Fröhlich in diesem Band) und die Werbung ein künstliches Medienereignis geschaffen wurde, und diese Tatsache reflektiert betrachteten, schienen die Jüngeren diesen Umstand nicht wahrzunehmen. Doch gerade durch die Rezeption der Berichterstattung erhielten auch sie ein explizites Wissen über die Inszenierungsstrategien der Sendung. Daraufhin stellten sie Spekulationen darüber an, was an der Sendung echt sei und was nicht. Dabei tendierten sie zu einer kritischen Einstellung gegenüber der Glaubwürdigkeit der Darstellungen, denen teilweise die Realitätsnähe abgesprochen wurde. Sie überprüften die medialen Informationsquellen auf deren Wahrheitsgehalt und deren Realitätsnähe.

Das Infragestellen der Glaubhaftigkeit der medialen Darstellungen ließ sich jedoch im Fall der Gruppe der Zehn- bis Zwölfährigen mit geringer Bildung nicht feststellen. Wissen über Inszenierungsstrategien, das aus der Medienberichterstattung bezogen wurde, ließ sich auch nicht erkennen. Die Kinder schienen sich bei ihrer Beurteilung hauptsächlich auf die ästhetischen Kriterien, den Realitätsbezug und die Spielregeln der Sendung zu beziehen und nicht auf den diskursiven Kontext der Sendung. Jedoch verfügten sie über ein Genrewissen, das sie befähigte, die Sendung einzuordnen. Dieses zeigte sich auch in den Genrebezeichnungen und in ihren Antworten auf die Frage, welche ähnlichen Sendungen sie kennen. Während alle anderen Gruppen hier hauptsächlich »Big Brother« nennen, geben die Kinder die Sendungen »Deutschland sucht den Superstar« (eine Casting-Show) und »Gute Zeiten, schlechte Zeiten« (eine Soap) an. Hier zeigt sich, dass die Kinder zumindest ansatzweise über eine Genrekompetenz und formatspezifische Schemata verfügen. Während Zeichentricksendungen für Kinder ohne Schwierigkeiten als fiktional einzuordnen sind, werden die komplexen Codes realer Darstellungen nicht so leicht durchschaut. Oftmals urteilen sie nach einfachen Dichotomien, nach denen Tricksendungen unecht und reale Darstellungen als echt wahrgenommen werden (vgl. Töpper 2003). Dementsprechend stellten sie keine Überlegungen darüber an, inwiefern diese der Wirklichkeit entsprechen. Sie schrieben der Sendung, vermutlich aufgrund eines mangelnden Medienwissens ein höheres Maß an Authentizität zu. So sahen alle drei Gruppen der jüngeren Diskussionsteilnehmer mit geringerer Bildung in den Dschungelprüfungen eine reale Gefahr. Dadurch billigten sie ihnen ein hohes Maß an realen Folgen zu. Zusätzlich betonten sie den Lerncharakter der Dschungelprüfungen und zeigten damit eher eine dokumentarische

Lektüre. Die Älteren dagegen rezipierten die Sendung stärker auf den Ebenen des Spiels und der Reality-Show.

Die Rezeption der Sendung als Spiel ermöglicht einen »geregelten Tabubruch« (Hausmanninger 1992). Die Regelverletzungen sind ästhetisch inszeniert und können kritisch thematisiert werden. Dabei unterscheidet sich die »Spiel-Wirklichkeit« vom gewöhnlichen Leben und ermöglicht damit eine distanzierte Rezeption, in der andere ethische Maßstäbe gelten. Zu dieser distanzierten Rezeptionshaltung trägt auch die komische Inszenierung bei. Von allen Befragten am meisten geschätzt wurden die Dschungelprüfungen, die selbst von denjenigen, die die Sendung ablehnten, als witzig empfunden wurden. Für alle Diskussionsteilnehmer war es lustig, die Prominenten in Grenzsituationen zu sehen. Hierbei werden die üblichen sozialhierarchischen Beziehungen und die ihr inhärenten sozialen Konventionen umgekehrt. Dadurch ist in der Form des Lachens das zulässig, was sonst verboten ist (vgl. Bachtin 1990, S. 54).

Die Kandidaten wurden nicht als Identifikationsfiguren aufgebaut und auch nicht als solche wahrgenommen. Anstelle von Identifikation lässt sich die Rezeptionshaltung eher als empathisch beschreiben, bei der zwar die Gefühle der Figuren übernommen werden, das Bewusstsein der Differenz zwischen Zuschauer und Kandidat jedoch erhalten bleibt. Dabei kann sich die Empathie auch auf Personen richten, die negativ bewertet werden. Wichtig für die Nutzung der Sendung durch die Jugendlichen ist, dass sie sich zwar in die Lage der Figuren versetzen und deren Gefühle nachempfinden können, jedoch keine Rollenvorbilder zu übernehmen scheinen. Die empathischen Vorgänge sind eher auf der Ebene körperlicher Aneignung angesiedelt, die innerhalb der Sendung durch die ästhetische und dramaturgische Inszenierung von Ekel und Angstsituationen geschaffen werden. Die Empathie ist dabei unabhängig von der Moral der Zuschauer, »da Empathie der moralischen Dimension entbehrt, ist es für den Zuschauer nicht notwendig, die Werte der handelnden Figuren zu übernehmen« (Mikos 2003, S. 170).

Auch wenn das Verhalten der Moderatoren kaum moralisch diskutiert wurde, waren alle befragten Kinder und Jugendlichen in der Lage, die Sendung unter moralischen Gesichtspunkten zu beurteilen. Mit Ausnahme der 17- bis 20-Jährigen mit geringerer Bildung wurde in allen Gruppen diskutiert, ob man so mit Menschen umgehen dürfe. Dies wurde auf die für die jeweilige Altersstufe relevanten Prinzipien ethischer Entwürfe bezogen. Dabei urteilten die meisten Befragten utilitaristisch. Als moralisch richtig wurde betrachtet, was für die Betroffenen einen bestimmten Nutzen hatte. Bei ihren Aussagen ließ sich jedoch teilweise ein Spannungsverhältnis feststellen zwischen dem als richtig Verstandenen einerseits, das in einem generellen Urteil seine Begründung fand (»So darf man eigentlich nicht mit Menschen umgehen.«), und dem Vergnügen, das die Sendung bereitete, wenn Prominente Prüfungen unterzogen wurden und die Schadenfreude in der Rezeption überwog. Offenbar fühlten sich die Kinder und Jugendlichen für die medialen Darstellungen nicht persönlich verantwortlich. Trotz eines anscheinend eher vom privaten Nutzenkalkül bestimmten Wertesystems orientierten sich die befragten Kinder und Jugendlichen an gesellschaftlichen Normen und Werten, wie der Achtung anderer, Ehrlichkeit und Fairness, die eine wichtige Bedeutung für ihr eigenes Leben haben. Da sie jedoch von der Sendung keinen Bezug zu ihrem Alltag herstellten, schienen die moralischen Urteile in diesem Fall nicht unbedingt verpflichtend zu sein. Das Fernseherlebnis und ihr eigener Alltag gelten als zwei getrennte Bereiche, in denen je eigene Wertmaßstäbe und moralische Kriterien eine Rolle spielen.

Die Rahmung als Spiel und Comedy führt vor allem aufgrund der karnevalistischen Inszenierung dazu, dass sich für die befragten Kinder und Jugendlichen daraus der bevorzugte Rezeptionsmodus ableitet. Sie können aufgrund ihres praktischen Medienwissens die Rahmungen erkennen und nehmen daher die Show einerseits als komisch und witzig wahr und andererseits als Spiel, das karnevalistischen Prinzipien gehorcht. Lediglich wenn sie der Ansicht waren, dass Spielregeln verletzt wurden, trat der komische Rezeptionsmodus in den Hintergrund und sie entwickelten Mitleid mit den Kandidaten, weil sie einen wichtigen Wert, der auch in ihrem Alltag eine Rolle spielt, verletzt sahen: Fairness.

Bedeutsamer ist jedoch, dass die Kandidaten hier bei einem Spiel beobachtet wurden, in dem der »Ernst des Spiels« dominiert, bei dem für die Befragten Regeln bedeutsam sind. Ihr Verständnis von Fairness wird dabei nicht nur durch vermeintliche Regelverletzungen herausgefordert, sondern auch dann, wenn sie die Grenzen eines Spiels überschritten sehen – und diese Grenze ist da, wo die körperliche Unversehrtheit der Spieler bereits durch die Regeln des Spiels in Frage gestellt wird. So sahen viele der befragten Kinder und Jugendlichen die sogenannte »Hack-Attacke« auf Caroline Beil zwar als gerechtfertigt an, weil sie es aufgrund ihrer Lästerei über die Mitkandidaten verdient habe, andererseits ging es ihnen aber zu weit, dass sie bei dem Spiel von den Straußen tatsächlich hätte verletzt werden können.

Die Kinder und Jugendlichen haben klare Wertvorstellungen entwickelt, die sie auf die Spiele in der Show und auf die gesamte Sendung anwenden. Werte, die in ihrem Alltag Gültigkeit besitzen, können aber durch die Inszenierung innerhalb der Show gewissermaßen auf den Kopf gestellt werden – und das finden sie komisch. Das karnevalistische Prinzip der Inszenierung findet sich in einer entsprechenden Rezeptionshaltung wieder, die den Kindern und Jugendlichen bereits aus der Rezeption von Cartoons und Zeichentrickfilmen bekannt ist. In diesem Kontext sind auch Häme, Spott und Schadenfreude zu sehen. Sie machen im Rahmen des Spiels, in dem sie mit komischen Mitteln inszeniert werden, Sinn. Die Kandidaten können als Spielteilnehmer zu Objekten der Schadenfreude werden. Allerdings ist die Schadenfreude gewissermaßen entpersonalisiert, weil sie sich entweder auf alle Teilnehmer der Show bezieht oder auf bestimmte Situationen, in denen die Objekte des Spottes austauschbar sind. Selbst wenn die Kandidaten als Personen zu Objekten des Spottes und der Schadenfreude werden, führt die komische Inszenierung zu entsprechenden Mechanismen der Distanzierung. Dies mag mit dafür verantwortlich sein, dass die befragten Kinder und Jugendlichen keine Parallelen zwischen ihrem Alltag und den Handlungen der Kandidaten in der Show herstellen. Sie trennen hier klar zwischen der sozialen Wirklichkeit ihres Alltags und der Welt der Show und des Spiels, die für sie einen eigenen Wirklichkeitsbereich markiert. Hier zeigt sich auch ein pragmatisches Verhältnis zu Moral und Werten, die sie offenbar der Situation angemessen einsetzen. Lediglich die zehn- bis zwölfjährigen Kinder mit geringer Bildung und teilweise die elf- bis 14-jährigen Mädchen mit geringer Bildung waren dazu nur begrenzt in der Lage.

Die Bedeutungen und Bewertungen, die Kinder und Jugendliche in der Rezeption der Show »Ich bin ein Star – Holt mich hier raus!« der Sendung zuweisen, sind einerseits von ihrem Medienwissen und ihren Alltagserfahrungen geprägt, zugleich aber von der Narration und der ästhetisch-dramaturgischen Inszenierung im Rahmen eines karnevalistischen Rahmens geprägt. Es lässt sich erkennen wie die textuelle Struktur der Show mit den kindlichen und jugendlichen Rezeptionshandlungen korrespondiert. Diese Wechselbeziehung zwischen Fernsehtexten und den verschiedenen Publika muss mehr in den Blick der Forschung geraten, da sich damit die Popularität bestimmter Formate bei verschiedenen Zuschauergruppen erklären lässt.

Literatur

Bachtin, Michail M. (1990): Literatur und Karneval. Zur Romantheorie und Lachkultur. Frankfurt: Fischer

Bergesen, Albert (1998): Die rituelle Ordnung. In: Andréa Belliger/David J. Krieger (Hrsg.): Ritualtheorien. Ein einführendes Handbuch. Opladen/Wiesbaden: Westdeutscher Verlag, S. 49–76

Bergmann, Jörg R. (1987): Klatsch. Zur Sozialform der diskreten Indiskretion. Berlin/New York: de Gruyter

Böhme-Dürr, Karin/Sudholt, Thomas (Hrsg.) (2001): Hundert Tage Aufmerksamkeit. Das Zusammenspiel von Medien, Menschen und Märkten bei Big Brother. Konstanz: UVK

Freud, Sigmund (2001): Der Witz und seine Beziehung zum Unbewussten. Frankfurt: Fischer

Gennep, Arnold van (1999): Übergangsriten (Les rites de passage). Frankfurt/New York: Campus

Hallenberger, Gerd/Foltin, Hans Friedrich (1990): Unterhaltung durch Spiel. Quizsendungen und Gameshows des deutschen Fernsehens. Berlin: Volker Spiess

Hausmanninger, Thomas (1992): Kritik der medienethischen Vernunft. Die ethische Diskussion über den Film in Deutschland. München: Fink

Hilmes, Michelle (2004): Europe Attacks! The Twisted History of the Reality Show. Vortrag auf der Tagung »Console-Ing Passions« (30.5–2.6.2004) in New Orleans

Hoffmann, Kay (2000): Wie »lebendig« kann Fernsehen sein? In: Gerd Hallenberger/Helmut Schanze (Hrsg.): Live is Life. Mediale Inszenierungen des Authentischen. Baden-Baden: Nomos, S. 163–176

Huizinga, Johan (1987). Homo Ludens. Vom Ursprung der Kultur im Spiel. Reinbek: Rowohlt

King, Geoff (2002): Film Comedy. London: Wallflower

Mast, Gerald (1979): The Comic Mind. Comedy and the Movies. 2. Auflage. Chicago: University of Chicago Press

Mikos, Lothar (1998): Flanieren auf dem Boulevard zwischen Stars und Mordbuben. Themen und Präsentationsformen in Boulevard-Magazinen. In: TV Diskurs, Heft 5, S. 64–71

Mikos, Lothar (2001): Fern-Sehen. Bausteine zu einer Rezeptionsästhetik des Fernsehens. Berlin: Vistas

Mikos, Lothar (2003): Film- und Fernsehanalyse. Konstanz: UVK

Mikos, Lothar/Feise, Patricia/Herzig, Katja/Prommer, Elizabeth/Veihl, Verena (2000): Im Auge der Kamera. Der Fernsehereignis Big Brother. Berlin: Vistas

Mikos, Lothar/Wulff, Hans-Jürgen (1990): »Akademische« und »familiale« Rezeption. Zur Analyse von Unterhaltungsshows (II). In: Medien Praktisch, 14, 1, S. 61–63

Müller, Eggo (1999): Paarungsspiele. Beziehungsshows in der Wirklichkeit des neuen Fernsehens. Berlin: Edition Sigma

Palmer, Jerry (1987): The Logic of the Absurd. On Film and Television Comedy. London: BFI

Prommer, Elizabeth/Mikos, Lothar/Schäfer, Sabrina (2003): Pre-Teens und Erwachsene lachen anders. In: TelevIZIon, 16, 1, S. 58–67

Schweinitz, Jörg (2002): Von Filmgenres, Hybridformen und goldenen Nägeln. In: Jan Sellmer/Hans J. Wulff (Hrsg.): Film und Psychologie – nach der kognitiven Phase? Marburg: Schüren, S. 79–92

Töpper, Claudia (2003): Dokumentarische Fernsehformate für Kinder. Genretheoretische Einordnungen dokumentarischer Fernsehformate für Kinder unter besonderer Berücksichtigung der Narration und Rezeption. Potsdam-Babelsberg. Diplomarbeit an der Hochschule für Film und Fernsehen »Konrad Wolf«

Turner, Victor (1989a): Das Ritual. Struktur und Anti-Struktur. Frankfurt/New York: Campus

Turner, Victor (1989b): Vom Ritual zum Theater. Der Ernst des menschlichen Spiels. Frankfurt/New York: Edition Qumran

Mediale Selbstthematisierung und Medien-Framing in der Zeitungsberichterstattung über »Ich bin ein Star – Holt mich hier raus!«[1]

Kerstin Fröhlich

Die vom 9. bis 21. Januar 2004 ausgestrahlte TV-Sendung »Ich bin ein Star – Holt mich hier raus!« war nach dem Urteil der BILD-Zeitung das »größte TV-Ereignis des Jahres. Und das umstrittenste!« (Tabak 2004). Diese Titel wurde auf zweifache Weise verdient: Zum einen war die Sendung mit einem Spitzenmarktanteil von 54% in der Zielgruppe der 14- bis 49-Jährigen ein großer Publikumserfolg für den ausstrahlenden Sender RTL, zum anderen war die Resonanz der anderen Medien enorm. Es ist ein medialer Diskurs über die Sendung entstanden, der vor allem die Boulevardmedien aber auch die überregionale Qualitätspresse und die öffentlich-rechtlichen Fernsehsender über Wochen beschäftigte: Die Kandidaten wurden vorgestellt, ihre finanzielle Situation dargelegt und ihr Verhalten verurteilt. Die Umstände im Dschungelcamp wurden thematisiert und gleichzeitig die Frage aufgeworfen, ob die Prominenten überhaupt in Australien sind. Wissenschaftler äußerten sich über mögliche Folgen der Sendungsrezeption, Interessengruppen kritisierten den Umgang mit Mensch und Tier, Politiker diskutierten das Niveau der Sendung. Sogar ein Verbot der Sendung wurde gefordert und die Medienaufsichtsgremien haben sich mit »Ich bin ein Star – Holt mich hier raus!« beschäftigt.

Die vorliegende Untersuchung analysiert die Berichterstattung von Boulevard- und Qualitätszeitungen über »Ich bin ein Star – Holt mich hier raus!« im Zeitraum zwischen der ersten Presseankündigung am 24. November 2003 und dem Abschluss des TV-Events durch die Sendung »Ich bin ein Star – Holt mich hier raus! Das große Wiedersehen« am 11. März 2004. Dabei lautet die übergeordnete Fragestellung: Wie haben Zeitungen über die Fernsehsendung berichtet

---

[1] Dieser Beitrag basiert auf einer am Institut für Journalistik und Kommunikationsforschung der HMT Hannover verrfassten Diplomarbeit (vgl. Fröhlich 2004).

und wie lässt sich diese Berichterstattung strukturieren und erklären? Diese Fragestellung lässt sich wie folgt präzisieren:

- Welche Subereignisse, Akteure und interne sowie externe Bezugnahmen finden Beachtung?
- Welche Medien-Frames können als strukturierende Berichterstattungsrahmen identifiziert werden?
- Wie unterscheiden sich Boulevard- und Qualitätszeitungen in ihrer Berichterstattung über »Ich bin ein Star – Holt mich hier raus!«?

Im Folgenden soll zunächst auf den konzeptionellen Hintergrund der Studie eingegangen werden und die bestehenden Erkenntnisse zu medialer Selbstthematisierung, Inszenierungsstrategien sowie Medien-Framing überblicksartig dargestellt werden. Anschließend erfolgt eine kurze Erläuterung des methodischen Vorgehens und die wesentlichen Ergebnisse der Studie werden vorgestellt. Der Beitrag schließt mit einem kurzen Fazit.

Konzeptioneller Hintergrund: Mediale Selbstthematisierung

Die Besonderheit des Diskurses über »Ich bin ein Star – Holt mich hier raus!« liegt in der Tatsache, dass es sich bei dem Diskursgegenstand um eine TV-Sendung handelt. Mediale Selbstthematisierung liegt vor, wenn Aspekte der Massenmedien (Inhalte, Abläufe, Institutionen oder Personen) in einem Massenmedium zum Thema werden (Siegert 2001). Wird die mediale Selbstthematisierung selbst wieder zum Berichterstattungsgegenstand der Medien, so kann man von medialer Selbstthematisierung zweiter Ordnung (als Thematisierung der Thematisierung) sprechen.[2] Diese Definitionen umfassen eine Vielzahl von möglichen Formen der medialen Selbstthematisierung. Selbstthematisierung kann sich auf das eigene Medium, andere Organe der gleichen Mediengattung, andere Mediengattungen oder gattungsübergreifend auf die Gesamtheit des medialen Systems beziehen (ebd.). In Tabelle 1 werden mögliche Selbstthematisierungsphänomene der Medien vier inhaltlich-strukturellen Kategorien zugeordnet. Die Kategorien sind wechselseitig miteinander vernetzt und Medieninhalte gehören oft gleichzeitig mehreren Kategorien an.

---

2 Diese Definition ist von systemtheoretisch geprägten Begriffsverwendungen abzugrenzen (vgl. z.B. Marcinkowski 1993; Blöbaum 1999).

Tabelle 1: Selbstthematisierungskategorien

Informative Selbstthematisierung	Programmbezogene Berichterstattung
	Kontextorientierte Berichterstattung
	Ereignisbegleitende Berichterstattung
Unterhaltende Selbstthematisierung	Parodien
	Show-Themen
Kommunikationspolitische Instrumente	Werbung
	Cross-Promotion
	Eigenwerbung
Inter-Media-Agenda-Setting	Quellenbezug
	Themenbezug

Krüger und Müller-Sachse (1998) analysieren die *informative Selbstberichterstattung* in deutschen Tageszeitungen und machen bei der auf journalistischen Eigenleistungen beruhenden Berichterstattung zwei Typen aus: (1) programmbezogene Berichterstattung und (2) kontextorientierte Berichterstattung. Zusätzlich lässt sich noch eine weitere Berichterstattungsform identifizieren, die (3) ereignisbegleitende Berichterstattung (Hohlfeld 2002; Schicha 2000; Hickethier 2005). Die programmbezogene Berichterstattung über Medien umfasst den Teil der Inhalte, der über die Entstehung und Beschaffenheit anderer Medieninhalte informiert. Beiträge dieser Kategorie beschäftigen sich fast ausschließlich mit dem Medium Fernsehen (Krüger/Müller-Sachse 1998). Die Berichterstattung basiert auf journalistischer Eigenleistung, doch die Übergänge zu der Programm-PR der Sender sind fließend (ebd.). Seit Mitte der 1990er Jahre ist eine Ausdifferenzierung der Medienberichterstattungsthemen festzustellen. Die kontextorientierte Berichterstattung fokussiert eben auf diese Bereiche und ist von Sachthemen wie Medienökonomie, Medienrecht, Medienpolitik, Medienforschung, Medientechnik oder Medienentwicklung geprägt und thematisiert über die Programme hinausgehende systembezogene Aspekte (ebd., Hickethier 1997). Eine weitere Form der Selbstthematisierung ist die ereignisbegleitende Berichterstattung im Sinne einer journalistischen Thematisierung von sendungsinternen und sendungsexternen Ereignissen. Die Thematisierung von Unterhaltungssendungen in den Nachrichtensendungen und Magazinen des ausstrahlenden Senders, sieht Hohlfeld (2002) vor allem als Cross-Promotion. Er bezeichnet diese Art der Selbstthematisierung als »Pseudojournalismus« (ebd, S. 106), der als »ein sekundäres Instrument der medialen Inszenierung, [...] einzig der Veröffentlichungslogik eines medienintern generierten Primärereignisses verpflichtet ist« (ebd., S. 108). Oft überspringen Meldungen zu Sendungsereignissen aber die

Grenzen des ausstrahlenden Mediums. So berichteten nicht nur die »RTL II News« kontinuierlich über »Big Brother«. Fernsehsendungen und sie begleitende Ereignisse scheinen auch einen »echten« Nachrichtenwert zu besitzen (Brosda 2000). Ähnliches ist auch für die Berichterstattung über »Deutschland sucht den Superstar« zu beobachten: Indem die (Boulevard-)Zeitungen »ständig Stories über die Sendung und die Kandidaten brachte[n], ›verlängerte[n]‹ sie die Sendung« und entwickelten so eine »sich journalistisch gebende Unterhaltungsserie« (Hickethier 2005, S. 352). Gleichzeitig wurden auch Ereignisse durch die berichtenden Boulevardzeitungen kreiert, beispielsweise wurden die Kandidaten in die Redaktion eingeladen oder die Leser zur Vorabstimmung aufgerufen.

Im Bereich der *unterhaltenden Selbstthematisierung* gibt es parodistische oder medienkritisch angelegte Formen (Bleicher 1999). Beispielhaft sei die kritische Auseinandersetzung mit der Medieninhaltsentwicklung bei »Das Millionenspiel« genannt. Einige Selbstthematisierungsphänomene können bereits als eigene Formate angesehen werden, so etwa das Genre »Making of ...« und die unterhaltsame Darstellung von Fernsehinhalten in Comedy-Sendungen wie »TV-Total«. Diese Formate rekurrieren auf bestehende Medieninhalte als dem Publikum bekannte Vergleichsgrößen der eigenen Darstellung, die das Verständnis der Aussagen fördern. Sie dienen der kostengünstigen Produktion, aber auch der kritischen Auseinandersetzung mit den Angeboten (Bleicher 1999). Auch klassische Showformate und Talkshows erweisen sich als selbstthematisierend, da »andere Sendungen in Ausschnitten vorgestellt, neue Film- und Musikwerke präsentiert oder mit anderen Showmastern als Gästen über deren laufende Projekte gesprochen wird« (Siegert 2001, S. 229).

Auch der Einsatz von *kommunikationspolitischen Instrumenten*, wie etwa Eigen-, Programm- und Medienwerbung, Cross-Promotion und redaktionellen Verweisen zur Steigerung der Aufmerksamkeit für das eigene Medienprodukt, verursacht explizite Selbstthematisierungen innerhalb des Mediensystems (ebd.).

Darüber hinaus kann *Inter-Media-Agenda-Setting* als eine weitere Form der medialen Selbstthematisierung betrachtet werden. Rössler (2001) stellt fest, dass die Verwendung von Medienquellen in deutschen Fernsehnachrichten verbreiteter ist als die Thematisierung von Medien. Von dieser offensichtlichen Form des Inter-Media-Agenda-Settings kann eine versteckte Form unterschieden werden. Oft werden keine Zitate, sondern allein Themen, Sprecher oder Interpretationen anderer Medien für die eigene Berichterstattung herangezogen, ohne direkt auf die Quelle hinzuweisen (vgl. Mathes/Pfetsch 1991).

Die schnelle Entwicklung des Mediensystems und die steigende Bedeutung der Medien für die Gesellschaft sind Gründe für die Ausdifferenzierung und

Institutionalisierung der Medienberichterstattung (Siegert 2001). Die Selbstthematisierung der Medien ergibt sich auch aus dem Alltagsweltbezug der Medien (Brosda 2000, S. 97). Auch die zunehmende Ökonomisierung der Medien hat Selbstthematisierungen zur Folge, hierunter fallen z. B. die Mehrfachverwertung von Medieninhalten wie »Best of«-Beiträge, Spin-Offs oder Cross-Promotion. Weiterhin lassen sich die Vermarktungsstrategien der Medien und die Medien-PR als Gründe für die Selbstthematisierung der Medien anführen. Um Zuschauer zu erreichen, muss zunächst Aufmerksamkeit für das Produkt geschaffen werden: sei es durch das Programm selbst, durch Eigenwerbung, bezahlte Werbung oder unentgeltliche Berichterstattung anderer Medien. Die Ausnutzung selbstthematisierender Mechanismen der Medien ist in Zeiten des zunehmenden medialen Wettbewerbs um die Aufmerksamkeit der Rezipienten zu einer wichtigen Voraussetzung für den Markterfolg geworden (Mathes/Möller/Hißnauer 2001). Die Selbstthematisierung des Mediensystems und Inter-Media-Agenda-Setting resultieren weiterhin aus der journalistischen Mediennutzung als Orientierungshilfe (Mathes/Czaplicki 1993; Mathes/Pfetsch 1991): Erstens befinden sich die Medien in einem pluralistischen Mediensystem, das eine intensive Marktbeobachtung erzwingt. Des Weiteren stehen Journalisten täglich unter dem Zeitdruck, neue Themen darstellen zu müssen. Die Orientierung an anderen Medien ist ein einfaches Mittel, Unsicherheit in der Bewertung und Darstellung neuer Themen zu reduzieren. Schließlich wird der fehlende Kontakt zum Publikum durch Kollegenorientierung ersetzt.

Konzeptioneller Hintergrund: Ebenen der Inszenierung

Um den gewünschten Erfolg beim Publikum zu erzielen, werden TV-Sendungen von Sendern in Zusammenarbeit mit einer Produktionsfirma marktgerecht produziert und inszeniert. Bei Betrachtung des Inhalts von »Ich bin ein Star – Holt mich hier raus!« lassen sich zwei Ebenen der *sendungsinternen Inszenierung* unterscheiden: (1) inhaltliche Inszenierung des Settings und der Ereignisse und (2) formale Inszenierung bei der Darstellung der Ereignisse durch Editing, Overvoicing, Musik etc. Die besondere Realitätsform der Sendung lässt sich als »inszenierte Authentizität« (Pietraß 2002, S. 368) charakterisieren. Sie resultiert aus den zwei Ebenen der Inszenierung in Verbindung mit dem realen Verhalten der Kandidaten. Durch die Inszenierungsstrategien werden Kriterien der Nachrichtenselektion anderer Medien angesprochen. Bleicher spricht in diesem Zusammenhang von einer »engen Symbiose der Aufmerksamkeitsökonomie des Fernsehens und der Printmedien« (2005, S. 83). »Ich bin ein Star – Holt mich hier raus!« enthält bereits auf Konzeptebene Nachrichtenfaktoren, die die Berichterstattungswahrscheinlichkeit anderer Medien erhöhen: Der Faktor Prominenz wird durch die Kandidaten selbst erfüllt, Konflikthaftigkeit entsteht durch die Spielsituation, Personalisierung und Dramatik werden durch die formalen Inszenierungsstrategien erzielt. Die inhaltlichen Elemente der Sendung können in zwei Kategorien unterteilt werden: (1) vollkommen inszenierte Rahmen-Elemente, wie etwa die Dschungelprüfungen, und (2) scheinbar authentische Soap-Elemente, wie etwa die Lästereien im Camp. Es ist zu vermuten, dass den stärker inszenierten Rahmen-Elementen größere Aufmerksamkeit in der Medienberichterstattung zuteil wird.

Zusätzlich zu den sendungsinternen Inszenierungsstrategien hat RTL *Vermarktungs- und PR-Strategien* eingesetzt, die darauf angelegt waren, Aufmerksamkeit zu generieren und das Produkt »Ich bin ein Star – Holt mich hier raus!« erfolgreich zu machen. Für die Bewerbung der Sendung wurden drei Darstellungs- und Kommunikationsforen genutzt: On-air-Werbung durch Promotion-Trailer im RTL-Programm, Werbung in Printmedien und Radio-Spots. Weiterhin wurde die Sendung mit umfangreicher Pressearbeit begleitet (Körfer 2004): Am 24. November 2003 fand die erste Pressekonferenz statt, auf der das Konzept und die Moderatoren vorgestellt wurden. Mit allen Kandidaten wurden im Vorfeld der Sendung Homestorys produziert, die den Kontrast zwischen ihrem wirklichem Leben und den Bedingungen im Camp verdeutlichen. Die Pressearbeit hat sich besonders auf den Ausstrahlungszeitraum konzentriert. In Australien hat ein dreiköpfiges Team die Vorgänge im Camp textlich und bildlich aufbereitet. In Deutschland standen sechs weitere Personen im Dialog mit den Medien. Es wurde ein täglicher Newsletter an die Redaktionen verschickt, Auskünfte über die neusten Entwicklungen im Camp gegeben und Storywünsche bearbeitet. Eine starke Pressereaktion wurde erwartet, der überproportional große Erfolg von »Ich bin ein Star – Holt mich hier raus!« und die darauf folgende ausgiebige Ekel- und Folterdebatte kamen jedoch überraschend für RTL.

Auch in der Berichterstattung anderer Medien wurde die Sendung *medial inszeniert*: Zwar stützen sich die Selektionskriterien der Medien auf die Eigenschaften des Umweltereignisses, gleichzeitig verzerrt die Auswahl nach bestimmten Nachrichtenfaktoren (und die Abhängigkeit von senderseitigen Presseinformationen) aber auch die Realität (Eilders 1997). Die Verzerrungshypothese der Nachrichtenwertforschung drückt aus, dass die Merkmale, die den Nachrichtenwert eines Ereignisses bestimmen, auch in der resultierenden Berichterstattung akzentuiert werden (ebd.; Schulz 1990). Darüber hinaus beschreibt das Finalmodell die Berücksichtigung von Nachrichtenfaktoren als Nebenprodukt eines anders begründeten Auswahlprozesses, etwa der redaktionellen Ausrichtung eines Mediums (Staab 1990). Die Medien nutzen die Sendung, um ihre eigenen Inhalte mit größerer Aufmerksamkeit zu versehen, beispielsweise veranstaltete die BILD-ZEITUNG Gewinnspiele und Abstimmungen rund um die Sendung.

Es kam weiterhin zu einer *Inszenierungen durch externe Interessenvertreter*. Unterschiedliche gesellschaftliche Akteure bzw. deren Sprecher versuchten, ihre Standpunkte und Deutungen in die Berichterstattung einzubringen und so bestimmte Sichtweisen auf ein Thema zu fördern. Dies können kollektive oder individuelle Akteure, Politiker, Wissenschaftler, Interessengruppen sein. Sie beeinflussen nicht nur, ob ein Thema in den Medien behandelt wird, sondern auch welche Aspekte und Ansichten mit dem Thema in Verbindung gebracht werden (Esrock/Hart/D'Silva/Werking 2002). Die Motivation der Sprecherhandlungen besteht in der Darstellung der eigenen Person oder der Interessen einer (beauftragenden) Organisation (Bentele 1997). Da in der komplexen Gesellschaft der direkte Austausch mit einem großen Publikum nicht möglich ist, ist die Präsenz in den Medien eine notwendige Bedingung für die Ansprache (und Beeinflussung) des Publikums (Berens 2001).

Konzeptioneller Hintergrund: Medien-Framing

Der Framing-Ansatz macht mediale Diskurse einer empirischen Analyse zugänglich.[3] Framing bezieht sich auf die Art, wie »events and issues are organized and made sense of, especially by media, media professionals, and their audience« (Reese 2001, S. 7). Ein Frame kann als Interpretationsrahmen, der einem Ereignis eine bestimmte Bedeutung gibt, verstanden werden (Gamson/Modigliani 1987; Harden 2002).

Pan und Kosicki differenzieren zwei Arten der Frame-Analyse: »as a strategy of constructing and processing news discourse or as a characteristic of the discourse itself« (1993, S. 57). Im ersten Fall wird angenommen, dass Frames als Interpretations- und Verarbeitungsraster an verschiedenen Stellen des Diskurses vorkommen, miteinander interagieren und so den Prozess des medialen Diskur-

---

3 Trotz der Popularität des Framing-Konzepts liegt keine einheitliche Definition, Theorie oder Operationalisierung vor (Entman 1993; Harden 2002).

ses bestimmen. Die zweite Sichtweise stützt sich auf die Medien-Frames als Charakteristika eines medialen Diskurses. Medien-Frames manifestieren sich als in der Berichterstattung vorliegende Deutungsmuster zu einem Berichterstattungsthema. Sie sind »materialisierte Handlungsergebnisse [... und] veröffentlichte Sprecheräußerungen« (Weßler 1999, S. 40) eines zugrunde liegenden Prozesses. Entsprechend der letztgenannten Perspektive werden in dieser Untersuchung Frames als analytischer Zugang zur Beschreibung und Strukturierung medialer Diskurse verstanden. Die Auseinandersetzung mit Medien-Frames erlaubt es, Rückschlüsse auf das Verhältnis von speziellen Themen zu den Medien bzw. die Sensibilität der Medien in Hinblick auf diese Themenkomplexe zu ziehen. Auch die Strukturierungsleistung, die Medien für die öffentliche Debatte vollbringen, wird durch eine Frame-Analyse sichtbar gemacht. Es können Momentaufnahmen des öffentlichen Umgangs mit Themen und Ereignissen erstellt und die gesellschaftlich relevanten Perspektiven auf ein Thema identifiziert werden (Harden 2002).

Frames vereinen verschiedene Bestandteile auf sich: »central ideas and more peripheral concepts« (Hertog/McLeod 2001, S. 141). Sie umfassen ein Bündel von Attributen, ein »set of interpretive packages that give meaning to an issue« (Gamson/Modigliani 1989, S. 3). Aufbauend auf Harden (2002) werden Frame-Elemente in dieser Untersuchung in eine Sachdimension, die spezielle Subereignisse und Subthemen der Berichterstattungsthemas sowie größere gesellschaftliche Themenkomplexe einschließt, in eine Sozialdimension, die Akteure (Ereignisbeteiligte und Sprecher) umfasst, und in eine Zeitdimension, die die innere Dynamik bezeichnet, eingeordnet. Weiterhin wird in Anlehnung an Fröhlich und Scherer (2000) angenommen, dass Medien-Frames einem Ereignis durch Selektion, Hervorhebung und Inbeziehungsetzen von Elementen eine spezielle Bedeutung verleihen.

Frames unterliegen einer Dynamik: Verschiedene Akteure reagieren auf die Ereignisse und ringen miteinander um die verschiedenen Deutungsmuster des Ereignisses. Entsprechend ist Framing ein Prozess, der sich im Verlauf der Zeit verändert. Frames erfahren im Zeitverlauf unterschiedlich starke Berücksichtigung in der Medienberichterstattung (Gamson/Modigliani 1989; Hertog/McLeod 2001): Als Einflüsse auf die Veränderungen werden neben der Bestrebung von Akteuren, für sie positive Berichterstattung zu generieren (Miller/Richert 2001), vor allem auch Schlüsselereignisse (Scheufele 2003; Berens 2001) ausgemacht.

Methodische Umsetzung

Ziel der vorliegenden Untersuchung war die Beschreibung und Strukturierung der Medieninhalte über »Ich bin ein Star – Holt mich hier raus!«. Untersucht wurde die Berichterstattung ausgewählter Tageszeitungen: Innerhalb der Boulevard-Presse wurde die BILD-Zeitung als auflagenstärkste Zeitung mit nationalem Verbreitungsgebiet ausgewählt. Als weitere Boulevardzeitung wurde die in Berlin und Umland erscheinende BZ in die Analyse einbezogen. In der Gruppe der überregionalen Qualitätszeitungen wurden DIE TAGESZEITUNG, die SÜDDEUTSCHE ZEITUNG, die FRANKFURTER ALLGEMEINE ZEITUNG und DIE WELT ausgewählt. Es wurden sämtliche zwischen dem 24. November 2003 und 13. März 2004 erschienenen Artikel analysiert, die in der Überschrift oder im ersten Absatz einen klaren Bezug auf die Sendung aufweisen. Der Untersuchungszeitraum wurde so angelegt, dass Vorberichterstattung und Nachberichterstattung der Sendung (von der ersten Pressekonferenz bis zu Reaktionen auf die Reunion-Show) in die Erhebung einfließen konnten.

Analyseperspektive der Untersuchung war der Medien-Framing-Ansatz. Es wurden keine kompletten Frames, sondern einzelne Frame-Elemente inhaltsanalytisch erfasst, aus denen in der Auswertung dann durch multivariate Analyseverfahren inhaltliche Berichterstattungsmuster extrahiert wurden. Während die formal-inhaltlichen Variablen des Artikels naturgemäß auf Artikelebene erhoben wurden, wurden die Bezugnahmen auf Medien und alle Frame-Elemente auf Ebene der Absätze erhoben. So konnten mehrere Frames pro Artikel identifiziert werden. Die Sachdimension wurde durch die im Absatz angesprochenen »Subereignisse« erfasst, es konnten ein Hauptsubereignis und zwei weitere Subereignisse erfasst werden. Auf der Sozialdimension wurden bis zu zwei an dem identifizierten Hauptsubereignis beteiligte »Akteure« und ihre »Rollen« für das Hauptsubereignis codiert. Die Sachdimension wurde weiterhin durch die »internen und externen Bezugnahmen« sowie »Werte« und »Sendungsattribute« erhoben. Die Zeitdimension des Absatzes wurde durch die Kategorie »innere Dynamik« abgebildet. Über alle Beiträge hinweg konnten – in Anlehnung an Früh (1998) berechnete – sehr zufriedenstellende Reliabilitäten erzielt werden.[4]

---

[4] Die Intercoderreliabilität liegt insgesamt bei .94. Betrachtet man die einzelnen Dimensionen und Kategorien, so werden auch hier zumeist gute oder zufriedenstellende Ergebnisse erzielt. Allein die Kategorie Innere Dynamik lieferte unzufrieden stellende Werte (.49) und wurde aus der Analyse ausgeschlossen.

Kerstin Fröhlich

Struktur der Berichterstattung

Die 226 identifizierten Artikel unterteilen sich in 1099 Absätze, die als Fälle in die Untersuchung eingehen. Den größten Anteil an der Berichterstattung hat die BILD, 41% der Artikel und Absätze entstammen dieser Zeitung. Auch die BZ macht mit etwa 30% der Artikel und Absätze einen erheblichen Umfang aus. Jeweils weniger starke Anteile an der Berichterstattung haben die Qualitätszeitungen. Mit 9% der Artikel und 8% der Absätze hat DIE WELT innerhalb dieser Gruppe am häufigsten über »Ich bin ein Star – Holt mich hier raus!« berichtet. Am geringsten ist die Berichterstattungsintensität der TAGESZEITUNG, nur 5% der Artikel und 6% Absätze entstammen dieser Zeitung.

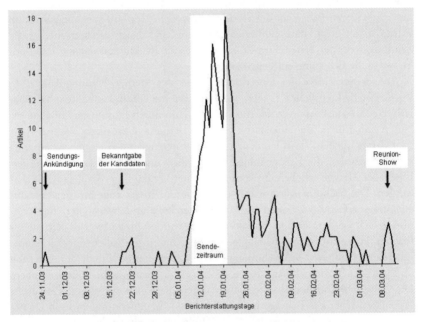

Abbildung 1: Thematisierungsverlauf

Ein einfacher und zugleich wichtiger Ansatzpunkt zur Analyse der Berichterstattung über ein Thema ist die Betrachtung der Veränderungen des Berichterstattungsumfangs im Zeitverlauf (vgl. Abbildung 1). Bei Betrachtung des Thematisierungsverlaufs auf Artikelebene ist festzustellen, dass die Berichterstattung zu

»Ich bin ein Star – Holt mich hier raus!« im Vorfeld der Sendung auf sehr niedrigem Niveau stattfindet. Zwar erscheint direkt am Tag nach der ersten Pressekonferenz ein Artikel, doch erst die Bekanntgabe der Kandidaten erweckt weiteres Medieninteresse. Zum Start der Sendungsausstrahlung am 9. Januar steigt die Berichterstattungshäufigkeit moderat und nach Ausstrahlungsbeginn sprunghaft an. Hochphase der Berichterstattung ist der Ausstrahlungsphase, wobei die Berichterstattungsintensität auch innerhalb dieses Zeitraums weiter ansteigt. In der Woche nach Beginn der Sendung widmen sich alle untersuchten Zeitungen der Sendung. Der Berichterstattungshöhepunkt ist mit 18 Artikeln am 20. Januar 2004, dem Tag, an dem das Finale der Sendung ausgestrahlt wurde, erreicht. Die Kulmination der Berichterstattung während des Ausstrahlungszeitraums deutet darauf hin, dass sich die Ereignisintensität im Zeitverlauf erhöht. Es ist weiterhin anzunehmen, dass die Sendungsausstrahlung zunächst unbeteiligten Akteuren eine gute Gelegenheit bietet, sich in den Thematisierungsprozess einzuschalten und mediengerechte Ereignisse zu inszenieren.

Nach Ende der Sendung sinkt die Berichterstattungshäufigkeit zunächst wieder abrupt ab. Das Medieninteresse verschwindet nicht vollkommen, vielmehr bleibt es auf geringerem Niveau weiter bestehen. Zum einen ist noch immer kein abschließendes Urteil über die Sendung gefunden worden, zum anderen haben die Kandidaten durch die Sendung eine Prominenz (zurück-)gewonnen, die ihre Handlungen im Anschluss an die Ausstrahlung berichtenswert machen. Des Weiteren wird zwischen der Sendung als bekanntes Phänomen und anderen (unbekannten) Fernsehsendungen ein Bezug hergestellt. Auch innerhalb der Nachberichterstattung sind leichte Thematisierungsimpulse zu erkennen. Dies ist u.a. auf die am 11. März erfolgte Ausstrahlung der Sendung »Ich bin ein Star – Holt mich hier raus! Das große Wiedersehen« als Schlüsselereignis zurückzuführen.

Elemente der Berichterstattung: Subereignisse

Einen Überblick über die thematisierten Subereignisse von »Ich bin ein Star – Holt mich hier raus!« bietet Tabelle 2.

Etwas mehr als die Hälfte aller in der Berichterstattung erwähnten Subereignisse sind direkt sendungsbezogen (51 %). Am häufigsten wurde die Sendung allgemein thematisiert (21 %). Als spezifische Subereignisse innerhalb der Sendung wurden die im Konzept angelegten und sowohl auf Ereignisebene als auch auf Darstellungsebene inszenierten Rahmen-Ereignisse (18 %) häufiger erwähnt als die scheinbar authentischen Soap-Ereignisse (12 %). Die Annahme, dass auf beiden Inszenierungsebenen gestaltete Ereignisse größere Aufmerksamkeit in der Presseberichterstattung erhalten als allein auf Darstellungsebene inszenierte Ereignisse, ist begründet. Zentrale Rahmen-Ereignisse sind die Dschungelprüfungen. Innerhalb der Soap-Ereignisse stehen vor allem die konflikthaften Interaktionen der Kandidaten[5] im Mittelpunkt. Somit wird wiederum ein im Sendungskonzept angelegtes Element besonders stark in der Berichterstattung berücksichtigt.

Tabelle 2: Subereignisse: Relative Häufigkeit

Sendungsintern Subereignisse (51%)	
Sendung allgemein	21%
Rahmen-Ereignisse, davon ...	18%
... Dschungelprüfung	63%
... Voting	28%
... Moderation	6%
... Teamchef	2%
Soap-Ereignisse, davon ...	12%
... konflikthafte Interaktionen	59%
... harmonische Interaktionen	24%
... Einzelaktionen	14%
Sendungsexterne Subereignisse (49%)	
Handlungen Showbeteiligter	21%
Handlungen Externer	17%
Medienhandlungen	6%
Vorbereitung	2%
Nachbereitung	2%

Basis: Alle Subereignisse (N = 1623)

Innerhalb der sendungsexternen Subereignisse konzentriert sich die Berichterstattung vor allem auf die externen Handlungen der Showbeteiligten (21%). Sie bestehen zu 23% aus den Stellungnahmen der Sendungsverantwortlichen, hauptsächlich umfassen die externen Handlungen Showbeteiligter aber Aktivitäten der Kandidaten (76%). Es handelt sich dabei um zeitlich vor oder nach der

---

5 Dominante konflikthafte Interaktion ist die Lästerei von Caroline Beil. Carlo Thränhardt und Mariella Ahrens waren zwar auch daran beteiligt, wurden in der Berichterstattung jedoch weitestgehend ausgeblendet.

Sendung liegende Handlungen, wie z. B. Vorbereitungen auf die Sendung, andere Engagements oder Ereignisse in ihrem Privatleben. Die Handlungen Externer, also nicht an der Sendung beteiligter Personen, machen mit 17% ebenfalls einen erheblichen Anteil der Subereignisse aus. Dies sind z. B. Sitzungen der Medienaufsichtsgremien, Äußerungen von Experten oder die Entlassung von Lisa Fitz durch den Saarländischen Rundfunk. Die Sendung »Ich bin ein Star – Holt mich hier raus!« hat Reaktionen in der Gesellschaft ausgelöst, die berichterstattenswert waren. Medienhandlungen machen 6% aller Subereignisse aus. Dies sind außerhalb der Sendung liegende medial inszenierte Subereignisse: hauptsächlich die britische Sendung »I'm a Celebrity – Get Me Out of Here!«, aber auch andere TV-Sendungen und von Zeitungen veranstaltete Abstimmungen über den erotischsten Campbewohner oder inszenierte Telefonanrufe bei potenziellen Kandidaten für eine zweite Staffel. Sendungsvorbereitungen und Nachbereitung der Sendung durch Talk- und Reunion-Shows fanden nur wenig Beachtung in der Presseberichterstattung. Im Vergleich mit der Inszenierung innerhalb der Sendung haben die formatexternen Inszenierungsstrategien RTLs nur wenig Aufmerksamkeit der Medien geschaffen.

Elemente der Berichterstattung: Akteure

Das zweite zentrale Berichterstattungselement sind Akteure. Sie können als Handelnde oder Betroffene an einem Subereignis beteiligt sein oder als Sprecher zu den berichteten Ereignissen Stellung nehmen (vgl. Tabelle 3). Insgesamt die wichtigsten Akteure sind die Showbeteiligten on air, 70% der Beteiligten stammen aus dieser Gruppe. Innerhalb der Showbeteiligten on air konzentriert sich die Berichterstattung auf die Kandidaten (96%). Die Campbewohner sind zentraler Dreh- und Angelpunkt der Sendung und werden dementsprechend auch in der Zeitungsberichterstattung fokussiert. Alle anderen Akteursgruppen spielen als Beteiligte mit jeweils weniger als 10% der Nennungen eine eher untergeordnete Rolle. Ein anders Bild ergibt sich, wenn man die Sprecher betrachtet. Die Experten sind in dieser Funktion mit 30% aller Nennungen die wichtigsten Akteure, sie kommentieren die Sendung als Beobachter. Experten aus den Bereichen Wissenschaft, Medienaufsicht, Politik und Ökonomie diskutieren die Sendung und ihre Folgen aus verschiedenen gesellschaftlichen Perspektiven, wohingegen sich Experten aus den Bereichen Dschungel und Australien sowie Gesundheit vor allem auf die Erläuterung der Bedingungen im Camp und der Handlungen der Kandidaten konzentrieren. Eine geringe Bedeutung kommt den Zuschauern als Sprechern zu, über ihre Rezeptionsmotivation und Meinung wird in den Artikeln zwar spekuliert, selbst zu Wort kommen sie aber nie.

Tabelle 3: Akteure: Relative Häufigkeit

	Beteiligte	Sprecher
Showbeteiligte on air	70%	25%
Medienpersonen	8%	8%
Showbeteiligte off air	7%	10%
Medien	5%	13%
Zuschauer	5%	0%
Experten	3%	30%
Freunde & Familie	2%	12%
	Basis: Hauptbeteiligter pro Absatz (N = 870)	Basis: Hauptsprecher pro Absatz (N = 307)

Elemente der Berichterstattung: Interne Bezugnahmen

Interne Bezugnahmen sind ereignisunspezifische Bezüge auf sendungsinterne Themen. Sie behandeln bestimmte Aspekte und Sichtweisen auf die Sendung und ihre Inhalte. Solche Bezüge können die übergreifende Sendungsidee betreffen, indem dargestellt wird, dass zehn Prominente für zwei Wochen in den australischen Dschungel geschickt werden und dort rund um die Uhr von Kameras beobachtet werden, aber auch einzelne Kandidaten, ihre Teilnahmemotivation oder ihr Aussehen. Interne Bezugnahmen liegen in 63% der Absätze vor, die Tabelle 4 bietet eine Übersicht über die relative Häufigkeit der Bezugnahmen innerhalb der Absätze. Die Bezugnahmen auf die Sendungselemente, also Bestandteile des Sendungskonzepts, bestimmen die Wahrnehmung der Sendung, in 31% der Absätze liegt eine solche Thematisierung vor. Wie schon als Subereignis erfahren die stark inszenierten Dschungelprüfungen auch als interne Bezugnahme besondere Beachtung. Ebenfalls im Fokus der Presseberichterstattung stehen die Belastung der Kandidaten und ihr Verhalten. Motivation und Betreuung der Kandidaten während der Sendung werden selten thematisiert, auch die Harmonie zwischen den Kandidaten findet nur wenig Beachtung.

Medienberichterstattung über »Ich bin ein Star – Holt mich hier raus!«

Tabelle 4: Interne Bezugnahmen: Relative Häufigkeit

Sendungselemente	31%
Belastung der Kandidaten	21%
Verhalten der Kandidaten	20%
Sendungsidee	15%
Dschungelerfahrung	10%
Produktionsbezug	9%
Konflikt der Kandidaten	9%
Aussehen der Kandidaten	8%
Wer ist im Camp?	8%
Motivation der Kandidaten	4%
Harmonie der Kandidaten	4%
Betreuung der Kandidaten	2%

Basis: Absätze mit Thematisierung (N = 969), Mehrfachnennungen möglich

Um die internen Bezugnahmen einer vertiefenden Analyse zugänglich zu machen, wurden sie einer Faktorenanalyse unterzogen. So werden gemeinsam variierende Merkmale identifiziert und zu einem Faktor kombiniert. Die extrahierten Faktoren stellen voneinander unabhängige Größen dar und können als hinter den gemessenen Variablen liegende Einflusse sowie Strukturen der Berichterstattung interpretiert werden (vgl. Tabelle 5). Der Faktor »Sendungsidee« zeichnet sich durch hohe Ladungen der Bezugnahmen auf die konkrete Sendung aus. Neben der allgemeinen Sendungsidee, verschiedene Prominente für eine Zeit an einen ungewöhnlichen Ort zu schicken und mit Kameras zu beobachten, wird vor allem die Frage »Wer ist im Camp?«, also die Art der Kandidaten, angesprochen. Auch die »Motivation der Kandidaten« für die Teilnahme an der Sendung lädt hoch auf diesem Faktor. Der Faktor »Sendungskonzept« repräsentiert detailliertere Bezugnahmen auf konzeptionelle Aspekte der Sendung. Der Faktor »Sendungsproduktion« ist durch Bezugnahmen auf hinter den Kulissen liegende Vorgänge gekennzeichnet. Der Faktor »Kandidaten im Camp« repräsentiert Bezugnahmen auf das Auftreten der Kandidaten innerhalb der Sendung.

Tabelle 5: Interne Bezugnahmen: Rotierte Komponentenlösung[6]

	Faktor 1 Sendung	Faktor 2 Konzept	Faktor 4 Produktion	Faktor 3 Kandidaten
Wer ist im Camp?	,76			
Motivation der Kandidaten	,66			
Sendungsidee	,61			
Sendungselemente		,78		
Belastung der Kandidaten		,78		
Dschungelerfahrung		,46		
Betreuung der Kandidaten			,79	
Produktionsbezug			,75	
Verhalten der Kandidaten				,78
Konflikt der Kandidaten				,76
Aussehen der Kandidaten				,55
Varianzaufklärung (54%)	14%	14%	13%	14%

Extraktionsmethode: Hauptkomponentenanalyse; Rotationsmethode: Varimax mit Kaiser-Normalisierung; Darstellung der Faktorladungen >,4; KMO-Kriterium: .57

Elemente der Berichterstattung: Sendungsbewertung und -attribute

Sendungsbewertung und -attribute stellen inhaltliche Charakterisierungen von »Ich bin ein Star – Holt mich hier raus!« dar. Die Sendung wird in 19% der Absätze überwiegend negativ (MW = -0,42, SD = 0,72) bewertet.[7] Sendungsattribute liegen in 29% aller Absätze vor. Das Niveau der Sendung wird in 13% der Absätze angesprochen. Es wird hauptsächlich als niedrig bzw. »trashig« charakterisiert. Dies entspricht der Verortung von Sendungen des Privatfernsehens in der Hochkultur-Populärkultur-Dichotomie. Unterhaltung und Spannung beschreiben die Sendungsinhalte zumeist mit einer positiven Orientierung. Als klassische Attribute einer Fernsehsendung kommen sie verhältnismäßig selten vor (4 bzw. 3%). Größere Bedeutung kommt den Attributen Ekel (10%) und

---

6   Nicht berücksichtigt wurden Bezüge auf die »Harmonie zwischen den Kandidaten«, da diese Variable einen MSA-Wert unter .5 aufweist (vgl. Backhaus/Erichson/Plinke/Weiber 2000).
7   Die Sendungsbewertung liegen als dreistufige Variablen vor (1 = positiv; 0 = ambivalent; -1 = negativ).

Folter (7%) zu. Es handelt sich um spezifische Charakterisierungen der Sendung »Ich bin ein Star – Holt mich hier raus!«. Ein ebenfalls sendungsspezifisches Attribut ist Schadenfreude. Hier wird das Sendungserlebnis als Genuss, die Kandidaten in für sie unangenehmen Situationen zu beobachten beschrieben. Aus dem Übergewicht sendungsspezifischer Attribute kann man ableiten, dass »Ich bin ein Star – Holt mich hier raus!« nicht als typische Unterhaltungssendung wahrgenommen wird. Die inhaltliche Aufmachung der Sendung (und vor allem die Dschungelprüfungen) rufen sendungsspezifische Charakterisierungen hervor, die die klassischen Attribute einer Fernsehsendung (Unterhaltung und Spannung) überschatten.

Tabelle 6: Sendungsattribute: Rotierte Komponentenlösung[8]

	Faktor 1 Ekel & Folter	Faktor 2 Spott & Trash	Faktor 3 Unterhaltung
Folter	,78		
Ekel	,77		
Schadenfreude		,91	
Sendungsniveau		,48	
Unterhaltung			,94
Varianzaufklärung (68%)	25%	22%	21%

Extraktionsmethode: Hauptkomponentenanalyse; Rotationsmethode: Varimax mit Kaiser-Normalisierung; Darstellung der Faktorladungen >.4;KMO-Kriterium: .56

Die Sendungsattribute wurden zu Faktoren gebündelt, diese werden in Tabelle 6 dargestellt. Der Faktor »Ekel & Folter« repräsentiert Charakterisierungen der Sendung, die sich besonders auf die Anmutung der gestellten Aufgaben und den Umgang mit den Kandidaten beziehen. Es handelt sich um sendungsspezifische Attribute, die die speziellen Inhalte der Sendung negativ beschreiben. Der zweite Faktor »Spott & Trash« zeichnet sich durch hohe Ladungen der Bezugnahme zum überwiegend negativ bewerteten Sendungsniveau aus. Gleichzeitig repräsentiert der Faktor Bezüge auf die beim Betrachten der Sendung ausgelöste Schadenfreude. Der Faktor »Unterhaltung« repräsentiert die Charakterisierung der Sendung anhand des typischen Attributs einer Fernsehshow. »Ich bin ein Star – Holt mich hier raus!« wird als positiv unterhaltend beschrieben.

---

8 Ausgeschlossen wurde das Attribut »Spannung«, da es einen MSA-Wert von unter .5 aufwies.

Elemente der Berichterstattung: Externe Bezugnahmen

Im Gegensatz zu den internen Bezugnahmen stellen externe Bezugnahmen ereignisunspezifische Bezüge auf außerhalb der eigentlichen Sendung liegende Themen dar. Externe Bezugnahmen liegen in 62% der Absätze vor, die Tabelle 7 bietet eine Übersicht über deren relative Häufigkeit.

Tabelle 7: Externe Bezugnahmen: Relative Häufigkeit

Privatleben der Kandidaten	21%
Berufsleben der Kandidaten	21%
Medienentwicklung	10%
Wirtschaftliche Bezüge	7%
Gesprächsthema	6%
Einschaltquoten	5%
Konflikt der Kandidaten	5%
Motivation der Zuschauer	4%
Wer soll ins Camp?	4%
Juristische Bezüge	4%
Wissenschaftliche Bezüge	3%
Rolle der Medienaufsicht	2%
Harmonie der Kandidaten	1%

Basis: Absätze mit Thematisierung (N = 969), Mehrfachnennungen möglich

Besonders häufig wird auf das Privat- und Berufsleben der Kandidaten Bezug genommen, eine solche Thematisierung liegt in jeweils 21% der Absätze vor. Die Kandidaten sind nicht nur die Hauptcharaktere der Sendung, sondern interessieren auch über die Sendung hinaus. Dabei steht neben konkreten Ereignissen vor allem der Konflikt zwischen den Kandidaten im Vordergrund, harmonische Interaktionen werden so gut wie gar nicht thematisiert. Stärker kontextuelle Bezugnahmen spielen eine weniger große Rolle. Am bedeutendsten unter ihnen sind Bezugnahmen auf Medienentwicklung und -geschichte, also Verweise auf verwandte Formate oder die generelle Thematisierung der sich verändernden Fernsehlandschaft. Auch ökonomische Bezüge werden in der Berichterstattung hergestellt, hierunter fallen die Fragen nach dem ökonomischen Erfolg der Sendung sowie Spekulationen über die Höhe der Gagen der Kandidaten. In 6% der Absätze wird die Sendung als Gesprächsthema thematisiert, hier wurde auf die Alltagskommunikation und die entstandene Diskussion über die Sendung eingegangen. Wenig Bedeutung haben hingegen wissenschaftliche Bezugnahmen auf Rezeption und Wirkung der Sendung oder die Rolle der Medienaufsicht.

Tabelle 8: Externe Bezugnahmen: Rotierte Komponentenlösung[9]

	Faktor 1 gesellschaftl. Diskussion	Faktor 2 Kandidaten	Faktor 3 Medienereignis	Faktor 4 Ökonomie
Rolle der Medienaufsicht	,66			
Motivation der Zuschauer	,65			
Gesprächsthema	,57		,49	
Einschaltquoten	,55			,38
Konflikt der Kandidaten		,74		
Privatleben der Kandidaten		,60		
Berufsleben der Kandidaten		,59		
Wer soll ins Camp?			,76	
Medienentwicklung			,58	,36
Wirtschaftliche Bezüge				,75
Wissenschaftliche Bezüge	,35			-,53
Varianzaufklärung (49%)	14%	12%	12%	10%

Extraktionsmethode: Hauptkomponentenanalyse; Rotationsmethode: Varimax mit Kaiser-Normalisierung; Darstellung der Faktorladungen >.35; KMO-Kriterium: .60

Auch die externen Bezugnahmen werden mittels Faktorenanalyse zusammengefasst (vgl. Tabelle 8). Der Faktor »gesellschaftliche Diskussion« ist durch heterogene externe Bezugnahmen gekennzeichnet. Die hohe Ladung der Variable »Rolle der Medienaufsicht« repräsentiert die Frage nach der Zulässigkeit der Sendung und den gesetzlichen Kontrollmöglichkeiten. Auch die Rezeptionsmo-

---

9 Aufgrund eines MSA-Wertes unter .5 wurden die Variabeln »juristische Bezugnahmen« und »Harmonie zwischen den Kandidaten« aus der Analyse ausgeschlossen.

tivation der Zuschauer und die Einschaltquoten werden thematisiert. Den Faktor »Kandidaten« kennzeichnen externe Bezugnahmen auf die Campbewohner. Alle kandidatenbezogenen Variablen laden hoch auf diesem Faktor. Durch den Faktor »Medienereignis« werden die Berichterstattungsmerkmale gebündelt, die auf vergangene oder zukünftige Entwicklungen der Medienlandschaft im Allgemeinen und der Sendung »Ich bin ein Star – Holt mich hier raus!« im Speziellen hinweisen. Dies wird durch hohe Ladung der Variable »Medienentwicklung« und der Frage nach möglichen Kandidaten für eine zweite Staffel ausgedrückt. Die diesem Faktor zugrunde liegende Diskussion wird durch die mittelstarke Ladung der Variable »Gesprächsthema« ausgedrückt. Der Faktor »Wirtschaft« zeichnet sich durch eine herausragende Ladung der wirtschaftlichen Bezüge aus. Die ökonomische Einordnung der Sendung erfolgt anhand der Einschaltquoten und dem Erfolg bei den Zuschauern sowie der Entwicklung der Medienlandschaft.

Elemente der Berichterstattung: Werte

Auch innerhalb der Berichterstattung angesprochene gesellschaftliche Werte wurden in die Untersuchung aufgenommen. Sie wurden in 26% der Absätze mit »Ich bin ein Star – Holt mich hier raus!« verknüpft. Der Wert Freundschaft und Partnerschaft wird am häufigsten in der Berichterstattung angesprochen (9%). Er steht für soziale Vorstellungen über den Umgang von Menschen miteinander und wird vor allem mit den Interaktionen der Kandidaten verknüpft. Auch individuelle Ideale wie Schönheit oder erotische Ausstrahlung wurden häufig thematisiert (7 bzw. 9%). Weniger Beachtung fanden hingegen Werte wie die Menschenwürde und Jugendschutz sowie Tier- und Umweltschutz. Insgesamt wurden eher individuelle und soziale als ethisch bedeutende Werte thematisiert. Vor allem die eher geringe Bedeutung des Werts Menschenwürde (4%) ist überraschend.

Um die erhobenen Werte zu verdichten, wurden auch sie einer Faktorenanalyse unterzogen (vgl. Tabelle 9). Der Faktor »Ethik« bündelt diejenigen Bezugnahmen, die sich auf den Umgang der Menschen mit ihrer Umwelt beziehen. Es handelt sich um die im Grundgesetz verankerten Werte Menschenwürde und Tier- und Umweltschutz sowie den einfachgesetzlichen Wert Jugendschutz. Der Faktor »Schönheit & Erotik« repräsentiert Werte, die im Leben der Menschen eine zentrale Rolle einnehmen, aber keine Grundpfeiler der gesellschaftlichen Ordnung sind. Der Inhalt des Faktors »Gemeinschaft« ist das Zusammenleben und der Umgang von Menschen miteinander.

Tabelle 9: Werte: Rotierte Komponentenlösung

	Faktor 1 Ethik	Faktor 2 Schönheit & Erotik	Faktor 3 Gemeinschaft
Menschenwürde	,78		
Jugendschutz	,77		
Tier- und Umweltschutz	,40		
Schönheit		,82	
Sexualität & Erotik		,81	
Partnerschaft & Freundschaft			,98
Varianzaufklärung (62%)	23%	22%	17%

Extraktionsmethode: Hauptkomponentenanalyse; Rotationsmethode: Varimax mit Kaiser-Normalisierung; Darstellung der Faktorladungen >.35; KMO-Kriterium: 0,54

Frames: Rahmen der Berichterstattung

Zur Identifizierung der Berichterstattungsrahmen werden die Elemente der Berichterstattung herangezogen. Ausgegangen wird von der Annahme, dass Absätze, in denen ähnliche Kombinationen der Berichterstattungselemente auftreten oder vernachlässigt werden, einen gemeinsamen Berichterstattungs-Frame bilden. Die Absätze werden mittels hierarchischer Clusteranalyse derart in Teilgruppen unterteilt, dass die derselben Gruppe zugeordneten Fälle eine möglichst hohe Ähnlichkeit aufweisen, während sich die Absätze unterschiedlicher Gruppen maximal anhand der Berichterstattungselemente unterscheiden.[10]

Es wurden fünf Gruppen gebildet, die fortan als Frames der Berichterstattung bezeichnet werden: (1) »Sendungsinterne Kandidatenhandlungen« (2) »Sendungsexterne Kandidatenhandlungen« (3) »Medialer Kontext« (4) »Wirtschaftliche Sendungsbetrachtung« und (5) »Ethische Sendungsdiskussion«. Einen Überblick über Subereignisse, Beteiligte und Sprecher gibt die Tabelle 10 anhand der prozentualen Anteile der Berichterstattungsmerkmale innerhalb der Frames. Interne und externe Bezugnahmen sowie Sendungsattribute und Werte werden mittels Profildiagrammen der Faktormittelwerte dargestellt (vgl. Abb. 2 bis 6).

---

10 Um die Ereignisse und Akteure einer Clusteranalyse zugänglich zu machen, wurden die Variabeln dichotomisiert. Ausgeschlossen wurden Merkmale, die in weniger als 4% der Fälle vorkommen. Interne und externe Bezugnahmen, Werte sowie Sendungsattribute werden anhand der Faktoren zur Differenzierung der Gruppen herangezogen. Proximitätsmaß: Pearson-Korrelationen; Fusionierungsalgorithmus: Linkage innerhalb der Gruppen.

Tabelle 10: Frames: Relative Häufigkeit der Ereignisse und Akteure

	Frame 1 Interne Kandidatenhandlungen	Frame 2 Externe Kandidatenhandlungen	Frame 4 wirtschaftliche Betrachtung	Frame 3 medialer Kontext	Frame 5 ethische Diskussion	ø
Subereignisse ...						
Sendung allgemein	26	12	37	36	30	23
Rahmen-Ereignisse	31	6	7	14	36	17
Soap-Ereignisse	16	14	3	1	6	11
ext. Handlungen Beteiligter		36	20	4	1	20
ext. Handlungen Externer	10	15	21	27	21	17
ext. Medienhandlungen	4	9	5	11	5	7
Beteiligte ...						
Sendungsbeteiligte on air	81	73	68	40	65	70
Sendungsbeteiligte off air	5	2	13	15	12	7
Medienpersonen	1	11	3	19	1	8
Medien	5	4	6	9	6	5
Zuschauer	5	4	6	10	9	5
Sprecher ...						
Sendungsbeteiligte on air	19	45	9	0	5	25
Experten	32	6	55	31	80	30
Medien	8	7	21	36	12	13
Anteil an der Berichterstattung (N)	**22** **(217)**	**41** **(395)**	**12** **(113)**	**12** **(118)**	**13** **(126)**	

Basis: Absätze mit Thematisierung (N = 969); Darstellung der Anteile der gruppenbildenden Merkmale an den Dimensionen in Prozent (absolute Häufigkeit), Hervorhebung stark überdurchschnittlicher Merkmalsausprägungen

Frame 1: Sendungsinterne Kandidatenhandlungen

Die starke Konzentration auf Sendungsbeteiligte on air und insbesondere auf die Kandidaten als Beteiligte sowie die hohe Thematisierung aller sendungsinternen Subereignisse zeugen von einer starken Orientierung an der Sendung und ihrem Ablauf.

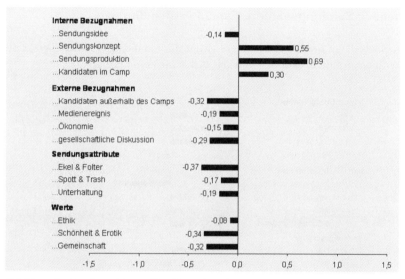

Abbildung 2: Sendungsinterne Kandidatenhandlungen: Gruppenmittelwerte (Faktorwerte)

Alle externen Bezugnahmen sind unterdurchschnittlich ausgeprägt, so dass der Eindruck entsteht, es handele sich um ausschließlich sendungsinterne Berichterstattung. Innerhalb dieses Rahmens wird überdurchschnittlich auf das Sendungskonzept, die Produktion der Sendung und Kandidaten im Camp eingegangen. Eine Beschreibung der übergreifenden Sendungsidee wird selten vorgenommen. Die Sendung wird vor allem durch einzelne Ereignisse und Elemente thematisiert. Es wird überwiegend wertfrei berichtet. Die unterdurchschnittlichen Ausprägungen der Sendungsattribute und die insgesamt geringe Anzahl an Sprechern unterstützt die Annahme, dass es sich bei diesem Frame um faktischorientierte Berichterstattung handelt. Konkrete Inhalte dieses Frames sind etwa die Durchführung der Dschungelprüfungen, Konflikte zwischen den Kandidaten oder die Darstellung der Situation im Camp. Experten aus den Bereichen Dschungel und Gesundheit schätzen die Lage der Kandidaten ein und erläutern konkrete Begebenheiten. Resümierend bestimmen »sendungsinterne Kandidatenhandlungen« die Berichterstattungsinhalte des Frames. Der Frame umfasst 22% aller Absätze.

Frame 2: Sendungsexterne Kandidatenhandlungen

Innerhalb dieses Frames dominieren wieder die Kandidaten als Beteiligte, ihre Handlungen außerhalb des Dschungels stehen im Vordergrund.

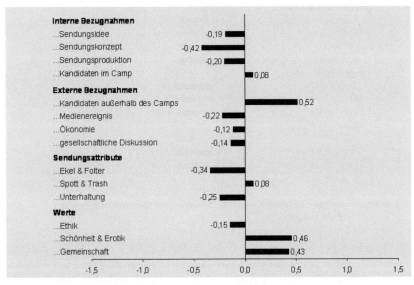

Abbildung 3: Sendungsexterne Kandidatenhandlungen: Gruppenmittelwerte (Faktorwerte)

Die überdurchschnittliche Ausprägung der Bezugnahme auf die Kandidaten außerhalb des Camps unterstützt den Eindruck, es handele sich um kandidatenbezogene sendungsexterne Berichterstattung. Allerdings sind auch die interne Bezugnahme auf Kandidaten und der Anteil der Soap-Ereignisse leicht überdurchschnittlich ausgeprägt. Dies weist darauf hin, dass die sendungsexternen

Medienberichterstattung über »Ich bin ein Star – Holt mich hier raus!«

Handlungen der Kandidaten auf Geschehnisse im Camp bezogen werden. Beispielhaft seien die zeitlich nach der Sendung liegenden Auseinandersetzungen über die »Lästerattacken« von Caroline Beil genannt. Der Umgang der Kandidaten miteinander und die Probleme in ihrer Gemeinschaft werden in der Berichterstattung thematisiert. Gleichzeitig werden die Kandidaten aber auch individuell anhand ihres (erotischen) Aussehens beurteilt. Innerhalb dieses Frames treten die Kandidaten als Sprecher auf, sie kommentieren ihre Handlungen. Unbeteiligte Kommentatoren sind selten. Auch die englische Sendung und ihre Kandidaten (als Medienpersonen) werden vergleichend innerhalb dieses Frames thematisiert. Aufgrund des starken Fokus auf die deutschen Kandidaten und ihre Handlungen wird dieser Frame zusammenfassend als »sendungsexterne Kandidatenhandlung« bezeichnet. Mit 41 % der Absätze bestimmt dieser Frame den größten Teil der Berichterstattung.

Frame 3: Wirtschaftliche Betrachtung

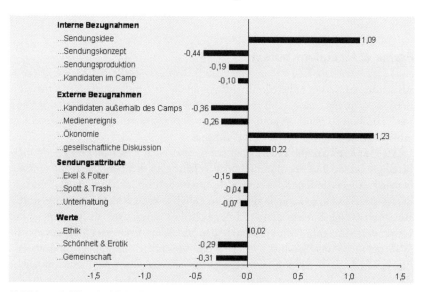

Abbildung 4: Wirtschaftliche Betrachtung: Gruppenmittelwerte (Faktorwerte)

Dieser Frame ist durch die überproportionale Nennung der Sendung allgemein als Subereignis gekennzeichnet. »Ich bin ein Star – Holt mich hier raus!« wird übergreifend thematisiert. Diese Interpretation wird durch die starke Ausprägung der Sendungsidee als interne Bezugnahme gestützt.

Die starke Berücksichtigung von Handlungen Sendungsunbeteiligter lässt auf eine externe Diskussion der Sendung schließen. Besonders Experten und Medien äußern sich über die Sendung. Inhaltliche Charakterisierungen werden nur selten vorgenommen, vielmehr diskutieren sie die Sendung aus wirtschaftlicher Perspektive: Produktionskosten, Einschaltquoten und Werbebuchungen werden angesprochen und auf deren Basis Spekulationen über den wirtschaftlichen Erfolg der Sendung vorgenommen. Dabei wird vereinzelt auf den gesellschaftlichen Kontext und ethische Aspekte eingegangen. Auch die finanziellen Folgen der Sendungsteilnahme für die Kandidaten werden thematisiert: neue Engagements, veröffentlichte CDs und Bücher sind Gegenstand der Berichterstattung. Die hinter den Kulissen arbeitenden Showbeteiligten off air werden überdurchschnittlich häufig als Beteiligte erwähnt, dabei konzentriert sich die Berichterstattung auf ihre Rolle als Sendungsverantwortliche und Nutznießer. Der Frame wird resümierend »wirtschaftliche Betrachtung« benannt. 12 % der Absätze widmen sich ökonomischen Aspekten der Sendung.

Frame 4: Medialer Kontext

Als sendungsinternes Subereignis wird vor allem die Sendung allgemein thematisiert. »Ich bin ein Star – Holt mich hier raus!« wird übergreifend betrachtet und mit Handlungen Sendungsunbeteiligter in Bezug gesetzt. Dies zeugt von einem großen Anteil externer Sprecheräußerungen.

Medienpersonen und die Medien selbst, aber auch Zuschauer und Sendungsbeteiligte off air sind überdurchschnittlich häufig an den berichteten Ereignissen beteiligt. Allein die Kandidaten werden unterproportional häufig thematisiert, so dass der Eindruck, es handele sich um sendungsexterne Berichterstattung, unterstützt wird. »Ich bin ein Star – Holt mich hier raus!« wird als Medienereignis verstanden. Ereignisse und Themen des medialen Kontextes bestimmen die Wahrnehmung der Sendung. Es wird auf verwandte Sendungen hingewiesen, die generelle Entwicklung des Fernsehens angesprochen und eine mögliche zweite Staffel thematisiert. Medial inszenierte Ereignisse werden überdurchschnittlich häufig in der Berichterstattung berücksichtigt. Vor allem die Medien selbst kommentieren die Sendung als Sprecher. Die Verknüpfung von »Ich bin ein Star – Holt mich hier raus!« mit dem Attribut Unterhaltung zeugt davon, dass sie innerhalb dieses Frames als klassische Unterhaltungssendung wahrgenommen wird. Dabei wird auch auf das Niveau der Sendung und den sendungsspezifischen Rezeptionsanreiz eingegangen. Der 13% der Absätze umfassende Frame kann mit »medialer Kontext« überschrieben werden.

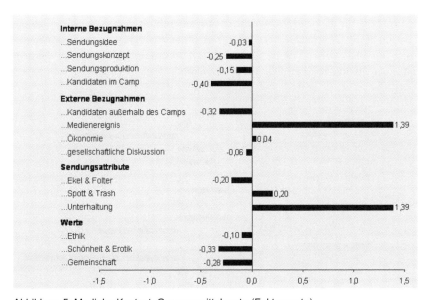

Abbildung 5: Medialer Kontext: Gruppenmittelwerte (Faktorwerte)

Frame 5: Ethische Diskussion

Herausragendes Merkmal dieses Frames ist der Anteil an Experten, die sich über die Sendung äußern. Die Sendung wird übergreifend und anhand des zentralen Rahmen-Elements Dschungelprüfung thematisiert sowie zu den Handlungen Sendungsunbeteiligter in Bezug gesetzt.

Das Konzept von »Ich bin ein Star – Holt mich hier raus!« wird mit einer externen gesellschaftlichen Diskussion verknüpft. Hier findet die moralische Auseinandersetzung über die Sendung und die Sendungselemente statt, inhaltlich zentral ist eine Ekel- und Folterdebatte. Grundlegende Themen sind die Wirkung der Sendung auf die Rezipienten (insbesondere Jugendliche), die Motivation, sich eine solche Sendung anzuschauen, und die Frage, ob das Fernsehen eine solche Sendung überhaupt veranstalten darf oder ob die gesetzliche Medienaufsicht hier einschreiten muss. Entsprechend wird das Sendungskonzept mit den negativen Sendungsattributen Ekel und Folter verbunden. Es wird wertgeladen berichtet, vor allem ethische Fragestellungen bestimmen diesen Frame. Als Beteiligte werden die Sendungsbeteiligten off air erwähnt, ihre inhaltliche Verantwortung für die Sendung wird thematisiert und mit einer Verantwortlichkeit gegenüber den Zuschauern verknüpft. Zusammenfassend kann die Berichterstattung innerhalb dieses Frames als »ethische Diskussion« charakterisiert werden. 12% der Absätze befassen sich mit der Debatte.

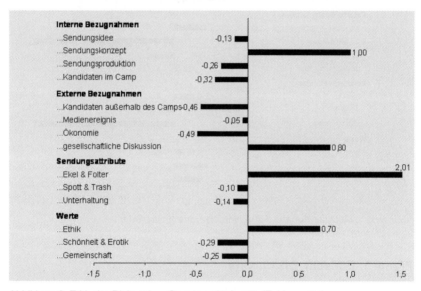

Abbildung 6: Ethische Diskussion: Gruppenmittelwerte (Faktorwerte)

Muster medialer Selbstthematisierung

Mit der Beschreibung der Frames auf Basis der gruppenbildenden Merkmale konnte ein Bild der vorliegenden Berichterstattungsstrukturen über »Ich bin ein Star – Holt mich hier raus!« gezeichnet werden. Die identifizierten Rahmen lassen sich mit den theoretischen Annahmen über mediale Selbstthematisierung und Befunden zu den Selbstthematisierungsformen verbinden.

Dem »Sendungsinterne Kandidatenhandlungen«-Frame (22%) und dem sehr großen »Sendungsexterne Kandidatenhandlungen«-Frame (41%) liegt eine grundsätzliche Orientierung an konkreten Ereignissen zugrunde. Bei diesen Frames handelt es sich um ereignisbegleitende Berichterstattung (Hohlfeld 2002; Schicha 2000). Hier wird das Medium Fernsehen genutzt, um mit Geschichten über die Sendung an der Popularität des Angebots teilzuhaben und die Erlebnisofferten fortzuschreiben. Weiterhin konnten mit dem »Ethische Diskussion«-Frame (13%), dem »Medienereignis«-Frame (12%) und dem »Wirtschaftliche Betrachtung«-Frame (12%) drei kleinere Berichterstattungsrahmen identifiziert werden, die die Sendung aus verschiedenen externen Perspektiven betrachten. Sie können der kontextorientierten Berichterstattung (Krüger/Müller-Sachse 1998; Knoche 1999) zugeordnet werden. Im Gegensatz zu der ereignisbegleitenden Berichterstattung, wird die Sendung innerhalb dieser Frames stärker reflektiert. Der Programmbezug bleibt allerdings bestehen, die Berichterstattung findet nicht außerhalb der Inhalte statt (vgl. gegensätzlich Krüger/Müller-Sachse 1998, S. 78). Der programmbezogenen Berichterstattung als dritte informative Selbstthematisierungskategorie (ebd.) kann kein konkreter Frame zugeordnet werden. Da sich alle untersuchten Artikel auf die Sendung beziehen, hat die Perspektive, mit der über die Sendung berichtet wird, größere Bedeutung für die Unterscheidung der Gruppen.

Boulevard- und Qualitätszeitungen im Vergleich

Die Boulevardzeitungen berichten häufiger über »Ich bin ein Star – Holt mich hier raus!« als die Qualitätszeitungen. Obwohl sie nur ein Drittel der Medienstichprobe ausmachen, entstammen mehr als zwei Drittel der untersuchten Artikel einem Medium dieses Typs. Sie haben ein stärkeres Interesse an dem Berichterstattungsgegenstand, was in der thematischen Nähe der Sendung zum Boulevardjournalismus begründet ist. Tatsachenbetonte journalistische Darstellungsformen sind in beiden Zeitungstypen vorherrschend. Während der Bericht in Boulevardzeitungen mit 70% dominierend ist, zeigt sich bei den Qualitätszeitungen ein etwas ausgeglicheneres Bild zwischen längeren Berichten und kurzen Nachrichten. Besonders die Berücksichtigung von meinungsbetonten Stilformen differenziert die Zeitungstypen: Während in den Qualitätszeitungen etwa ein Viertel der Beiträge meinungsbetont ist, kommt diese Textsorte in den Boulevardzeitungen fast gar nicht vor. Das starke Übergewicht tatsachenbetonter Stilformen weist hier auf die Vermischung von Nachricht und Meinung hin: Auch in Berichten und Nachrichten werden Stilmittel meinungsbetonter Textsorten verwendet.[11] Die Boulevardzeitungen berichten etwas zentraler über »Ich bin ein Star – Holt mich hier raus!« (MW = ,92; SD = ,19) als die Qualitätszeitungen (MW = ,87; SD = ,25). Letztere verwenden die Sendung häufiger als Aufhänger um über andere Themenzusammenhänge zu berichten. Der Zusammenhang ist allerdings nur leicht signifikant (Eta = ,12; p<.10). Die Tendenz zur Topisierung, d. h. Verwendung der Sendung als Aufhänger und Bezugspunkt für Beiträge zu anderen Themen, in denen die Sendung als bekannt vorausgesetzt wird, ohne weiter auf sie einzugehen, kann nicht nachgewiesen werden (vgl. Hickethier 2005).

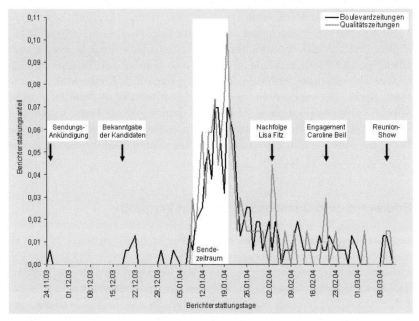

Abbildung 8:   Vergleich der Zeitungstypen: Thematisierungsverlauf

In Hinblick auf die Berichterstattungsunterschiede zwischen den Medientypen ist die Betrachtung der Veränderungen des Berichterstattungsumfangs im Zeitverlauf eine fruchtbare Herangehensweise. Abbildung 8 zeigt den Berichterstat-

---

11 Die Häufigkeit der Sendungsbewertung unterscheidet sich in Boulevardzeitungen nicht signifikant zwischen tatsachen- und meinungsbetonten Textsorten.

tungsverlauf von Boulevard- und Qualitätszeitungen anhand der täglichen Anteile an der Gesamtberichterstattung pro Zeitungstyp.

Die Thematisierungsverläufe der Zeitungstypen sind sich grundsätzlich ähnlich, bei genauer Analyse weisen die Thematisierungskurven jedoch auch Unterschiede auf: Boulevard- und Qualitätszeitungen sind in ihrem Berichterstattungsverlauf an Ereignissen orientiert. Die Sendungsausstrahlung als zentrales Schlüsselereignis und die Reunion-Show haben einen Einfluss auf die Berichterstattung beider Zeitungstypen, weitere Thematisierungsimpulse sind hingegen auf unterschiedliche Schlüsselereignisse zurückzuführen. Die Berichterstattung der Boulevardzeitungen im Vorfeld der Ausstrahlung wird durch die Vorstellung der Moderatoren und Kandidaten verursacht. Die Bekanntgabe des Nachfolgers von Lisa Fitz beim Saarländischen Rundfunk und des neuen Engagements für Caroline Beil bei Kabel 1 erklären die Thematisierungsimpulse der Qualitätszeitungen in der Abschwungphase. Der jeweilig andere Zeitungstyp berücksichtigt diese Ereignisse nicht (stark). Die Boulevardzeitungen sind also an einem konkreten Sendungsbezug orientiert, während die Qualitätszeitungen die Auswirkungen der Sendung auf die Fernsehlandschaft beachten.

Die unterschiedliche Schwerpunktsetzung in der Berichterstattung der Medientypen wird deutlicher, wenn man die Frames der Berichterstattung betrachtet. Die Tabelle 11 stellt den Anteil der Frames an der Berichterstattung von Boulevard- und Qualitätszeitungen dar.

Tabelle 11: Vergleich der Zeitungstypen: Relative Häufigkeit der Frames

	Boulevard-Zeitungen	Qualitäts-Zeitungen	Gesamt
Sendungsinterne Kandidatenhandlungen	25% (179)	15% (38)	22% (217)
Sendungsexterne Kandidatenhandlungen	50% (355)	16% (40)	40% (395)
Medialer Kontext	7% (48)	28% (70)	12% (118)
Wirtschaftliche Betrachtung	9% (64)	19% (49)	12% (113)
Ethische Diskussion	10% (69)	22% (57)	13% (126)
N	74% (715)	26% (254)	969

Basis: Absätze mit Thematisierung (N = 969); Darstellung der Anteile in Prozent (absolute Häufigkeit)

Es besteht ein starker statistischer Zusammenhang zwischen den Zeitungstypen und den berücksichtigten Frames (Cramers-V = ,42; p <.01): Die Boulevardzeitungen berichten überproportional innerhalb der ereignisorientierten Kandidaten-Frames, und die Qualitätszeitungen wenden verstärkt die thematischen Kontext-Frames an. Dieser Befund stimmt mit den Ergebnissen von Krüger und Müller-Sachse (1998) sowie der Studie der Landesanstalt für Rundfunk in Nordrhein-Westfalen (vgl. Hickethier 2005) überein. Sie kommen zu dem Schluss, dass sich die Medienberichterstattung von Qualitäts- und Boulevardzeitungen charakteristisch anhand der Themenpräferenz unterscheiden. Die kontextorientierte Medienberichterstattung ist ein Charakteristikum der Qualitätszeitungen und die Fokussierung auf Medienprominenz ist Eigenschaft der Berichterstattung in Boulevardzeitungen. Während die Qualitätszeitungen stärker reflektierend über die TV-Sendungen berichten, nehmen die Boulevardzeitungen eine aktivere und stärker an Ereignissen orientierte Rolle ein. Gleichzeitig ergänzen die Ergebnisse dieser Untersuchung diesen Befund: Die Zeitungstypen unterscheiden sich nicht nur in ihrer Präferenz für Themen, sondern auch anhand der Themenperspektive mit der sie das gleiche Sujet betrachten. Die Qualitätszeitungen berichten kontextorientiert und betrachten die Sendung aus verschiedenen externen Blickwinkeln, während die Boulevardzeitungen ereignisorientiert und mit Fokus auf die beteiligte Medienprominenz berichten. Zusätzlich lässt sich eine etwas erhöhte Frame-Anzahl in den Artikel der Qualitätszeitungen ausmachen. Sie berichten im Vergleich zu den Boulevardzeitungen also häufiger mehrdimensional über die Sendung.

Die Diskussion über mediale Selbstthematisierung findet hauptsächlich in den Qualitätszeitungen statt. Während 27% der Qualitätszeitungsartikel die Medienberichterstattung über »Ich bin ein Star – Holt mich hier raus!« inhaltliche thematisieren, sind es bei den Boulevardzeitungen nur 11% der Artikel. Das Zitieren der Medienberichterstattung bleibt ausschließlich den Qualitätszeitungen vorbehalten (7% der Artikel). Eine interessante Feststellung liegt in der Tatsache, dass sich die Qualitätszeitungen bei der Diskussion der Medienberichterstattung über »Ich bin ein Star – Holt mich hier raus!« auf andere Mediengattungen konzentrieren. Die Berichterstattung im öffentlich-rechtlichen Fernsehen, in Boulevardzeitungen und in Zeitschriften wird diskutiert, während sie die Berichterstattung ihrer eigenen Mediengattung verschweigen. Ein ähnlicher »blinde[r] Flecken des Medienjournalismus« (Beuthner/Weichert 2005, S. 41) konnte in der Berichterstattung über »Deutschland sucht den Superstar« festgestellt werden: Während die Qualitätszeitungen immer wieder die Rolle der Boulevardblätter herausstellten und die Rolle der BILD in der gesamtmedialen Verwertungskette der Sendung kritisierten, fand ihre eigene Sendungsberichterstattung keine Beachtung (Hickethier 2005). Die Boulevardzeitungen hingegen beziehen sich stärker auf das eigene Medium. Dabei diskutieren sie die Berichterstattung nicht, sondern weisen allein auf vorangegangene oder folgende Berichterstattungen hin. Weiterhin besteht bei den Qualitätszeitungen eine Diskrepanz zwischen wahrgenommener und tatsächlicher Berichterstattung. DIE TAGESZEITUNG merkt an, andere Medien könnten gar nicht »moralischer als die BILD [...] sein. Hier hatte alles Medienkritische schon schwarz auf weiß gestanden« (Kipphals 2004). Betrachtet man jedoch den Anteil des »Ethische Diskussion«-Frames, so ist ein deutliches Übergewicht in der Berichterstattung der Qualitätszeitungen zu verzeichnen. Anscheinend gibt es doch eine Mediengattung die (zumindest quantitativ) moralischer berichtet als die Boulevardzeitungen: die Qualitätszeitungen.

Fazit

»Ich bin ein Star – Holt mich hier raus!« ist nicht die erste (und auch nicht die letzte) kontrovers diskutierte Sendung im deutschsprachigen Fernsehen. Immer wieder löst das TV-Programm Reaktionen in der Gesellschaft aus. Die wohl eindrucksvollste Diskussion der letzten Jahre hatte »Big Brother« zum Thema. Untersuchungen zur »Big Brother«-Berichterstattung weisen thematische Übereinstimmungen zu den Befunden dieser Untersuchung aus. Zunächst bestimmte die gesellschaftliche Auseinandersetzung über das Format die Berichterstattung. Durch Kurt Becks Verbotsforderung, der das »Experiment wie mit Ratten« (Beck 2000, zit. nach Schicha 2000) medienrechtlich verhindern wollte, wurde eine Moraldebatte ausgelöst. Im Mittelpunkt der Diskussion im Vorfeld der Sendung stand die vermeintliche Verletzung der Menschenwürde durch eine 24-stündige Kameraüberwachung. Bereits kurz nach Ausstrahlungsbeginn wurde der gesellschaftspolitische Konflikt durch eine leichte Modifikation der Regeln aufgelöst. Daraufhin zogen sich die politischen Akteure aus der Arena zurück und eine auf die Geschehnisse im Container und das Umfeld der Kandidaten konzentrierte Berichterstattung wurde zur zentralen Perspektive im Mediendiskurs (Mathes/Möller/Hißnauer 2001). Auch ökonomische Aspekte und die Bedeutung von »Big Brother« für die Fernsehlandschaft wurden thematisiert.

Im Vergleich der Kritik von »Big Brother« und »Ich bin ein Star – Holt mich hier raus!« ist eine Diskussionsverlagerung von »Kameraüberwachung« auf »Ekelprüfung« festzustellen. In beiden Fällen wurde anhand der Formatbestandteile eine Auseinandersetzung über die Verletzung der Menschenwürde geführt.

Doch auch die Diskussion über Menschenwürde unterliegt dem Reiz des Neuen. Es scheint fast so, als wäre an »Kameraüberwachung« nichts mehr auszusetzen, denn die Diskussion über »Ich bin ein Star – Holt mich hier raus!« fokussiert auf die Dschungelprüfungen. Auch die kritische Begleitung der Sendung ist in den nachfolgenden Staffeln zurückgegangen: »Das Thema ist dem Feuilleton nicht mehr sexy und dem Politikressort nicht mehr bedeutend genug« (Brunst 2002, S. 191). Die Diskussion über »Ich bin ein Star – Holt mich hier raus!« kann als Episode eines übergeordneten Diskurses verstanden werden. Die Bezugnahmen auf vergangene und zukünftige Entwicklungen des Mediensystems innerhalb der untersuchten Berichterstattung und die analogen Berichterstattungsthemen bei »Big Brother« begründen die Annahme, dass eine bereits bestehende Diskussion wieder verstärkt Bedeutung erlangt hat.

Literatur

Backhaus, Klaus/Erichson, Bernd/Plinke, Wulff/Weiber, Rolf (2000): Multivariate Analysemethoden. Berlin: Springer

Bentele, Günter (1997): Massenkommunikation und Public Relations: Der Kommunikatorbegriff und die Rolle der PR in der Kommunikationswissenschaft. In: Hermann Fünfgeld/Claudia Mast (Hrsg.): Massenkommunikation: Ergebnisse und Perspektiven. Opladen: Westdeutscher Verlag, S. 169–191

Berens, Harald (2001): Prozesse der Thematisierung in publizistischen Konflikten. Wiesbaden: Westdeutscher Verlag

Beuthner, Michael/Weichert, Stephan (2005): Und wer beobachtet die Medien? Über die Kritikfunktionen und blinden Flecken im Medienjournalismus. In: Gerd Hallenberger/Jörg-Uwe Nieland (Hrsg.): Neue Kritik der Medienkritik. Köln: Herbert von Halem, S. 41–58

Bleicher, Joan Kristin (1997): Medien kritisieren Medien: Formen und Inhalte intermedialer und medieninterner Medienkritik. In: Hartmut Weßler/Christiane Matzen/Otfried Jarren/Uwe Hasebrink (Hrsg.): Perspektiven der Medienkritik. Opladen: Westdeutscher Verlag, S. 77–88

Bleicher, Joan Kristin (1999): Unterhaltung in der Endlosschleife oder wie das Fernsehen mit sich selbst spielt. In: Michael Latzer/Ursula Maier-Rabler/Gabriele Siegert/Thomas Steinmaurer (Hrsg.): Die Zukunft der Kommunikation. Innsbruck: Studienverlag, S. 115–128

Bleicher, Joan Kristin (2005): Kritik der Programmangebote. Unterhaltung und Information. In: Ralph Weiß (Hrsg.): Zur Kritik der Medienkritik. Berlin: Vistas, S. 81–139

Blöbaum, Bernd (1999): Selbstreferentialität und Journalismus. Eine Skizze. In: Michael Latzer/Ursula Maier-Rabler/Gabriele Siegert/Thomas Steinmaurer (Hrsg.): Die Zukunft der Kommunikation. Innsbruck: Studienverlag, S. 181–188

Brosda, Carsten (2000): »Viel Lärm um nichts«: Big Brother – Anmerkungen zur Selbstreferentialität medialer Pseudo-Ereignisse. In: Frank Weber (Red.): Big Brother. Inszenierte Banalität zur Prime Time. Münster: LIT, S. 109–124

Brunst, Klaudia (2002): »Big Brother« und die Medienkritik – ein Fall von Hysterie? In: Peter Christian Hall (Hrsg.): Fernsehen für die Spaßgesellschaft. Mainz: ZDF, S. 185–192

Eilders, Christiane (1997): Nachrichtenfaktoren und Rezeption: Eine empirische Analyse zur Auswahl und Verarbeitung politischer Information. Opladen: Westdeutscher Verlag

Entman, Robert M. (1993): Framing: Toward Clarification of a Fractured Paradigm. In: Journal of Communication, 43, 4, S. 51–58

Esrock, Stuard L./Hart, Joy L./D'Silva, Margaret U./Werking, Kathy J. (2002): The saga of the Crown Pilot: framing, reframing, and reconsideration. In: Public Relations Review, 28, 3, S. 209–227

Fröhlich, Kerstin (2004): Welcome to the jungle. Mediale Selbstthematisierung und Medien-Framing in der Zeitungsberichterstattung über »Ich bin ein Star – Holt mich hier raus!«. Unveröffentlichte Diplomarbeit: Hochschule für Musik und Theater Hannover

Fröhlich, Romy/Scherer, Helmut (2000): Kriegsberichterstattung und verteidigungspolitischer Diskurs in deutschen Qualitätszeitungen (Antrag auf Gewährung einer Sachbeihilfe bei der DFG). Unveröffentlichtes Manuskript, HMT Hannover

Früh, Werner (1998): Inhaltsanalyse. Theorie und Praxis. Konstanz: UVK

Gamson, William A./Modigliani, Andre (1987): The Changing culture of affirmative action. In: R. G. Braungart/M. M. Braungart (Hrsg.): Research in political sociology. Greenwich: JAI Press, S. 137–177

Gamson, William A./Modigliani, Andre (1989): Media discourse and public opinion on nuclear power: A constructionist approach. In: American Journal of Sociology, 95, 1, S. 1–37

Ghanem, Salma (1997): Filling the tapestry: The second level of agenda setting. In: Maxwell McCombs/Donald L. Shaw/David Weaver (Hrsg.): Communication and democracy. Mahwah: Erlbaum, S. 3–14

Harden, Lars (2002): Rahmen der Orientierung: Eine Längsschnittanalyse von Frames in der Philosophieberichterstattung deutscher Qualitätsmedien. Wiesbaden: Deutscher Universitätsverlag

Hertog, James K./McLeod, Douglas M. (2001): A Multiperspectival Approach to Framing Analysis: A Filed Guide. In: Oscar H. Grandy/August E. Grant/Stephen D. Reese (Hrsg.): Framing public life. Mahwah: Erlbaum, S. 139–161

Hickethier, Knut (1997): Medienkritik – öffentlicher Diskurs und kulturelle Selbstverständigung. In: Hartmut Weßler/Christiane Matzen/Otfried Jarren/Uwe Hasebrink (Hrsg.): Perspektiven der Medienkritik. Opladen: Westdeutscher Verlag, S. 59–68

Hickethier, Knut (2005): »Bild erklärt den Daniel« oder »Wo ist Küblböcks Brille?«: Medienkritik zur Fernsehshow »Deutschland sucht den Superstar«. In: Ralph Weiß (Hrsg.): Zur Kritik der Medienkritik. Berlin: Vistas, S. 337–394

Hohlfeld, Ralph (2002): Distinktionsversuche im Fernsehjournalismus: Das Verschwinden von Journalismus durch Inszenierung. In: Achim Baum/Siegfried J. Schmidt (Hrsg.): Fakten und Fiktion. Konstanz: UVK, S. 101–113

Knoche, Manfred (1999): Medienjournalismus als Zirkulationsmittel des Medienkapitals. In: Michael Latzer/Ursula Maier-Rabler/Gabriele Siegert/Thomas Steinmaurer (Hrsg.): Die Zukunft der Kommunikation. Innsbruck: Studienverlag, S. 129–146

Körfer, Christoph (2004): Gespräch mit der Verfasserin über die Pressearbeit bei »Ich bin ein Star – Holt mich hier raus!« am 30. Juli 2004 (unveröfftl. Gesprächsprotokoll)

Krüger, Udo Michael/Müller-Sachse, Karl H. (1998): Medienjournalismus. Strukturen, Themen, Spannungsfelder. Opladen: Westdeutscher Verlag

Marcinkowski, Frank (1993): Publizistik als autopoietisches System: Eine systemtheoretische Analyse. Opladen: Westdeutscher Verlag

Mathes, Rainer/Czaplicki, Andreas (1993): Meinungsführer im Mediensystem: »Topdown«- und »Bottom-up«-Prozesse. In: Publizistik, 38, 2, S. 153–166

Mathes, Rainer/Pfetsch, Barbara (1991): The role of alternative press in the agendabuilding process. In: European Journal of Communication, 6, 1, S. 33–62

Matthes, Jörg/Kohring, Matthias (2004): Die empirische Erfassung von Medien-Frames. In: Medien und Kommunikationswissenschaft, 52, 1, S. 56–75

Miller, M. Mark/Richert, Bonnie P. (2001): The Spiral of Opportunity and Frame Resonance: Mapping the Issue Cycle in News and Public Discourse. In: Oscar H. Grandy/August E. Grant/Stephen D. Reese (Hrsg.): Framing Public Life. Mahwah: Erlbaum, S. 107–123

Neissl, Julia (2001): Printjournalismus – Schnittstellen zwischen Information und Sensation. In: Julia Neissl/Gabriele Siegert/Rudi Renger (Hrsg.): Cash und Content. München: Reinhard Fischer, S. 97–154

Pan, Zohngang/Kosicki, Gerald M. (1993): Framing analysis: An approach to news discourse. In: Political Communication, 10, S. 55–75

Pietraß, Manuela (2002): Die Differenzierung medialer Wirklichkeiten bei der Bildrezeption: Grundlagen und Grenzen von Medienkompetenz am Beispiel von Big Brother. In: Achim Baum/Siegfried J. Schmidt (Hrsg.): Fakten und Fiktion. Konstanz: UVK, S. 367–378

Reese, Stephen D. (2001): Framing Public Life: A Bridging Model for Media Research. In: Oscar H. Grandy/August E. Grant/Stephen D. Reese (Hrsg.): Framing public life. Mahwah: Erlbaum, S. 7–31

Rössler, Patrick (2001): Wer thematisiert wen – und warum? Anmerkungen und ergänzende empirische Befunde zu dem Projektmodul »Selbstthematisierung der Medien«. In: Medien-Journal, 25, 1/2, S. 60–72

Scheufele, Bertram (2003): Frames, Framing, Framing-Effekte: theoretische und methodische Grundlegung des Framing-Ansatzes sowie empirische Befunde zur Nachrichtenproduktion. Wiesbaden: Westdeutscher Verlag

Schicha, Christian (2000): »Leb, so wie Du Dich fühlst?« Zur Fiktion von Authentizität beim Sendeformat Big Brother. In: Frank Weber (Red.): Big Brother. Inszenierte Banalität zur Prime Time. Münster: LIT, S. 77–94

Schulz, Winfried (1990): Die Konstruktion von Realität in den Nachrichtenmedien. Freiburg: Alber

Siegert, Gabriele (2001): Mediale Selbstthematisierung – Phänomene und theoretische Erklärungsansätze. In Julia Neissl/Gabriele Siegert/Rudi Enger (Hrsg.): Cash und Content. München: Reinhard Fischer , S. 205–254

Staab, Joachim F. (1990): Nachrichtenwert-Theorie: Formale Struktur und empirischer Gehalt. Freiburg: Alber

Tabak, Martina (2004): Wird Folter-TV gestoppt? In: Bild-Zeitung, 14.1.2004, S. 1

Voss, Cornelia (1999): Textgestaltung und Verfahren der Emotionalisierung in der BILD-Zeitung. Frankfurt u.a.: Peter Lang

Weßler, Hartmut (1997): Der »befremdete« Blick auf das Selbstverständliche: Wann ist Medienkritik kritisch? In: Hartmut Weßler/Christiane Matzen/Otfried Jarren/Uwe Hasebrink (Hrsg.): Perspektiven der Medienkritik. Opladen: Westdeutscher Verlag, S. 15–28

Weßler, Hartmut (1999): Öffentlichkeit als Prozess. Deutungsstrukturen und Deutungswandel in der deutschen Drogenberichterstattung. Opladen: Westdeutscher Verlag

Medien und die Konstruktion von Schönheitsidealen bei Jugendlichen – Das Beispiel »The Swan – Endlich schön!«

Anna Tasja Flügel

Das Thema »Schönheitsideale« besitzt gerade heutzutage wieder eine enorme Relevanz. Fernsehsendungen wie »The Swan – Endlich schön!« oder »I want a famous face« aus dem Jahr 2004, aber ebenso neuere Formate wie »Popstars« (PROSIEBEN) und die von Heidi Klum moderierte Show »Germany's Next Topmodel« zeigen, dass die Thematik aktuell ist. Dies wird insbesondere ersichtlich, wenn man von der Annahme ausgeht, das Fernsehen greife gesellschaftlich relevante Themen auf, um sie medial zu verarbeiten. Das Thema Schönheit findet in der deutschen Fernsehlandschaft demnach zunehmende Beachtung. Vorher-Nachher-Shows wurden von sogenannten Makeover-Shows, in denen in erster Linie die Veränderung durch Schönheitsoperationen im Vordergrund steht, abgelöst. Diese mediale Verbreitung von Schönheitsoperationen hat insgesamt für ein hohes Potenzial an Diskussionsstoff in der Gesellschaft gesorgt. Welchen Einfluss Sendungen wie »I want a famous face« (MTV), »Alles ist möglich« (RTL), die fiktiven Serien »Nip/Tuck« (PREMIERE) und »Beauty Queen« (RTL) oder die TV-Show »The Swan – Endlich schön!« (PROSIEBEN) auf Jugendliche haben, fragten sich nicht nur besorgte Eltern und Erziehende, sondern auch die Vertreter der Landesmedienanstalten der Bundesrepublik Deutschland.

Die Kommission für Jugendmedienschutz (KJM) ist in diesem Zusammenhang für die Prüfung von Programmbeschwerden bzw. möglicherweise rechtlich und moralisch problematischen Inhalten oder Angeboten als zentrale Stelle für den Jugendschutz und den Schutz der Menschenwürde im privaten Rundfunk und in den Telemedien (Internet) verantwortlich. Am 20. Juli 2004 entschied sie einstimmig, dass TV-Formate, in denen Schönheitsoperationen zu Unterhaltungszwecken angeregt, durchgeführt oder begleitet werden, grundsätzlich nicht vor 23.00 Uhr gezeigt werden dürfen. Diesem Beschluss liegt die Bewertung zugrunde, dass solche Sendungen Kinder und Jugendliche in ihrer Entwicklung beeinträchtigen können. KJM-Vorsitzender Prof. Dr. Wolf-Dieter Ring begründete die Entscheidung mit folgenden Worten:

>»In der wichtigen Phase der Identitätsfindung wird jungen Zuschauern suggeriert, es komme nur auf das Äußere an und dieses sei beliebig formbar. Sie könnten den Eindruck gewinnen, dass sich Probleme der Selbstakzeptanz durch Wegschneiden, beliebiges Verkleinern und Vergrößern von Körperteilen, Absaugen oder Einspritzungen lösen lassen« (Ring 2004).

Dieser Grundsatzbeschluss setzt Maßstäbe für die Bewertung aller künftigen Formate, die Schönheitsoperationen zu Unterhaltungszwecken thematisieren.

Auch ein großer Teil der Ärzteschaft distanzierte sich öffentlich vom Schönheits-OP-Trend. Nachdem die Vereinigung der Deutschen Ästhetisch-Plastischen Chirurgen (VDÄPC) insbesondere die Unterhaltungsformate bereits in Frage gestellt hatte, kritisierte auch der Präsident der Bundesärztekammer, Prof. Dr. Jörg-Dietrich Hoppe, dass die Vermarktung schönheitschirurgischer Leistungen im Fernsehen ein »unerträgliches Ausmaß« erreicht habe.

Zwar nimmt die Thematik der Schönheitschirurgie in der deutschen Fernsehlandschaft nicht mehr einen so hohen Stellenwert ein wie noch im Jahr 2004, das Thema »Schönheitsideale« ist aber deswegen noch lange nicht vom Tisch. Dies zeigt auch der in den Medien diskutierte Hungertod des 21-jährigen brasilianischen Models Ana Carolina Reston. Sie starb an Herzversagen, weil sie sich zwei Wochen ausschließlich von Äpfeln und Tomaten ernährte. Der tragische Fall wurde anschließend zum Gesprächsthema etlicher Talkshows und Reportagen (»Menschen bei Maischberger«/ARD, »Focus TV«/PROSIEBEN etc.).

Joachim von Gottberg (Geschäftsführer der Freiwilligen Selbstkontrolle Fernsehen) machte hingegen deutlich, dass zwar innerhalb der Gremien der FSF keine völlig einheitliche Auffassung zu der dargestellten Thematik bestand, sich insgesamt jedoch die Auffassung durchgesetzt habe, dass »solche Sendungen den Schönheitswahn in der Gesellschaft nicht hervorrufen, sondern eher eine Folge davon sind« (Gottberg 2004, S. 69). Weitgehende Übereinstimmung herrsche auch dahin gehend, dass gerade das Format »I want a famous face« (MTV) durch seine Gesamtgestaltung eher eine abschreckende Wirkung auf Jugendliche haben dürfte.

>»Das Phänomen, dass junge Menschen ihrem Star ähnlich sein wollen, existiert spätestens, seitdem es Jugendzeitschriften wie ›Bravo‹ gibt. Es wird auch von Jugendlichen als Ausnahmephänomen erkannt, es besteht

Medien und Schönheitsideale – »The Swan – Endlich schön!«

keine Gefahr, dass sie ein solches Verhalten als vorbildhaft für sich selbst übernehmen« (ebd., S. 69).

Wie Zuschauer mit diesen Sendungen umgehen, hängt davon ab, wie sie die verhandelten Geschichten in ihre Alltagswelt integrieren können und ob sie einen Bezug zu persönlichen Erfahrungen herstellen können (vgl. Mikos 2005). Mikos vertritt außerdem die Haltung, dass diese Sendungen keine anderen Auswirkungen hätten als andere TV-Formate auch. Die Rolle einzelner Fernsehsendungen bei der Entwicklung von Schönheitsidealen sei überbewertet.

»In einer Gesellschaft, in der Kinder mit Barbiepuppen spielen und ihnen Kinderbücher vorgelesen werden, in denen es um schöne Prinzessinnen geht, die, wenn sie besonders schön sind, auch einen Prinzen finden, ist Schönheit als positives Gut, generell im gesellschaftlichen Diskurs verankert« (ebd.).

Mikos hält Schönheits-OPs im Fernsehen nur für einen kurzfristigen Trend einer ewig andauernden Diskussion über die in einer Gesellschaft bestehenden Ideale, die eben auch die Schönheitsideale beinhaltet.

Welche Bedeutung den Medien bei der Konstruktion von Schönheitsidealen zukommt, wird in der Gesellschaft demnach kontrovers diskutiert und soll zur Leitfrage dieses Beitrags werden. Die vorliegenden Ergebnisse beziehen sich auf eine Untersuchung, die im Rahmen einer Diplomarbeit im Studiengang AV-Medienwissenschaft an der Hochschule für Film und Fernsehen »Konrad Wolf« Potsdam-Babelsberg im Jahr 2005 durchgeführt wurde.

Anhand der Real-Life-Doku »The Swan – Endlich schön!« (PROSIEBEN) soll dargelegt werden, inwiefern Schönheitsideale jugendliche Mädchen in ihrer persönlichen und sozialen Lebenswirklichkeit betreffen. Es wird versucht aufzuzeigen, wie Schönheitsnormen verinnerlicht werden, welche Selbstbilder sich daraus entwickeln und welche emotionalen Wahrnehmungen und psychischen Prozesse damit einhergehen. Im Zentrum steht die Frage, ob und wie Medien bei der Konstruktion von Körper- und Schönheitskonzepten eine Rolle spielen. Dabei soll insbesondere die Bedeutung des Vorbildes näher betrachtet werden. In einer Zeit, in der es zu einer wachsenden Vermischung von medialer und sozialer Wirklichkeit kommt, sind das Verhältnis von medialen Vorbildern und Vorbildern aus der sozialen Wirklichkeit und die Frage, welche Rolle Vorbilder im Prozess der Identitätskonstruktion spielen, von besonderem Interesse und müssen genauer beleuchtet werden.

Ausgehend von einer mediensoziologischen Perspektive wurde die Doku-Soap »The Swan« einer qualitativen Inhaltsanalyse unterzogen. Hierbei wurde untersucht, welche Botschaften zu Schönheitsidealen und Veränderbarkeit des Aussehens von den Kandidatinnen durch operative Eingriffe und weitere Interventionen (Diäten, Fitnessprogramme, Motivationstrainings, psychologische Beratungen) in dem Programmformat transportiert wurden. Diese Befunde wurden mit den Ergebnissen qualitativer Gruppendiskussionen mit weiblichen Jugendlichen in Beziehung gesetzt. Dabei wurden Jugendliche unterschiedlichen Alters (13 bis 18 Jahre), unterschiedlicher Bildungsniveaus und unterschiedlicher Herkunft (Berlin, Hameln) miteinander verglichen. Im Mittelpunkt des Interesses standen hierbei verschiedene Formen der Verarbeitung der Botschaften der Sendung im Hinblick auf das Körperselbstbild, Schönheitsideale und die Identität der Jugendlichen. Die Gruppendiskussionen fanden im Mai/Juni 2005 statt. In diesem Zeitraum wurden in der Kleinstadt Hameln und in der Metropole Berlin jeweils drei Gruppendiskussionen durchgeführt. Die Gruppen setzten sich durchschnittlich aus jeweils fünf Teilnehmerinnen zusammen und waren in Alter und Geschlecht homogen. So gab es in jeder Stadt eine Gruppe mit 13-/14-jährigen, eine mit 15-/16-jährigen und eine mit 17-/18-jährigen Mädchen. In Hameln wurden insgesamt 15 Mädchen und in Berlin 16 Mädchen befragt. Grundlage für die Moderation der Gruppendiskussion war ein Leitfaden, der den Diskussionsverlauf festlegte.

Alle befragten Jugendlichen kannten das Format »The Swan – Endlich schön!« und hatten mindestens eine Folge der Sendung gesehen. Darüber hinaus wurden den Teilnehmerinnen der Diskussionen kurze Sequenzen aus einer der Folgen gezeigt. Die unmittelbaren Reaktionen der Mädchen auf das Gesehene wurden ebenfalls aufgezeichnet und konnten somit den entsprechenden Fernsehbildern direkt zugeordnet werden.

Dieses Analyse-Vorhaben ist sowohl in theoretischer als auch in methodischer Hinsicht nicht unproblematisch. Vonseiten der Wissenschaft werden mediale Vorbilder einerseits als Vorlage potenzieller Handlungsanleitung, andererseits aber auch als Personifizierung jugendlicher Sehnsüchte und Wünsche interpretiert. Über die tatsächliche Bedeutung und Aneignung medialer Vorbilder im Jugendalter ist allerdings kaum etwas bekannt. Nur wenige Studien setzen sich differenziert mit der Frage nach Vorbildern auseinander (vgl. z. B. Barthelmes/ Sander 2001). Als Folge dessen weiß man über das Ausmaß und die lebensweltliche Einbindung medialer und sozialer Vorbilder im Jugendalter nur wenig. Die vorliegende Untersuchung besitzt explorativen Charakter. Die komplexe Thematik wird dabei aus einer mediensoziologischen Perspektive betrachtet, die vor allem von den Auffassungen des Symbolischen Interaktionismus, den Cultural

Studies und dem Modell der Patchwork-Identität geprägt ist, sowie aus einer sozialpsychologischen Perspektive, die sich in Anlehnung an Keupp auf das Konzept der »alltäglichen Identitätsarbeit« bezieht. Auch entwicklungspsychologische Konzepte fließen in die Analyse mit ein.

Das Makeover-Format »The Swan – Endlich schön!«

Das Konzept der PROSIEBEN-Real-Life-Doku bestand darin, zwanzig Frauen einen »lang ersehnten Traum«[1] zu erfüllen.
»Innerhalb weniger Wochen werden sie sich komplett verwandeln – vom ›hässlichen Entlein‹ zum ›wunderschönen Schwan‹« (ebd.).
Dafür mussten sie extrem hart an sich arbeiten. Wille und Engagement waren gefragt, damit sich ihr Wunsch erfüllte. Unterstützung erhielten die Kandidatinnen von einem Team plastisch-ästhetischer Chirurgen, von Fitnesstrainern, Ernährungsberatern und Psychologen. Diese Experten begleiteten jeden ihrer Schritte: von einer gesunden, ausgewogenen Ernährung über ein strenges Fitness-Programm und mentale Betreuung bis hin zur plastisch-ästhetischen Korrektur. »Das Ergebnis war der Lohn: In ›The Swan – Endlich schön!‹ veränderten sich diese 16 Frauen[2] – nicht nur mit medizinischen Mitteln – zu selbstbewussten Schönheiten« (vgl. ebd.).
Während der gesamten drei Monate ihres Camp-Aufenthaltes bei »The Swan« durften die Frauen sich nicht im Spiegel betrachten. Erst in der »Spiegelszene« (vgl. Abbildung 1) am Schluss jeder Sendung sahen sie gemeinsam mit den Fernsehzuschauern zum ersten Mal das Ergebnis ihrer Verwandlung. In jeder der neun Folgen wurden jeweils zwei Frauen gegenübergestellt, die in einer Art Wettbewerb gegeneinander antraten. Die Zuschauer bekamen Einblicke in den Weg, den sie auf sich nahmen, um ihren Traum vom neuen Ich zu erfüllen: angefangen beim täglichen Sport- und Diätprogramm, den psychologischen Sitzungen über die Schönheits-OP mit ihren schmerzhaften Nachwirkungen bis hin zur Trennung vom familiären Umfeld, die die Kandidatinnen drei Monate lang in Kauf nahmen. Die Experten entschieden darüber, welche der beiden Frauen sich für die Finalsendung qualifizierte. Dabei kam es nicht darauf an, wer die »Schönere« war. Es zählte, welche Kandidatin am härtesten an sich gear-

---

1 PROSIEBEN-Pressetext (Ilana Rolef (Press & PR) GRUNDY Light Entertainment GmbH)
2 Im Fernsehen wurden letzten Endes 20 Kandidatinnen präsentiert, wobei vorsorglich 25 Kandidatinnen in das Programm aufgenommen worden waren.

beitet hatte: Wer hat keine Trainingseinheit ausgelassen? Wer hat sein persönliches Ernährungsprogramm konsequent durchgezogen und wer hat die beste Ausstrahlung? Im Finale standen zehn Frauen live vor der Kamera. Eine von ihnen wurde abschließend von den Zuschauern per Telefonabstimmung zum »Swan« gekürt.

Abbildung 1: Spiegelszene[3]

Im Vorfeld hatte PROSIEBEN in seinem Pressetext angekündigt, den Sendeplatz von »The Swan« auf Dienstag 20.15 Uhr zu legen. Aufgrund der niedrigeren Einschaltquoten als erwartet und der Bestimmungen der KJM musste der Sendeplatz deutlich nach hinten verschoben werden (vgl. Tabelle 1). Betrachtet man nur die neun regulären Folgen, so betrug die Sendezeit im Schnitt 42 Minuten. Durchschnittlich 1,8 Millionen Zuschauer sahen sich die Sendung an, was einem Marktanteil von 7,8% entspricht. Davon haben durchschnittlich 71.111 der für diese Studie relevanten Zielgruppe der 13- bis 18-jährigen Mädchen eingeschaltet, was einen durchschnittlichen Marktanteil von 22,1% bedeutet. Betrachtet man die Bevölkerungszahlen, so betrug die Zahl der 14- bis 19-jährigen Mädchen im Jahr 2002 in Deutschland 2,45 Millionen. Das würde bedeuten, dass 2,9% der in Deutschland lebenden Mädchen die Sendung verfolgt haben.

---

3   Alle Abbildungen dieses Beitrags sind Screenshots von »The Swan – Endlich schön!«

Medien und Schönheitsideale – »The Swan – Endlich schön!«

Tabelle 1: Einschaltquoten »The Swan – Endlich schön!«

Titel	Tag	Datum	Beginn	Dauer	Zusch. gesamt Mio	MA in %	Mädchen 13–18 Mio	MA in %
The Swan – Alles über die Schönheits-Show	Di	21.09.2004	20:14:59	00:47:54	1,35	4,4	0,09	14,2
The Swan: Folge 1	Di	09.11.2004	21:55:34	00:42:10	2,13	8,1	0,09	18,8
The Swan: Folge 2	Di	16.11.2004	21:51:36	00:42:36	2,32	9,1	0,09	23,8
The Swan: Folge 3	Di	23.11.2004	21:53:55	00:42:11	1,97	7,2	0,10	31,9
The Swan: Folge 4	So	28.11.2004	22:25:20	00:42:56	2,41	10,7	0,09	30,7
The Swan: Folge 5	Di	30.11.2004	21:57:08	00:41:48	2,11	8,3	0,06	17,5
The Swan: Folge 6	So	05.12.2004	22:14:24	00:42:36	1,27	4,8	0,06	16,3
The Swan: Folge 7	Di	07.12.2004	22:27:05	00:41:38	1,48	7,4	0,06	26,0
The Swan: Folge 8	Di	14.12.2004	22:49:19	00:41:51	1,16	7,3	0,04	16,8
The Swan: Folge 9	Di	21.12.2004	22:35:07	00:41:01	1,39	7,4	0,05	19,8
The Swan: Finale	Mi	22.12.2004	20:15:57	01:39:05	2,07	6,4	0,10	15,9

Quelle: AGF/GFK – Fernsehforschung/media control

Schönheitsverständnis der jugendlichen Rezipienten

Ziel der Gruppendiskussionen war es, dem Schönheitsverständnis der 13- bis 18-jährigen Mädchen einen Schritt näher zu kommen, und in diesem Zusammenhang genauer zu erforschen, welche Bedeutung den Medien bei der Konstruktion ihrer Schönheitsideale zukommt.

Gerade für jugendliche Mädchen ist die Auseinandersetzung mit dem eigenen Selbst in der Phase ihrer Identitätsfindung von großer Bedeutung. Damit einher geht unter anderem der von Dreher und Dreher (vgl. Dreher/Dreher 1985) beschriebene Prozess des Akzeptierens der eigenen körperlichen Erscheinung und somit die effektive Nutzung des eigenen Körpers. Jugendliche Mädchen lernen, ihren eigenen Körper wahrzunehmen und zu akzeptieren. Hierbei werden sie aber auch immer durch ihr soziales Umfeld sowie durch die durch Medien vermittelten Körperbilder beeinflusst und sind somit gezwungen, ihr persönliches Schönheitsbild auszuhandeln.

Im Folgenden sollen die aus den Gruppendiskussionen gewonnenen wichtigsten Erkenntnisse vorgestellt werden.

Die These, dass Schönheitsideale erst dann ihre volle Kraft entwickeln, wenn Frauen sich im Verhältnis dazu als abweichend wahrnehmen, konnte bestätigt werden. Zwar geben nur wenige der Mädchen zu, selbst soziale Ausgrenzung aufgrund einer Nichterfüllung der Erwartungen an die äußerliche Erscheinung zu erfahren oder schon einmal erfahren zu haben, doch berichten die meisten von bekannten Fällen aus ihrem näheren sozialen Umfeld, in denen Mädchen aus solchen Gründen gemieden oder gehänselt werden. Alle Mädchen geben darüber hinaus zu, Äußerlichkeiten anderer zum Gesprächs- und in erster Linie auch Lästerthema in ihrem Freundeskreis zu machen. So erzählt Maike (13):

> »Bei uns ist eine in der Klasse, die ist etwas korpulenter gebaut und zieht sich halt auch manchmal sehr komisch an, und wir sagen dann manchmal, du könntest doch das oder das anziehen [...], alle sagen immer, ieh guck dir die mal an, die schmeißen ihr Sachen an den Kopf, die bewerfen sie in der Pause mit Steinen, wo wir schon mal sagen, hallo, hört mal auf. Warum, weiß ich auch nicht.«

Magdalena (16) bringt zum Ausdruck, »Wenn einer total komisch angezogen ist, dann wollen die anderen nichts mit ihm zu tun haben«. Das gilt auch für jemanden, »der fettige Haare hat«. Ein Nichterfüllen der Erwartungen an die äußerliche Erscheinung bezieht sich in den meisten Fällen aber auf die Kleidung der Jugendlichen und nicht gezwungenermaßen auf körperliche Abweichungen von der Norm. Sophia (14) beschwert sich in diesem Zusammenhang darüber, dass es in ihrer Klasse eine Mädchenclique gibt, die unentwegt lästert: »Wenn die sich nicht solche Klamotten leisten können, wie die [selbst] haben, dann lästern sie auch darüber.« Sie fügt anschließend aber hinzu: »Ich mache das auch ab und zu.« Auf die Frage hin, ob ihr noch nie jemand etwas Gemeines über ihr Äußeres gesagt hätte, antwortet sie: »Doch! Das erlebe ich regelmäßig, vor allem die Jungs aus meiner Klasse.« Bei der Frage nach den Schönheitsidealen der jungen Mädchen, nimmt insbesondere die Gepflegtheit eines Menschen einen besonders hohen Stellenwert ein. Rebecca (18) klagt über ihre starke Körperbehaarung und macht deutlich, dass sie in der Pubertät große Probleme hatte, damit umzugehen, da sie große Scham verspürte. Ihr schwaches Selbstbewusstsein begründet sie aus heutiger Sicht mit ihrem damaligen Freundeskreis:

Medien und Schönheitsideale – »The Swan – Endlich schön!«

> »Ich war immer in so einem Freundeskreis, wo wir immer mehr so die Mädels hatten, die von allen bewundert wurden [...] oder einen wahnsinnigen Einfluss auf Jungs hatten, und da war es halt dann schon mal so, dass man irgendwie gucken musste, dass man schon Klamotten anhat, die figurbetont sind, dass man halt auf sich aufmerksam macht.«

Dass sich die Bedeutung der Kleidung in Bezug auf die soziale Anerkennung bei Jugendlichen in den letzten Jahren verstärkt hat, wird auch in Rebeccas (18) folgender Aussage deutlich:

> »Und jetzt bei meiner [jüngeren] Schwester zum Beispiel, die ist in der neunten Klasse, da ist das ganz schlimm. Da dürfen es nur noch Markenklamotten sein.«

Der Wunsch nach sozialer Anerkennung kann somit zu einem leitenden Verknüpfungsmotiv für die Anpassung an herrschende Mode-Ordnungen werden. Soziale Anerkennung bezieht sich in diesem Fall nicht nur auf das Dazugehören im nächsten Umfeld, sondern auch in einem umfassenderen Verständnis, z.B. auf allgemeine Förderung, auf Erfolg bei der Partnersuche oder hinsichtlich beruflicher Chancen. Dieser Gedankengang hat sich auch schon bei den weiblichen Jugendlichen manifestiert. Die Frage, ob es heutzutage wichtig sei, gut auszusehen, bejahen alle Mädchen. Laura (13) meint dazu: »Einigermaßen gut aussehen, ja. [...] Man darf heutzutage, glaube ich, auch gar nicht so breit sein.« Bei der Frage, ob sie glaubten, dass schönere Menschen im Leben Vorteile hätten, sind sie sich nicht ganz so einig. Die jüngeren Mädchen (13/14 Jahre) verneinen dies überwiegend. Maike (13) ist sich da ganz sicher:

> »Nein. Wir dachten das bei einer aus unserer Klasse auch schon mal, aber da hat der Direktor zu uns gesagt, alle Schüler werden von den Kollegen gleich behandelt. Es wird keiner bevorzugt.«

Geht es allerdings darum, einen Freund zu finden und sich zu verlieben, dann erhöhen sich nach Meinung aller Mädchen die Chancen auf Erfolg erheblich, wenn man hübsch ist. Maike (13):

> »Bei mir und meiner Freundin, da sagen die Jungs, wir sind die hübschesten aus unserer Klasse, und dann kommen sie schon öfter an und fragen, kommst du dahin mit oder wollen wir das und das mal zusammen machen.«

Die Hauptschülerinnen sind sich einig, dass man als Frau Vorteile im Leben hat, wenn man hübsch ist. Maike (16), die selbst vor ein paar Monaten neu in ihre Klasse gekommen ist, erklärt:

»Man hat bei Typen bessere Chancen, wenn man neu in die Schule kommt. Oder wenn man neue Freunde finden will, dann hat man auch bessere Chancen. Ja, weil jeder auf's Aussehen guckt. Bessere Noten gibt es aber nicht.«

Die 17- bis 18-jährigen Mädchen aus Berlin teilen die Annahme, dass es schöne Frauen einfacher bei der Arbeitsplatzsuche haben. Warinka (17) meint dazu: »Selbst wenn die Chefs nicht unfair sind, gucken sie schon, wenn die jetzt beide gut sind, die ist netter und die sieht netter aus.« Christine (17) ist der Meinung, dass Schönsein ein Vorteil bei der Jobsuche sein kann, langfristig gesehen setzt sich ihrer Ansicht nach dann aber der Kopf durch.

Der Punkt, dass Körpermerkmale vom sozialen Umfeld mit persönlicher Haltung und Charakter in Verbindung gebracht werden, findet sich ebenfalls als roter Faden in allen Gruppendiskussionen wieder. Die Hauptschülerin Selina (16) sieht einen Zusammenhang zwischen der äußeren Erscheinung einer Person und deren Charakter:

»Weil Leute, die ungepflegt aussehen, die sind manchmal auch [...] von der Persönlichkeit her nicht gut. Also die scheißen auf alles. Man kann auch vom Äußeren auf das Innere schließen. Weil, das spiegelt sich schon ein bisschen wider.«

Gina (15) ist der Meinung:

»Das Sympathische hängt natürlich mit dem Charakter zusammen, aber auch mit dem Aussehen. Wenn jemand nett, ordentlich, gepflegt aussieht, hat das auch damit etwas zu tun, wie man denjenigen findet, und wenn das dann noch mit einem Charakter zusammentrifft, den man nicht so mag, dann ist es schwierig.«

Judith (14) bringt einen sehr interessanten psychologischen Aspekt ins Spiel: »Es ist aber auch ganz oft, dass man, wenn man Leute kennenlernt und die mag, findet man die viel hübscher.«

Die Mädchen fühlen sich demnach selbst verantwortlich für ihr Aussehen und legen ihre eigenen Schönheitsmaßstäbe bei Gleichaltrigen an. Sie sprechen fast ausschließlich Körpermerkmale an, die veränderbar sind. Über die Suggestion der persönlichen Veränderbarkeit lernen die Mädchen mit Abweichungen von der Norm umzugehen, wodurch sie wiederum die Maßstäbe verinnerlichen. In diesem Zusammenhang kann auf das große weibliche Grundwissen in Bezug auf das Kaschieren und Vertuschen der von der Norm abweichenden körperlichen Merkmale hingewiesen werden. So haben die Mädchen auch immer zahlreiche Verschönerungsvorschläge parat, die die »Swan«-Kandidatinnen ihrer Meinung nach zunächst hätten beherzigen sollen. Anna (14):

»Ich sag mal, hässlich sind die nicht, aber so die Schönheit sind sie halt auch nicht. Die müssten sich nicht umoperieren lassen, sondern das rein äußerlich machen. Haare zum Beispiel mal abschneiden, und dann vielleicht ein bisschen mehr trainieren.«

Dass die Haare ein wichtiger Schönheitsfaktor bei den Mädchen sind, bestätigt Vanessa (14): »Die muss einfach ihre Haare ändern. Wichtig ist, was man aus sich macht, man kann hässlich aussehen oder auch nicht.« In dieser Aussage wird die Eigenverantwortlichkeit der Frauen in Bezug auf ihr Aussehen besonders deutlich. Vanessa stellt alle Frauen auf eine Ebene, indem sie behauptet, es sei jeder selbst überlassen, ob sie hässlich sein möchte oder schön. Die Mädchen bestätigen die These, dass die hier beschriebenen Bedeutungsverknüpfungen und Wertvorstellungen für die Initialisierung von Schönheitsidealen als maßgeblich betrachtet werden können. Sie können letztlich wiederum nicht nur als individuelle Konstruktion betrachtet werden, sondern zu einem großen Teil auch von Außen definiert werden.

Die Annahme, heute stünden weniger Kleidung, Make-up und anderes äußeres Beiwerk im Zentrum des Modediktats, sondern vielmehr der Körper selbst, kann durch das Schönheitsverständnis der befragten Mädchen nicht bestätigt werden. Die Kleidung, das Make-up und die Frisur sind immer noch zentrale Faktoren, die zur Schönheit eines Menschen erheblich beitragen und, wenn sie gut gewählt sind, von den Mädchen honoriert werden, aber auch in den Mittelpunkt vehementer Kritik geraten können. Dies wird insbesondere durch die Kommentare der Mädchen gegenüber den Kandidatinnen von »The Swan« deutlich. Catrin (17) sagt über die Kandidatin Klaudia: »Wenn die geschminkt wäre, sähe sie doch auch schon wieder ganz anders aus.« Auch Anna (14) weist auf die große Bedeutung von Kosmetik hin: »[…] was man mit Schminke alles machen kann. Sie ist jetzt drei- oder viermal schöner als vorher, allein die Augen.«

Die weiblichen Jugendlichen machen sich darüber hinaus zunehmend Gedanken über ihren eigenen Körper und dessen Ästhetik. So wird von allen Mädchen »dick sein« als äußerst unangenehm empfunden, sowohl bei sich selbst – von den insgesamt 31 befragten Mädchen gaben zehn an, ihr Bauch sei zu dick – als auch bei anderen.

Laura (13) und Maike (13) teilen die Auffassung, dass eine Fettabsaugung legitim sei, wenn man sehr breit ist. Maike:

»Ja, oder wenn man mit den Oberschenkeln nicht zufrieden ist oder auch am Bauch, wenn man so im Sommer mit Bikini oder wenn man sich hinsetzt und man hat dann auf einmal so breite Oberschenkel. Dann würde ich es verstehen.«

Auch bei der Wahl des Freundes tragen bestimmte körperliche Merkmale zur Entscheidung bei. Auf die Frage, ob ihnen ein gutes Aussehen bei einem Jungen wichtig sei, antwortet Anja (13): »Nicht unbedingt, aber wenn er so etwas breiter gebaut ist, das geht nicht.« Auch Laura ist der Meinung: »Also, er muss nicht unbedingt gut aussehen, aber er muss schon ein bestimmtes Aussehen haben.«

Ein »bestimmtes Aussehen« sollte also schon gegeben sein. Die Mädchen haben demnach gewisse Wertmaßstäbe verinnerlicht, mithilfe derer sie ihr Umfeld in Kategorien einordnen. »Swan«-Kandidatin Klaudia kann Maikes Vorstellung von Schönheit überhaupt nicht genügen. Maike (13): »Die sieht hässlich aus [...]. Ja, also die Frau fand ich gerade nicht hübsch.« Laura (13) pflichtet ihr bei: »Oh Gott, die ist hässlich.« Woraufhin Maike das Ganze noch auf die Spitze treibt: »Also ich glaub bei der, ich meine, das hört sich fies an, aber bei der hilft auch keine Schönheits-OP mehr.« Nachdem die Mädchen die Spiegelszene von Klaudia gesehen haben, revidieren sie ihre Aussagen wieder. Maike (13): »Das ist der komplette Unterschied im Gegensatz zu vorher [...]. Guck mal, Alter, die sieht viel besser aus als vorher.«

Bei der Frage nach den Schönheitsidealen sind die am häufigsten von den jungen Mädchen genannten Punkte neben der Gepflegtheit einer Frau ihre Ausstrahlung und ihre Natürlichkeit. Ausstrahlung und Natürlichkeit sind Faktoren, die die Mädchen überwiegend in Verbindung nennen. Maike (16):

»Ich finde Ausstrahlung sehr wichtig, das macht einen Menschen zu etwas Besonderem. Ja, und dann eben Natürlichkeit. Sie sollte eben nicht so, wie soll ich das jetzt sagen, verspielt tun. So künstlich.«

Eine Frau sollte darüber hinaus auch zu ihrem Frausein stehen und das vor allen Dingen auch in ihrer körperlichen Erscheinung zum Ausdruck bringen.

Zudem wird deutlich, dass alle Mädchen ähnliche Vorstellungen von gewissen äußeren Schönheitsmerkmalen besitzen. Dennoch betonen sie immer wieder die individuelle Schönheit einer jeden Frau und machen deutlich, dass Schönheit auch viel mit Geschmack zu tun hat und in erster Linie ein Zusammenspiel unterschiedlichster äußerlicher wie auch innerer Faktoren ist. Vanessa (14) äußert sich wie folgt:

»Also, ich hab jetzt nicht so einen bestimmten Schönheitsstil. Es gibt welche, die sind ganz klein, die sind hübsch, es gibt welche, die sind total

Medien und Schönheitsideale – »The Swan – Endlich schön!«

groß, die sind hübsch, es gibt welche mit kurzen Haaren, die sind hübsch. Es muss halt irgendwie einfach so zusammen passen. Es gibt jetzt nicht so etwas Bestimmtes, dass man sagt, groß, blond, schlank, lange Beine.«

Dennoch wird in den Gruppendiskussionen deutlich, dass die Mädchen bestimmte Kriterien verinnerlicht haben, mit Hilfe derer sie die Schönheit eines Menschen bewerten. Hierbei lassen sich zwei Kategorien unterscheiden: einerseits die angeborenen Körpermerkmale, die tatsächlich nur operativ verändert werden können – wie schöne Augen, eine schöne Nase, schöne Zähne und ein symmetrisches Gesicht –, und andererseits die Körpermerkmale, für die eine Frau selbst verantwortlich ist, da sie etwas dafür tun kann. Hierzu zählen: ein schöner Bauch, rasierte Beine, rasierte Achseln, eine rasierte Bikinizone – einige Mädchen nennen auch die rasierte Armbehaarung.

Auffällig ist, dass die Mädchen genau die Körpermerkmale hervorheben, die sie persönlich an sich selbst nicht leiden können, um zu beurteilen, ob eine Frau schön ist. So antwortet Magdalena (16) auf die Frage, wie eine Frau für sie persönlich sein muss, damit sie schön ist: »Ich glaube, bei ihr muss alles perfekt sein, die Nase oder weiß nicht.« Magdalena betont im Laufe der Diskussion immer wieder, dass sie mit ihrer eigenen Nase unzufrieden ist:

»Also, ich würde vielleicht meine Nase machen wollen. Das stört mich. Wenn man so von der Seite guckt, dann ist das so kugelig. Also am liebsten würde ich die so nach oben haben. [...] Das ist das Einzige, was mich stört, mit der Nase bin ich nicht zufrieden.«

Mit großer Bewunderung verfolgt sie die Verwandlung der »Swan«-Kandidatin Klaudia, die sich ihre Nase hat operieren lassen: »Die Nase ist schon viel schöner. Jetzt hat sie eine schöne Nase. So eine Nase will ich auch haben.«

Interessant ist, dass den Mädchen auf die Frage, was ihnen an ihrer eigenen Erscheinung gefällt und was nicht, mehr als doppelt so viele Kritikpunkte einfallen als positive Faktoren. Das Körperbild ist auf's Engste mit dem Selbstbild verknüpft und besteht aus einem komplexen Konglomerat von Vorstellungen, die wir von unserem Körper oder einzelnen Körperteilen haben, Gefühlen, die sich im Zusammenhang mit unserem Aussehen einstellen, Empfindungen gegenüber unserem Körper sowie bisherigen Körpererfahrungen in der Begegnung mit unserem sozialen Umfeld (Sozialisierung und damit verbundene Erfahrungen wie Freude, Schmerz, Lob, Kritik).

Im Folgenden sollen kurz die wichtigsten Kritikpunkte der Mädchen an ihrer Erscheinung aufgelistet werden, um einen Einblick in das Körpergefühl der weiblichen Jugendlichen zu ermöglichen (die häufigsten Nennungen erscheinen zuerst): Bauch, Nase, Füße, Haare, Oberschenkel, Ohren, Brüste, Neurodermitis, Pickel, Oberarme, Waden, Körpergröße (zu groß/zu klein), Hintern, Haarlänge, Hautfarbe, Hände, Taille, Hüfte (zu breit), Zähne (Zahnspange), Behaarung, Finger, Trizeps, Wimpern etc.

Wichtig ist an dieser Stelle auch die Frage, ob und inwiefern die Mädchen bisher Kritik an ihrer äußeren Erscheinung durch ihr soziales Umfeld erfahren haben. Ein interessanter Punkt, wenn es um das Verhältnis von Selbstakzeptanz und Fremdakzeptanz geht. Die Mädchen, die aufgrund ihrer äußeren Erscheinung von Eltern, Freunden oder Schulkameraden kritisiert wurden, sind auch meist selbst mit den benannten Körpermerkmalen unzufrieden. Umgekehrt besitzen aber auch diejenigen Mädchen, die ausschließlich Komplimente zu hören bekommen haben, ein deutlich höheres Selbstbewusstsein und haben weniger Probleme, ihr Aussehen zu akzeptieren. Ein interessantes Beispiel hierfür ist die Hamelnerin Christine (17), die im Gegensatz zu den anderen befragten Mädchen, die alle viel Kritik einstecken mussten – sei es der dicke Bauch oder die Haare, die mal wieder geschnitten werden müssten –, nie kritisiert wurde:

»Nee, im Gegenteil. Also, ich wurde eigentlich immer gelobt von meinen Eltern. Jetzt waren wir wieder auf einer Hochzeit, da wurde ich wieder gelobt, wie hübsch ich geworden bin. Also, ich wurde ausschließlich gelobt, ich kann mich nicht einmal daran erinnern, dass es irgendwie Kritik gab. [...] Mein Bruder hat es halt schwerer. Der ist sehr dick und der wird auch sehr von meinen Eltern kritisiert. Da bin ich dann das gute Vorbild, da hab ich Glück gehabt.«

Christine ist auch die Einzige, der kaum etwas an sich nicht gefällt. Auf die Frage, was sie an ihrem Äußeren besonders mag, antwortet sie, dass sie ihr Gesicht schön finde – die Augen, den Mund und die Nase. Hierin bestätigt sich, dass eine Person, auf die das soziale Umfeld positiv reagiert, gleichzeitig weniger Probleme damit hat, sich selbst zu akzeptieren.

Viele Frauen besitzen ein verzerrtes Körperbild, sie nehmen sich meist hässlicher wahr, als andere sie sehen. Das unausgeglichene Verhältnis zwischen Selbstakzeptanz und Fremdakzeptanz wird auch aus den Gruppendiskussionen ersichtlich und zwar in dem Moment, in dem die Mädchen innerhalb ihres Freundeskreises erzählen, was sie an sich nicht mögen, daraufhin aber sofort Widerspruch von ihren Freundinnen zu hören bekommen.

Das Bild der selbstunsicheren Frau ist gerade auch für die in der Pubertät stehende junge Frau von besonderer Relevanz. Aufgrund der Norm von der schönen Frau und damit verknüpfter Sozialisationsbedingungen kommen Mädchen

Medien und Schönheitsideale – »The Swan – Endlich schön!«

mit einem stärkeren Bedürfnis nach Attraktivität in die Pubertät als Jungen (vgl. Freedman 1990). Tief greifende biologische Veränderungen rücken den Körper während der Pubertät ins Zentrum des Geschehens und des sich entwickelnden Selbstgefühls. Die jungen Mädchen müssen das bisherige Körperbild neu definieren und in ein ebenso neues Selbstkonzept einbauen. Das ist eine Leistung, die gerade auch in Bezug auf ein fast nicht erreichbares Schönheitsideal kaum zu erbringen ist. So steht etwa die mit der normalen sexuellen Entwicklung verbundene Zunahme des Fettgewebes im starken Gegensatz zum vorgegebenen Schönheitsideal. Junge Frauen entwickeln sich also weg von dem, was gesellschaftlich als schön betrachtet wird. Umfragen zeigen außerdem, dass sehr viele junge Frauen – und vor allem sehr viel mehr junge Frauen als Männer – mit ihrem Äußeren unzufrieden sind, was sich dementsprechend auf das Selbstwertgefühl der Betroffenen auswirkt. Diese Selbstunsicherheit wirkt sich auch negativ aus auf die von den Pubertierenden zu erfüllenden Aufgaben wie Entwicklung eines neuen Selbstgefühls, Aufbau von Beziehungen zu Gleichaltrigen und Erwerb von Unabhängigkeit. Junge Mädchen orientieren sich stark an dem, was andere von ihnen halten. Daraus entwickelt sich beim Aufbau von Beziehungen eine starke und einseitige Orientierung am Kriterium »Beliebtsein« (vgl. Rodin 1994, S. 76). Die Gruppendiskussionen bestätigen diese These. Der Frage, ob es ihnen wichtig sei, was andere über ihr Aussehen denken, stimmen die Mädchen mehrheitlich zu. Laura (13) ist es in erster Linie wichtig, was ihre Freundinnen, ihre Mutter und ihre Oma von ihr halten. Maike (13) fügt hinzu:

> »Bei mir in der Klasse ist es wichtig. Ja, vor allen Dingen bei den Jungs. Weil die ja auch immer sagen, ah, wie siehst du denn aus oder, das sieht gut aus. Bei uns in der Schule machen die Jungs das.«

Sophia (14) ist die Problematik auch sehr vertraut:

> »Also, eine Zeitlang war es bei mir so, dass ich mich immer nur danach gerichtet hab, was die anderen darüber denken. [...] Das ist auch noch nicht so lange her, dass ich so gedacht habe. Meine Geschwister haben mich dann darauf hingewiesen, weil ich immer zu denen gerannt bin und gefragt hab, geht das so, und wie ist das und das, und da meinten sie irgendwann, du musst das doch auch mal selber entscheiden.«

Auch Ann-Katrin (14) lässt sich häufig verunsichern: »Also, bei mir ist es so, [...] also jetzt bei einem Kleidungsstück, wenn da jetzt mehrere Leute dagegen etwas sagen, dann überlegt man sich das noch mal«. Vanessa (14) ist der Meinung, »[...] niemand kann sagen, es ist mir scheißegal, was die anderen über mich denken, da denkt jeder ein bisschen darüber nach [...].«

Auffällig ist, dass die höhergebildeten Mädchen insgesamt mehr Wert darauf legen, was andere von ihnen halten als die weniger gebildeten. Die Hauptschülerinnen besitzen insgesamt ein deutlich größeres Selbstbewusstsein. Auf die Frage, ob es ihnen wichtig sei, was andere von ihnen denken, antworten sie einstimmig mit »nein«. Lilli (16) erklärt:

»Ich trage je nach Lust und Laune. Mal eine enge Hose, mal Baggyhosen. Wenn ich mich nicht wohl fühle in der engen Hose, ziehe ich einfach eine breite an. Ist mir egal, was die anderen denken.«

Im Zusammenhang mit dem Verliebtsein, sieht es dann allerdings schon wieder anders aus. Magdalena (16): »Dann schon. Dann möchte man zeigen, guck auf mich, ich will die Einzige für dich sein«.

Statt auf Unabhängigkeit bauen junge Mädchen stärker auf Beziehungen, was hinsichtlich einer Gesellschaft, in der Unabhängigkeit ein großer Stellenwert zukommt, junge Frauen wiederum in Selbstunsicherheits- und Unzulänglichkeitsgefühle stürzt. Letztlich gelingt es dem unter dem Druck von Idealen stehenden Mädchen häufig nicht, ein den neuen Gegebenheiten angepasstes Körperbild zu entwickeln, was dann wiederum zum verzerrten Körperbild führt (vgl. Rodin 1994, S. 76).

Die Bedeutung der Medien für die Konstruktion von Schönheitsidealen bei Jugendlichen mit besonderem Augenmerk auf »The Swan – Endlich schön!«

Aber welche Prozesse löst die Verinnerlichung der Schönheitsideale der weiblichen Jugendlichen im Zusammenhang mit der Rezeption von »The Swan – Endlich schön!« aus? Wie gehen die jungen Zuschauerinnen mit einem solchen Fernsehformat um und welchen Einfluss besitzen die Medien tatsächlich bei der Konstruktion der weiblichen Schönheitsideale?

Insgesamt kann festgehalten werden, dass lange blonde Haare, lange Beine, eine schlanke und große Figur, eine große Oberweite, ein kleiner Hintern, gepflegtes Aussehen, bräunlicher Teint, ein symmetrisches Gesicht, gerade Zähne und die Ausstrahlung eines Ferienfeelings Kriterien sind, die die Mädchen medialen Schönheiten zuordnen. Diese Kriterien nehmen die Jugendlichen aber nicht zwangsweise unreflektiert an und übertragen sie auf ihre eigene äußere Erscheinung, sondern sie betrachten sie überwiegend kritisch und sind durchaus in der Lage, eine gewisse Distanz zu wahren. PROSIEBEN-Moderatorin Sonya

Kraus, die eben diese von den Mädchen genannten Kriterien für Schönheit erfüllt, wird z. B. mit großer Skepsis begegnet. Sie sei viel zu »aufgetakelt«, an der sei »nichts Besonderes dran«, sie kleide sich »viel zu aufreizend«, sie würde »übertreiben« und »sich dumm stellen.«

Tatsächlich wird in den Medien also ein gewisses Angebot an Schönheitsidealen präsentiert, das selbstverständlich von den weiblichen Jugendlichen wahrgenommen und auch verinnerlicht wird, dennoch konnte überwiegend ein kritisch reflektierter Umgang der Mädchen mit den dargebotenen Schönheitsidealen beobachtet werden.

Die Beweggründe der Mädchen, eine Sendung wie »The Swan – Endlich schön!« zu rezipieren sind ganz unterschiedlich und reichen von dem Interesse am sogenannten Vorher-Nachher-Effekt bis hin zum Interesse an den medizinischen Vorgängen.

Die 15- bis 16-jährigen Berliner Hauptschulmädchen sind begeistert von der Sendung. Sie stehen den Schönheitsoperationen aber auch insgesamt weniger kritisch gegenüber als die übrigen Teilnehmerinnen der Gruppendiskussionen. Maike (16) findet unheimlich interessant, »wie sich die Leute verändern oder wie das [mit den Schönheitsoperationen] funktioniert«. Laura (13) möchte zwar die Operationen nicht hautnah miterleben, aber für die Verwandlungen – den sogenannten Vorher-Nachher-Effekt – interessiert sie sich auch sehr. Die 16-jährige Gymnasiastin Kim zieht einen Vergleich zu anderen Fernsehmagazinen, die sie mit Schönheitsoperationen in Verbindung bringt. Sie sagt über die »Swan«-Kandidatin Klaudia:

> »Aber sie hat was aus sich gemacht. Das ist halt diese Arbeit, die dahintersteckt. Das ist halt bei der Schönheitssendung vielleicht noch besser, als wenn man das auf ›Exclusiv‹ sieht. Ja, die haben sich ja auch operieren lassen, ohne dass sie etwas dafür getan haben. […] Bei ›The Swan‹ haben die sich nicht nur unter das Messer gelegt, sondern auch etwas dafür getan. […] Da merkt man ja, dass das denen etwas bedeutet hat, […] wenn man da fast heulen muss, dann muss es einen wirklich bedrückt haben, das Aussehen.«

Kim honoriert also die Einsatzbereitschaft der Kandidatinnen. Sie empfindet durchaus Sympathie für die Kandidatinnen, denn die moralische Komponente wird hier eingelöst:

> »Ja, das ist ja auch besser, als wenn irgendwelche Biertouristen nach Mallorca fliegen, sich da das Bier ansaufen und dann nachher zurückfliegen und sich wieder den Bauch absaugen lassen.«

Einen weiteren Beweggrund, sich die Sendung anzuschauen, nennt Christine (17): »Weil es mich interessiert. Weil mich generell so medizinische Vorgänge interessieren.«

Während die jüngeren Berliner Mädchen fasziniert und begeistert auf die Sendung reagieren, machen sich die 17- bis 18-Jährigen zunächst einmal lustig über das Format und nehmen eine viel größere Distanz zum Geschehen ein: Als die Tochter von »Swan«-Kandidatin Annette zum ersten Mal nach drei Monaten ihre Mutter zu Gesicht bekommt, ist Maike (13) hin und weg: »Oh, ist das schön, ich heul gleich!« Christina (13) macht sich wiederum Sorgen, dass Kandidatin Klaudia unglücklich über das Ergebnis sein könnte: »Als ob die so ein bisschen unglücklich ist, sieht das aus.« Maike protestiert sofort und erklärt ihrer Freundin: »Nee, Quatsch. Das sind Freudentränen, siehst du das nicht? Das hat sie sich gar nicht so schön vorgestellt, hat sie gesagt« (vgl. Abbildung 2). Die 17-jährige Warinka hingegen beschwert sich über die Kandidatin Klaudia mit einem genervten Unterton in der Stimme: »Die heulen ja immer alle.« Außerdem kritisiert Warinka die Inszenierung der Kandidatinnen: »Wenn sie hässlich sein sollen, dann haben sie auch alle immer dieses hässliche graue Teil an, und wenn sie hübsch sind, schöne Kleider.« Die Spiegelszene mit Klaudia zeigt dann aber doch ihre Wirkung. Catrin (17), die das Geschehen während der gesamten Zeit aufgeregt kommentiert, muss schließlich zugeben: »Oh, ich krieg aber trotzdem Gänsehaut, guck dir das mal an« (vgl. Abbildung 2).

Abbildung 2: Klaudias Reaktion in der Spiegelszene

Medien und Schönheitsideale – »The Swan – Endlich schön!«

Die Hamelner Mädchen bringen weniger Verständnis für die Kandidatinnen auf als die Mädchen aus der Metropole Berlin. Im Gegensatz zu den 13- bis 14-jährigen Berliner Mädchen reagieren die Hamelnerinnen dieser Altersgruppe mit Skepsis und Intoleranz. Anna (14) kritisiert:

> »Ich finde, es sieht wie gewollt und nicht gekonnt aus. Ich finde diese Frisur ist 08/15 und das Kleid ist 08/15 und die Schminke ist in dieser Verbindung billig.«

Ihre Aussagen beziehen sich ausschließlich auf das Styling der Kandidatinnen, das aufs Schärfste von den Mädchen kritisiert wird. Von Empathie ist hier nicht viel zu spüren, eher im Gegenteil. Anna (14) äußert sich zynisch über Klaudia mit den Worten: »Ich glaube, die fängt gleich voll an zu flennen.« Auch Gina (15) fällt es schwer, sich mit den Kandidatinnen zu identifizieren: »Das ist jetzt aber ein bisschen überzogen, weil man sich halt auch selber nicht vorstellen kann, wie man sich fühlt, nachdem man so etwas gemacht hat.« Dominique Marie (16) fügt hinzu: »Man kann so etwas, glaube ich, erst nachvollziehen, wenn man es selber gemacht hat.« Die 17- bis 18-jährigen Hamelnerinnen kritisieren die Sendung am schärfsten. Sie bringen am wenigsten Verständnis für die Kandidatinnen auf: »Ich würde mich da nie so hinstellen, hallo?!«, ist Rebeccas (18) entrüstete Reaktion auf die Sequenz, in der an Klaudia im grauen Sportdress das durchzuführende Programm vorgestellt wird (vgl. Abbildung 3). Auch Eva (17) ist der Ansicht: »Die haben sie nicht mehr alle. Ich würde mich da niemals so ins Fernsehen stellen.« Rebecca empfindet eher Wut und Verachtung als Empathie.

  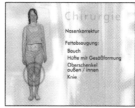

Abbildung 3: Rotierendes Schaubild

Die Gruppendiskussionen geben darüber hinaus Aufschluss darüber, wie die Mädchen das Aussehen der Kandidatinnen vor und nach den Operationen bewerten (vgl. Abbildungen 4 und 5). Als interessant stellte sich heraus, dass die Wirkung der Kandidatinnen auf die jugendlichen Rezipienten sehr unterschiedlich ausfiel. Insgesamt wird deutlich, dass Empfindungen, ob jemand als schön oder hässlich gesehen wird, immer stark subjektiv sind. Interessant ist dennoch, dass die Urteile der Großstadtmädchen viel härter ausfallen als die der Hamelner Mädchen. Während die Mädchen aus der Kleinstadt vermeiden, eine Person als hässlich zu bezeichnen und sich somit toleranter, vielleicht aber auch einfach zurückhaltender, positionieren, nehmen die Berliner Mädchen kein Blatt vor den Mund. Sie stufen die Kandidatin Klaudia sofort in die Kategorie »hässlich« ein und können sich keineswegs vorstellen, dass noch Hoffnung für sie besteht. Die Kleinstadtmädchen werten zum Teil sehr moralisch und nehmen eine kritischere Haltung gegenüber dem Geschehen ein. Ihnen ist z. B. schleierhaft, weshalb Annette (vgl. Abbildung 4) an der Sendung teilnimmt. Anna (14): »Oh mein Gott, die sieht doch ganz normal aus. Was will die denn jetzt?« Sie reagieren auf das Gezeigte sehr wütend und bezeichnen es als »lächerlich«. Auch für Klaudia (vgl. Abbildung 5) bringen sie kein Verständnis auf. Sie bezeichnen sie zwar als »unscheinbar«, sind aber der Ansicht: »Lächerlich! Das sind doch keine Schönheitsmakel, die wirklich nur durch eine Operation zu beheben sind« (Anna, 14). Auch die 15- bis 16-jährigen Hamelner Gymnasiastinnen reagieren entrüstet darauf, dass Klaudia laut »The Swan« hässlich sein soll.

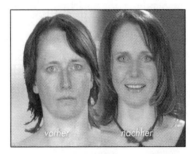

Abbildung 4: Annette   Abbildung 5: Klaudia

Auffällig ist, dass sich die jüngeren Mädchen viel mehr von der Verwandlung mitreißen und begeistern lassen als die älteren. Maike (13): »Oh, Alter, die sieht richtig geil aus. Hammer! [...] Ein Riesenunterschied zu vorher. [...] Geil, geil, geil – ein anderes Wort fällt mir gar nicht ein.« Laura (13) fügt hinzu: »[...] vorher sah sie schon schön aus, aber jetzt!« Außerdem sind die Mädchen der Meinung, Annette hätte es verdient, in der Final-Show zum »Swan« gekürt zu werden, da sie die Hübscheste von allen sei. Auch die Verwandlung der von ihnen als hässlich eingestuften Klaudia begeistert die Mädchen. Maike (13):

»Das ist der komplette Unterschied im Gegensatz zu vorher. […] Die sieht zehn Jahre jünger aus. Fünfzehn bitte« (vgl. Abbildung 5).

Die jüngeren Mädchen zeigen sich begeistert von Klaudias operierter Nase und der Schlankheit der Frauen. Dies geht sogar so weit, dass sie sich im Detail dafür interessieren, wie viele Trainingseinheiten die Kandidatinnen pro Tag hatten und in welchem Zeitraum sie so viel Gewicht verloren haben. Dieses große Interesse macht deutlich, dass sich die Mädchen mit den Kandidatinnen vergleichen und abwägen, ob auf dieselbe Art und Weise eventuell auch sie ihr Wunschgewicht erreichen könnten. Die Kandidatinnen fungieren in diesem Fall als Vorbilder für die Mädchen, da sie ihr Ziel bereits erreicht haben. Eine Unterhaltung zwischen Magdalena (16), Selina (16) und Anna (16) soll dies verdeutlichen:

> Magdalena: »Ja, was sie erreicht haben, da können sie stolz sein.«
> Selina: »Jeder ist doch stolz darauf, was er gemacht hat, und was er erreicht hat.«
> Anna: »Und dass man nicht aufgegeben hat.«

Interessant ist in diesem Zusammenhang nicht nur die Frage, welche Wertmaßstäbe an die Schönheit die Mädchen bei den Kandidatinnen ansetzen, sondern vor allen Dingen, ob und wie viel Verständnis sie für diese aufbringen und inwieweit sie das Gesehene nachvollziehen können. Hier lässt sich erwartungsgemäß feststellen, dass gerade die Mädchen, die sehr hart mit den Kandidatinnen ins Gericht gehen, was deren äußerliche Erscheinung betrifft, auch viel Verständnis für die Entscheidung der Frauen aufbringen. Theres (18) ist überzeugt, dass die Frauen das Camp glücklicher verlassen:

> »Ja! Auf jeden Fall! Ich meine, sie haben ja bestimmt schon lange Probleme damit, und sie sahen ja auch nicht schon immer so aus, wie sie jetzt aussehen, nach der Schwangerschaft oder nach, keine Ahnung, kann ich dann schon verstehen, wenn Frauen das machen lassen.«

Auch Alexandra (18) ist der Ansicht, dass sich die Verwandlung positiv auf das Leben der Kandidatinnen auswirken wird:

> »Also, ich kann es auch verstehen. Das meiste finde ich natürlich übertrieben […]. Aber wenn man jetzt zum Beispiel ein richtig schönes Gesicht hat, nur eine ganz hässliche Nase oder so, dann kann ich es auch verstehen. Ich denke auch, dass es vielen besser geht nachher.«

Dass die Kandidatinnen das Camp glücklicher verlassen, davon sind die Mädchen überzeugt. Aber nicht alle bringen dies mit der Veränderung der äußeren Erscheinung der Kandidatinnen in Verbindung, sondern führen es auch auf die psychologische Betreuung zurück. Vanessa (14) z. B. ist der Ansicht, dass die Gründe, weshalb jemand unzufrieden und unglücklich mit seinem Aussehen ist, seelischer Natur sind.

»Ich glaube nicht, dass, wenn man ganz viele Freunde hat und glücklich ist, wenn man das hat, also einen Halt durch seine Freunde, Familie und Job, dann denke ich, ist das Aussehen weniger wichtig, als wenn man jetzt schon durch andere Gebiete Probleme hat«.

Nun stellt sich natürlich die Frage, was die weiblichen Jugendlichen von Schönheitsoperationen halten und wie sie die OPs innerhalb des Fernsehformates »The Swan« bewerten. Haben die dargestellten Operationen eine ermunternde oder vielleicht sogar eine abschreckende Wirkung auf die Rezipienten? Ziel war es auch, in den Gruppendiskussionen herauszufinden, inwieweit Schönheitsoperationen mittlerweile gesellschaftlich akzeptiert sind. Sind sie noch immer ein Tabuthema oder wandern sie zunehmend in den Alltag?

Betrachtet man die von den Mädchen hervorgebrachten Argumente für oder gegen Schönheitsoperationen genauer, so kann festgestellt werden, dass sich Pro- und Kontra-Argumente in etwa die Waage halten. Es stehen 27 Pro-Argumente 31 Kontra-Argumenten gegenüber. Auch hier wird wieder deutlich, dass die Mädchen aus der Metropole Berlin der Thematik offener gegenüberstehen als die Kleinstadtmädchen, wobei natürlich immer einzelne Mädchen von den Meinungen ihrer Schulkameradinnen abweichen. Von den insgesamt 27 Pro-Argumenten entfallen 19 auf die Berliner Mädchen und nur acht auf die Mädchen aus der Kleinstadt Hameln. Das sind also mehr als doppelt so viele Argumente für eine Schönheitsoperation bei den Berlinerinnen gegenüber den Hamelnerinnen. Betrachtet man nur die Kontra-Argumente, so konnten beide Gruppen fast gleich viele Argumente finden (Berliner Mädchen: 14/Hamelner Mädchen: 17). Interessant ist auch, dass sich insgesamt knapp ein Drittel der Mädchen (10 von 31 Mädchen) eine Schönheitsoperation für sich selber vorstellen kann, wobei dies nur für zwei Mädchen aus Hameln gilt.

Die am häufigsten gewünschten Schönheitsoperationen sind hierbei: Fettabsaugung an Oberschenkeln, Bauch, Po (5) und eine Nasenkorrektur (3). Die übrigen Wünsche betreffen zukünftige Anti-Aging-Maßnahmen (2). Die Mehrheit der Mädchen ist der Ansicht, dass Schönheitsoperationen heute immer noch ein Tabuthema in der Gesellschaft darstellen. Die meisten Menschen würden nicht offen zugeben, sich einer Schönheitsoperation unterzogen zu haben, so auch Vanessa (14):

Medien und Schönheitsideale – »The Swan – Endlich schön!«

»Ich würde mich, glaube ich, schämen, wenn ich eine Schönheitsoperation hinter mir hätte. [...] Ich denke, so eine gemachte Schönheit wird, glaube ich, von allen anderen belächelt. Also, wenn man sich operiert und das die anderen auch wissen, dann wird man nicht mehr als schön angesehen, sondern als die Operierte.«

Auf die Frage, weshalb die Mädchen es niemandem erzählen würden, antwortet Selina (16) schlagfertig: »Weil es unnormal ist.«

Schönheitsoperationen sind in Deutschland im privaten Bereich noch sehr tabuisiert. Der schlanke Körper einer Frau soll nicht daran denken lassen, dass ein chirurgischer Eingriff dahinterstehen könnte. Vielmehr soll er vermitteln, dass es die betroffene Frau aus eigener erfolgreicher Körperarbeit heraus und dank persönlicher Kontrolle so weit brachte. Dementsprechend wird im privaten Bereich selten darüber gesprochen, d.h., dass vor allem Planung und Durchführung solcher Eingriffe geheim und diskret vollzogen werden. Aber auch hier lässt sich ein Wandel beobachten. Abhängig vom Milieu entwickelt sich ein Trend, der deutlich macht, dass in bestimmten sozialen Schichten eine durchgeführte Schönheitsoperation auch eine Aufwertung des eigenen Status bedeuten kann, Frauen somit stolz von ihrem Eingriff berichten. So erzählt die Hauptschülerin Maike (13) auf die Frage, ob sie jemanden kenne, der sich schon hat operieren lassen:

»Ja, von meiner Freundin die Mutter, die hat sich die Brust vergrößern lassen und am Oberschenkel Fett absaugen. Und da hat sich meine Freundin ganz toll gefühlt, dass ihre Mutter das gemacht hat [...]. Meine Freundin hat in der Schule damit angegeben, [...] sie dachte, sie kommt besser bei den Jungs an, aber die haben gesagt, das interessiert uns nicht, wie deine Mutter aussieht.«

Die Bewertung der Darstellung von Schönheitsoperationen im Fernsehen durch die Mädchen fällt unterschiedlich aus. Einerseits wird der Homogenitätseffekt kritisiert, andererseits glauben viele der Mädchen, dass die Zahl der Schönheitsoperationen durch die Sendung steigt, weil die Kandidatinnen für viele Frauen als Vorbilder fungieren könnten. Judith (14): »Ich glaube aber, dadurch dass die da jetzt so glücklich dargestellt werden, wollen das andere Leute auch machen.«

Aber auch der gegenteilige Effekt wird von einigen Mädchen erwartet. Sie sind der Meinung, dass Sendungen wie »The Swan« durchaus eine abschreckende Wirkung nach sich ziehen können. Dominique Marie (16) macht in diesem Zusammenhang deutlich:

»Ich finde, so verharmlost wurde es ja auch nicht. Wenn man diese Operationen sieht, dann denkt man nachher: Sowas wollte ich mir machen lassen? Niemals! Ja, ich finde so etwas eher abschreckend. [...] Es ist ja nicht so, ich mache das mal eben, in fünf Minuten bin ich wieder raus und sehe ganz anders aus. Und ich denke mal, das wurde schon nicht verkehrt dargestellt« (vgl. Abbildung 6).

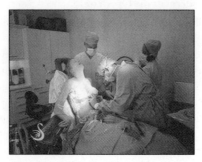

Abbildung 6: Brust-OP

Viele der Mädchen informieren sich zwar durch das Medium Fernsehen über solche Operationen, die Frage, ob sie sich durch Sendungen wie »The Swan« unter Druck gesetzt fühlen, verneinen die Hauptschülerinnen jedoch selbstsicher. Magdalena (16):

»Ich fühle mich nicht unter Druck gesetzt. Die beiden [Klaudia und Annette] mussten ja schon was machen lassen. Aber ich zum Beispiel, ich muss nicht. Also es stört mich ja auch nicht so sehr.«

Selina (16) fügt hinzu: »Ich auch nicht. Ich bin so wie ich bin. Das ist halt so.« Magdalena (16) widerspricht sich allerdings selbst, indem sie einige Minuten zuvor zugegeben hat, dass sie sich gern ihre Nase operieren lassen würde. Sie behauptet zwar, dass dieser Wunsch aus ihr selbst herrührt, begründet aber im darauf folgenden Satz: »Aber ich will das machen! Ich bin jetzt durch das Fernsehen darauf gekommen, weil man sieht ja, wie die das machen.« In Magdalenas Aussage kann der mögliche Einfluss, den die Medien auf die Konstruktion von Schönheitsidealen haben, nachvollzogen werden. Es wird deutlich, dass Medien symbolisches Material für die Bedürfnisse der Jugendlichen zur Verfügung stellen, die dadurch einen Ausdruck finden. In diesem Sinne können Medien nicht das Bedürfnis nach einer Schönheitsoperation hervorrufen, können aber diesem Bedürfnis einen Ausdruck geben und möglicherweise dazu anregen, dem Bedürfnis auch Taten folgen zu lassen. Dennoch muss an dieser Stelle ein weiterer Aspekt betrachtet werden.

Waltraud Posch (1999) hat festgestellt, dass nur jemand, der mit sich und dem Leben unzufrieden ist, gegen den eigenen Körper kämpft. Eine Frau, die mit ihrem Körper nie zufrieden ist, bringt laut Posch ihre Verzweiflung über ihre Beziehung zur Welt zum Ausdruck. Stimmung und Selbstwertgefühl werden von der ständigen Sorge um das Aussehen beeinflusst. Das Selbstgefühl ist untrennbar mit dem Körper verbunden, es existiert nie losgelöst von ihm. Wer sich selbst leiden kann und sich in seinem sozialen Umfeld wohlfühlt, hat im Allgemeinen auch ein gutes Gefühl der eigenen körperlichen Erscheinung gegenüber und umgekehrt. Dies wird auch in Vanessas (14) Antwort auf die Frage, ob sie sich vorstellen könne, sich später einer Schönheitsoperation zu unterziehen, deutlich: »Ich finde auch, es kommt dann auf die Umstände an, ob man Familie hat, ob man einen Mann hat, ob man glücklich ist, würde ich sagen.«

Verhältnis von sozialen und medialen Vorbildern bei den weiblichen Jugendlichen

Im Folgenden soll das Verhältnis medialer Vorbilder und Vorbilder aus dem sozialen Bereich näher untersucht werden. Aus der JIM-Studie 2002 geht hervor, dass Vorbilder aus dem medialen Bereich (47%) deutlich gegenüber solchen aus der sozialen Wirklichkeit (8%) überwiegen. Insgesamt wird das Vorhandensein von Idolen häufiger von jüngeren Mädchen und Jungen (zwölf bis 13 Jahre: 65%) als von älteren Jugendlichen bejaht (18–19 Jahre: 38%). Interessant ist nun, inwiefern sich die durch die JIM-Studie gewonnenen Ergebnisse mit den diesem Artikel zugrunde liegenden Ergebnissen aus den Gruppendiskussionen decken oder ob es mit Hilfe des Verfahrens der Gruppendiskussionen zu abweichenden Resultaten kommen konnte. Des Weiteren soll aufgezeigt werden, wonach die Mädchen ihre Vorbilder auswählen, welche Funktion den Medien innerhalb dieses Prozesses zukommt und wie dieser Prozess bei den Mädchen vonstatten geht.

Gerade die Jugendphase stellt eine Zeit der Unsicherheit und Orientierung dar, in der Vorbilder im Sinne eines Angebots potenzieller Lebensentwürfe eine wesentliche Rolle bei der Ausformung von Identität spielen. Das Verlangen nach Vorbildern, die Handlungsmuster anbieten und verschiedene Formen individueller Lebensgestaltung offerieren, erscheint in einer Phase ausgeprägter Identitätssuche plausibel (vgl. Wegener 2004). Vorbilder treffen auf zentrale Bedürfnisse dieser Lebensphase und befriedigen den Wunsch nach Handlungsanleitung. Dass in einem Lebensalltag, der durch Medien geprägt ist, in dem Fernsehen, Musikmedien sowie PC und Internet selbstverständliche Begleiter des täglichen Handelns sind, auch dass die Figuren der Medien Vorbildfunktion übernehmen, ist nahe liegend. Durch zahlreiche Jugendstudien ist die Existenz medialer Vorbilder nachgewiesen (vgl. z. B. Fischer u. a. 2000; Zinnecker u. a. 2003; JIM-Studie 2002). Sie werden einerseits als Vorlage potenzieller Handlungsanleitung, andererseits aber auch als Personifizierung jugendlicher Sehnsüchte und Wünsche interpretiert. Darüber hinaus scheinen sie in einen Kanon unterschiedlicher Vorbilder eingebunden zu sein, bei denen Personen aus dem persönlichen Umfeld in der Regel eine gewichtige Rolle spielen. Dass die subjektive Ausgestaltung der Beziehung zu einem Vorbild aber unterschiedlichste Facetten erlaubt, wird bei der Betrachtung von Arbeiten deutlich, die versuchen, die Bedeutung der Begriffe Vorbild, Star (vgl. hierzu Faulstich/Korte 1997) und Idol zu bestimmen und sie per Definition voneinander abzugrenzen.

Vergleicht man die in den Gruppendiskussionen von den Mädchen aufgezählten medialen Vorbilder mit denen aus der sozialen Wirklichkeit, so überwiegen zahlenmäßig ganz klar die medialen, was allerdings noch nichts über deren Bedeutung oder Gewichtung aussagt. Als soziale Vorbilder werden von den Mädchen genannt: Mutter, Vater, Schwester, Bruder, Cousine, Cousin, Freundin und die Freundin des älteren Bruders. Sie sind alle Personen aus dem näheren sozialen Umfeld der Mädchen. Vorbilder aus den Medien werden hingegen etliche aufgezählt: Sie kommen aus derm Bereich Musik, sind Stars aus dem Bereich Film und Fernsehen oder Figuren aus Film- und Fernsehsendungen sowie Zeichentrickhelden. Im Bereich Musik nannten die Mädchen: Yvonne Catterfeld, Jeanette Biedermann, Britney Spears, Sarah Connor, Olivia, Beyoncé Knowles und Eminem. Stars wurden genannt: Cameron Diaz, Kate Winslet, Nicole Kidman, Alexandra Neldel, blonde Schauspielerin aus der Kinderserie »Schloss Einstein«, Silvia Seidel, Julia Roberts, Angelina Jolie, Jennifer Aniston, Christina Aguilera, Lady Diana und Kristin Davis. Figuren aus Film- und Fernsehsendungen fielen ihnen besonders viele ein, darunter: die Kaiserin Sissi, Anne von den »Fünf Freunden«, Pippi Langstrumpf, Aschenputtel, Schneewittchen, die Elben aus »Der Herr der Ringe«, Dornröschen, Cinderella, Madita und ein Mädchen aus der Serie »Die Kinder von Bullerbü«. Aus der Kategorie »Zeichentrick« wurden folgende Figuren genannt: Bibi Blocksberg, Belle von »Die Schöne und das Biest«, Arielle die Meerjungfrau, Minnie und Micky Mouse, die Frauen bei Herkules, Mila Superstar und Sailor Moon.

Betrachtet man die Vorbilder aus der sozialen Wirklichkeit näher, so wird deutlich, dass sich in erster Linie die jüngeren Mädchen, aber auch einige ältere ihre Mutter zum Vorbild nehmen. Dies zeigt sich u. a. darin, dass die meisten Mädchen auf die Frage, ob sie sich denn gern verkleideten bzw. früher gern verkleidet hätten und wenn ja, mit welchen Kostümen, antworten, sie hätten immer die Kleider, Schuhe und den Schmuck ihrer Mütter getragen, um diese dann nachzuahmen.

Des Weiteren lässt sich in den Gruppendiskussionen eine interessante Tendenz ausmachen. Diejenigen Mädchen, die ihre Mütter als außerordentlich attraktiv beschreiben und angeben, dass diese sehr viel für ihre äußere Erscheinung tun, haben auch für sich selbst gewisse Schönheitsnormen stärker verinnerlicht als diejenigen Mädchen, deren Müttern ihr Aussehen weniger wichtig ist. Dies würde die Theorie bestärken, dass Mütter für ihre Töchter eine Vorbildfunktion einnehmen und somit auch als Vermittlerinnen der Schönheitsnormen betrachtet werden können. Ein gutes Beispiel hierfür sind Catrin (17) und Warinka (17). Catrin ist sehr modisch gekleidet und geschminkt, wohingegen Warinka nicht besonders auf ihre äußere Erscheinung achtet. Aus den Erzählungen der Mädchen wird deutlich, dass sich die Mütter der beiden auf der gleichen Ebene unterscheiden wie auch ihre Töchter:

> Catrin: »Man wird meine Mutter, wenn Freunde kommen nie ungeschminkt sehen oder in Schlafklamotten oder so, also wenn Freunde bei mir übernachten. Sie ist immer angezogen. [...] Sie würde auch niemals Hosen anziehen, [...] sie hat auch noch nie in ihrem Leben Turnschuhe besessen, sie trägt immer nur Pumps, auch im tiefsten Winter und geschminkt ist sie halt auch immer.«

> Warinka: »Genau das Gegenteil von meiner Mutter. Die zieht nie hochhackige Schuhe und Röcke an [...]. Ich würde nicht sagen, dass sie auf ihr Äußeres achtet. Sie ist auch nie geschminkt.«

Die Mehrheit der Mütter der befragten Mädchen achtet stark auf ihre Figur. Auch Sport spielt im Leben der meisten Mütter eine wichtige Rolle, ebenso wie eine gesunde und ausgewogene Ernährung. Aus den Gruppendiskussionen geht hervor, dass die Töchter dieser Mütter einen ähnlichen Lebensstil verfolgen. Kim (16): »Meine Mutter meint, sie hat ganz schöne Beine, und sie schimpft immer über ihre Figur. Ich finde das eigentlich gar nicht so schlimm, weil sie weiß, wie sie es vertuschen kann.«

Wie die Mutter zu sich selbst und zu ihrer Körperlichkeit steht, bekommen schon kleine Kinder mit. Hierin zeigt sich, dass Aktivitäten wie Diäthalten, Schminken, Kaschieren etc. nicht bloß eine passive Vorbildfunktion besitzen. Jene Aktivitäten, die in der Familie nur die Mutter ausübt, lernt die Tochter auf ihr Geschlecht zu beziehen. Die Mutter zeigt den Mädchen, was es heißt, eine »richtige Frau« zu sein, denn sie gibt die Normen unmittelbar weiter. Besonders in der Pubertät ist laut Posch das Vorbild der Mutter bedeutend, weil an ihr erstmals bewusst die Geschlechtsrolle abgesteckt wird. Mädchen nehmen in diesem Alter auch das äußere Erscheinungsbild ihrer Mütter genau unter die Lupe und stehen ihm eher zwiespältig gegenüber. Sie nähern sich ihm entweder an und versuchen, der Mutter äußerlich ähnlich zu werden, oder sie lehnen das Aussehen der Mutter strikt ab. Maike (13) erklärt, dass sie und ihre Mutter einen sehr ähnlichen Geschmack haben: »Meine Mutter geht auch zu ›New Yorker‹ und ›Basic‹, wo ich auch hingehe.« Laura (13) fügt hinzu, dass ihre Mutter so ähnlich sei wie sie. Und bei Rebecca (18) kommt es sogar ab und zu vor, dass sie neidisch auf die Kleidung ihrer Mutter ist: »Also, da sind auch manchmal Sachen dabei, die würde man manchmal lieber gern selber haben. Es ist ja auch so, dass sie sich etwas leistet, was teurer ist, weil sie ja auch die Mutter ist.« Besonders wichtig für die Mehrheit der Mädchen ist in diesem Zusammenhang die Meinung ihrer Mütter, was ihr Aussehen betrifft. Viele der Mädchen geben zu, die Meinung ihrer Mütter über ihr Outfit einzuholen, bevor sie ausgehen. Hierin wird sichtbar, dass die Mütter der befragten Mädchen zu einer neuartigen Generation von Müttern zählen; für deren Töchter ist es viel leichter, sich mit ihren Müttern zu identifizieren. Mütter, die ihren Körper mögen und das auch zeigen, geben ihren Töchtern auf diese Weise ein positives Selbstbild mit auf den Weg. Ebenso gut kann eine Mutter, die ihrem Körper skeptisch gegenübersteht, auch eine kritische Haltung zum Körper der jeweiligen Tochter weitergeben.

Auch ältere Geschwister nehmen sehr häufig eine Vorbildfunktion für junge Mädchen ein. Oft ist es die ältere Schwester, die sie bewundern oder der sie versuchen, nachzueifern. Sie ist schon einen Schritt weiter auf dem Weg zum Frausein und kann ihre Erfahrungen an die kleine Schwester weitergeben. Catrin (17) betont während der gesamten Diskussion immer wieder, wie sehr sie ihre Schwester bewundert. »Und ein Vorbild natürlich in der Kindheit ganz stark: meine Schwester. Jetzt auch immer noch, die ist fünf Jahre älter.« Bei Rebecca (18), die noch vier weitere Geschwister hat, wird das sehr deutlich:

> »Es ist schon so, dass ich denke, dass das bei meinen Geschwistern so ist. Wenn meine Schwester dann irgendwie etwas Tolles zum Anziehen hatte, dann dachte ich, oh, ich muss auch so etwas haben. Das sieht so toll aus. Und ich denke, dass ist jetzt auch bei meiner kleinen Schwester und mir so. Also, wenn man sich die Kleiderschränke von uns dreien ansieht,

eigentlich schon so dieselben Klamotten. Ja, ich hab zum Beispiel heute einen Pullover von meiner älteren Schwester an.«

Die Mädchen äußern zudem eine starke Bewunderung für die Freundinnen ihrer älteren Brüder, die sie gleichzeitig als äußerst attraktiv bezeichnen und mit denen sie Beauty-Tipps austauschen. Aus den Erzählungen wird deutlich, dass die Freundinnen sich Zeit für die Mädchen nehmen, was ihnen natürlich Sympathiepunkte einbringt und dazu führt, dass sich die Mädchen von den Älteren ernst genommen fühlen. Dies lässt annehmen, dass Sympathie auch immer eine wichtige Rolle spielt, wenn es darum geht, sich jemanden zum Vorbild zu machen (vgl. Bandura/Ross/Ross 1976; Bandura 1979; Rustemeyer 1997). Die älteren Mädchen fungieren in diesem Fall als Schönheitsberaterinnen für die jüngeren Mädchen.

Eine besonders wichtige Funktion kommt in der Jugendphase der Peer-Group zu (vgl. Mead 1973/1995; Erikson 1966; Rustemeyer 1997). Die Mädchen orientieren sich stark an den Meinungen ihrer gleichaltrigen Freundinnen. Dies kann Einfluss auf die unterschiedlichsten Lebensbereiche der Mädchen haben. Rebecca (18) erzählt in diesem Zusammenhang von ihren Erfahrungen: »Man durfte sich ja nicht verlieben, ohne das nicht mit seinen Freundinnen abgesprochen zu haben. Mit dem Oberhaupt der Clique sozusagen [...].«

Das Konzept der Patchwork-Identität (vgl. Ferchhoff/Neubauer 1997; Keupp u.a. 1999) traf bei den weiblichen Jugendlichen sowohl auf soziale als auch auf mediale Vorbilder zu. Vorbilder werden nicht mehr als umfassende Schablonen beansprucht, sondern vielmehr als Angebot wahrgenommen, aus dem sich die Mädchen einzelne, für sie lebensweltlich relevante Aspekte herausgreifen, gemäß ihrer subjektiven Interessen transformieren und erst im Prozess der kontextgebundenen Auseinandersetzung mit Bedeutung versehen. So bieten diese Personen nicht nur Orientierung, die als Handlungsanleitung verstanden und in Form von Imitation umgesetzt wird, denkbar sind darüber hinaus Prozesse der Identifikation, die Probehandeln erlauben und dazu beitragen, sich eines gegenwärtigen Standpunktes zu versichern (vgl. Ferchhoff/Neubauer 1997; Keupp u.a. 1999). In Catrins (17) Ausführungen wird dies besonders deutlich:

> »Gewisse Charakterzüge als Vorbilder, also einfach, dass ich denke, wie gern wäre ich jetzt wie Conny, also in manchen Situationen einfach ruhig und ausgeglichen. Also einfach so gewisse Sachen, wo ich denke, ja, die Charaktereigenschaft, die hätte ich auch gern. Oder einfach so weiterzumachen, das sind also eher Charaktereigenschaften, die ich zum Vorbild habe. So gewisse Dinge, wo ich gern anders reagieren würde, da würden mir dann wieder Leute einfallen, die das besser gemacht hätten.«

Catrin versucht, sich ihre Identität demnach aus den unterschiedlichen Eigenschaften ihrer Mitmenschen zusammenzubasteln. Jessica (17): »Man versucht, sich immer so ein bisschen perfekt zu staffeln, dass man das mit den Charaktereigenschaften hinkriegt.« Auch Gina (15) erklärt, dass es nicht vollständige Personen sind, die sie zum Vorbild hat, sondern dass sie sich einzelne, für sie lebensweltlich relevante Aspekte herausgreift und diese gemäß ihrer subjektiven Interessen transformiert:

> »Natürlich, immer wenn man jemanden näher kennt, hat man etwas, das man an dem gut findet und das man vielleicht an sich selbst vermisst. Aber nicht so, dass sich irgendwelche Personen überkonzentrieren. Nicht wirklich.«

Das Konzept der Patchwork-Identität ist außerdem hilfreich, wenn es um die Analyse der medialen Vorbilder geht. Auch hier greifen die Mädchen bestimmte, für sie in dem Moment lebensweltlich relevante Aspekte heraus und versehen sie mit Bedeutung. Die Bedeutung medialer Bezugspersonen darf keinesfalls in einer Imitation gesehen werden, sondern ist vielmehr als Produkt der Aushandlung und Interpretation durch das Subjekt zu verstehen. Die lebensweltliche Einbettung spielt hier ebenso eine große Rolle wie spezifische Identitätsentwürfe und Entwicklungsthemen, die in der Auseinandersetzung mit der Bezugsperson relevant werden. Dies wird besonders deutlich, als die Berlinerin Jessica (17) von ihrem Vorbild, der Schauspielerin Angelina Jolie, schwärmt:

> »Ich finde sie hübsch, ich finde sie sportlich gut gebaut, also, wenn ich sie jetzt in ›Tomb Raider‹ sehe. Ich finde das geil, ich selbst hantiere gerne mit Waffen, mein Bruder und mein Vater sind im Schützenverein. Ich finde den Umgang mit Waffen und diese Kampfsportarten total geil. Echt bewundernswert!«

In Jessicas Lebenswelt spielen Waffen eine wichtige Rolle, also fungiert Angelina Jolie auf diesen Aspekt bezogen als ihr Vorbild. Catrin (17) ist eine große Bewunderin von Julia Roberts, was sich bei ihr aber in erster Linie auf deren äußerliche Erscheinung bezieht: »An Julia Roberts finde ich das Äußere toll. Also ich finde, sie hat so das gewisse Etwas […].« Hierin zeigt sich, dass allein der Aspekt der äußerlichen Attraktivität einer Medienfigur ausreicht, um diese zu bewundern. Während Jessica an Angelina Jolie besonders den Kampfsport bewundert, da diesem in ihrer Lebenswelt eine besondere Bedeutung zukommt, begeistert sich Catrin für Julia Roberts Schönheit.

Interessant ist in diesem Zusammenhang, dass für Catrin ihr eigenes Äußeres auch eine viel größere Bedeutung hat als für Jessica, die sehr burschikos wirkt und immer wieder äußert, dass es ihr nicht so wichtig sei: »Also wegen des Äußeren bewundere ich eigentlich gar keinen. Das ist mir noch nicht vorgekommen.« Catrin hingegen gibt zu:

> »Ich bewundere nicht, aber ich beneide natürlich! Also, ich sitze schon vor dem Fernseher und denke, oh, die Haare, wie gerne würde ich so aussehen. Die langen Beine und halt alles Mögliche, also, ich beneide sie schon, und denke schon, wie gerne würde ich so aussehen.«

Hier kommt es zu einer Idealisierung der Medienfigur. An ihr wird die vermeintliche Vollkommenheit, die man sich selber wünscht, bewundert. Die andere Person ist scheinbar so, wie man selber sein möchte, sie entspricht dem erstrebten Ich-Ideal, und man versucht nun, sich daran zu orientieren und sich selbst nach dem Vorbild des anderen zu gestalten, auch wenn sich das nur auf Teilaspekte oder äußerliche Ähnlichkeiten bezieht (vgl. Faulstich/Korte 1997, S. 100).

Auch die jüngeren Mädchen antworten auf die Frage, was es denn sei, das die Mädchen an Yvonne Catterfeld und Britney Spears bewundern: »Die Ausstrahlung und der Charakter, die Eigenschaften, wie sie sich halt so verhalten« (Maike (13). Anja (13) fügt hinzu: »Wie sie sich anziehen.« In diesem Zusammenhang muss wieder das Entwicklungskonzept von Dreher/Dreher (1985) herangezogen werden. Betrachtet man die Mediensozialisation von Mädchen im Alter zwischen 13 und 18 Jahren und die in diesem Zeitraum zu bewältigen Entwicklungsstufen, so ist die dritte Entwicklungsstufe von besonderer Bedeutung. Jugendliche in dieser Altersspanne lernen, ihre äußerliche Erscheinung zu akzeptieren und ihren Körper effektiv zu nutzen. Aufgrund dessen können Stars aus der medialen Öffentlichkeit als Vorbilder fungieren, mit denen sich die Mädchen vergleichen und nach deren äußerer Erscheinung sie streben. An dieser Stelle muss auf Keupp verwiesen werden, dessen Ausführungen sich auf das Konzept der »alltäglichen Identitätsarbeit« beziehen. Damit ist gemeint, dass die Vorstellung von Identität als einer fortschreitenden und abschließbaren Kapitelbildung zunehmend von der Idee abgelöst wird,

> »dass es bei Identität um einen Projektentwurf des eigenen Lebens geht, oder um die Abfolge von Projekten, wahrscheinlich sogar um die gleichzeitige Verfolgung unterschiedlicher und teilweise widersprüchlicher Projekte, die in ihrer Multiplizität in ganz neuer Weise die Frage nach Kohärenz und Dauerhaftigkeit bedeutsamer Orientierungen des eigenen Lebens stellen« (Keupp u. a. 1999, S. 30).

Diese Multiplizität aktueller Projektentwürfe steht dem Bild ganzheitlicher Vorbilder im Jugendalter entgegen und verweist auf den fragmentarischen Charakter, der damit gegenwärtig wohl auch medialen Beziehungen zueigen ist. Dass diese bei der Ausbildung von Identität allerdings eine wesentliche Rolle spielen, wenn sich die Konstruktion von Identität nach Keupp »in der dialogischen Erfahrung in sozialen Netzwerken vollzieht« (ebd., S. 99), ist anzunehmen. Dies zeigt sich insbesondere darin, dass die Mädchen immer ganz bestimmte Eigenschaften an ihren Vorbildern bewundern. Anna (16) bewundert z. B. an Pippi Langstrumpf, dass diese so stark ist. Magdalena (16) schwärmt für Aschenputtel (»Weiß nicht, weil die zuerst immer so arm war und danach so einen schönen Prinzen gefunden hat, reich war, alles, was sie wollte, hat sie auch bekommen. Das war cool.«) und für die Figur der Lisa Plenske, die in der SAT.1-Vorabendserie »Verliebt in Berlin« von der Schauspielerin Alexandra Neldel verkörpert wird. Hierin zeigt sich eine Abfolge von Projekten, die zusammengenommen betrachtet einen Projektentwurf für Magdalenas eigenes Leben darstellen können. Es manifestieren sich Wünsche, Hoffnungen und Sehnsüchte des Mädchens, die sich auf eine finanzielle Absicherung und eine glückliche Ehe beziehen. Diese Wünsche und Hoffnungen scheinen in Magdalenas momentaner Lebensphase von Bedeutung zu sein. Magdalena ist auch eines der wenigen Mädchen, die sich die äußerliche Erscheinung der »Swan«-Kandidatin Klaudia nach der Verwandlung zum Vorbild nimmt, indem sie ausspricht, auch so eine Nase haben zu wollen, da sie selbst – wie bereits erwähnt – mit ihrer Nase unzufrieden ist. Für Nicole (14) war die Zeichentrick-Figur Mila Superstar ein Vorbild: »Ja, weil die so sportlich war und immer alles ganz toll konnte, die sah so toll aus, [...]. Die fand ich hübsch.« Vanessa (14) hat als kleines Kind Arielle, die Meerjungfrau, nachgeahmt: »Ich hab immer Arielle gespielt im Schwimmbad. Die fand ich toll. Die war hübsch. Ich wollte auch immer so einen türkisenen BH haben.«

Wie bereits erwähnt, sind zwischenmenschliche Beziehungen in der Zeit der Pubertät für Mädchen von besonderer Bedeutung, da sie sich vor allen Dingen an ihrer Peer-Group orientieren und auch Wert auf die Meinung anderer legen. Figuren, die beliebt sind, können demnach eine besondere Vorbildfunktion einnehmen. So erzählt Rebecca (18), dass sie früher ein großer Bibi-Blocksberg-Fan war:

> »Die ist mir einfach so sympathisch, weil die immer überall hilft und überall da ist, und vielleicht auch, weil sie von allen immer einfach irgendwie gemocht wird. Die hat keine Probleme.«

Medien und Schönheitsideale – »The Swan – Endlich schön!«

Dominique Marie (16) schwärmt für die Sängerin Beyoncé Knowles: »Die finde ich äußerlich echt hübsch und attraktiv, aber ich finde auch ihr Selbstvertrauen, das strahlt einem so richtig entgegen, und das bewundere ich an ihr zum Beispiel sehr. Die finde ich toll! Und ihr Ehrgeiz, wie sie sich einsetzt für das, was sie tut. Das finde ich auch schon sehr wichtig bei einem Menschen.«

Ein anderer Zusammenhang wird in der folgenden Aussage deutlich. Rebecca (18) schwärmt besonders für die Frauen aus der Serie »Hinter Gittern«: »Das ist ja auch eine ganz andere Realität, die robusten Frauen. Und so etwas, das gibt es ja sonst nicht mehr.« Auf die Frage, was für Frauen es denn sonst gebe, antwortet sie abfällig: »Ja, halt nur diese Tussen.« Hierin kommt deutlich die ablehnende Haltung Rebeccas gegenüber dem herrschenden Schönheitsideal zum Ausdruck.

Selbstgestaltung ist somit auch in Form von Distinktion denkbar, wenn Medienpersonen der Abgrenzung dienen (vgl. McQuail 2000), was auch anhand des folgenden Beispiels deutlich wird. Die Frage, ob Models aus Modemagazinen Vorbilder für die Mädchen seien, verneinen sie einstimmig. Hier wird eine deutliche Distinktion der Mädchen spürbar. Sie reagieren äußerst ablehnend bis hin zu wütend auf die Models und grenzen sich bewusst von deren Aussehen ab. Dies gilt auch für Laufstegmodels, denen zwar eine gute Figur zugestanden wird, aber keine schönen Gesichter. Dennoch gibt Kim (16) zu, dass es, als sie jünger war, eine Zeit gegeben hat, in der sie die »schönen Stars« gesehen hat und sich dachte: »So möchte ich auch sein, oder so muss ich sein.«

Betrachtet man in diesem Zusammenhang die »Swan«-Kandidatinnen, so lässt sich feststellen, dass sie in erster Linie dann eine Vorbildfunktion übernehmen können, wenn sich die jugendlichen Rezipientinnen in ähnlichen Ausgangssituationen befinden wie die Kandidatinnen. Sind die Mädchen selbst mit ihrem Körper unzufrieden und hegen den Wunsch, etwas daran zu ändern, fungieren die Kandidatinnen als Projektionsfläche, auf die die Mädchen ihre Wünsche projizieren. Sie leben stellvertretend für die Rezipienten deren Wünsche und Hoffnungen aus, indem sie die Chance erhalten, ihr äußeres Erscheinungsbild aktiv zu verändern. Die Rezipienten erhalten die Möglichkeit, mit Hilfe der Kandidatinnen eine »Was-wäre-wenn-Situation« zu erproben. Sie können sich vorstellen, wie es wäre, wenn sie deren Stelle einnähmen. Für diejenigen Mädchen hingegen, die das Format generell kritisch bewerten und sich auch Schönheitsoperationen für sich selbst nicht vorstellen können, funktionieren die Kandidatinnen nicht als Vorbild, im Gegenteil, sie dienen der Distinktion und erfahren eine negative Bewertung, indem die Darstellung ihrer Verwandlung eine abschreckende Wirkung auf diese Rezipientinnen hat.

Schlussbemerkungen

Insgesamt konnte festgestellt werden, dass es sich bei dem Format »The Swan – Endlich schön!« um eine Beziehung zu medialen Figuren handelt, die auf lebensweltlichen Erfahrungen des Umgangs von Personen untereinander basiert und darüber hinaus sogar denselben Mustern folgt, wie die Beziehungen in der *Face-to-Face*-Situation des Alltags. Verleugnete oder abgelehnte Qualitäten, Gefühle und Wünsche der Zuschauer – wie zum Beispiel der Wunsch, sich seine Brust vergrößern oder seine Nase korrigieren zu lassen – werden auf die Kandidatinnen in den Inszenierungen der Fernseherzählung »The Swan« projiziert. Laut Mikos (2003, S. 167) handelt es sich dabei oft um Wünsche oder Fantasien, die sozialer Sanktionierung unterliegen – wie ja auch Schönheitsoperationen in Deutschland in einigen gesellschaftlichen Kreisen noch immer tabuisiert sind.

Insgesamt konnte in Bezug auf die Identifikationsangebote festgestellt werden, dass die in »The Swan« eingesetzten ästhetischen und gestalterischen Mittel, Identifikation beim Rezipienten zu erzeugen, zwar funktionieren (die Mädchen sind zum Beispiel größtenteils gerührt von der Spiegelszene, Emotionen werden demnach ausgelöst); sie distanzieren sich aber – mit einigen Ausnahmen – im Nachhinein vom Geschehen. Hier lässt sich der Effekt der Distinktion beobachten. Die Mädchen handeln ihre eigenen Werte und Moralvorstellungen aus und kommen zu dem persönlichen Ergebnis, nicht das Identifikationsangebot der Sendung anzunehmen, da es dem Bild von ihrer eigenen Identität widerspricht.

Die These, dass Vorbilder zunehmend in den Fernbereich verlagert werden, konnte im Zusammenhang der dargestellten Erkenntnisse dieser Untersuchung nicht unbedingt gestützt werden. Die Tatsache, dass mediale Vorbilder bei den Befragten zahlenmäßig deutlich gegenüber den sozialen überwiegen, sagt noch nichts über deren Gewichtung aus. Die weiblichen Jugendlichen können zwar überwiegend mediale Vorbilder benennen, der Einfluss, den Vorbilder auf die Konstruktion von Schönheitsidealen besitzen, war aber bei den sozialen Vorbildern insgesamt nachhaltiger. Insbesondere, wenn man den Einfluss der Mutter auf die Entwicklung der Schönheitsideale ihrer Töchter im Blick hat.

Medien und Schönheitsideale – »The Swan – Endlich schön!«

Betrachtet man »The Swan – Endlich schön!« als eine Fernsehsendung, der eine Bedeutung bei der Konstruktion von Schönheitsidealen zukommt, kann festgestellt werden, dass es immer auf die Lebenswelten der Rezipienten ankommt, ob sie sich an einem solchen Format orientieren und inwiefern sie mit dessen Hilfe ihre Identität aushandeln. Gerade, wenn es um Körper- und Schönheitskonzepte geht, kann sich eine Fernsehsendung, in der Schönheitsideale ausgehandelt werden, immer nur auf die jeweiligen Körperkonzepte der Rezipienten beziehen, da sich in solchen Sendungen auch immer Wünsche und Hoffnungen der Rezipienten manifestieren. Es werden sich immer diejenigen Mädchen stärker an dem Angebot orientieren, die die Probleme der Kandidatinnen nachvollziehen, sich also teilweise mit ihnen identifizieren bzw. ihre eigenen Unzulänglichkeiten und Wünsche auf sie projizieren können.

Literatur

Bandura, Albert/Ross, Dorothea/Ross, Sheila A. (1976): Statusneid, soziale Macht und sekundäre Verstärkung. Eine vergleichende Untersuchung von Theorien des Identifikationslernens. In: Albert Bandura (Hrsg.): Lernen am Modell. Stuttgart: Klett

Bandura, Albert (1979): Sozial-kognitive Lerntheorie. Stuttgart: Klett-Cotta

Barthelmes, Jürgen/Sander, Eckhard (2001): Erst die Freunde, dann die Medien. Medien als Begleiter in Pubertät und Adoleszenz. Medienerfahrungen von Jugendlichen. München: DJI

Dreher, Eva/Dreher, Michael (1985): Wahrnehmung und Bewältigung von Entwicklungsaufgaben im Jugendalter: Fragen, Ergebnisse und Hypothesen zum Konzept einer Entwicklungs- und Pädagogischen Psychologie des Jugendalters. In: Rolf Oerter (Hrsg.): Lebensbewältigung im Jugendalter. Weinheim: edition Psychologie, S. 30–61

Erikson, Erik H. (1966): Identität und Lebenszyklus. Frankfurt a.M.: Suhrkamp

Faulstich, Werner/Korte, Helmut (Hrsg.) (1997): Der Star. Geschichte – Rezeption – Bedeutung. München: Wilhelm Fink

Ferchhoff, Wilfried/Neubauer, Georg (1997): Patchwork-Jugend. Eine Einführung in postmoderne Sichtweisen. Opladen: Leske + Budrich

Fischer, Arthur u.a. (2000): Jugend 2000. 13. Shell Jugendstudie. Opladen

Freedman, Rita (1990): Die Kunst, sich selbst zu lieben. Der innere Weg zur Schönheit. München: Wilhelm Heyne

Gottberg, Joachim von (2004): Alles ist möglich. Mit Jugendschutz gegen den Schönheitswahn. In: TV Diskurs, 30, S. 7

Keupp, Heiner/Ahbe, Thomas/Gmür, Wolfgang/Höfer, Renate/Kraus, Wolfgang/ Mitzscherlich, Beate/Straus, Florian (1999): Identitätskonstruktionen. Das Patchwork der Identitäten in der Spätmoderne. Reinbek: Rowohlt

McQuail, Denis (2000): McQuails mass communication theory. An introduction. London: Sage

Mead, George Herbert (1973): Geist, Identität und Gesellschaft: Aus der Sicht des Sozialbehaviorismus. Frankfurt a.M.: Suhrkamp

Mead, George Herbert (1995): Geist, Identität und Gesellschaft. 10. Aufl. Frankfurt a.M.: Suhrkamp

Posch, Waltraud (1999): Körper machen Leute. Der Kult um die Schönheit. Frankfurt/ New York: Campus

Rodin, Judith (1994): Die Schönheitsfalle. Was Frauen daran hindert, sich und ihren Körper zu mögen. München: Droemer Knaur

Rustemeyer, Ruth (1997): Geschlechtsspezifische Rollen bei Medienstars. In: Werner Faulstich/Helmut Korte (Hrsg.): Der Star. Geschichte – Rezeption – Bedeutung. München: Wilhelm Fink, S. 99–113

Wegener, Claudia (2004): Identitätskonstruktion durch Vorbilder. Über Prozesse der Selektion, Aneignung und Interpretation medialer Bezugspersonen. In: merz. Zeitschrift für Medienpädagogik: Medien in Identitätsprozessen, 48, 6, S. 20–31

Zinnecker, Jürgen/Behnken, Imke/Maschke, Sabine/Stecher, Ludwig (2003): Null zoff & voll busy. Die erste Jugendgeneration des neuen Jahrhunderts. Ein Selbstbild. Opladen: Leske + Budrich

Internetquellen

Mikos, Lothar (2005) im Interview: http://www.freewebspace.biz/medienseminar/ trendzapper/section/auf_sendung/interview_mikos.html (Abruf: 14.10.2005)

Ring, Wolf-Dieter (2004): Schönheitsoperationen im Fernsehen nicht vor 23.00 Uhr. KJM fasst Grundsatzbeschluss. Pressemitteilung 8/2004.vom 21. Juli 2004. http:// www.alm.de/71.html?&tx_ttnews[backPid]=1&tx_ttnews[pS]=1142516832&tx_t tnews[pointer]=4&tx_ttnews[tt_news]=181&cHash=0e6f4956ac (Abruf: 15.7.2005)

Autorinnen und Autoren

Brauer, Sabrina, Jg. 1976, Dipl.-Medienwissenschaftlerin; Research Consultant bei einem Marktforschungsunternehmen. Arbeitsgebiete: Wirkung von TV-Werbung. Publikationen: Pre-Teens und Erwachsene lachen anders, in: TelevIZIon. Heft 1/2003 (mit E. Prommer und L. Mikos); Gerichtsshows zwischen Authentizität und Fiktion, in: TV Diskurs, Heft 3/2004; Wohin mit dem Logo? – Das optimale Branding bei TV-Werbung, in: Planung & Analyse, Zeitschrift für Marktforschung und Marketing, Heft 5/2006 (mit M. Schiessl, S. Duda und A. Thölke); »Anna fand ich toll« – Kindheitsfantasien junger Erwachsener und ihre Medienbezüge, in: M. Götz (Hrsg.): Mit Pokémon in Harry Potters Welt – Medien in den Fantasien von Kindern, München 2006: kopaed (mit L. Mikos und E. Prommer).
Kontakt: sabrina.brauer@googlemail.com

Döveling, Katrin, Jg. 1970, Dr., M. A. in Sozialwissenschaften, Psychologie, Medienwissenschaft; wissenschaftliche Assistentin am Institut für Publizistik- und Kommunikationswissenschaft, Arbeitsstelle Medienanalysen/Medienpsychologie, Freie Universität Berlin. Arbeitsgebiete u. a.: Emotionsforschung in der Medien- und Kommunikationswissenschaft, Unterhaltungsforschung, Publikums- und Rezeptionsforschung. Publikationen (Auswahl): Emotionen – Medien – Gemeinschaft, Wiesbaden 2005: VS Verlag; Social Appraisal in der dynamischen Transaktion: Emotionale Aushandlungsprozesse und ihre komplexe Dynamik, in: C. Wünsch/W. Früh/V. Gehrau (Hrsg.), Integrative Modelle in der Rezeptions- und Wirkungsforschung: Dynamische und transaktionale Perspektiven, München 2007: Reinhard Fischer (im Druck) (mit Denise Sommer); Feeling is believing. Eine kommunikationswissenschaftliche Analyse der Trauer um Papst Johannes Paul II., in: J. Malik/J. Rüpke/T. Wobbe (Hrsg.), Religion in den Medien – Medien der Religion, Münster 2007: Aschendorff (im Druck).
Kontakt: doevelin@zedat.fu-berlin.de

Flügel, Anna Tasja, Jg. 1980, Dipl.-Medienwissenschaftlerin; seit Februar 2006 bei avindependents Film & TV in den Bereichen Produktion und Development tätig. Arbeitsgebiete: Rezeptionstheorie und -forschung, Populärkultur, Jugend und Medien, Medienforschung, Mediensozialisation und Identität.
Kontakt: a.fluegel@avindependents.com

Fröhlich, Kerstin, Jg. 1979, Dipl.-Medienwissenschaftlerin; wissenschaftliche Assistentin am IPMZ – Institut für Publizistikwissenschaft und Medienforschung der Universität Zürich. Publikationen: Koordination und Innovation in der TV-Input-Produktion, Institutionenökonomische Analyse der Beziehung zwischen Sender und Produktionsfirma, MedienWirtschaft, 4, Sonderheft 2007, S. 38–47; (mit H. Johansson und G. Siegert): Einmal ›Star‹ und zurück: Der Einfluss der Medien auf den Produktlebenszyklus von Prominenz, in: T. Schierl (Hrsg.): Medienprominenz: Zur Genese und Verwertung von Prominenz in Sport, Politik, Wirtschaft und Kultur, Köln 2007: Herbert von Halem.
Kontakt: K.Froehlich@ipmz.uzh.ch

Kurotschka, Mara, Jg. 1968, BFA; Diplomkommunikationswirtin, Abschluss der künstlerischen Ausbildung an der New Yorker Juilliard School; international als freischaffende Choreographin tätig: u. a. New Yorker Lincoln Center, Théâtre de Caen, Münchner Kammerspiele, RUHRTriennale, Salzburger Festspiele; Ausstellung von Videoarbeiten im ZKM Karlsruhe, Museum für Gegenwartskunst Siegen, CAAC in Sevilla, Museum für zeitgenössische Kunst in Rom (MACRO); seit Beginn 2006 Projektleiterin bei media.net berlinbrandenburg und dort unter anderem für das Internetfilmfestival »Webcuts« verantwortlich.
Kontakt: marakuro@gmx.de

Machura, Stefan, Jg. 1962, PD Dr.; Lecturer, University of Wales, Bangor, School of Social Sciences. Arbeitsschwerpunkte: Politik- und Verwaltungswissenschaft, Rechtssoziologie. Publikationen: Politik und Verwaltung, Wiesbaden 2005: VS Verlag; Ehrenamtliche Verwaltungsrichter, Münster 2006: LIT.
Kontakt: s.machura@bangor.ac.uk

Autorinnen und Autoren

Mikos, Lothar, Jg. 1954, Dr. phil. habil., Dipl.-Soz.; Professor für Fernsehwissenschaft an der Hochschule für Film und Fernsehen »Konrad Wolf« in Potsdam-Babelsberg. Gastprofessuren in Glasgow, Kassel, Klagenfurt und London. Arbeitsgebiete: Film- und Fernsehanalyse, Film- und Fernsehtheorie, Publikumsforschung, qualitative Medienforschung, Medien und Sport, Populäre Unterhaltung. Publikationen (Auswahl): Die »Herr der Ringe«-Trilogie. Attraktion und Faszination eines populärkulturellen Phänomens, Konstanz 2007: UVK (mit S. Eichner, E. Prommer und M. Wedel); Mediensozialisationstheorien – Neue Modelle und Ansätze in der Diskussion, Wiesbaden 2007: VS Verlag (Hrsg. mit D. Hoffmann); Mediennutzung, Identität und Identifikationen. München 2007: Juventa (Hrsg. mit D. Hoffmann und R. Winter); Videoclips und Musikfernsehen. Berlin 2006: Vistas (mit K. Neumann-Braun); Qualitative Medienforschung. Konstanz 2005: UVK/UTB (Hrsg. mit C. Wegener); Film- und Fernsehanalyse. Konstanz 2003: UVK/UTB.
Kontakt: l.mikos@hff-potsdam.de

Nieland, Jörg-Uwe, Jg. 1965, Dr. (des.), Diplom Sozialwissenschaftler; wissenschaftlicher Mitarbeiter an der Ruhr-Universität Bochum (am Lehrstuhl Vergleichende Regierungslehre und Politikfeldanalyse) und Mitarbeiter der »Forschungsgruppe Regieren« an der Universität Duisburg-Essen. Arbeitsgebiete: Politische Kommunikation und Kommunikationsmanagement, Politikfeldanalysen, Populärkulturanalysen, empirische Medienwissenschaft. Publikationen (Auswahl): Neue Kritik der Medienkritik, Köln 2005: Herbert von Halem (Hrsg. mit G. Hallenberger); Regieren und Kommunikation, Köln 2006: Herbert von Halem (Hrsg. mit K. Kamps); Das Spiel mit dem Fußball, Essen 2007: Klartext (Hrsg. mit J. Mittag).
Kontakt: Joerg-Uwe.Nieland@gmx.net

Schwarz, Claudia, Jg. 1982, M.A. in Publizistik und Kommunikationswissenschaft; Scholarin am Institut für Höhere Studien in der Abteilung Soziologie (Wien). Arbeitsschwerpunkte: Qualitative Medien- und Sozialforschung, Rezeption von Reality-TV, Gender Studies und Cultural Studies. Publikationen: Der Event im Wohnzimmer. Die familiäre Aneignung der Casting-Show »Starmania«. In: SWS-Rundschau 2/2006, S. 209–229.
Kontakt: schwarz@ihs.ac.at

Weiterlesen

Film | Journalismus | Kommunikationswissenschaft | Public Relations | Soziologie | Geschichte

Lothar Mikos, Susanne Eichner,
Elizabeth Prommer, Michael Wedel
Die »Herr der Ringe«-Trilogie
Attraktion und Faszination eines populärkulturellen Phänomens
Unter Mitarbeit von Stan Jones
2007, 250 Seiten, broschiert
ISBN 978-3-86764-022-0
Alltag, Medien und Kultur 01

Klicken + Blättern

Leseprobe und Inhaltsverzeichnis unter
www.uvk.de

Erhältlich auch in Ihrer Buchhandlung.

UVK Verlagsgesellschaft mbH

Weiterlesen

Dennis Eick
Programmplanung
Die Strategien deutscher TV-Sender
2007, 208 Seiten, broschiert
ISBN 978-3-89669-676-2
Praxis Film 32

Klicken + Blättern

Leseprobe und Inhaltsverzeichnis unter
www.uvk.de
Erhältlich auch in Ihrer Buchhandlung.

UVK Verlagsgesellschaft mbH